国家社会科学基金重大项目

"数据要素参与收入分配的机制与策略研究"（批准号：20ZDA047）成果

卢福财　刘满凤　徐远彬　等著

数据要素参与收入分配的
机制与策略研究

人民出版社

目　　录

第一章 绪 论

第一节 研究背景

人类社会继农业经济、工业经济这两个传统经济形态之后,涌现出了数字经济这一新经济形态,数字经济已成为全球经济的重要部分。当前我国数字经济体量庞大且呈逐年稳步增长态势,中国信通院调查数据显示,2014年我国数字经济总体规模为16.2万亿元,2015年为18.6万亿元,2016年为22.6万亿元,分别占GDP比重为26.1%、27.5%和30%,到2020年,我国数字经济占国内生产总值约38.6%的份额,总规模达到了39.2万亿元。数字经济发展无疑将为我国未来经济社会良好发展提供主要助力。从数字经济的构成来看,数字经济可以分为产业数字化与数字产业化两个部分。相比较而言,目前我国产业数字化发展态势更好,各行业产业数字化的进程不断加快,2020年我国产业数字化的规模达到31.7万亿元,占据了国内生产总值31.2%的份额。在数字时代、信息时代,数字技术(如大数据、云计算、互联网、人工智能等)的兴起不是对传统技术的取代,而是与传统技术不断融合,促进传统技术优化改进,提升传统技术的使用效率,丰富传统技术的运用场景。由于数字技术的非竞争性、外部性等不同于传统技术的特殊优势,使得其在社会各行各业不断发展壮大,如教育、医疗、政府治理、公共监管等都产生了巨大的经济效益和社会价值。

数据作为继劳动力、资本、土地、技术、企业家才能等生产要素之后的新要素,不断在社会生产中被广泛应用。数据要素不同于农业时期的土地和劳动力要素、第一次工业革命时期的机器设备和第二次工业革命时期的资本要素,数据有着自身的独特与优势。在当今数字时代,谁若掌握了海量的信息与数据,谁就能够独占鳌头。

党的十九届四中全会通过了《中共中央关于坚持和完善中国特色社会主义制度、推进国家治理体系和治理能力现代化若干重大问题的决定》,《决定》里提出了"健全劳动、资本、土地、知识、技术、管理、数据等生产要素由市场评价贡献、按贡献决定报酬的机制"。时任国务院副总理刘鹤在《人民日报》发表的署名文章中指出,《决定》首次增列了"数据"作为生产要素,反映了随着经济活动数字化转型加快,数据对提高生产效率的乘数作用凸显,成为最具时代特征新生产要素的重要变化。因此,社会各界需要了解和深入学习国家所强调的以知识价值为导向的收入分配政策,加强对科研人才、技术人才的培育,对数据挖掘、储存、交易等一系列规则进行补充完善,实现数据要素与其他各类生产要素的结合。

习近平总书记在主持十九届中共中央政治局第二次集体学习时提出:要构建以数据为关键要素的数字经济。建设现代化经济体系离不开大数据发展和应用。我们要坚持以供给侧结构性改革为主线,加快发展数字经济,推动实体经济和数字经济融合发展,推动互联网、大数据、人工智能同实体经济深度融合,继续做好信息化和工业化深度融合这篇大文章,推动制造业加速向数字化、网络化、智能化发展。

由此看到,国家已经非常重视数据作为基础性生产要素的作用,数据正和其他生产要素一样是企业生产不可或缺的资源,甚至是基础性战略资源,它贯穿企业生产和物流的全过程,是企业生产流程的"血液"。因此"数据"应当被纳入收入分配体系中进行考察,这体现了我国与时偕行的基本经济制度。数据要素在社会经济生产生活中不断发挥作用、创造价值,而数据归属权问题、数据贡献识别问题、数据收益分配问题应该在实践中被逐渐明确与解决,这正是本书的研究工作。在当今时代,清晰地界定数据要素特征,科学准确地估算数据要素的贡献,深入系统研究数据参与要素收入分配规律,具有重大理论和现实意义。

第二节　研究意义

一、理论意义

（一）进一步发展了马克思按劳分配理论

随着数字经济的发展，劳动对象与劳动产品发生了改变，由物质形态逐渐转为非物质形态，这反映了剩余价值的不断快速生产与财富的不断积累。本书研究的数字劳动按劳取酬、数字资源按贡献取酬是大数据和互联网技术快速发展的时代产物，数字劳动是人类在数字媒体的生产、流通、使用过程中所投入的所有劳动要素，包括体力和脑力劳动，也即数字型产品生产过程资本积累所需的全部劳动，这为资本积累提供了新方式，开辟了新道路。在数字经济时代，把数字技术、数据要素融进马克思主义劳动价值论与政治经济学理论中去进行探讨和思索，以更好地推动马克思主义按劳分配理论在数字经济领域的应用与延伸。

（二）进一步完善要素收入分配体制

劳动等传统生产要素产权界定较为清晰，价值贡献测度具化，也早已进入了要素分配体系。但数据是数字经济时代的产物，相较其他生产要素，数据是新鲜事物，且与其差别巨大。由于数据的生产和消费相统一，消费数据的同时又产生了新的数据；数据存在着可复制、可共享的新特征，数据所有权与使用权的界限在许多时候并不清晰；数据是以一种全新的、不同于以往的资本逻辑、具有网络外部性的价值创造形式发挥作用。因此，本书研究数据作为生产要素的特征、数据参与收入分配的理论依据、数据要素价值体系和贡献测算、数据参与收入分配的模式，对现有的要素收入分配体系内容进行扩充和完善，进一步丰富了要素分配理论的研究。

（三）进一步完善社会主义要素价值理论

数据要素进入收入分配体系的理论依据是数据具有价值贡献。数据是数字经济时代的关键生产要素,也是区别于传统生产要素的一种新型生产要素,数据价值可由数据资产或数据商品来体现。数据资产是一种以电子或物理的方式记录下来并能够创造利润的数据资源。数据商品是可以用于交易的数字产品,具有非排他性,数字产品的生产主要依靠无形资本投入,交换主要依靠虚拟市场,消费主要靠线上。本书通过研究数据资产的价值特征和价值估算、数字商品的价值贡献等,对社会主义要素价值理论进行进一步补充和完善。

（四）进一步推进数字经济的经济学理论创新

数字经济是以数据要素为生产前提,以新型数字技术如人工智能、物联网、云计算等助推经济社会良好发展的一种崭新经济形态。数字经济的出现使得传统经济学理论面临着重大的挑战,迫切需要一些新的理论研究和创新来解释这一经济现象。本书通过深入剖析数据要素、数据资产、数据产权等基本概念,分析数据产品的社会再生产过程,数据采集、数据分析、数据应用与共享等,研究数据生产要素特性、数据商品价值与使用价值、数据资产理论、数据定价理论、数据产权交易理论等,从而进一步明晰数字经济学逻辑思路,丰富数字经济学理论。

（五）进一步推进数字经济的法治体系建设

为了使大数据能更好地被使用和共享,使数据价值凸显,应该完善数据治理体制,包括企业数据确权、政府数据确权和数据权利归属问题、数据共享和开放程度与形式及个人、企业信息安全与隐私权保护问题等;完善数据采集规范和标准的制定;完善数据应用规范;完善数据作为国家战略资源和企业资产的确认;完善国家、行业、企业的数据管控、协调机制等。通过这一系列对创造数据、分享数据和应用数据过程中涉及的法律法规问题的研究,并以国家颁布的《网络安全法》为指导,进一步推进数字经济的法治体系建设。

二、实践意义

数据是企业重要的基础性资源,也是企业生产的"血液",现今的企业,是一个由数据充斥的商业综合体。目前从事与数据分析相关工作的人员有很多,从最普通的编程人员到算法工程师、大数据分析师,涵盖了数据挖掘与采集、数据备份与储存、数据建模与可视化、数据分析与预测等工作内容。如何从这些种类繁多的数据中挖掘价值? 如何让企业从依靠经验主义过渡到数据价值洞察阶段? 这是一个需要不断思考与探索的过程。给予数据贡献正确的评价和回报以及从事数据相关人员合理的劳动报酬,是推进企业数字化进程和加速数字经济发展的有效手段。因此,本书的实践应用价值和贡献由以下多个方面体现。

(一) 有利于推动数据的共享与应用

数据的价值在于流动。生产要素的流动性能决定其价值形成的快与慢,在传统生产要素中,流动性从低到高排序分别是:土地、劳动、技术、资本。然而数据的流动性要远高于资本,因此数据的高流动性能够为其价值形成与积累发挥乘数效应。另外数据能够与其他要素融合,比如与流动性低的生产要素结合,提升其资源配置效率。数据生产要素化过程即是按资源配置优化目标重新配置原来生产要素间的有限资源,促进其他生产要素数字化的过程。

(二) 有利于推动数字经济发展

数字经济是当今经济发展的新引擎,伴随着数字技术创新加速向传统产业融合渗透,数字经济对经济发展的贡献越来越大,越来越成为国民经济中不可或缺的一部分。而数据是数字经济的核心与基础,由数据构成的一切经济活动形成数字经济,因此准确测算数据对企业生产经营和社会经济增长的贡献并给予参与相关活动的劳动者合理报酬,在一定程度上起了激励数据相关领域劳动者积极发挥自身创造性的作用,从根本上推动数字经济的发展。

(三) 有利于提升生产要素配置效率

数字技术是如何提升生产要素配置效率? 数据流动是关键。当企业存在数据时,如果没有良好的数字技术,便无法对数据进行最大化利用,因此数字化可以解决数据利用问题。其次由于数据要素具有流动性,智能化数据设备能够将数据进行合理分配,将企业中的生产数据转化为企业的信息与知识,进而促进企业决策合理化科学化,提高企业的风险承担能力。在这过程中,数据能与其他生产要素进行融合,提高生产要素配置效率。

(四) 有助于指导各类型企业收入分配制度改革的推进

收入分配不平等一直以来都是社会各界所关注的问题,其产生的本质并不是因为要素参与收入分配不同,而是个体拥有的要素具有很大的差距。数字经济时代,数据是个人或企业重要的资产,公平合理的收入分配有利于信息化人力资本有效积累、自主创新能力的提升和经济社会和谐稳定发展。本书研究数据资产特性、数据资产贡献测算、数据交易模式,以及通过对典型企业的要素收入分配进行实证分析,为各类型企业改革现有收入分配制度提供理论参考与经验指导。

(五) 有助于为我国收入分配相关政策的制定提供借鉴

本书对在数字经济时代数据要素如何参与收入分配问题,以及数据交易、数据共享和数据安全方面的现实状况进行了深入剖析,并从促进数据交易市场发展的制度与政策、促进数据安全保护的制度与政策、促进数据交流共享的制度与政策方面开展了政策研究。在已有理论的基础上,提供实证检验数据为我国建立数据参与收入分配相关制度提供思路与经验,也给政策制定层人员提供收入分配相关政策设计与参考。

第三节　研究内容

随着数字技术的不断进步,企业的生产离不开数据,数据正在成为企业的基础性生产要素,在生产过程中的重要性越发凸显。现有的收入分配体制不完善、不健全,由此,党的十九届四中全会提出要将土地、数据纳入生产要素,健全生产要素由市场评价贡献、按贡献决定报酬的机制。本书侧重研究其中的一个要素——数据,由此需要研究的新问题是,数据生产要素特性,数据资产价值,数据要素的贡献如何衡量? 数据如何进入市场进行交易? 数据要素参与收入分配如何实现? 数据要素由市场评价贡献,按贡献获取报酬的作用路径如何实现? 这些问题不弄清楚,分配制度的改革就难以深入推进,其客观存在的弊端也难以有效克服。所有这些方面的研究,既需要依据马克思按劳分配理论和西方经济学要素分配理论,同时还需要结合现阶段的中国国情,将这些理论与中国实际相结合,探索出一条中国化的数据要素分配路径。研究的主要内容有以下方面。

一、数据作为生产要素的特征研究

在当今时代,数据是企业的重要资源甚至是战略性基础资源,因此,数据是企业的生产要素是不言而喻的,但是我们仍需要从马克思要素生产理论、要素分配理论和按劳分配理论出发,论证为什么数据可以类似于劳动、资本、技术与管理一样,是企业不可或缺的生产要素;论证数据作为一种新的生产要素,与传统的生产要素(劳动、资本、技术、管理等)之间存在何种区别。数据的归属权问题,包括元数据和加工数据;数据的经济价值特性,如数据价值创造、数据边际价值递增、数据可替代弹性、数据规模报酬递增等;数据共享价值体现与共享的边界问题等。

二、数据资产特征与价值估算

进入数字经济时代,数据成为一项重要的资源,它的价值也逐渐凸显。"数据资产化"的概念也逐渐被学界与业界所认可。数据资产指的是由企业及组织拥有或控制,能给企业及组织带来未来经济利益的数据资源。首先,数据资产具有无形性特征,同时数据资产的交易过程也是无形化的。其次,数据资产具有组合性特征,即不同主体、不同时间获得的数据可以组合成一个整体使用和交易,价值估算时需要考虑如何进行合理的分割;同一个数据资源,对具有不同分析处理能力的人将展现出不同的价值,数据估价还需要充分考虑买方数据的分析技术和使用价值。基于以上特征,本书通过采用成本法、收益法、市场法以及其他的综合方法来对数据资产的价值评估问题进行详细的研究。

三、数据贡献识别与测算问题

无论是对于生产型企业还是服务型企业,在数字技术飞速发展的今天,数据都能给企业带来巨大的价值。如电商企业可以根据顾客的购买信息进行精准推荐,从而可以提高销售利润;海尔可以根据顾客的个性化特征进行精准定制,从而可以带来品牌价值的提升;金融企业利用顾客数据,可以更好地为顾客服务,从而可以为顾客创造更多的价值等等,在这些案例中,数据的贡献都不容小觑。那么数据的贡献该如何识别并进行测算呢?目前这个问题还处于探索阶段。本书拟从生产函数角度,将构造扩展的 C-D 生产函数模型、改进的 CES 生产函数模型、改进的超越对数生产函数模型三种方法探讨数据贡献的识别与测算问题。

四、数据参与收入分配的机制

本书以市场评价的数据贡献为主要依据,探讨数据参与收入分配的机制。主要对数据相关活动的主体(数据原创者、数据流通者、数据加工者和数据保障者等)之间进行利益分析;数据参与收入分配的途径与方式,包括数据以合同要约方式进行交易,数据通过中介评估公司进行交易,数据进入交易平台市场进行交易,交易的定价机制、交易租金等的确定;数据参与收入分配的效果分析,包括是否有助于缩小居民收入差距,是否有助于真正体现数据劳动者的价值,是否有助于扩大中等收入群体,是否有利于实现共同富裕等。

五、数据参与收入分配的制度体系与保障条件

为了促进数据由市场进行合理科学地评价贡献,并按贡献参与企业收入分配的顺利进行,需要从政府、财政、市场以及企业方面给出一系列的保障制度和政策体系。本书从健全数据治理体系、健全数据交易市场、健全数据交易规则、健全数据产权制度、健全数据流通与共享机制、健全数据分配机制、健全数据利益协调机制等方面提出一系列的制度设想和政策设想,并选择典型企业进行试点示范。

第四节　研究思路、研究视角与研究方法

一、研究思路

我国数字经济发展迅速,截至 2020 年,已有几个经济发达省市的数字经济产值占 GDP 比重直接超过 50%,本书围绕我国数字经济快速发展的现实需要,将数据要素作为一项重要的生产要素纳入企业的生产过程和收入分配体系。本书根据学科领域发展趋势、理论研究应用特点,重视基础性、前瞻性和交叉性的研究创新,结合国家战略需求,在深入剖析我国数字经济发展和收入分配改革的现实需要与现实基础,明晰要素收入分配的内容、目标以及数据要素特征的基础上,既有理论层面的探索,又提出了具体的方式和路径可供实践应用。理论探索是从要素分配的经济学理论出发,探索数据要素参与收入分

配的经济学理论依据;实践应用是提出数据资产评估的方法和数据贡献的测算方法,以及数据要素参与收入分配的方式与途径;并围绕数据产权关系确定、数据资本化、数据成本核算与定价、数据交易规则和数据交易市场建立等关键科学问题和重点应用问题开展研究。

遵循"分析问题与经济发展趋势→明晰理论内涵和理论基础→构建测算模型与方法→探索机理与机制→探索实现路径→提出政策保障"的研究思路展开研究。

二、研究视角

数字经济的发展是数字资本不断积累的必然结果。数据是人工智能时代的"石油",其价值日益凸显,把数据作为参与收入分配的重要生产要素,不仅是对现实发展的确认,同时也极大地推动了大数据、人工智能、云计算等行业的应用和发展。这些行业的发展催生了新的就业形式,为社会贡献了更多的就业岗位。将数据纳入要素收入分配体系,既与现有要素收入分配体系相容,又是对现有要素收入分配体系的发展。我们从以下几个视角展开本书的研究。

(一) 从健全要素收入分配制度视角

党的十九届四中全会提出:"健全劳动、资本、土地、知识、技术、管理、数据等生产要素由市场评价贡献、按贡献决定报酬的机制"。这次全会特别强调要将数据要素纳入要素收入分配体系,从而客观地体现数据对社会经济发展作出的贡献。近年来数字技术和数字产业得到了快速的发展,涌现了大量数字技术人才,明确数据要素和传统生产要素无差别按贡献参与收入分配,有助于推动数字技术的进一步发展和深化运用,有助于数字技术人才的培养,有利于高技术人才将头脑中储存的知识技术变成实际贡献,从而获得更多的收入,这样能引导更多人提升自己的知识水平。本书基于数据产权关系确定、数据资本化、数据资产价值评估、数据资产定价、数据交易、数据收入分配方式等关键问题探讨数据纳入要素收入分配体系理论问题和机制问题,正是对现有要素收入分配制度的进一步补充和完善。

(二) 从完善数字经济发展理论视角

当前,我国高度重视数字经济的发展。习近平总书记多次强调,要"构建以数据为关键要素的数字经济","坚持以供给侧结构性改革为主线,加快发展数字经济","推动实体经济和数字经济融合发展","做大做强数字经济"。在党中央、国务院的重视和引领下,我国数字经济在规模上持续壮大,在应用上继续深化,在推动社会良好发展中的作用逐渐加强。数字经济作为一种新的经济形态,它依托于现代信息化设施,将数据资源作为重要的生产要素,利用数字技术融合应用和全要素数字化转型来实现效率与公平。本书正是从完善数字经济发展理论与实践出发,探讨数字经济时代的要素收入分配制度,从而有助于更加深刻地分析数字经济运行的机理,助推数字技术的融合应用,提高数字经济形势下的就业机会。

(三) 从完善大数据治理视角

当今时代,数据是企业的重要资产,数据像能源、材料一样是企业的重要资源,而且是未来企业的重要竞争性资源,数据的价值在于流动。大数据发展需要有一个良好的生态环境,本书正是从数据价值的生产激励与分配公平、数据安全、数据责任等角度来完善大数据的治理。具体而言,需要通过颁布相应的法律法规,从国家层面明确数据的资产价值和地位,以法律权威为数据确权、流通、交易和保护奠定基础;需要制定数据市场交易的行业标准规范,促进数据资源的共享开放,实现政府部门间、社会组织间以及企业间的数据共享和交易,规范数据共享和交易行为,建设以政府为主导的数据交易平台促进政务数据与其他数据的流通交易。需要出台数据隐私保护方面的法律法规,提高对政府数据、企业数据、个人数据的隐私保护。

（四）从扩大中等收入群体视角

与欧美一些国家椭圆形社会结构相比，我国中等收入群体所占比重不够高，扩大中等收入群体是我国收入分配制度改革的目标和未来方向之一。党的十九届四中全会指出，"缩小收入差距，提高中等收入群体比重，需要健全完善收入分配机制"。在传统生产要素维持不变，仍按贡献参与收入分配前提下，将数据作为全新的生产要素纳入，将产生更多的职业岗位，并丰富个体获取收入的渠道，进而促进个体积极凭借自身生产要素资源争取更多收入报酬，这势必有利于中等收入群体比重增加、经济进入良性循环以及整个经济蛋糕做大做强。数字经济时代，从事与数据相关行业的人都是新一代的年轻人，年轻人的土地、资本等财产性收入较少，让这一代年轻人通过拥有的数据资源和从事与数据相关的活动合理获取报酬，是扩大未来中等收入群体的重要途径，而本书的研究视角正是促使这一部分年轻人向中等收入群体的转变。

（五）从促进经济高质量发展视角

在数字化转型的大背景下，数据在生产、生活中的作用日益凸显，党的十九届四中全会《决定》中提出将"数据"作为一种新的生产要素置于传统的劳动、资本、土地、企业家才能等生产要素之后。数据参与到收入分配体系中，不仅激励了数据作为生产要素进入社会生产领域发挥独特的价值，促进新业态、新模式的蓬勃发展，也会更加明晰数据收集和使用的行为规则，促进个体隐私信息的保护，避免数据违规使用以抑制不正当竞争，甚至恶意制造市场壁垒等行为。将数据作为一个参与收入分配的生产要素，不仅顺应了经济社会发展、时代变化的趋势，在理论上这也是一种创新，同时还能引起社会对数据资源的重视，有利于数据要素价值的实现。

三、研究方法

本书基于健全要素收入分配机制的现实需要，将数据要素纳入收入分配体系,结合理论研究特点和社会经济发展规律,重视基础性、前瞻性和交叉性研究创新,针对数据要素特征与数据产权确定、数据资产评估与数据贡献测算、数据参与收入分配的方式与途径三个关键科学问题开展研究。主要采取以下研究方法。

(一) 文献分析、历史演绎法

本书通过查找翻阅相关书籍、期刊论文等文献资料,围绕本书的研究重点和研究方向,通过文献研读的方式对已有研究进行系统的整理、总结和归纳,吸收、借鉴前人已有的研究成果。按照历史发展脉络,明晰收入分配历史演变路程,马克思主义的按劳分配思想、西方经济学的要素分配理论、社会主义市场经济的要素分配理论等,为本书研究提供理论依据和理论借鉴。

(二) 经济学分析方法

"数据要素参与收入分配的机制与策略研究"本质上是一个理论经济学的选题,因而会涉及许多经济学问题的探索与研究,需要采用多种经济学学科分析方法。数字经济时代,许多经济学理论受到挑战,如数据的边际收益递增、稀缺性消失、产权理论失灵(共享经济下的产权分离)、信息不对称减弱(信息透明度增加)、数据使用价值增值等,本书需要应用经济学理论分析的方法解释数字经济特征,以及对传统经济学带来的影响和对收入分配体制带来的挑战,以引导和指导企业数据要素参与收入分配。

(三) 类比分析法

按照数据的加工程度可将数据分为原始数据和加工数据,它们都可能被纳入收入分配体系之中。原始数据包括未经加工的数字、声音、图像等,加工数据是在原始数据的基础上经过一定的人工处理而得到的具有意义的数据。数据产品是无形的,其生产主要依靠无形资本投入,交换主要依靠虚拟市场,消费主要依靠线上,这些都类似于知识和技术、商誉等无形资产。技术参与收入分配已有一定历史并逐渐成熟,如技术资产、技术专利、技术股权参与收入分配,其交易也具有技术交易市场等。本书通过类比、借鉴分析,研究数据资产的价值评估、数据资产贡献、数据交易规则制定和数据交易平台建立等。

（四）数理分析方法

经济学的很多概念都需要从数理角度进行阐释才显得完美。本书中涉及很多经济学的概念,如数据的产权与使用权分离、稀缺性消失、数据边际价值递增、数据使用价值递增、数据产出弹性、数据成本构成等都需要从经济学角度用数理的方法进行分析。本书将构建一些简单的数理模型,研究概念中蕴含的数理关系,从而更为深刻地研究数据的生产要素特征和数据价值特征。在基于成本法、基于收益法、基于市场的数据价值评估中,也需要用到数理分析的方法进行分析。

（五）计量分析方法

本书在数据价值贡献测算中需要用到计量分析方法。如构造扩展的C-D 生产函数模型,改进的 CES 生产函数模型,以及超越对数生产函数模型,扩展了生产要素的范围,将传统四要素和数据要素一起引入社会生产过程中。进一步通过模型推导从理论上计算出各要素的贡献,并提出相应的实证模型。依据实证模型,引入地区和产业层面宏观数据、上市公司数据、工业企业数据等多种历史数据,并利用最小二乘、面板固定效应、岭回归等回归分析方法,对实证模型的各参数进行估计,最后根据各参数取值测算出数据作为一项生产要素参与生产的贡献度。

（六）双重差分模型(DID)

DID 是评估政策效果、制度绩效以及项目评价等重要方法之一,近年来被西方学术界广泛使用,目前国内学者们对该方法的使用也在快速增多。DID是借鉴了自然科学实验效果检验方法,对比分析样本组在实验前后的效果差异。本书应用 DID 方法,选择一项或一组政策,通过比较受到政策实施影响的群体(处理组)和未受该政策实施影响的群体(对照组)的差异,评估政策的实施效果。

(七) 实地调研法

具体来说,可采用实地考察、人物访谈与调查问卷等方式。在调研过程中,采用实地考察、关键人物及部门访谈和发放调查问卷等方法,获得第一手资料。如选择具有代表性的重点行业和重点企业进行实地考察,了解制造业企业的数字化水平,包括基础业务数字化、基本流程数字化、数据分析建模增值情况等;设计调研问卷,向生产层面、技术层面和管理层面人员发放问卷,回收问卷,分析数据参与企业收入分配的程度和政策需求意向;通过与统计局、涉及产业的政府主管部门及企业管理者访谈咨询测度指标设计的合理性,与关键部门和关键人物访谈相结合,对与企业要素收入分配和数字经济发展相关政策进行剖析,评价政策效果,并提出未来的对策思路。

(八) 案例分析法

案例分析法在本书中被广泛应用。选择我国数据与企业融合比较好、数字化程度较高的企业,掌握数据在企业发展中的渗透与融合情况,重点剖析数据生态系统的结构、形成、运行和协同演化,从而找到数据在企业研发、生产乃至售后全过程的价值体现,了解数据在企业收入分配中的实现情况,如数据资产的形成、数据价值的估算,拥有数据资源者的收入分配份额,数据生产环节劳动者的收入分配份额等。

第五节　创新之处

本书选择"数据要素参与收入分配的机制与策略"研究,在总体目标上符合十九届四中全会通过的《中共中央关于坚持和完善中国特色社会主义制度、推进国家治理体系和治理能力现代化若干重大问题的决定》的要求。党的十九届四中全会通过的《决定》提出"坚持按劳分配为主体、多种分配方式并存。坚持多劳多得,着重保护劳动所得,增加劳动者特别是一线劳动者劳动报酬,提高劳动报酬在初次分配中的比重。健全劳动、资本、土地、知识、技术、管理、数据等生产要素由市场评价贡献、按贡献决定报酬的机制"。因此,本书在选题上把握了我国数字经济发展大趋势,具有前瞻性和战略性,也具有时代代表性和创新性。本书与以往研究相比,具有以下几个方面的创新。

一、揭示数据要素参与收入分配的经济学基础

继承和发展了传统要素分配理论,夯实了数据要素参与收入分配的经济学理论基础。第一,数据要素参与收入分配的合理性来自数据要素对边际生产力和价值创造的贡献,符合西方经济学的边际生产力理论。第二,按要素分配实质上是按生产要素所有权分配,数据要素参与收入分配的必要性来自社会主义初级阶段"以公有制为主体、多种所有制经济共同发展"的基本经济制度,符合马克思主义"生产关系决定分配关系"的基本原理。第三,承认数据要素参与收入分配的合理性是与我国现阶段社会生产力发展水平相适应的,是调动市场主体生产、交换和共享数据的积极性、推动数据要素高效、有序流动、充分发挥数据要素价值潜力的必然要求。

二、开创性地进行了数据资产化会计准则研究

为规范与数据产品生产相关的数据资产确认、计量和相关信息的列报,根据《企业会计准则——基本准则》,尝试建立数据资产化会计准则。在准则的总则章节中规定了数据产品的生产活动可以分为数据准备、服务计算两个阶段,明确了适用其他具体准则的企业数据资产活动相关业务模式。在准则的确认章节中对数据资产进行了明确的定义,并对符合确认为数据资产要求的数据进行了详细说明。在准则的初始计量章节,提出数据资产应当按照成本

进行初始计量,数据准备阶段的支出应当于发生时计入当期损益等观点。在准则的后续计量章节,提出企业应当在资产负债表中采用成本模式对数据资产进行后续计量,数据产品采用公允价值模式进行后续计量。在准则的处置与损毁章节,认为当数据资产被处置,或者损毁,永久退出使用且预计不能从其处置中取得经济利益时,应当终止确认该项数据资产。在准则的披露章节,提出数据资产活动相关业务模式的信息披露以及数据资产会计确认决策中相关不确定信息披露的规定。

三、提出数据要素参与个人收入分配的机制和实现路径

构建了一个集家庭部门、数据处理部门、中间产品生产部门、最终产品生产部门为一体的多部门生产模型,考察数据要素偏向与资本要素或劳动要素相结合进行生产活动,对个人收入分配影响的机制。机制分析表明,将数据要素纳入个人生产要素后,资本要素和劳动要素的供给会影响数据要素偏向,而数据要素偏向会反向影响资本要素和劳动要素的价格,数据要素参与收入分配会进一步影响资本要素和劳动要素的收入分配份额。路径分析表明,数据要素可以通过计入劳动者的工资、数据专利转让费或专利许可费以及以技术入股分红的方式等参与收入分配。

四、提出数据要素参与企业收入分配的机制和实现路径

基于构建任务模型,考察数据要素参与的自动化扩张与新岗位创造两种形态对劳动收入差距的影响机理,同时考虑不同技术部门间的产品、技术水平、劳动收入等异质性。机制分析表明,数据要素参与对劳动收入分配的影响存在岗位更迭效应和生产率效应,岗位更迭效应和生产率效应都可通过自动化扩张和新岗位创造方式改变影响劳动收入。路径分析表明,企业可以以利润提成的方式、按专利转让费或专利许可费、会员制等方式参与收入分配。

五、提出数据要素参与政府收入分配的机制和实现路径

基于空间经济学模型,即引入公共部门与数据部门作为新的经济主体,并刻画两部门之间的经济关系。构建了数据资本、数据财政与经济增长关系的单一经济体的模型和两区域经济体模型进行一般均衡分析。机制分析表明,数据资本的形成效率与人口数量、消费支出等呈正向比例关系,数据财政过高或过低的企业税率均不利于数据资本的形成。数据资本的空间流动及使用将助力共同富裕目标的实现,路径分析表明,政府可通过提供数据服务、征收数据税、出租数据云等路径让数据参与收入分配。

六、提出数据要素参与收入分配的制度与政策保障

本书全面系统分析了促进数据交易市场发展的制度与政策、促进数据安全保护的制度与政策、促进数据交流共享的制度与政策及促进数据应用与治理的制度与政策。通过梳理四个方面的国内外现有制度体系与政策重点,以及存在的不足,有针对性地提出进一步加强政策保障的建议。第一,数据交易市场发展方面,从健全数据有限确权产权体系、打造可信的数据交易平台、建立数据交易标准规范和数据交易规则、健全数据监管、培育数据生态等方面提出了进一步完善的政策建议和思路。第二,在数据安全法规方面,提出要加大对我国颁布的《数据安全法》、《个人信息安全法》、《个人信息安全规范》、《网络信息安全法》等法规的解读和宣传、建立健全数据监管机构、试点打造数据样板市场、加快大数据环境下网络安全技术手段的突破、推动数据安全产业发展、进一步完善平台企业数据垄断认定、数据收集与使用管理、消费者权益保护等法律规范、继续践行多边主义理念等提出了政策建议。第三,在促进数据交流共享方面,提出需要权衡数据安全与数据开放之间的矛盾,数据安全是首位的,数据利用是其次的;可大力发展数据信托业务,有效破解数据安全与共享之间的矛盾;加强数据开放共享平台的统筹建设,制定数据开放共享平台建设的标准体系,使跨部门、跨层级、跨区域的平台都能进行良好的对

接,打通数据开放共享的难点、堵点、漏点。第四,促进数据应用与治理方面,提出发展并应用大数据技术,推进数据应用成果的普及,构建一个泛在、融合、智能、迭代的数据应用生态体系,在加强数据标准体系建设等方面提出政策建议和思路。

第二章　数据要素参与收入分配的必要性分析

第一节　数据对经济增长具有加法效应和乘数效应

20 世纪 80 年代开始,随着大数据时代的到来,以云计算、大数据、人工智能、移动物联网等为代表的数字技术被广泛应用。其中,数据及其相关技术将人类社会有机地结合在一起,贯穿于生产、加工、运输流通和生活消费的各个流程(李政和周希祯,2020)。在数字经济时代,数据颠覆了人们的生产、生活和消费方式,为经济发展提供了强大动力。数据对经济增长的加法效应和乘数效应不断凸显,加法效应表现在数据具备创造更多的价值和降低经济成本的作用,乘数效应表现在数据具备提高生产效率、推动产业升级和提高政府治理效能三方面作用。

一、数据的加法效应

(一) 数据创造更多价值

数据具有价值性,这种价值性主要通过两种途径来实现,一种是数据本身可以产生价值,另一种是数据为业务"赋能"所体现的价值。前者是指经过采集、清洗、加工处理后的数据可以直接对外交易,进而产生价值。如通过市场调查或问卷获得的用户偏好数据,可以直接提供给相关企业用来改进产品设计;以中国知网为代表的数据库和数据平台搜集的数据资料,可以直接提供给相关研究人员和研究机构使用。后者是指数据不直接用于交易,而是将其作用于生产经营活动,在连接买卖双方、减少信息不对称、改善经营决策等方面所产生的价值。例如,一些网络平台和社交媒体,通过搜集用户的浏览点击信息,对用户的需求进行分析,并以此建立了庞大的智能数据库,使其推送的产品、广告和服务更符合用户需求,从而提高了交易的成功率。同时,部分购物平台通过收集和分析消费者对所购买产品的质量、物流服务、卖家服务态度等情况的打分和评价,对商家进行综合评级,其他消费者便可以运用评级数据筛选出信誉较好的商家,实现了市场的优胜劣汰。

(二) 数据降低经济成本

数字技术能够有效降低各种经济成本,包括搜寻成本(Bar-Isaac et al.,2012)、边际成本(Carbajo et al.,1990)、交通成本(Forman et al.,2018)、追踪成本(Bakos,2001)和验证成本(Hui et al.,2012)。尽管数据生产需要投入高额的固定成本,但数字复制成本几乎为零,有效节约了复制成本。数字技术使供需双方突破空间阻碍,重建了受空间约束的经济活动,大大降低交通运输成本(王磊,2020)。

随着数据规模的不断扩大,大数据的优势对经济成本的降低作用显著。一是,大数据具有容量大、速度快、瞬时互动等优点,可以大大提升多个部门之间的信息沟通效率,降低数据交易成本。二是,数据平台降低交易成本。数据交易平台是数字交易的重要载体,能够提高数据集成效率,促进数据高速流动,规范数据交易行为,降低数据交易成本等(罗珍珍,2017)。例如,大数据信息共享平台,能够有效促进各级政府部门的交流与互动,从而规避数据信息的浪费。一旦存在一个核心的大数据平台,政府部门可以借助大数据进行科学决策,有效规避部门间的时间交易成本(傅倩,2014)。三是,数据在互联网金融和贸易方面也有效降低成本。例如,在大数据等技术的推动下,互联网金融实现了产品和服务创新,有效降低了交易成本(孙熙琴,2019)。数字贸易利用数据优势有效降低交易成本,精准捕捉消费者需求,增加贸易产品类别和数量,进一步提升消费者福利(刘洪愧,2020)。

二、数据的乘数效应

(一) 数据提高生产效应

数据要素能够有效提高生产效率,数据信息及其传送效率与生产率高低密切相关(裴长洪等,2019)。数据作为新的生产要素,虽然不能生产新的实物产品,但能有效提高生产率。数字经济利用数字技术把信息以数据的形式进行实时传递与处理,从而大大提升经济运行效率(周南和陶会平,2015)。

企业能够利用大数据从繁杂的数据中获取重要信息,帮助企业作出科学决策,提高企业效率(Dijcks,2012)。大数据不仅能提升经济效率,而且在改善政府治理、居民生活水平等方面发挥了积极作用(方伟和王达,2019)。随着大数据的蓬勃发展,对个人信息的商业利用范围逐渐拓宽,并重视数据的二次利用。数据工作者运用大数据有效降低商业不确定性,提高经济效益(姬蕾蕾,2019)。并且,企业可以利用大数据技术智能化分析市场信息,提高商业决策的科学性,精准把握市场动态,柔性生产经营,节约成本,提升经济效率。

(二) 数据推动产业升级

数据不仅能催生新产业,还有助于推动传统产业转型升级。数据加快产业的数字化与智能化转型,推动新模式、新业态趋向成熟,为经济增长注入新的活力。中国信息通信研究院《中国数字经济发展白皮书(2020年)》指出,通过数字工厂仿真、ERP与MES、智能物流无缝集成,实现高度柔性生产和离散型制造的流水线化装配,帮助制造企业加快与数字技术的融合,以提高生产质量和制造效能,实现智能制造和产业升级。除此之外,传统工业技术和新型数字技术的区别在于后者强化和延伸的是人的智能,而不是强化人和组织的技能,这是数字革命与历次产业革命的最大不同(De Long,2000)。因此,在数据与其他生产要素联动的共同作用下,产业可以逐步实现从数字产业化到产业数字化,最终向全要素数字化发展(王建冬和童楠楠,2020)。

大数据推动传统产业的数字化转型是深化供给侧结构性改革、推动制造业高质量发展的重要环节,也是进一步壮大发展数字经济的关键环节。从实践的角度来看,强化价值创造、数据集成和平台赋能已经成为传统产业数字化转型的重要趋势。产业数字化转型的价值维度,主要体现在提升产业效率、促进产业跨界融合、重构产业组织竞争模式、赋能产业升级等四个方面(肖旭和戚聿东,2019)。在产业结构变迁规律下,我国的产业数字化转型主要有由社会动因主导的倒逼和由创新动因主导的增值服务两种模式。

(三)数据提高政府治理效能

大数据已经成为一种新的治理工具,它提高了政府治理的效率,加速政府职能转变。借助大数据技术,政府决策水平不断提高,决策过程更加现代化、智能化;政府公共服务水平和效率升级;有助于政府治理体系中多中心协同治理局面的实现,从而提高政府治理效能。政府依靠大数据技术重构治理体系,提高政府治理效率,是实现国家治理体系和治理能力现代化的必然趋势。大数据作为一种新的治理工具,有助于解决政府治理中存在的问题,有效提高国家科学决策水平,提高公共服务能力,同时还可以提升国家预防与惩治腐败的能力,提升国家风险防范能力(熊光清,2019)。

政府通过大数据能够准确识别各类差异化需求,不仅能提高行政审批效率还提升了公共服务的质量。大数据让政府从数据中获得洞见,它能够将有一定依存关系却又高度分散的、碎片化的信息迅速整合,实现从零散到整合、从数据到洞见。比如实行 PPP 融资模式的难点,就能通过这种方式在较短时间内解决问题。大数据同样能够提高监管效率。随着市场主体的不断发展,市场监管问题日益凸显,面临更多的新挑战。大数据监管能够有效整合各类信用信息,让政府管理者更加全面地了解市场信息,同时建立风险预警机制,综合分析经济社会发展趋势,将资源配置在监管的重点环节上,实现市场监管效率和质量的双提升。

第二节 数据是数字经济时代重要的生产要素

生产要素理论和实践的历史演变表明,生产要素的内涵不是一成不变的,而是一个随着生产力发展不断丰富的过程。当前,我国已进入数字经济时代,数据从生产投入过程中的一般资源上升为独立的生产要素。同时,数据成为数字经济时代重要的生产要素,具体表现在数据要素既具备了生产要素的共性特征,同时又具有不同于传统生产要素的独特特征。

一、数据作为生产要素的共性特征

生产要素是生产过程中所投入和使用的经济资源,任何一种生产要素首先都是一种经济资源,但不是所有的经济资源都可以被称为生产要素。作为一种独立生产要素的经济资源,必须具备规模性、流动性和渗透性等一般特征和属性,数据资源要成为生产要素,也应具有这些一般特征和属性。

(一) 数据要素的规模性

首先,生产要素都具有规模性。规模性是指参与生产的各种要素在数量上应具备一定的规模和体量,在社会生产过程中存在大量的需求和广泛的应用。单个资源基本不可能大规模交易,也不能普遍作用于生产活动。传统的生产要素,如劳动、土地、资本、技术、知识、管理等,在数量上都具有规模性,但在不同经济发展阶段,不同生产要素的关注度是不一样的。具体来看,在农业社会,任何农业生产活动都离不开劳动者和土地,为增加产出,一方面需要更多的劳动人口,另一方面也需要更多的土地,因此劳动要素的规模性体现在对劳动的大量需求,土地要素的规模性体现在人们总是尽可能地开垦荒地,扩大耕种范围。进入工业社会以后,资本表现为生产投入的机器设备、厂房等实物资本和股票、债券等无形资本,资本要素的规模性体现在社会化大生产对企业资本的需求,需要投入大量资本购买厂房、机器设备等。第三次科技革命以来,科技的进步解放了人类的部分劳动,如计算机的出现大大提高了计算效率,复杂的计算也变得可行,人工计算被机器计算所取代,技术和知识要素的规模性体现在科技知识的大范围传播带来了生产活动中对科技知识的广泛应用。在现代社会,管理要素作为一种更为复杂的劳动形式,对优化企业的组织架构和提高实体要素的聚合效率日益重要,管理要素的规模性体现在经营过程中企业家、职业经理人等的专业化分工和对企业家、职业经理人的大量需求。

其次,数据要素也具有规模性。参与生产活动的数据要素并不是单个数据,而是由数据集合所体现的信息、知识和智慧。由于数据要素的价值密度很低,单个数据几乎没有任何市场价值,只有经过足够数量积累的数据才具有现实市场价值。数据之所以能成为生产要素,是因为其中包含着信息,当数据量达到一定规模后,就可以从中梳理、归纳和总结出一般规律,得到有价值的信息,从信息中又可以提炼出知识,从知识中又可以凝练出智慧,从而指导人们的生产、生活。有学者指出,数字技术发展早期,数据之所以没有成为独立的生产要素,是由于数据总量十分有限,还不够丰富。直到 2012 年进入大数据时代以后,在互联网和信息技术的推动下,数据量得以快速增长,数据才可能成为独立生产要素。[1] 大数据"5V"基本特征的第一个特征就是规模之大(Volume),包括采集、存储和计算的量都非常大,大数据的起始计量单位至少是 P(1000 个 T),甚至是 E(100 万个 T)或者 Z(10 亿个 T)。据国际权威机构 Statista 统计,2020 年全球数据量为 47ZB,而预计到 2025 年、2035 年,这一数字将分别达到 175ZB 和 2142ZB。[2] 另据《国家数据资源调查报告(2020)》显示,2019 年,我国数据产量总规模占全球数据总产量(42ZB)的 9.3%,预计到

---

① 田杰棠、刘露瑶:《交易模式、权利界定与数据要素市场培育》,《改革》2020 年第 7 期。

② 中国信息通信研究院:《大数据白皮书》2020 年。

2025 年,我国数据总量将跃居世界第一,达到全球总量的 27% 以上。信息时代数据数量的爆发式增长以及人们对海量数据的挖掘和运用,不仅预示着新一波生产率增长和消费者盈余浪潮的到来,也满足了数据作为生产要素广泛应用于各行各业的规模性要求。

(二) 数据要素的流动性

首先,生产要素都具有流动性。生产要素的流动性,是指生产要素可以在市场经济主体之间自由交易、流通,以最大限度地释放其价值潜能,达到优化资源配置、提高生产效率的目的。生产要素的价值性是流动性的前提,与此同时,生产要素的流动性也有助于提升其价值。流动性越强的生产要素,越有利于其资源配置效率和价值的提升。在劳动力要素市场上,劳动者基于对自身劳动能力和劳动水平的判断,可以从一个地区流动到另一个地区、从一个企业流动到另一个企业,从而找到更适配的工作岗位、获得更高水平的工资。这种流动性还有助于激励劳动者努力学习,多方面提高其综合素质。在我国土地要素市场上,土地价格以使用权的形式在二级市场上自由流动,价格引导土地资源流向配置效率最高的生产部门。在资本要素市场上,资本所有者可以将资本用于购买其他生产要素直接投资于生产,也可以通过资金借贷获得利息,资金回报率引导资本要素流向配置效率最高的投资机会。相对其他要素来说,资本的流动性更强,逐利性也更易实现。在技术要素市场上,技术要素可以通过专利权的许可使用或转让获得收益,或以技术入股参与分红。知识和管理要素往往与劳动力要素相结合,体现为不同劳动者创造力、组织力、协调力和领导力的差异,并可以通过劳动力市场上的人才流动进行获益。因此各种生产要素均可以在要素市场上参与买卖,进行所有权、使用权、处置权的交易,这种流动性是鼓励要素所有者尽可能地占有生产要素、提升生产要素的价值潜能、更高效地配置生产要素、以获取更多报酬的重要方式和途径。

其次,数据要素具有更高的流动性。在数据要素市场上,数据要素主体通过交易数据产品的所有权、使用权、控制权等获得市场收益,以实现数据资源的优化配置和高效利用。而且,相对传统生产要素,数据要素具有更高的流动性。数据要素的高流动性不仅提高了自身的配置效率,而且通过与其他生产要素的结合,发挥加法效应和乘数效应,重构和提升其他流动性相对较弱的生产要素的配置效率,给经济社会带来更大的价值。自2014年1月中关村数海大数据交易平台成立以来,截至2021年底,我国已经建成各级各类数据交易市场和交易平台28家①,尝试提供集中式、规范化的数据交易场所和服务,一定程度上缓解了数据交易过程中的供求信息不对称、不匹配问题,增强交易参与方之间的信任,推动数据要素的市场定价机制的形成,优化市场主体的经济决策,使数据要素的流动更为便捷,进而充分释放数据要素提高生产效率的潜能。

（三）数据要素的渗透性

生产要素的渗透性,是指生产要素只有充分渗透到社会生产、生活各个领域、各个行业,并与其他生产要素相互融合,才能创造价值、带来经济收益。在社会生产过程中,任何一种生产要素都不是单独发挥作用的,不仅要与其他生产要素相互结合,而且要与各个产业紧密结合,贯穿于生产、分配、交换、消费领域的全过程。

首先,数据要素参与生产的过程必须与其他要素协同配合,离不开其他生产要素的支持。数据要素的收集、传输、存储、分析、挖掘、处理和应用等每一个环节都离不开人力的投入,从而实现和劳动要素的结合。数据要素的采集、传输、储存和加工离不开计算机、芯片、处理器等硬件的支持,需要大量资本的投入,从而实现与资本要素的结合。数据要素的分析、处理需要相应的算法模型、软件程序、智能挖掘等数据分析技术以及其他信息通信技术的支持,从而实现与技术要素的结合,信息通信技术是数据要素参与生产的技术基础。当然,数据要素的价值实现也离不开管理要素的支持,管理决策决定了数据要素

---

① 中国信息通信研究院:《大数据白皮书》2021年。

和其他生产要素的结合方式,对释放数据要素的价值潜能具有重大影响。企业管理人员利用自己的职业判断,将数据要素与其他生产要素进行重组和整合,优化和再造业务流程,催生新业态、新模式甚至新产业,使要素之间产生新的协同效应,提升企业整体运行效率,进而推动产业升级。如以淘宝、滴滴出行、美团外卖等为代表的数字平台企业,都是将数据与其他生产要素创新结合形成新业态、提高资源配置效率的典范。

其次,数据要素也会反作用于其他生产要素,提升传统生产要素的质量和使用效率,推动传统生产要素的变革与优化重组,对经济增长产生乘数效应,为经济发展注入新动能。一方面,数据要素具有很强的多要素合成效应。数据要素投入使用之后,可以通过数字化改造为其他要素提供新的基础运行环境,提升其他要素的质量和使用效率,促进其他要素之间深度融合,推动企业技术创新和管理创新。另一方面,数据要素推动传统生产要素的变革与优化重组。数据要素与传统要素相结合,催生了智能机器人等“新劳动力”、数字孪生等“新土地”、金融科技等“新资本”①、人工智能、人脸识别等“新技术”,数据要素所反映的市场变化趋势也为企业管理者的决策提供了重要信息支持。因此,在数字经济时代,数据要素与其他生产要素相互依存、相互渗透。数据要素作用的发挥既依赖于其他生产要素的支持,同时数据要素也会反作用于其他生产要素,重构生产要素之间的组织联结方式和协同效率。

再次,数据要素贯穿于社会生产全过程和社会管理的各个领域。在生产环节,利用数据要素可以推动技术进步和智能升级,提高生产效率;利用数字技术快速掌握市场上的各类需求信息,及时调整经营策略,使供需更加匹配,改进企业经营绩效。在交换、消费环节,通过对消费者购物记录、浏览足迹等数据的分析处理,能够自动向消费者推送其可能感兴趣的产品,并且可以实现消费者和生产者的直接衔接,有助于减少中间成本和信息不对称。在分配环节,国家运用信息技术可以精准识别企业的经营情况和居民的收入情况,推动

---

① 中国信息通信研究院:《中国数字经济发展白皮书》2021 年。

政府完善收入分配机制,改善现有的分配状况。[1] 此外,数据要素在政府公共管理部门也得到越来越广泛的运用,在国家治理的技术层面、治理能力层面、治理效率层面发挥着日益重要的影响。如智慧政务、智能交通、智慧教育、智慧医疗、智慧图书馆、智慧社区、智慧城市等。2021年颁布的"十四五"发展规划指出,我国将以数字化技术助推城乡发展和社会治理模式创新,建设智慧城市、数字乡村和数字政府,推动购物消费、居家生活、旅游休闲、交通出行等各类场景的数字化改造,打造智慧共享、和睦共治的新型数字生活。

最后,从数据与各个产业的融合来看,数据要素推动了三大产业的数字化转型。在农业领域,数据要素可以为农业生产者制定生产计划、改善生产条件、预测市场供求等提供信息支持和数字技术条件,推动传统农业走向智慧农业。在工业领域,数据要素推动数控机器设备技术和人工智能技术的升级,进而为数字化车间的建设提供技术支撑,推动生产的数字化转型。在服务业领域,数据要素带动的人工智能、大数据等技术的发展,催生了共享经济、零工经济等新商业模式的涌现,并日益与金融、医疗、物流、旅游、餐饮等传统服务业相融合,改善了居民的生活品质,推动智能化服务业的发展。可以看到,数据要素与三大产业紧密融合,加快了传统产业的转型升级。[2]

(四) 其他一般特征

数据要素还具有通用性、稀缺性、不可替代性等生产要素的其他一般特征。第一,数据要素可以普遍应用于各行各业和国民经济、生活的各个领域,具有广泛的应用场景,能持续促进生产效率的提高和经营管理模式的优化,具有通用性。第二,虽然数据的总量确实非常庞大,但由于数据的价值密度很低,在政府、企业、个人和其他社会团体中,存在大量孤立、冗余数据,真正能创造市场价值的有用数据仍是相对稀缺的,这是市场主体愿意投入时间、精力去

---

[1]　陈兵:《数据要素赋能"双循环"新发展格局》,《国家治理》2020年第43期。
[2]　何玉长、王伟:《数据要素市场化的理论阐释》,《当代经济研究》2021年第4期。

29

搜集、挖掘、整理数据,甚至购买数据的重要原因。第三,数据要素与其他生产要素之间具有不可替代性。尤其是在万物互联时代,数据要素的重要作用日益显现,被誉为数字经济时代的"石油、阳光、空气和水",成为数字经济时代的核心生产要素。

二、数据作为生产要素的独特特征

数据要素作为数字经济时代的核心要素,与传统生产要素相比,具有非竞争性、非排他性、外部性、时效性、价值的不确定性等独特属性。数据要素的这五大特性,决定了我们在解决数据确权、数据交易市场构建、数据安全和隐私保护等问题时,不能照搬照套传统生产要素的制度安排和治理体系,必须有所创新。

(一)数据要素的非竞争性

数据要素的第一个独特特征是非竞争性,指数据要素可以被多次、多方生产和使用,而在这一过程中不会损耗掉初始数据和数据主体。[1]

首先,数据要素在生产过程中具有非竞争性。数据生产指的是观察、采集和加工处理数据的过程,数据生产的非竞争性意味着数据可以有多个生产者,某一场景下的同一种行为数据往往可能被不同的数据生产主体所收集。具体来看,虽然单一数据有特定的指向对象(数据主体),但通常他们不会主动上报自己的数据,而是由第三方间接提供数据,尤其是随着数字技术的发展,这一趋势将更加明显。例如,某一主体参加聚会是既定的事实,大多数情况下,是由所有参与者通过观察而产生的数据,而聚会者本人一般不会刻意汇报这一数据。消费者在淘宝等网站购买商品时搜索、订购、售后评价产生的数据,是由网站的数据工程师设定的算法系统自动收集的,进一步用来推断消费者的消费习惯。很多手机应用都有定位数据收集功能,使不同应用软件的发布

---

① 阿里罗汉堂:《理解大数据:数字时代的数据和隐私》2021 年。

者均有机会同时收集到手机用户的行动轨迹数据,类似的场景还有健康数据、运动数据等。因此,数据不仅可以由本人生产,也可以由他人生产,每个主体基于自身的判断所产生的数据内容可能也有所不同,数据可以有多个生产者和所有者,数据的生产具有非竞争性。

其次,数据在使用过程中具有非竞争性。数据使用的非竞争性是指一方对数据的使用并不会减少或限制他人对数据的使用,增加一个消费者使用同一数据并不会使原有消费者的利益受到损害。不同主体可以同时从数据的使用中受益,且这种受益互不干扰、互不排斥。传统生产要素(如土地、劳动力和资本)都具有显著的竞争性,通常只能在某一处发挥作用,不能多地同时并用。但是从劳动、土地、资本到技术、知识和管理,传统的生产要素在演变过程中,呈现出共用性和通用性逐渐增强、竞争性逐渐削弱的趋势,直至发展到数据要素,演变为非竞争性。数据要素消费的非竞争性还表现为其边际生产成本几乎为零。数据资源具有可无限复制的特征,一旦生成,通过存储设备、互联网技术可以进行极低成本的传输,可以被无数主体同时使用,并且在使用过程中,不仅不会对数据产生任何损耗(即非损耗性),反而还会因共享增加数据的价值和使用主体的收益。例如,临床试验数据的共享,在很大程度上可以避免重复实验带来的资源浪费,也可以使已有的研究方法和成果被大范围推广,推动行业发展。数据使用的非竞争性意味着数据要素有可能打破传统生产要素供给的有限性对经济发展的制约。①

数据要素的非竞争性决定了数据要素在生产使用过程中会涉及数据主体、数据生产者和数据使用者等多方主体,多重权利主体带来了数据权属的模糊性,使产权界定难度增加。当然,数据要素的非竞争性与传统公共品的非竞争性还是存在差异的。公共品的非竞争性体现在消费环节,而数据要素的非竞争性既体现在消费环节,也体现在数据的生产环节。而且在特殊情况下,当数据的消费者之间具有商业竞争关系时,数据的分享会损害数据所有者的利

---

① 毛振华、陈静:《数据要素市场化的核心》,《中国金融》2021 年第 12 期。

益,从而具有竞争性。

(二) 数据要素的非排他性

数据要素的非排他性是指数据一旦生产出来之后,要把某一个主体排除在其受益范围之外是不可能的,或者虽然技术上可能排他,但实施排他安排的成本非常高,其结果得不偿失。按照公共经济学原理,排他性的原因是资源或资产的产权界定不明确或者没有产权制度安排。

首先,数据要素在使用过程中具有非排他性。一方面,数据生产的过程本身就涉及多个主体,包括数据产品或服务的供需双方、第三方平台、网络电信运营商等,这使数据自形成之时起就同时储存在多个不同主体的手中,多个主体共同掌握数据支配权的事实,使数据的产权界定天然具有模糊性和不确定性,埋下非排他性的隐患。另一方面,数据以虚拟字符形式存储在互联网介质上的物理特性,再加上数据使用的非竞争性和极低复制成本的特性,极大地增加了数据的传播的速度和扩散的范围,形成了数据要素在使用过程中非排他的现状。[①]

其次,数据要素的排他性是部分的非排他性,而不是完全、绝对的非排他性。一方面,理论上,通过加密技术是可以把其他用户排除在数据的受益范围之外的。现实网络环境下,人们采用各种加密手段来应对网络黑客的攻击和防范可能的数据泄密问题,从而一定程度上实现了数据使用的排他性,但为此需要在软硬件和系统维护方面持续投入大量人力和物力,成本相对高昂,对于一些价值量较小的数据而言,不是一个理性的选择。另一方面,数据按来源分为公共数据、企业数据和个人数据,对于政府在经济社会管理过程中产生的公共数据,如宏观经济、人口、价格数据等,属于公共品的范畴,本身就应该无条件向社会公开,理应具有非排他性;而对于市场主体自行搜集的商业数据,属

---

① 蔡跃洲、马文君:《数据要素对高质量发展影响与数据流动制约》,《数量经济技术经济研究》2021 年第 3 期。

于私人品的范畴,理应具有排他性。

（三）数据要素的时效性

数据要素具有时效性,是指数据要素的价值会随着时间的推移而显著衰减。数据要素的时效性主要体现在以下两个层面。

首先,数据价值有着严格的时效性。同土地、资本等生产要素相比,数据要素具有极强的时效性,数据价值会随着时间的流逝而加速贬值,即数据折旧。在特定时间里,数据可能是一种有用的经济资源,而过了特定时间点之后,数据使用价值可能就会大幅降低。例如天气预报数据,只有在预报期内才具有使用价值,且越接近预报期结束时间,其使用价值越低;一旦超出预报期,则完全丧失使用价值(历史气象数据规律分析除外)。所以,只有不断更新的数据库才有现实的利用价值,数据库的更新频率越快,数据利用价值越高。例如,商家关注消费者当前的购买记录、经济实力等数据,从中可以洞察出消费者对产品的喜好,判断潜在客户群;只有实时更新的财经信息,才能使股票投资者及时作出正确投资决策。

其次,数据需求的即时性。在日趋激烈的市场竞争环境下,企业必须快速地对内外部经营环境的变化进行判断和响应,这就要求尽量加快数据收集、传输、处理和分析的速度,减少数据的时滞。通过大数据的实时处理机制,及时捕捉用户市场需求和投资机会,快速调整企业产品组合和投资决策;及时识别和预警生产经营中的各种风险,将风险消灭在萌芽阶段。在某些应用场景中,数据的即时性有着决定性作用。如打车、导航等应用要求定位时延不超过秒级,而无人驾驶、远程医疗等应用的时延要求更是在毫秒级。近年来经济预测中的现时预测利用的也是数据要素所具备的即时性特征。

由此可见,数据在不同时间点的价值是不同的。通常数据的价值是随着时间的推移而快速衰减,但也有学者提出相反的观点,认为数据具有期权价值①,即某些数据的价值随着时间的推移而上升。有些已有数据可能当时没有多大的价值,然而过一段时间后,人们可能会重新认识或发现某些曾被忽略的数据的价值,或者随着数字技术的成熟,在已有数据的基础上挖掘出新的价值。数据包括文本、数字、图片等多种表现形式,数据的产生是每时每刻都在发生的,但早期人们对数据的重视程度并不高,计算机的出现使可计算的数据量和准确度显著提升,互联网、人脸识别、算法等技术的进步,极大增强了对数据分析和处理的能力,可能从中发现新的规律,产生新的价值。

(四) 数据要素的外部性

数据要素的外部性指数据要素在生产和使用过程中,会对其他主体带来收益或造成损失,却不能得到补偿或不用为此付出成本。如同许多产权界定不清,或排他性不强的资源那样,数据作为生产要素也具有明显的外部性。数据要素的外部性可分为正外部性和负外部性。

1. 数据要素的正外部性

首先,从数据的数量来看,数据要素的正外部性体现为规模报酬递增性。与传统生产要素相比,数据要素具有非常强的规模经济性。由于数据的价值密度很低,规模小、维度少的数据对价值创造的作用也很小。只有在大数据条件下,大规模、多维度的数据才能有效发挥价值创造的作用。数据可几乎零成本复制的特点,使数据不仅可以重复使用,而且不会因为使用而损耗,反而由于使用数据的同时生产出新的数据,从而数据资源的数量呈现指数化增长。例如,用户在今日头条、微博、B 站等 APP 上发布动态、观看视频时,网站后台将自动记录用户的浏览历史,运用算法向用户推荐感兴趣的内容,此时,算法根据用户浏览历史分析出的用户习惯便构成了新的数据。随着数据的规模不断扩大、维度不断丰富,数据聚合又使人们从中挖掘出的价值也呈几何级数增长。

---

① 邹传伟:《如何建立合规有效的数据要素市场》,《第一财经日报》2020 年 5 月 18 日。

其次,从数据的质量和价值来看,数据要素的正外部性体现为聚合数据的乘数效应。当多维异构的零散数据被广泛连接、耦合,其产生的经济和社会价值远远大于孤立数据的简单相加,从而实现价值创造的乘数效应,进一步增加数据的价值。例如,一些平台公司,通过对用户数据的分析不断改进服务,吸引更多新用户进入,用户增加使平台拥有更多数据,数据资产价值更大。① 网络平台用户越多,运营方能够获取的数据信息就越多,就越容易提升产品服务质量,从而吸引更多用户,获取更多数据,进一步提升产品服务质量,形成良性循环。数据要素的外部性特征意味着数据开放共享非但不会降低数据的价值,反而会促进数据要素的高效利用和深度发掘,进而创造出更大的经济和社会价值。

2.数据要素的负外部性

数据要素的负外部性,是指在生产或使用数据时会不可避免地涉及数据主体的隐私,带来隐私泄露和数据安全问题。

首先,在数据生产过程中,可能会带来数据主体隐私的负外部性。例如,数字平台或服务机构用于改善经营活动的数据收集处理活动,客观上以客户的隐私泄露作为代价;虽然数据生产者在收集数据时一般要经过用户的同意,但平台与用户在技术能力、市场定位等方面事实上处于严重不平等状况,平台通常都会按照对其更有利的方式来开展数据的收集、处理和使用,导致数据的过度收集和客户隐私保护的严重不足,进而形成负的隐私外部性。此外,黑客和网络钓鱼者往往会使用各种手段在未经授权的情况下获取隐私数据。例如,2018 年警方查明某公司通过与移动、电信、联通等运营商签订广告合同,在服务器中设置了恶意的数据采集程序,非法获取了超过 30 亿条的个人数据,利用采集到的微博、淘宝、QQ 账号等进行加粉、刷单等赚取非法收入。2021 年,某打车 App 因违反国家相关法律法规,不正当收集和使用个人信息,

---

① 熊巧琴、汤珂:《数据要素的界权、交易和定价研究进展》,《经济学动态》2021 年第 2 期。

被相关部门要求整改。① 由于技术门槛较高,数据主体对收集哪些数据、如何收集、收集后的用途等情况往往并不知情,也无从监督和验证,因此,数据生产者在收集过程中可能会损害数据主体的隐私。

其次,数据在使用过程中,也可能会带来数据主体隐私的负外部性。随着信息技术的进步,即使数据经过合法收集、安全存储和进行了匿名化处理,清洗脱敏后的数据被还原和再次识别的可能性也大大增加,在使用或公开流通过程中也可能带来隐私泄露的问题。2006 年 8 月,互联网服务公司美国在线(AOL)出于研究需要,公开发布了经过匿名化处理的用户搜索记录,虽然用户姓名用 ID 予以替换,但是《纽约时报》用短短的数天就识别出 ID 为4417749 的真实用户。② 2018 年 3 月,某公司开发了一款应用程序,声称出于学术需要进行调查研究,要求用户同意,但是用户同意以后,该程序收集了用户的所有信息,却并未用于学术研究,而是被用于政治目的,事件被曝光后,该公司面临高达 50 亿美元的全球最高罚款。③ 因此,即使数据生产合法,也可能出现被挪作他用、非法贩卖的可能性,在数据使用过程中需要加强数据主体的隐私保护。

总之,数据要素的外部性源于数据要素经过加工、处理后产生的额外信息,而这些信息的用途决定了外部性的最终方向。

(五) 数据要素价值的不确定性

数据要素的虚拟性、非竞争性和外部性特点,使其价值评估比传统生产要素面临更大的不确定性。

首先,数据要素的数量和质量影响其市场价值。一方面,不同数据要素组合的价值不同,这导致数据要素具有范围经济的特征。当同一主体拥有的数

---

① 国家互联网信息办公室:《关于下架"滴滴出行"App 的通报》,2021 年 7 月 4 日。
② 《大数据时代下的隐私保护》,搜狐网 2017 年 8 月 31 日。
③ 孟小峰、朱敏杰、刘俊旭:《大规模用户隐私风险量化研究》,《信息安全研究》2019 年第9 期。

据组合越多时,这些数据彼此之间相互作用、相互补充可能带来更多的集合价值,产生"1+1>2"的乘数效果。另一方面,数据的价值还要受数据质量(如准确度、完整性、时效性等)的影响。一般情况下,数据越准确、越完整、越及时,质量越好,价值越高。由于数据要素价值的上述不确定性,加大了数据要素价值评估的难度。买方如果交易前不了解该数据资产的详细信息,则很难评估该数据的经济价值;但如果买方了解数据的全部信息,该数据资产对买方的价值将大打折扣,这就是所谓的"信息悖论"。①

其次,数据要素的价值严重依赖于应用场景。数据要素只有应用于具体的应用场景,才能发挥其价值。一方面,不同应用场景对数据要素的要求差异很大。例如,在某些对时效性要求特别强的应用场景中,只有最新的数据才有价值,比如消费者的住址、电话、工作单位和定位。但在学者规律研究、行为预测等应用场景中,历史数据和当前数据的重要性差别并不大,甚至早期的数据价值更大。另一方面,同一数据在不同应用场景下的价值差异非常大。由于数据要素在不同应用场景中的价值不同,这表明数据产品不是标准产品,因此,数据要素价值的确定应当遵循"一事一议"的原则,既不是价高者得,也没有统一的定价。此外,随着数字经济的蓬勃发展,数据要素的应用场景不断拓展。例如,人脸和指纹数据最初用于银行、国防等对安全性要求较高的领域,但目前在零售行业、单位日常管理等领域也开始广泛应用;②车辆行驶数据、社交数据、医疗数据相融合,可以被保险行业运用于分析驾驶员的开车习惯和频率。③应用场景的拓展意味着数据价值的进一步挖掘,必然带来其价值的变化。

再次,数据要素的价值受使用主体技术分析水平的影响,呈现较大的个体异质性。与土地、资本等可以直接投入生产活动的传统要素不同,数据要素只

---

① 熊巧琴、汤珂:《数据要素的界权、交易和定价研究进展》,《经济学动态》2021年第2期。

② 张昕蔚、蒋长流:《数据的要素化过程及其与传统产业数字化的融合机制研究》,《上海经济研究》2021年第3期。

③ 贵阳大数据交易所:《中国大数据交易产业白皮书》2016年。

有经过加工、处理之后才能作用于生产经营活动。所以,对不同使用主体而言,由于知识水平和分析技术的不同,对同一数据的挖掘和利用能力差异很大,创造出的经济价值也差异很大。

综上所述,与传统生产要素相比,数据要素具有的非竞争性、非排他性、时效性、外部性以及价值的不确定性等五大特征,使其存在边际价格趋于零、确权难、安全隐患高、交易不积极、供给不足等问题,难以照搬照套传统要素市场的制度安排,必须探索适合数字要素特点的全新治理理念、治理思路和治理模式。

第三节 数据是企业重要的战略性资产

在数字经济时代,数据是企业重要的战略性资产。其重要性体现在两个方面:第一,随着数字技术的不断进步,数据资产作为一种生产性投入,越来越成为一种重要生产力,这是数据要素参与收入分配的逻辑前提;第二,我国经济处于结构转型、新旧动能转换的关键时期,企业数字化转型是破解这一难题的重要路径,而数据资产是推动企业数字化转型的重要抓手。

一、数据资产是企业的一种重要生产力

成为生产力和创造物质财富是数据要素参与收入分配的逻辑前提。在数字经济时代,数据已经成为国家重要战略资源,与其他生产要素一样扮演着不可或缺的角色,它们共同作用于经济价值的创造过程当中,形成新的先进生产力(李清彬,2018)。数据作为生产力的重要组成部分,相应地其在收入分配中所占比重也会越来越大(李政和周希祯,2020)。数据是一种潜在的生产力,要想将它转化为现实的生产力,必须与劳动者结合,物化在其他基本要素上,才能将自身的价值转移到新产品上(蒋永穆,2020)。

（一）数据要素是先进生产力

麦肯锡全球研究院 2011 年 5 月发布的研究报告《大数据：创新、竞争和生产力的下一个前沿》指出大数据将发挥重要的驱动作用，引发新一轮生产力的增长与创新，为全球经济创造价值。大数据已经融入各行各业，成为企业的核心资产，对数据资产的占有能力、从数据中提取洞见的能力以及不断提高的技术与软件对数据的计算能力等成为企业竞争的关键。报告指出，随着数字经济的发展，大数据的规模正在迅速提升，并且在未来几年全球数据存储规模会呈指数性增长，但数据爆炸性积累增加了数据处理与分析的难度，这在一定程度上可能会阻碍社会生产力的形成发展。要想解决这一问题，关键技术是最为重要的一环，增加对关键核心技术的研发投入，从根本上提高数据处理运算效率，保证生产力的持续发展。此外，数据提高了生产力的运行效率。大数据增加了信息透明度，提高企业决策效率，提升了部门的生产效率和管理水平。

（二）数据要素促进生产力发展

数据要素中蕴含巨大的战略价值和潜在经济价值，它渗透于各行各业（如：制造、能源、医疗、公共服务等领域），正在开启一个全新的数字时代。大数据的演进直接与生产力的发展和提高有关，它与其他生产要素一起改进生产函数，促进生产力发展。我国的大数据离理想的生产要素状态还有一定的差距，我们要充分认识大数据的战略地位，抓住这一机会，站在战略高度，瞄准短板发力，对标生产要素理想状态。从数据质量、数据产权、数据制度与数据安全隐私等方面入手，全面谋划提高我国生产力的发展水平、资源配置效率与创新能力，提升我国产业的全球竞争力，实现企业的可持续发展。

二、数据资产是企业数字化转型的重要抓手

随着经济发展的外部环境发生改变，传统企业发展遇到瓶颈。在大数据

等技术的助力下,企业开始进行数字化转型。在数字经济时代,数据作为一种新的生产要素,已经成为企业重塑竞争优势的关键所在。数字技术可以改变企业创新能力、资源配置和成本控制,进而促进企业转型升级。一方面,企业利用大数据等数字化技术来推动生产服务运营方式发生变革(Ilvonen et al., 2018)。经过数字化转型企业可通过大数据提升与企业内外部的沟通与协作能力,提高生产运营效率,降低交流成本,从而节约企业生产成本(Loebbecke & Picot, 2015;戚聿东和蔡呈伟, 2019)和提升企业的创新绩效(Vial, 2019;何帆和刘红霞, 2019)。另一方面,大多数研究认为,企业可以更新、整合和再配置资源来获得竞争优势(Zahra & George, 2002)。目前,我国人力、土地、能源等资源价格持续上涨,数据作为新的生产要素,降低了企业对传统生产要素的依赖。如果企业掌握大数据,可以适应市场需求,甚至可以更好地与传统行业深度融合(刘海英, 2018)。

数字经济时代的到来,促使企业思维发生转变,由工业化思维转向互联网思维。在工业化思维下,信息的缺乏导致企业信息不对称,对市场信息的反馈效率低下,企业主要采用大规模生产、销售、传播的商业模式。在互联网思维下,企业利用大数据等技术改变企业的决策方式,智能化决策成为企业未来的主要决策模式(张涵诚, 2017)。在以往数据和信息分析中,企业只是简单分析自身的经营发展,忽视对消费者、合作商、竞争者以及上下游企业等相关主体对企业的影响。如果决策者仅根据自己的经验和个人评估作出决策,那么会使企业的战略决策存在巨大风险。然而,在大数据时代,企业通过大数据、云计算对企业自身的生产经营信息和外部相关信息数据进行智能化分析,获取有价值的信息。企业利用数据信息,及时捕捉市场信息,作出智能化决策,对不断变化的市场需求作出及时反馈。

企业只有不断更新和整合大数据资源,丰富数据库,激活数据属性,才能够掌握市场中动荡性的变化规律,提高企业核心竞争力,才能精准、迅速地对消费者的个性化、多样化需求作出反应。数字技术能够将大量实时的数据匹配,最大程度了解消费者需求,充分发挥大数据优势,精准识别、准确细分单个消费者,为企业的产品和服务创新提供方向,成功构建需求数据竞争优势。在数字经济时代背景下,大数据已经成为企业商业模式的关键竞争要素。在大数据环境下,企业获得竞争优势的主要途径是信息的透明化、交易信息的数字化、对细分市场的准确分析以及产品和服务的突破性创新。

第三章　数据要素参与收入分配的现实基础

第一节　数据要素的市场供给和市场需求规模不断扩大

一、数据要素的供给规模

据统计,截至 2021 年 6 月,我国网民总规模已超十亿,如此庞大的互联网用户规模成为了我国数据要素市场成长的巨大潜力。一方面,这有利于数据资源快速积累;另一方面,这能产生大量针对数据、信息和知识等的新型消费需求,提供了强大内生动力,使得数据要素市场发展壮大,还有利于数据要素市场规模的不断拓展。当前,全球数据供给量处于飞速增长的阶段。根据国际权威机构 Statista 的预测,2025 年全球数据产生量将达到 175ZB,到 2030 年将达到 612ZB,而到 2035 年更将呈现一种爆发式增长,达到 2142ZB。我国数据的产生量也将随着大数据、互联网等相关产业的发展呈现出爆发式增长,给数据交易带来新的机遇。据 IDC、希捷统计数据显示,我国的数据量将在 2025 年增长至 48.6ZB(CAGR30.35%),超过同期美国约 18ZB。

同时,我国大数据市场产值随着相关技术的突破和大数据产品的落地而不断提升,大数据时代也随着 IT 技术的持续创新而加速到来。当前,我国大数据产业生态系统已日趋完善,工业大数据、开放共享、数据交易、数据技术等产业链纵向发展并逐步延伸,重点区域产业布局有效推进。

二、数据要素的需求规模

只有被企业需求的要素才能被称为生产要素,从而发挥其作用。在数字经济之前,数据并没有被认为具有重要的价值,何况在企业生产中发挥生产要素的作用。而伴随着工业4.0、数字经济、互联网经济时代的到来,数据被提高到生产要素的高度,其中的根本性原因是数据需求的增加,需求市场的扩大。与传统的物质形态产品不同,数据信息产品是一种全新的非物质产品。这种无形的、数字化的信息产品,不仅是必不可少的投入品和中间产品,也是越来越常见的直接消费品(裴长洪等,2018)。相较于物质形态产品依靠固定资本投入来运营生产,数据信息产品依靠无形资产的投入。其交换主要不是依靠有形市场,而是依靠虚拟市场。其消费主要不依靠线下消费,而是依靠线上消费。数字信息产品是一种必不可少的投入品,数字信息产品不仅可以作为直接消费品,而且还是一种关键的投入品。

第二节 数据交易平台日渐成熟

数字信息产品的特性决定了其交换主要在互联网上进行,交换双方可以打破时间、空间的限制,随时随地进行交换。这意味着数字信息产品交换的市场是无形的、不固定的虚拟市场。针对这一问题,需要通过国家主导统筹数据交易平台,各地已经陆续建立了一些数据交易市场。依据平台主体背景的不同,可以划分为政府参与型以及企业主导型的数据交易平台;依据业务模式不同,还可以划分为仅做第三方交易的平台,他们仅以中间人的身份撮合以会员方式参与到平台之中的供需双方的对接,平台本身不参与数据交易,数据定价、购买期限、使用方式、转让条件等均由买卖双方商议。另一类是混合数据交易平台,以中立身份为数据供需方提供交易平台的同时,也会以供应商和服务商的角色参与到数据交易之中(吴洁和张云,2021)。下文中将列举一些,在不同背景下的平台主体中,不同业务模式的平台。

一、政府参与型数据交易平台

混合数据交易平台:东湖大数据交易中心、北京大数据交易服务平台、哈尔滨数据交易平台、贵州数据宝网科技有限公司、江苏大数据交易中心、西咸新区大数据交易所。其中,数据主要来源于网页爬虫数据、企业内部数据、政府公开数据等,服务于政府、工业、教育、商业、医疗、交通、环境、经济等,不进行基础数据交易。

第三方数据交易平台:钱塘大数据交易中心、中原大数据交易平台、上海大数据交易中心、华中大数据交易所、中关村数海大数据交易平台。其中,中关村数海大数据交易平台数据主要来源于数据供应方,服务于政府、医疗、交通、环境、经济、教育等领域,其不储存数据,仅提供交易渠道。

二、企业主导型数据交易平台

混合数据交易平台:数据堂、京东万象、聚合数据、天元数据、淘数据、数多多、iDataAPI、SHOWAPI、美林数据。其中,数据堂的数据主要来源于企业内部、数据供应方以及网页爬虫。广泛服务于环境、地理、人文、交通等领域。

第三方数据交易平台:数粮大数据交易平台、阿凡达数据、发源地大数据交易平台。其中,数粮大数据交易平台中的数据主要来源于数据供应方,服务于经济、金融、贸易、农业、工业、工程、能源、地产、通信、IT、社交、科教等领域,产品主要为数据包的商品服务。

第三节 数据定价方法逐渐成熟

数据价值具有不确定性,同一批数据,因使用人和使用场景不同而异,数据随着访问用户角色不同和应用场景不同而有大的差异,因此,数据需要因使用人和使用场景不同而给予不同的定价。当前,关于数据定价方法逐渐成熟,包含成本定价、收益定价、市场导向定价、协议定价、合同定价、拍卖竞价、捆绑定价等方式。

一、主要定价方法

数据资产具有无形性、虚拟性等特点,现有数据资产定价机制研究多类比传统无形资产的定价方法,主要包括成本法、收益法和市场法三种。

(一) 成本法

成本法,是指以资产的实际购置或建造成本作为资产的市场定价基准。关于成本法如何运用于数据要素的定价机制,不同学者从不同角度对其进行了相关阐述。邹传伟(2020)认为成本法是将收集、存储、分析加工数据的成本作为数据资产价值评估的基准。这些成本包括人工成本、IT 设备等直接费用和间接费用等和运营维护成本(如业务操作费)。[1] 德勤、阿里研究院(2019)的研究报告中指出,数据资产的评估价值为数据资产的重置成本与贬值因素的差值。企业内部生产管理时形成的数据资产的重置成本,主要为采集、加工、分析数据的软硬件成本和具体业务应用过程中的研发经费等(如数据分析师的雇佣成本)。企业外购的数据资产的重置成本,是企业重新购买该项数据资产所要花费的资金。贬值因素主要是由于数据具有时效性、异质性等特点,导致数字资产的经济价值受损。[2] 成本法适用于不以交易为目的的数据资产的定价,如政府公共数据。[3]

成本法的优点是原理简单易懂、操作便捷,只要将成本加总计算即可。成本法的局限性主要有以下三点。第一,形成数据资产的成本难以估计。数据资产大多为企业在生产经营过程中的衍生产物,并没有直接的生产成本,间接成本的分摊比例也难以确定。如消费者在购物平台产生的浏览数据和购买记录等,平台对其进行收集、处理后,形成的数据资产。这一过程涉及的成本有

---

[1] 邹传伟:《如何建立合规有效的数据要素市场》,《第一财经日报》2020 年 5 月 18 日。
[2] 德勤中国、阿里研究院:《数据资产化之路——数据资产的估值与行业实践》2019 年。
[3] 中国信息通信研究院:《数据资产管理实践白皮书(4.0)》2019 年。

平台建设成本、平台运营维护成本、平台推广成本和平台运营人员的工资薪酬等，最终应按多大的分摊比例计算数据资产的价值是很不确定的。第二，贬值因素对数据价值的影响难以量化。数据价值会受到数据及时性、数据完整性、数据维度等多种因素的影响。如，实时更新的交通路况数据对司机来说具有较大的价值，而一旦路况数据缺乏实时性，该数据对司机而言就没有价值了，但很难量化实时性对数据价值的影响。第三，成本法难以衡量数据资产产生的未来收益。传统资产可以通过参考行业的平均利润率来对资产进行评估，而数据资产利润率目前还没有形成行业标准，没有可供参考的利润率，从而也导致成本法评估的数据价值难以体现数据应用所带来的未来收益。

（二）收益法

收益法，是指以资产的预期未来收益的折现值作为资产的市场定价基准。关于收益法如何运用于数据要素的定价机制，不同学者提出了不同的观点。邹传伟（2020）认为收益法是通过评估数据对社会经济发展的影响，预测数据带来的未来现金流，再将未来现金流折现为现值。[1] 通过分析电子商务平台的数据价值链，即平台通过收集分析消费者的消费数据，为平台经营者提供用户精准画像等服务，从而获得广告收入以及定制化数据服务收入等。方元欣、郭骁然（2020）认为收益法是指计算数据价值链创造的收益中，数据资产带来的增值收益。[2] 德勤、阿里研究院（2019）结合数据的应用场景，估计数字资产的预期经济收益，进而得出数据资产的评估价值。[3] 收益法又可以具体分为以下三种估值方法。

第一，权利金节省法，也称许可费节省法，是指因持有该项数据资产而节省的特许权使用费的一种估值方法。该方法的优点在于能够反映数据资产的

---

[1] 邹传伟：《如何建立合规有效的数据要素市场》，《第一财经日报》2020年5月18日。

[2] 方元欣、郭骁然：《数据要素价值评估方法研究》，《信息通信技术与政策》2020年第12期。

[3] 德勤中国、阿里研究院：《数据资产化之路——数据资产的估值与行业实践》2019年。

经济价值。局限性在于数据资产的特许权使用费没有形成行业标准,且无法明确其使用时间,具体的特许权使用费难以估计。

第二,多期超额收益法,是指通过计算数据资产为企业带来的收益增量或减量,进而确定数据资产的价值。该方法的优点在于能够反映数据资产的经济价值,局限性在于收益增量或减量难以量化,一方面,数据带来的生活各方面效率提升背后产生的经济价值难以衡量,如智慧交通有效缓解了城市拥堵,提高了人们的出行效率,但所带来的时间价值无法量化。另一方面,在不同的应用场景下,数据体现出不同的超额收益。如用户的个人数据可应用于网络社交领域、网络购物领域等多场景中,所产生的经济价值是存在差异的。因此,在评估个人数据的价值时,是否应该将各场景下产生的超额收益考虑进去也是一个难题。

第三,增量收益法,是通过比较有无使用该项数据资产时产生的收益的差额,进而确定数据资产价值的一种估值方法。该方法主要适用于预期收益确定且可量化的情况,如买方对数据的估值。该方法的优点在于比较直观,方便理解。局限性在于难以界定产生的收益差额是否是由数据资产引起的。由于市场瞬息万变,很难保证其他条件保持不变,任何因素的影响都有可能导致企业经济收益的变化,很难区分出归属于使用数据资产带来的那部分收益。

（三）市场法

市场法,是指以相同或类似资产的市场成交价格作为资产的市场定价基准。对应于数据资产,市场法是以数据资产在公开交易市场上的交易价格或数据密集型企业的市场溢价为定价基准。市场法又可以具体分为以下两种估值方法。

第一,通过直接比较相同或相似的数据资产在公开交易市场的定价,对特定的数据资产进行价值评估。如,2018 年,美国某制药公司出资 3 亿美元,从一家 DNA 测试公司购买了 500 万人基因组数据库的独家访问权,据此可以计算出个人的基因数据是市场价值为 60 美元。[①] 这种方法的优点在于参考价格直接来源于市场交易,相对来说较为真实可靠。其局限性在于目前的数据交易市场还不成熟,交易的合规合法性有待商榷,且交易具有不透明性,许多数据交易价格并未对外公开,因此,并非任何数据资产都能找到相同或相似的交易价格进行参考对比。

第二,通过股票市场的估值,间接评估数据资产的价值。普华永道的研究表明,在同一行业中,数据密集型的企业的市场估值往往高于其他企业的估值,其市场溢价可理解为企业拥有的数据资产的价值。[②] 例如,2016 年 6 月,微软宣布以总价值 262 亿美元收购 LinkedIn,当时 LinkedIn 市值仅为 175.1 亿美元,市场溢价约 50%。显然,微软愿意如此高价收购 LinkedIn,主要目的在于其拥有的 4 亿用户数据,由此可以将市场溢价 86.9 亿美元视为 LinkedIn 数据资产的价值。该方法的局限性在于市场评估数据密集型企业时,还会考虑其他的重要因素,如数据分析能力等,因此,会在一定程度上高估数据资产价值。

二、其他定价方法

(一) 固定定价法

固定定价是指数据卖方根据自身数据商品所花费的成本和市场供给和需求的情况,确定一个固定价格在交易平台上进行出售,最终交易成交价即为该固定价格。[③] Oracle、Good Date、Data plaza 等数据交易平台均采固定定价机制。该方法的优点在于可以节省数据买卖双方的协调成本,其局限性在于适用性不足,仅适合批发廉价的数据交易。例如,在 Data plaza 平台上,数据商品采用固定定价方法。数据买方根据自身需求在 Data plaza 平台自行下载购

---

① 方元欣、郭骁然:《数据要素价值评估方法研究》,《信息通信技术与政策》2020 年第 12 期。

② Pricewaterhouse Coopers. Putting a price on data[R],2019.

③ 中国信息通信研究院:《数据价值化与数据要素市场发展报告》2021 年。

买数据,不同的数据类型和数据量的收费标准不同,收费时间可以按年、按月或现收现付。

（二）歧视定价法

歧视定价也称为差别定价,是指针对获取数据愿望的强烈程度不同的数据买方,数据卖方根据其支付能力调整收取不同价格的定价策略。[1] 该方法的优点在于数据的针对性较强,交易成功的可能性较高。局限性在于可能会损害部分个体数据买方的利益,长此以往会损害公司声誉。[2] 采用该定价策略的交易平台主要为 Factual。例如,美国的开放位置数据库提供商 Factual,根据客户的数据需求量制定不同的价格,免费提供小规模的数据,大规模的数据则会收取高额服务费,其中 Facebook、City Search 等大型公司都会通过 Factual 购买相关数据。我国的知网也是采取这种定价方法,根据各大院校和研究机构等用户单位和个人对数据库资源的需求规模和类型,制定不同的年费标准。

（三）拉姆齐定价法

拉姆齐价格是一种高于边际成本的定价,此价格下净收益与净损失的差值最大。该方法的优点是有助于实现社会福利最大化。该方法主要适用于公共数据定价。公共数据具有公共属性,其社会效益远远高于经济效益,通过制定高于边际成本的定价有利于提高数据使用效率。政府通过购买服务的方式将数据交给公司进行加工处理,随后,政府将处理后的数据以拉姆齐价格对外开放,这样政府和企业都能获得收益,因而社会总福利增加。

（四）自动计价法

自动计价是指交易平台对每种数据设定自动计价公式,买卖双方在交易

---

[1]　刘朝阳:《大数据定价问题分析》,《图书情报知识》2016 年第 1 期。
[2]　蔡莉等:《数据定价研究综述》,《计算机科学与探索》2021 年第 9 期。

系统的自动撮合下成交。① 在自动计价机制下,存在以下两种成交价格:一是买方报价。当数据卖方报价小于买方报价时,系统自动撮合成交;或当数据卖方报价大于买方报价时,卖方可从买方报价中选择可接受的价格,这两种情况下的成交价均为买方报价。二是系统自动计算的价格。当数据买方只对部分数据有需求时,交易平台将对数据进行拆分,依据提前设定的计价公式自动报价并自动撮合成交。采用自动定价机制的交易平台主要有浙江大数据交易中心。该方法的优点在于定价灵活,局限性在于算法复杂,对交易平台的建设成本要求较高。另外,提前设定的自动定价公式只适用于原有数据类型,不适用于新的衍生数据类型。

(五) 协商定价法

协商定价也称为协议定价,是指数据买卖双方经过反复协商后确定的成交价格。通常来说,当数据买卖双方都比较认可数据的价值时,就可以采用协商的方式,达到双方均能接受的价格,最终成功交易。协商定价是目前市场交易最常用的定价方法,如中关村数海大数据交易平台、长江大数据交易中心。② 该方法的优势在于操作简单,数据价格更为合理,有利于提高市场供需的匹配度。局限性在于协调过程中时间成本难以控制。一般来说,数据卖方会高估所售数据的价值,而数据买方会倾向于低估数据的价值,此时,买卖双方通过反复试探协商,必然会花费一段时间,进而产生过多的时间成本。另外,最终成交价格还会受到买卖双方话语权的影响。③

(六) 拍卖定价法

拍卖定价是指多个买方通过公开竞价的方式,最终出价最高者得,成交价即为该数据的价格。基于买卖双方均诚信的拍卖定价有利于实现数据价值最

---

① 中国信息通信研究院:《数据价值化与数据要素市场发展报告》2021 年。
② 刘枬等:《大数据定价方法的国内外研究综述及对比分析》,《大数据》2021 年第 6 期。
③ 胡燕玲:《大数据交易现状与定价问题研究》,《价格月刊》2017 年第 12 期。

大化,有助于数据市场的可持续发展。为提高拍卖定价的科学性,也可以采用多种竞拍方式。一是分期拍卖,可以将数据进行多次拍卖,买方在获得部分数据后对数据价值的认可度会得到提升,进而在下次拍卖中会愿意出更高的价格。二是买方竞拍、反向竞拍、维克里拍卖等多种方式结合。数据买卖双方均诚信的前提下,能有效解决信息不对称问题。① 采用该定价策略的交易平台主要为上海数据交易中心。拍卖定价一般适用于比较优质的数据,存在多个买方的情况。该方法的优点在于可以最大化保护数据卖方的利益,同时符合市场原则。局限性在于存在道德风险。如果出现多个数据买方不诚信的情况,即私下约定联合竞拍,竞拍成功后价格分摊,这将大大损害数据卖方的利益。

(七)“数据势能”估值法

“数据势能”估值方法是专门针对公共开放数据价值评估搭建的一种全新的估值方法。② “数据势能”的计算公式为:公共数据资产价值=公共数据开发价值×潜在社会价值呈现因子×潜在经济价值呈现因子。根据这一公式,公共开放数据资产的价值主要包含开发价值、社会价值和经济价值三个方面。

首先,数据的开发价值是指提供数据所需要的成本,等于全系构建成本×公共开放数据质量调整系数。其中,全系构建成本主要包括初始建设成本(如存储设备等基础设施成本)、运维成本(如服务器与技术员工成本)和管理成本等;公共开放数据质量调整系数由专家从准确性、完整性、及时性、时效性及唯一性等五个维度对其进行打分后得出。

其次,数据的潜在社会价值主要体现为提高人民的生活质量及效率。在数字社会的建设过程中,通过对公共开放数据的充分利用,不断提高政府决策效率和服务效率,为公众提供“惠民”服务。数据的社会价值的直观体现为人

---

① 刘朝阳:《大数据定价问题分析》,《图书情报知识》2016 年第 1 期。
② 普华永道:《开放数据资产估值白皮书》2021 年。

民生活幸福感的提高、政府管理的效率提升等主观评判,因此,需建立可量化的评判指标来衡量其社会价值。通过比较公共开放数据的实际累计下载量,判断社会对公共数据的利用率和认可度,从而反映出公共数据对社会价值的贡献。

最后,数据的潜在经济价值,计算公式 = $(1 + g)^x$,其中 g 为数字经济名义增长率,x 为第三方数据资产专家对公共开放数据应用场景多样性评分所对应的数值。一方面,数据作为数字经济时代的战略性资源,公共开放数据对企业的科技创新和社会资源的优化配置都有很大的贡献,公共数据的潜在经济价值越大,对企业和社会发展的贡献就越大,数字经济增长率也就越大。另一方面,数据资产的价值会随着应用场景的不同而不同,也会随着应用场景的不断拓展而不断提升。公共数据涉及医疗、教育、交通、农业、金融等多领域,通过专家对公共数据的应用场景多样性进行评估,能有效衡量公共数据对企业的转型升级、服务效率等方面的助力值,从而评估公共数据的经济价值。

该方法的优点在于考虑了数据的潜在社会价值,局限性在于仅适用于评估公共开放数据资产价值,且该评估方法缺乏实践,评估的准确度有待进一步验证。

(八)"四因素定价模型"

中国信息通信研究院在前人研究的基础上,提出由数据的补偿价值、增值价值、异质性价值、风险溢价四种因素组成的数据资本"四因素定价模型"。[①]第一,补偿价值是指在数据处理加工过程中涉及的数据存储的硬件设备成本、软件研发经费、设备维护成本、人工成本等。第二,增值价值主要体现为经济价值和社会价值。经济价值是指数据通过参与企业生产经营活动,为企业带来经济利润;社会价值是指数据的规模效应所带来的社会贡献。第三,异质性价值是由于数据应用场景、数据结构、数据交易场所等不同引起数据价值的差

---

① 中国信息通信研究院:《数据价值化与数据要素市场发展报告》2021 年。

异。第四,风险溢价是指数据投资组合的收益率与无风险收益率的差额。数据供求双方间的信息不对称、数据准确度、数据的可挖掘性等原因使得数据价值具有不确定性,数据投资者需要承担一定的风险,风险溢价就是用来衡量数据投资者因承担风险而获得的报酬率。从上述数据价值的影响因素出发,构建数据资产的"四因素定价模型"。

首先,数据价值=补偿价值+新增价值。即

$$P = V_i [1 + E (R_i)] \tag{3-1}$$

其中, V_i 为企业为数据资产 i 支付的成本; $E (R_i)$ 为企业数据资产投资收益率。

$$V_i = \sum_{t=1}^{n} \frac{C_t}{(1+r)^t} \tag{3-2}$$

其中, C_t 为企业在数据资产上的投入, r 为折现率。

其次,构建数据资产投资收益率模型。该模型中,假设数据资产市场是完全竞争的,数据资产都是追求利益最大化的,信息完全对称,数据资产投资的期望收益是可估的。该模型为:

$$E (R_i) = R_{fi} + \beta_i [E (R_m) - R_{fi}] \tag{3-3}$$

$$\beta_i = \frac{Cov (R_i , R_m)}{Var (R_m)} \tag{3-4}$$

其中, $E (R_i)$ 为数据资产 i 的期望收益率, $E (R_m)$ 为数据资产平均收益率, $E (R_i)$ 和 $E (R_m)$ 均为随机变量; R_{fi} 为数据资产存量的无风险收益率。 β_i 表示数据资产收益率变动随数据系统风险变动的相关度。数据资产收益率与系统风险成正比,即 β_i 系数大,则系统风险大,从而期望收益率高。

再次,将数据异质性价值加入模型中,则:

$$E (R_i) = \alpha_i + R_{fi} + \beta_i [E (R_m) - R_{fi}] \tag{3-5}$$

其中, α_i 为数据异质价值收益率。

最后,数据资产"四因素定价模型"为:

$$P = \sum_{t=1}^{n} \frac{C_t}{(1+r)^t} \{ 1 + \alpha_i + R_{fi} + \beta_i [E (R_m) - R_{fi}] \} \tag{3-6}$$

数据资产"四因素定价模型"的优点在于从多个维度综合考虑了数据价值影响因素,局限性在于该模型较适用于发展成熟的数据交易市场,且操作较为复杂,而我国数据交易市场还不成熟,应尽量采用操作较为简单的定价方法。

（九）Shapley 值法

Shapley 值法是一种相对估值方法,Shapley 值可计算单份数据的贡献。数据相对估值的目标在于,计算出在一组数据应用于一个相同的任务场景时,每组数据对完成该项任务作出的贡献比例。[①]

Shapley 值是由 Shapley 于 1953 年研究合作博弈时提出的,Shapley 值能够通过衡量多方参与者的贡献比例,公平分配收益。数据相对估值可以使用 Shapley 值,要解决的问题是,对某数据资产 $i \in N$,评估该数据资产对任务完成情况 $v(N)$ 的贡献 $\varphi_i(v)$,其计算公式为:

$$\varphi_i(v) = \frac{1}{|N|} \sum_{S \subseteq N \setminus \{i\}} \frac{v(s \cup \{i\}) - v(s)}{\binom{|N|-1}{|S|}} \qquad (3-7)$$

其中,N 为数据集合,$|N|$ 为数据集合的元素个数,v 为评估任务完成情况的指标,$\sum_{S \subseteq N \setminus \{i\}}$ 表示对所有不含数据资产 i 的数据子集 S 求和,$v(s \cup \{i\}) - v(s)$ 表示数据资产 i 与数据子集 s 搭配时的边际贡献。

在使用 Shapley 值对数据进行估值时,可先假定数据的应用场景,确定衡量指标和模型后,运行模型得出 Shapley 值,即可计算出在特定应用场景下每个数据子集对完成任务的贡献。该方法的优点在于计算简单,经过了长期的实践检验,局限性在于当数据集合数量增加,计算量将呈指数级上升。

目前,我国数据交易市场还不成熟,虽然市场上已经有多种定价方法,但

[①] 邹传伟:《对数据要素的特征、价值和配置机制的初步研究》,搜狐网:https://www.sohu.com/a/393564350_100217347。

尚未形成规范、公平的数据定价规则。导致数据定价指标体系难以规范化的原因主要有以下三点。第一，各交易平台没有形成统一的价格评估指标。各交易所对同种数据产品所采用价格评估指标不同，导致数据相同而价格不同，这严重阻碍了全国统一市场的形成。第二，数据质量评价指标体系只能对数据进行定性分析，不能进行定量分析，无法给出准确的价格。第三，由于数据具有时效性，且市场供求在不断变化，数据历史成交价格虽有一定的参考价值，但还是不能准确衡量新数据的价值。① 因此，要尽快建立统一的数据交易市场，才能解决定价问题。

第四节 处理和分析数据要素的技术基础不断成熟

当前，数字技术发展迅速，该技术以 5G、人工智能、云计算等为代表，利用这些技术企业可以通过获取和分析数据来组织社会生产、消费、分配、交易等活动。数字技术已经突破了传统生产方式的时空限制，人类生产方式正进行着不同于传统工业时代的根本性转变。这些新的数字技术正是数据要素参与收入分配的技术基础。

一、5G 技术

新一代的蜂窝移动通信技术 5G 技术的性能目标是低延迟、低功耗、低成本、高速率、高系统容量和大规模设备连接。从 5G 网络工程部署阶段以来，我国在 5G 工程建设方面取得了显著成绩，目前已形成世界上最大规模的 5G 商用网络。根据中国工信部统计数据显示，我国已经建立了 150 万个 5G 基站（截至 2022 年 2 月末）。独立组网（SA）将在全国超过 300 个城市实现规模商用，5G SA 使得端到端的网络切片技术和面向行业的应用创造了基础条件。

---

① 中国信息通信研究院：《数据价值化与数据要素市场发展报告》2021 年。

5G 网络的上下行速率大大提升,并通过中国信息通信研究院在国内 14 个重点城市进行的移动网络质量专项评测,14 个城市上传的平均速率达到了 100Mbps、下载的平均速率达到了 800Mbps。目前,我国的 5G 移动网络已正式进入规模商用时期。

目前,我国 5G 网络设备制造水平已在世界居于领先地位,我国各省各市在智能企业、智能家居、智慧企业、智能医院、智慧城市交通等新应用领域,积极发展 5G 应用生态体系。随着行业之间互联互通和数字化变革的不断深入,"5G+"模式也将得到进一步开发。该模式在世界的各类应用场景中有着重大的影响力,所产生的引致产业、先导产业和动力产业是一批面向新一轮技术变革和产业革命发展的新兴产业,也是构建现代化经济体系和推动高质量经济发展的重要基础。

二、人工智能技术

人工智能是指通过数字计算机控制的机器或使用数字计算机技术去模拟、延伸和拓展人的智慧,从而在感知环境以及获得和运用知识的过程中得到一个有关理论、方法、技术和应用体系的最优成果。1956 年人工智能的概念被提出,自此之后,它经历了三次繁荣和两次低谷时期。我国在人工智能方面的探索相对较晚,萌发于 20 世纪 70 年代末。随着网络的迅速发展和数字技术的不断创新与广泛应用,如今,我国的人工智能逐渐进入了高速发展阶段,它已然成为我国国家的重要发展战略。作为今后发展趋势的重要技术,人工智能是今后发展的方向,它将是我国新阶段科技革命与行业变革的重要驱动力,人工智能也逐渐成为全球竞争的新焦点、经济与社会发展的新动能。随着人工智能的进一步发展,人工智能已成为数字经济时代的一个重要特征。以智慧家居、智能机器人等为典型的人工智能新兴产业正在加快发展。

三、云计算技术

云计算是分布式计算的一种,指的是通过网络"云"将巨大的数据计算处理程序分解成无数个小程序,然后,通过多部服务器组成的系统进行处理和分析这些小程序得到结果并返回给用户。目前我国在公有云市场排名前三的分别为阿里云、天翼云、移动云。在中国信通院发布的《云计算白皮书(2021年)》中指出,我国云计算市场在 2020 年呈现爆发式增长。在数据作为生产要素参与企业生产过程当中,以云计算为核心技术,融合人工智能、大数据、5G 等技术,能够加速数据在企业内、企业间的流通、汇集、处理和价值挖掘。同时,我们也应看到,当前我国云计算技术生态完备,正进入黄金发展时期。云网边一体化不断加深,算力服务方式被重新定义。

第五节　数据要素相关的法律基础日趋完善

产权明确是任何资源交易的基础,数据要素进行交易在交易前同样需要被确权,只有在法律上对数据产权进行界定,数据才能够合法合规地进行交易。因此,需要完善相关的法律法规,通过明确大数据要素的产权属性和产权分布等法律手段来保证产权。

一、国家层面

近年来,国家层面出台了许多关于数据安全的相关法律法规,如《数据安全法》《国家安全法》《网络安全法》和《个人信息保护法》,这些法规制度保障了我国的数据信息安全。国务院办公厅于 2015 年发布《促进大数据发展的行动纲要》,至此大数据国家层面的"顶层设计"逐渐展开。2016 年《十三五规划纲要》中提出了"实施国家大数据战略",同年工信部发布了《大数据产业发展规划(2016—2020 年)》。2020 年 7 月《中华人民共和国数据安全法(草案)》(下文简称《数据安全法(草案)》),在第二章"数据安全与发展"第十七条中提出了"国家推进数据开发利用技术和数据安全标准体系建设"的要求，第十九条提出了"国家建立健全数据交易管理制度"的要求。第五章"政务数据安全与公开"提出了关于政府数据管理的法律规范。

数据要素市场化在《数据安全法（草案）》的保驾护航下快速发展，《数据安全法（草案）》对数据要素市场化尤为重要。在《数据安全法（草案）》出台以前，有关于安全性问题国家相关行政法规和部门规章制度与地方性法规和地方政府规章条例等也有明确规定，但是这对于作为一个整体交易的数据而言产生的交易成本极高。为了明确自然人的信息权以及自然人的数据与互联网虚拟财产权，2017年10月1日实施的《中华人民共和国民法典》第111条明确规定了自然人的信息权，第127条对数据与互联网虚拟产权方面提供了法律条文的约束。2020年5月28日，十三届全国人大三次会议通过了《中华人民共和国民法典》，这标志着个人信息数据保护体系的基本形成。这些法律条文的颁布为数据权属的界定提供了借鉴（杨东，2020）。

二、地区层面

从地方层面来看，各省根据各自地区实际情况，颁布了一些数据条例。其中上海、深圳、福建、山东等地方制定了大数据条例，如《上海市数据条例》和《深圳经济特区数据条例》既包括了公众数据，还包含了对个人数据管理方面的有关规范。关于政府数据信息开放共享，我国30多个省份制定了相关的政策文件，在共享内容、信息范围和成果形式等方面都作出了详细规定。例如，2016年11月贵州省政府出台了《贵州省政务数据资源管理暂行办法》，2020年9月贵州省通过了《贵州省政府数据共享开放条例》。

此外，2020年12月，《深圳特区数据暂行条例（草案）》（以下简称《条例（草案）》）提请深圳市人大常委会会议审议，这是我国第一个数据领域的综合性专门立法。《条例（草案）》还规定自然人、法人以及非法人组织可以行使对特定数据的独立判断、控制、处理、收益以及利益损失受偿等数据权利。值得一提的是《条例(草案)》是我国立法中第一次明确提出了对"数据权益"的保护。而在地方法规中,2021 年 3 月 1 日施行的《浙江省数字经济促进条例》是国内首部以促进数字经济发展为主题的地方性法规。该法规第一次明确了数字经济的法定概念,第一次在数字产业化、产业数字化上有了明确的法律界定,第一次从法律层面上将发展数字经济和加快建设数据要素市场作为经济社会发展的重大战略。

第四章 数据要素参与收入分配的相关理论

生产要素是指进行社会生产经营活动时所需要的各种社会资源,是维系国民经济运行的基本因素。传统的生产要素包括劳动、土地和资本,伴随着经济的发展,知识、技术与管理的重要性日益凸显,并相继纳入现代生产要素体系。经济学理论从诞生之日起就开始关注生产要素与要素分配问题。西方古典经济学提出了"按生产要素贡献分配"的理论;在此基础上,马克思提出"劳动价值论"、"按劳分配"的观点;我国在坚持马克思主义的基础上,结合我国基本国情,提出了具有中国特色的"以按劳分配为主体、多种分配方式并存"的分配制度。本章通过对要素分配理论历史演变的梳理,为数据要素参与收入分配奠定理论基础。

第一节 西方经济学的按要素分配理论

西方经济学的要素分配理论大致可分为两个阶段,古典经济学时期的要素分配理论和近代时期的要素分配理论。

一、古典经济学的按要素分配理论

按生产要素的贡献进行收入分配的理论最早出现于古典经济学时期。尽管在古典经济学之前,也出现了要素分配的思想,但这些经济思想并没有形成系统的要素分配理论。如重农学派认为土地要素是唯一重要的生产要素,只有农业才产生剩余,工业、贸易和各种产业虽然是有用的,但并不是生产性的,这些产业仅仅起到价值转移的作用,将原本以原材料和工人基本生存资料形式存在的价值在生产过程中转移到新的产品当中。重商主义经济学家开始重视劳动要素,但这种重视并不是因为劳动创造了价值,而是因为他们认为财富源于商业活动(即通过低买高卖赚取金银货币),而劳动在低买高卖的商业活动中非常重要。首先充足的劳动供给可以维持更低的工资水平,这有利于实现"低买";其次,工资水平低有利于降低出口商品的价格,提高商品的国际竞争力从而增加黄金流入本国;最后低工资有助于降低对劳动者闲暇消费的激励(即强调工资的收入效应),使更多的人加入到劳动大军中来。

对要素分配理论的系统化研究往往认为始于威廉·配第。配第最早提出劳动价值论思想,认为如果收获一蒲式耳谷物与制造一盎司白银需要的劳动相同,那么它们的价值应该相等,在本质上这就是等价交换的思想。在工资理论中,配第把工资归结为必要劳动,而把剩余劳动看作是社会收入的源泉。他认为工资应当等于工人最低限度生活必需的生活资料的价值,如果对工人支付的工资超过必需生活资料的价值,对社会来说就会造成收入的损失。与此同时,他提出"劳动是财富之父,土地是财富之母",强调土地对财富创造的重要性。在土地要素的分配层面,他认为地租是生产出来的农产品对全部生产资料价值和工人工资做了扣除后的余额,其实质相当于剩余价值,工资与地租是此消彼长的对立关系。他还考察了级差地租问题,提出级差地租的两种形式:一是同等肥沃的土地因所处位置不同而形成的级差地租;二是相同位置的土地肥力不同以及同一土地因追加投资而形成的级差地租。

古典经济学家亚当·斯密最早提出了劳动价值论思想,明确指出是劳动创造了价值,地租和利润是参与劳动所创造价值的分配。他对劳动要素的分析基于两种经济类型的区分:在简单的经济体系中商品的交换遵循劳动等价交换;在复杂的经济体系中,一件商品的价值能够购买的劳动数量会超过体现在它生产过程中的劳动的数量,因为这其中还包含了利润和地租。在资本主义社会中,工人阶级依靠劳动获得报酬,地主阶级通过占有土地获得地租,资产阶级通过占有资本获得利润。斯密还提出了利润和地租是资本和土地私有制的产物的观点,从而将制度因素纳入收入分配问题的分析中。尽管对利润和地租的解释有一定的模糊性(即认为利润和地租分别是资本、土地的自然价格,也构成价值的源泉),但是相较配第而言,斯密更系统地阐述了劳动价值论和资本主义社会要素分配的本质,突出了要素所有权的作用,首次对利润进行了独立的研究,为以后的经济学家阐释要素分配理论提供了一个重要的研究视角和分析思路。

庸俗经济学派的创始人让·巴蒂斯特·萨伊在批判斯密价值理论和分配理论的基础上,创立了效用价值论,提出了"三位一体"的分配公式。一方面,萨伊发展了斯密按要素分配的思想,指出土地、劳动和资本是生产过程中最重要的、不可或缺的生产要素。他从效用决定价值的理论出发,认为"所谓生产,不是创造物质,而是创造效用",他将效用与价值等同化,认为土地、劳动和资本三种要素创造了产品的效用,因此也创造了产品的价值,基于此,建立了"三位一体"公式,即地租论、工资论、利润论。另一方面,萨伊摈弃了斯密的劳动价值论,完全忽视社会生产关系对分配的影响,把分配问题单纯归结为人和物之间的物质生产关系,认为三种要素根据它们各自在生产过程中提供生产性服务的重要性获得报酬,资本主义的要素分配并不存在剥削。

古典经济学的集大成者大卫·李嘉图以边沁的功利主义为出发点,建立起了以劳动价值论为基础,以分配理论为中心的政治经济学理论体系。他在承认斯密劳动创造价值理论的基础上,指出生产商品所耗用的相对劳动量决定了商品价值,劳动是价值创造的唯一源泉,而利润和地租则分别是资本和土地所有者凭借其对资本和土地的所有权而参与分配。商品的全部价值由劳动创造,并在工资、利润和地租之间进行分配:工资由工人的必要生活资料价值决定,利润是工资以上的余额,地租是工资和利润以上的余额。在对土地要素的理解上,李嘉图认为"地租是土地产品的一部分,是因使用土地原有和不可摧毁的生产力而付给地主的那一部分土地产品",进而提出"广延边际地租"

(级差地租Ⅰ)与"集约边际地租"(级差地租Ⅱ)的完整地租理论。尽管地租受地理位置、土壤肥沃度等因素的影响,但他始终坚持认为地租和利润取决于工资,工资是维持劳动者生活所需的,工资高则地租和利润就会变少。

功利主义经济学家约翰·穆勒研究了生产和分配的规律。他认为生产规律含有自然真理的性质,是永恒的自然规律,不依社会制度改变而改变,而分配规律则取决于社会习惯和法律,受人类意志支配,是一种暂时、易变的历史关系。在价值理论方面,穆勒把李嘉图的劳动价值论和当时存在的供求论、生产费用论融合在一起,从而得出折中的价值决定理论,认为不同类型商品的价值决定是不同的:数量有限、供给不能任意增加的商品,其价值决定于供求关系;供给数量可以无限增加,而生产费用不会提高的商品,其价值由生产费用决定;供给数量可以增加,其单位生产费用也会随之提高的商品,它的价值取决于最高生产费用。与折中的价值理论相对应,穆勒的分配理论也带有明显的折中性质。在工资问题上,穆勒把李嘉图的自然工资、马尔萨斯的人口理论和工资基金学说结合起来,认为工人的工资水平短期由劳动的供求决定,长期则取决于工人人数,只有控制人口才是改善工人工资水平的正确方法,最低工资制或补贴制度并不能真正改善工资水平。在利润问题上,穆勒一方面接受李嘉图的观点,认为利润来源于工人剩余劳动所创造的剩余产品;另一方面又接受了西尼尔等人的节欲论,认为资本家的利润是抑制当期消费而把资本让渡给劳动者使用所应获得的报酬。他还把利润进一步细分为利息、保险费和管理工资,分别采用节欲、风险报酬和资本家劳动报酬来说明其存在的合理性。在地租理论方面,穆勒基本上接受了斯密和李嘉图的观点,认为地租是一种自然垄断的结果。

二、近现代的按要素分配理论

近代新古典经济学派要素分配理论的代表人物主要有庞巴维克、克拉克、马歇尔和萨缪尔森。

边际学派的主要代表人物欧根·冯·庞巴维克认为,边际效用决定价值,而效用依赖于人们的主观评价,从而资产阶级的利息和利润收入取决于人们对不同时期财物效用的主观评价。庞巴维克最有创造性的著作《资本与利息》的核心是利息时差论,他把利息分为借贷利息(利息的一般形态)、企业利润(利息的特殊形态)、耐久物品利息(即租金)三种形态,指出利润、利息、地租等各种收入都是人们对当期财物与未来财物效用的主观评价的差额,是时间的报酬。庞巴维克以边际效用论代替马克思的劳动价值论,以利息时差论否定和代替马克思的剩余价值论,而非剩余劳动的转化,否定资本主义制度的剥削本质。

边际主义学派的先驱约翰·贝茨·克拉克认为,商品具有价值的前提是给人们带来效用,其次要有一定的稀缺性,因此,价值是由边际效用决定的。价格是买卖双方对物品的效用进行评价、彼此竞争和均衡的结果,不同商品的价格之比就等于其边际效用之比。克拉克还将边际效用价值理论应用于生产和分配领域,根据"资本生产率"、"生产力递减规律"及"效用递减规律",提出了关于工资和利息的边际生产力学说,认为各要素的边际生产力决定其报酬,工资等于劳动的边际产量,而利息等于资本的边际产量,按生产要素的贡献分配是一种公平的分配。关于企业家的利润,他认为由于竞争的原因,在静态社会中没有企业家的利润;只有在动态社会中,企业家才能得到利润,这种利润是采用新技术的特殊报酬,而且这种利润也给工人带来好处,因为利润增加会扩大生产,工资也会相应提高。

现代经济学的创始人阿尔弗雷德·马歇尔综合了边际效用价值论、供求论、节欲论、生产费用论,以均衡分析方法为工具,对要素分配理论进行了修改和完善。他在萨伊的劳动、资本、土地三要素基础上增加了"企业家能力",即管理要素,指出在生产过程中,各生产要素按照各自的均衡价格参与分配,国民收入总额相应地被分配至这四种要素上面,形成工资、利息、地租和利润,所有要素分配份额之和等于社会总产出。当需求一定时,则取决于供给,而供给价格是由边际生产力决定的,因此各生产要素的报酬之间没有本质区别。马歇尔的要素分配思想摒弃了古典经济理论对社会经济关系和所有权制度的关注,而专注于生产过程中要素投入和产出的物质技术关系,侧重研究各种生产要素市场均衡价格的形成过程,使收入分配问题转化为一个与制度结构无关的均衡价格决定过程,成为现代西方主流经济学要素分配理论的核心。

新古典综合经济学派的创始人保罗·萨缪尔森,在分配理论方面提出了边际生产率论。他从微观经济学视角,按照边际生产率论,认为资本和劳动分别得到利润(或利息)和工资作为报酬,其大小取决于边际产品的多寡,也就是说,取决于它们在生产上所作出的贡献的大小。当某一生产要素在各种不同的使用方面所得到的边际产品都等于其共同的市场价格时,社会资源即处于最有效率的分配状态。换言之,利润(或利息)和工资的高低只能为生产的边际产品所决定,不能为人们的主观意愿所改变。

20世纪80年代以后按要素分配思想的发展,代表人物有马丁·L.威茨曼和托马斯·皮凯蒂。1984年,威茨曼发表了《分享经济》一书,认为资本主义现行的与货币购买力和生活费用指数相关的工资结构是不合理的,是出现滞涨的主要原因。他承认生产剩余,提出应当改劳资双方的对立关系为合作关系,将劳动者的固定工资制变为分享制,即资本家与工人约定一个经营成果的分配比例,按约定的比例分享企业的最终收益。这种做法打破了资本所有者独占剩余利润的局面,可以促进就业,鼓励劳动者参与生产,缓和阶级矛盾。2014年,皮凯蒂发表著作《21世纪资本论》,分析了300多年的历史数据,结果显示收入差距问题长期存在并且有加剧的趋势,这不仅表现在要素收入差距上,也体现在不同劳动者之间的收入差距上,当然后者要比前者温和得多。尽管知识和技能有助于缩小要素间的收入差距,但是这种积极作用将被一种更大的消极影响抵消,即市场经济下的资本收益率高于经济增长率,也就高于劳动报酬率。因此,依靠市场力量是无法消除资本主义的要素收入不平等现象的,甚至会加剧这种现象,他的研究与新古典主义经济学否认资本主义剥削关系的观点截然相反,资本要素与劳动要素的冲突需要从多个层面进行调和。

总之,古典经济学时期的要素分配理论更多从各生产要素参与收入分配的依据进行分析,研究要素与价值创造的关系。近现代时期的要素分配理论,更多从资本主义经济发展需要出发,研究如何改善资本和劳动要素的分配关系。在资本主义发展初期,为缓和阶级矛盾,新古典经济学否认劳动创造价值,提出参与分配的各生产要素之间是平等的;在资本主义发展出现滞涨时期,学者们开始研究出现滞涨的原因,从改革分配制度和缓解收入差距层面寻求解决办法,但并没有触及资本主义经济制度本身。

三、数据要素参与收入分配的经济学理论依据

西方经济学的要素分配理论为数据参与收入分配这一制度安排提供了政治经济学逻辑支撑,夯实了数据要素参与收入分配的经济学理论基础,后者是对西方传统要素分配理论的继承和发展。

第一,数据要素的产权私有,决定了数据要素参与分配收入的必要性。无论是古典学派的亚当·斯密,还是大卫·李嘉图,均指出利润和地租分别是资本和土地所有者凭借其对资本和土地的所有权参与收入分配的结果,生产要素参与收入分配是各种生产要素所有权的经济实现。在生产要素私有制的条件下,只有让数据要素参与收入分配,才能充分调动数据要素所有者生产数据、供给数据的积极性,实现数据资源的高效利用和合理配置,发挥好拉动经济增长的加法效应和乘法效应。

第二,数据要素参与收入分配的合理性来自数据要素对边际生产力和价值创造的贡献,符合西方经济学的边际生产力理论。边际生产力理论认为,决定要素参与收入分配的依据是价值贡献,各种生产要素的边际生产力决定了其报酬,如工资等于劳动的边际产量,利息等于资本的边际产量,按生产要素的贡献分配是一种公平的分配制度。而数据要素通过与土地、资本、劳动、技术、管理等传统要素相结合,提高劳动者素质和技能、革新劳动工具和技术、推动经济转型升级、改进资源配置效率、提高供需匹配效率和全要素生产率、降低宏观调控的时滞、改善宏观调控的效率和精准度,对国民经济的高质量发展和国民财富的增长作出重大贡献,理应参与收入分配,并按照对经济增长的市

场贡献来获取相应的报酬。

第三,西方经济学的边际生产力理论为数据参与收入分配提供了客观评价标准。党的十九届四中全会提出的"健全数据等生产要素由市场评价贡献、按贡献决定报酬的机制"完美诠释了边际生产力理论的精髓和核心要求,即在市场经济条件下,按照各数据要素的边际贡献决定其市场回报。

第二节　马克思的按要素分配理论

马克思的要素分配理论与古典经济学派的最大不同在于他始终坚持劳动价值论,并把制度因素与收入分配结合起来,创立了剩余价值论。马克思在《资本论》中首次提出按劳分配的分配原则,认为随着共产主义的推行,按劳分配原则会成为社会主义的主要分配原则。与此同时,马克思对古典经济学的按要素分配理论进行了深入研究和批判,进一步剖析了资本主义的生产方式与按要素分配之间的内在关系。

一、马克思的按劳分配理论

马克思按劳分配理论是经过实践检验的、科学的理论。我们只有全面认识其理论基础、基本原理和理论目标,才能深刻了解和把握按劳分配理论。

(一) 劳动价值论是马克思按劳分配理论的理论基础

任何价值分配理论均是以价值创造理论为基础的。劳动价值论属于价值创造理论,其核心思想为活劳动是创造价值的唯一源泉。[1] 劳动价值论认为商品具有使用价值和价值,而商品的二因素是由生产商品的劳动二重性决定的,即具体劳动创造商品的使用价值,抽象劳动创造商品的价值。马克思认为:"只是社会必要劳动量,或生产使用价值的社会必要劳动时间,决定该使

---

① 黄萍、张存刚:《劳动价值论、按劳分配与按要素分配》,《经济评论》2002 年第 1 期。

用价值的价值量。"①即商品价值的客观衡量标准是生产商品所花费的社会必要劳动时间。随着劳动生产率的提高,生产同种商品所需要的社会必要劳动时间就会随之减少,意味着商品的价值就越小。"商品的价值量与实现在商品中的劳动的量成正比地变动,与这一劳动的生产力成反比地变动。"②

价值分配的对象就是由劳动者利用生产资料创造出来的具有价值的产品。在资本主义制度下,活劳动创造的价值被分为劳动力价值和剩余价值两部分。首先,劳动力价值的分配。在分配劳动力价值时,劳动者凭借其对劳动要素的所有权,获得劳动力价值部分,即工资。在劳动价值论的基础上,马克思发现劳动力价值和剩余价值成反比例关系,劳动力价值的减少会始终对应着剩余价值的增加,反之亦然。其次,剩余价值的分配。在分配剩余价值时,资本、土地等其他生产要素所有者都将凭借其对生产要素的所有权按投入比例参与分配,即利润、地租等收入。显然,利润、地租等收入都是商品价值的组成部分,都是对商品价值的分配。因此,无论是劳动力价值的分配还是剩余价值的分配,都是在劳动价值的基础上进行的,价值创造是价值分配的前提和基础。

(二) 生产决定分配是马克思按劳分配理论的基本原理

首先,生产方式决定分配方式。马克思指出:"分配关系本质上和这些生产关系是同一的,是生产关系的反面"③,"一定的分配关系只是历史地规定的生产关系的表现"④。也就是说,以什么方式参与生产就以相应的方式参与分配。在资本主义制度下,生产资料私有制决定了资本家以资本的方式参与生产,而劳动者只能以劳动力的方式参与生产,这也决定了资本家以利润的形式参与分配,而劳动者则是以工资的形式参与分配。在社会主义制度下,生产资

---

① 《马克思恩格斯文集》第5卷,人民出版社2009年版,第52页。
② 《马克思恩格斯文集》第5卷,人民出版社2009年版,第53—54页。
③ 《马克思恩格斯文集》第7卷,人民出版社2009年版,第994页。
④ 《马克思恩格斯文集》第7卷,人民出版社2009年版,第998页。

料公有制决定了人们只能以劳动力的形式参与生产,也决定了社会产品的分配方式是按劳分配。在进行了社会必要扣除之后,人们按实际投入的劳动贡献大小来进行社会产品的分配。

其次,生产关系决定分配关系。马克思指出:"所谓的分配关系,是同生产过程的历史地规定的特殊社会形式,以及人们在他们的人类生活的再生产过程中相互所处的关系相适应的,并且是由这些形式和关系产生的。这些分配关系的历史性质就是生产关系的历史性质,分配关系不过表现生产关系的一个方面。"①显然,马克思认为分配关系取决于生产关系。而生产关系取决于生产资料所有制,即人们与生产资料相结合的方式决定了其在生产关系中的地位。在资本主义制度下,生产资料是被私人占有的,资本家占有资本,地主占有土地,在分配关系中私有者即资本家和地主等是处于有利地位,而劳动者则处于不利地位。在社会主义制度下,生产资料是社会或集体共同占有,在分配关系中劳动者处于有利地位。

（三）实现公平分配是马克思按劳分配理论的目标

公平分配是一种形式上的平等分配。平等分配是一种理想状态,只有达到共产主义高级阶段才能实现平等分配,目前从来没有实现过。公平分配是一种形式上的平等分配,而不是事实上的平等分配。实现公平分配,首先要实现参与收入分配的机会公平。每个人都应该有权利接受教育,有能力进入劳动市场实现就业,从而参与收入分配。其次,参与收入分配的标准公平。马克思认为要用"同一尺度"公平地决定每个人参与收入分配的份额,但在不同社会经济形态下"同一尺度"是不同的,是随着社会经济的发展而变化的。最后,参与收入分配的过程公平。收入分配的规则公平是过程公平的前提,制定公平的规则对收入分配的整个过程非常重要。因此,要实现公平分配,就要保

---

① 《马克思恩格斯文集》第5卷,人民出版社2009年版,第999—1000页。

证做到机会公平、标准公平和过程公平。①

二、马克思的按要素分配理论

经过对资本主义社会全面系统的研究与考察,马克思对资本主义进行了深刻批判,马克思虽然没有明确提出按要素分配的分配方式,但这一思想可散见于其著作中。接下来将从三个方面分析马克思按要素分配思想的基本内涵。

(一)生产要素所有权是按要素分配的首要因素

按要素分配实质上是按生产要素所有权分配,即要素所有者凭借其对生产要素的所有权参与收入分配。② 马克思指出,"消费资料的任何一种分配,都不过是生产条件本身分配的结果"③。生产条件体现为生产要素的所有制关系。在按要素分配方式下,资本家拥有资本的所有权,地主拥有土地的所有权,而劳动者只能凭借对劳动力的所有权才能参与分配。"人们谈到这种分配关系,指的是对产品中归个人消费的部分的各种索取权。"④马克思明确指出,资本家获得利息并不是因为他参与了生产,只是因为他是资本要素的所有者。地主也不是因为他通过劳动创造了价值而获得地租,而是因为地租是土地所有权在经济上的实现。显然,利息和地租都是由于要素所有者拥有生产要素的所有权而获得的。因此,按要素分配实际上是资本、土地、劳动力等生产要素所有权在经济上的实现,占有生产要素所有权是按要素分配方式的关键因素。⑤

---

① 熊玉先:《马克思收入分配理论中国化研究》,中央财经大学 2017 年博士学位论文。
② 黄萍、张存刚:《劳动价值论、按劳分配与按要素分配》,《经济评论》2002 年第 1 期。
③ 《马克思恩格斯选集》第 3 卷,人民出版社 2012 年版,第 365 页。
④ 《马克思恩格斯文集》第 7 卷,人民出版社 2009 年版,第 995 页。
⑤ 武晓光:《按要素分配理论的演变》,河北师范大学 2016 年博士学位论文。

（二）按要素分配的对象是由劳动创造的价值

按要素分配的价值并不是由各生产要素共同创造的，而是劳动创造的价值被各生产要素分割。马克思在《资本论》中指出："这些形式表明，这个价值的一部分属于或归于劳动力的所有者，另一部分属于或归于资本的所有者，第三部分属于或归于地产的所有者。因此，这就是分配的关系或形式，因为它们表示出新生产的总价值在不同生产要素的所有者中间进行分配的关系。"①由此可见，不同要素所有者分得的价值都是由劳动力要素所创造的。因此，工资、利润和地租都是劳动力劳动创造的新价值，劳动者获得劳动力要素的部分价值，其他生产要素分割剩余价值。

（三）按要素分配具有社会规定性和历史暂时性

首先，社会规定性是马克思按要素分配理论最重要的特征。马克思认为工人是被剥夺了生产条件，才只能以工资的形式获得报酬。而资本家和地主是因为占有资本、土地等生产条件，才以利润和地租的形式获得报酬。这种生产条件的分配取决于一个特定的社会关系，即资本主义的社会关系。"工资以雇佣劳动为前提，利润以资本为前提。因此，这些一定的分配形式是以生产条件的一定的社会性质和生产当事人之间的一定的社会关系为前提的。因此，一定的分配关系只是历史规定的生产关系的表现。"②任何分配形式都是一定社会规定性的产物。因此，资本主义社会的规定性产生了按要素分配模式。

其次，按要素分配形式具有历史暂时性。生产决定分配，随着社会生产力的进步，生产方式是不断发展向前的历史过程，分配方式也是相对应地不断发展向前的历史过程。马克思指出："同这种独特的、历史地规定的生产方式相

---

① 《马克思恩格斯全集》第 46 卷，人民出版社 2003 年版，第 993 页。
② 《马克思恩格斯文集》第 7 卷，人民出版社 2009 年版，第 997 页。

适应的生产关系,……具有独特的、历史的和暂时的性质;最后,分配关系本质上和生产关系是同一的,是生产关系的反面,所以二者共有同样的历史的暂时的性质。"①因此,随着社会生产力的发展,一个国家可能会由资本主义制度变为社会主义制度,那么,生产资料所有制将会由私有制变为公有制,分配方式将由按要素分配为主体变为按劳分配为主体。②

三、数据要素参与收入分配的马克思主义理论依据

按要素分配实质上是按生产要素所有权分配,数据要素参与收入分配不仅不违背马克思主义的劳动价值论,而且符合马克思主义"生产关系决定分配关系"的基本原理。

第一,数据要素参与收入分配并不违背劳动价值论。收入分配与价值创造,二者不是同一层面的问题,价值创造是价值分配的前提和基础。价值创造与劳动相关,收入分配则与要素所有权相关,分配过程就是要素所有权的实现过程。劳动价值论属于价值创造理论,其核心思想为活劳动是创造价值的唯一源泉。劳动虽然是创造价值的唯一源泉,但并不意味着劳动能孤立地创造财富,而是需要同其他要素结合起来创造财富,所以,收入分配就不能只能有按劳分配一种形式。收入分配是在参与财富创造的要素所有者按照各自对财富创造的贡献进行分配,使各个要素所有者各尽其能,各得其所,实现各种创造财富的要素充分涌流。③ 数据等各种生产要素参与收入分配是各种生产要素所有权的经济实现,也即劳动者新创造的价值在不同要素所有者之间的分配。

第二,数据要素参与收入分配符合马克思主义"生产关系决定分配关系"的基本原理。马克思在对古典经济学的按要素分配理论进行深入研究和批判

---

① 《马克思恩格斯全集》第 46 卷,人民出版社 2003 年版,第 994 页。

② 武晓光:《按要素分配理论的演变》,河北师范大学 2016 年博士学位论文。

③ 洪银兴:《中国特色社会主义政治经济学财富理论的探讨——基于马克思的财富理论的延展性思考》,《经济研究》2020 年第 5 期。

的基础上,揭示了生产方式与分配方式之间的内在关系,即生产方式决定分配方式,生产关系决定分配关系。以什么方式参与生产就以相应的方式参与分配。而生产关系取决于生产资料所有制,生产资料私有制决定了资本家以资本的方式参与生产,而劳动者以劳动力的方式参与生产,这也决定了资本家以利润的形式参与分配,而劳动者以工资的形式参与分配。按要素分配实质上是在生产资料私有制的背景下按生产要素的所有权进行收入分配,即要素所有者凭借其对生产要素的所有权参与收入分配。因此,生产要素的私人占有是按要素分配方式的决定性因素。经济的增长与财富的创造是各种生产要素共同作用的结果,非劳动要素所有者凭借要素所有权参与分配符合调动全部主体、全部要素参与生产积极性的制度安排出发点。综上,数据要素与其他生产力要素共同参与收入分配是与马克思的劳动价值论、分配理论相容的。①

第三节　社会主义市场经济的按要素分配理论

马克思和恩格斯提出的按劳分配是社会主义公有制下的分配方式,在该分配方式下不存在商品货币关系,个人凭借自己的劳动领取消费品。在马克思主义理论的指导下,在借鉴苏联经济发展模式的基础上,新中国成立之初便实行高度集中的计划经济体制,在分配领域采用单一的按劳分配方式,短期内有利于经济的恢复和发展,但从长期来看,单一的按劳分配没有调动人们的生产积极性,从而限制了生产力水平的提高。改革开放以后,我国引入了市场经济,与此同时,分配方式也不断发展完善,特别是十四大提出建立社会主义市场经济体制的目标以后,逐步确立了"以公有制为主体、多种所有制经济共同发展"的基本经济制度,形成了与基本经济制度相适应的"按劳分配为主体,多种分配方式并存"的分配制度,其他分配方式则包括按经营成果分配和按

---

① 李标、孙琨、孙根紧:《数据要素参与收入分配:理论分析、事实依据与实践路径》,《改革》2022 年第 3 期。

劳动、资本、技术、土地等其他生产要素分配,以下我们主要讨论社会主义市场经济条件下的按劳分配和按生产要素分配理论。

一、社会主义市场经济条件下的按劳分配理论

(一) 社会主义市场经济条件下按劳分配的主体地位

首先,社会主义市场经济环境下并不具备单一实行按劳分配制度的前提条件。马克思以商品货币关系为起点,揭示了在生产力高度发达后,社会主义必将取代资本主义的规律。在社会主义公有制模式下,经济运行实行计划经济,不存在商品货币关系,按劳分配将是唯一的分配方式。由此可以看出生产力高度发达、生产资料公有制和商品货币关系的消亡是单一按劳分配的实现条件。而在社会主义市场经济条件下,虽然在所有制上是生产资料公有制,但并非是单一的公有制,加上由于市场的存在,商品货币关系并未消亡,在这种情况下无法完全采用按劳分配方式。虽然改革开放之前,我国以马克思主义经济理论为指导,参照苏联模式,为了尽快恢复经济,实行计划经济,一切生产活动都由政府计划决定,不存在商品货币关系,分配领域也由政府主导,从表面上看基本满足了马克思所设想的按劳分配的实现条件。但在这种大锅饭、铁饭碗机制下,人们的收入基本是平均的,由于缺少物质激励,带来劳动者发展生产的积极性不高、经济停滞不前等弊端。究其原因,是因为我国远未达到马克思所设想的高度发达的生产力水平,还无法跨越到实行单一按劳分配方式的阶段。①

其次,社会主义市场经济以公有制为主体的基本特点决定了按劳分配形式的主体地位。改革开放后,我国逐渐引入市场经济,一度引发了人们关于按劳分配是否与市场经济制度相容的质疑和讨论。虽然社会主义市场经济条件下,国家大力鼓励、支持和引导各种非公有制经济的发展,倡导多种所有制经

---

① 蔡继明:《改革开放以来我国分配理论创新与分配制度变革》,《深圳大学学报》(人文社会科学版)2018 年第 4 期。

济共同发展,但毋庸置疑的是,公有制经济始终是我国经济的主体。探索公有制的多种实现形式,推进国有经济的布局优化和结构调整,发展混合所有制经济,增强国有经济竞争力、创新力、控制力、影响力、抗风险能力,做强做大国有资本仍然是我国社会主义社会的基本经济制度。与此相对应,坚持"按劳分配为主体、多种分配方式并存"仍然是我国社会主义社会的基本分配制度。只是在多种所有制占比不同情况下,按劳分配的实现形式有所不同,决不能因此而否定按劳分配。① 坚持和发展"按劳分配为主体"的社会主义基本分配制度,既体现了社会主义制度优越性,又体现了与我国社会主义初级阶段现实生产力发展水平的适应性。

(二) 社会主义市场经济条件下按劳分配的特点

与马克思所设想的按劳分配制度相比,社会主义市场经济条件下所实行的按劳分配制度主要有以下三个显著特点。

首先,在分配范围上,社会主义市场经济条件下的按劳分配是公有制经济范围内的局部劳动。社会主义市场经济中,公有制占主导地位,分配领域中以按劳分配为主体。在公有制企业的集体劳动中,即使有人偷懒,也不会影响报酬,造成集体劳动的低效率。② 因此,公有制企业中也不能仅实行按劳分配,劳动者除了取得工资、薪金等收入外,还可以获得资本、技术入股的收入,以及管理者提供复杂劳动的收入,这些收入属于要素收入,可见,公有制经济中的局部劳动属于按劳分配,并非所有劳动。

其次,在计量尺度上,社会主义市场经济条件下的按劳分配不是个人的直接劳动,而是以价值形式体现的市场劳动。直接劳动的衡量标准包括个人劳动时间、劳动成果和劳动能力三种,按劳动时间分配会存在搭便车现象,影响个人积极性;按劳动成果分配不能适用于所有劳动,部分劳动可能没有直接产

---

① 邹升平:《正确理解马克思按劳分配理论及其实现途径》,《社会主义研究》2010 年第 1 期。

② 洪银兴:《非劳动生产要素参与收入分配的理论辨析》,《经济学家》2015 年第 4 期。

出或可计量的标准；按劳动能力分配也存在缺乏劳动能力评价指标和计量标准的问题。由于市场经济的存在，劳动者的个人劳动先反映在商品中，通过市场交换将其转化为社会必要劳动时间，进而获得收入。如此一来，社会和市场承认的劳动量决定了商品的价值量，按劳分配是通过商品价值来体现的。

再次，在分配形式上，社会主义市场经济条件下的按劳分配必须通过商品货币形式加以实现。按劳分配指的是按社会劳动（社会必要劳动时间）分配，但又不能直接凭借社会劳动领取消费品，而是需要通过商品交换先将商品中包含的价值量转化为货币收入，才可以在市场上购买消费品，进而实现按劳分配。所以，社会主义市场经济的按劳分配必须经由市场交换所形成的商品货币关系加以体现。这也间接表明，按劳分配所得会受商品市场上供求关系的影响，在价值规律的作用下，同一商品包含的社会必要劳动时间相同却可能取得不同的收入，导致不同行业和企业会出现等量劳动却得不到等量报酬的状况。

二、社会主义市场经济条件下的按要素分配理论

（一）社会主义市场经济条件下按要素分配的历史演变

生产力水平的提高，使生产要素的内涵不断丰富，决定了按生产要素分配理论的发展完善。具体来看，1993 年，十四届三中全会《中共中央关于建立社会主义市场经济体制若干问题的决定》提出："允许属于个人的资本等生产要素参与收益分配"，首次明确资本可以作为生产要素参与收入分配。1997 年，党的十五大报告指出要"允许和鼓励资本、技术等生产要素参与收益分配"，增加了技术要素，并且国家政策导向从"允许"上升为"允许和鼓励"，表明了国家对生产要素参与收益分配的引导和重视。2002 年，党的十六大报告提出要"确立劳动、资本、技术和管理等生产要素按贡献参与分配的原则"，增加了管理要素，并明确了生产要素参与分配的原则是按生产要素的贡献参与分配。2003 年，党的十六届三中全会《中共中央关于完善社会主义市场经济体制若

干问题的决定》提出"加快要素价格市场化",由此可以看出按贡献参与分配是以要素价格为媒介进行衡量的。2007 年,党的十七大报告提出要"健全劳动、资本、技术、管理等生产要素按贡献参与分配的制度"。2013 年,党的十八届三中全会《中共中央关于全面深化改革若干重大问题的决定》指出要"健全资本、知识、技术、管理等由要素市场决定的报酬机制",增加了知识要素,明确了要素贡献由要素市场决定。2019 年,党的十九届四中全会《中共中央关于坚持和完善中国特色社会主义制度 推进国家治理体系和治理能力现代化若干重大问题的决定》提出,要"健全劳动、资本、土地、知识、技术、管理、数据等生产要素由市场评价贡献、按贡献决定报酬的机制",首次提出了数据要素。2020 年,党的十九届五中全会通过的《中共中央关于制定国民经济和社会发展第十四个五年规划和二〇三五年远景目标的建议》中进一步提出要"推进土地、劳动力、资本、技术、数据等要素市场化改革……健全各类生产要素由市场决定报酬的机制"。

由此可见,我国按生产要素分配理论始终处于不断发展和完善当中。一方面体现在生产要素内涵的与时俱进,从最初的"劳动、资本"要素发展为现在的"劳动、资本、土地、知识、技术、管理、数据"等多要素共同参与分配的机制。另一方面也体现在具体分配过程中分配原则的明确,即"由市场评价贡献、按贡献决定报酬"的收入分配机制。本质上,各个生产要素都对物质产品的生产作出了贡献,应当获取相当于自身贡献的市场报酬。但是要单独衡量每一种要素的贡献并不容易。在边际分析法中,要素贡献取决于它们参与生产所带来的边际收益[1];在市场经济条件下,要素贡献由要素价格决定[2]。

(二) 社会主义市场经济条件下按要素分配的必要性

首先,按生产要素分配是由我国的基本经济制度决定的。我国基本经济

---

[1]　蔡继明:《论非劳动生产要素参与分配的价值基础》,《经济研究》2001 年第 12 期。

[2]　谷书堂、蔡继明:《按贡献分配是社会主义初级阶段的分配原则》,《经济学家》1989 年第 2 期。

制度是"以公有制为主体、多种所有制经济共同发展",这就要求在分配领域除了采用按劳分配,还要实行按要素分配。历史发展的实践表明我国不能实行单一的公有制经济,多种所有制经济是重要的组成部分,生产资料占有的多样性决定了分配方式也应是多种的,这是生产资料的所有者凭借所有权获得的报酬。在市场经济下,生产过程中需要投入各种生产要素,而要素所有者并不会免费提供要素,必须获取一定的报酬。因此,我国存在的多种所有制经济要求采用按生产要素分配的方式。

其次,按生产要素分配是与我国社会主义初级阶段的国情相适应的。生产决定分配,我国的生产力水平还不高,在自然环境、劳动者综合素质等其他条件相同的情况下,生产要素的投入有助于提高生产力。[1] 因此,为了发展生产力,我国需要充分调动市场主体发展生产的积极性,鼓励他们对生产要素的投入。具体来看,一是要允许资本要素参与收入分配,资本投入可以通过开办企业、购买股票债券等形式投入生产,投入主体包括国家、企业和个人,企业和个人的投入需要给予要素报酬;二是要允许技术要素参与收入分配,建立严格的产权保护制度,鼓励研发人员的科研创新活动,肯定他们对经济的贡献;三是要允许管理要素参与收入分配,通过年薪、股份的形式获得独立的管理报酬,激励他们进一步提高管理水平和能力。[2] 按生产要素分配承认了资源所具有的价值和作用,给予各要素所有者参与收益分配的权利,体现了效率原则,有利于促进生产力发展。

(三) 社会主义市场经济条件下按要素分配的特点

按生产要素分配的思想最初由西方经济学家提出,并首先在资本主义制度条件下付诸实践。马克思指出,按要素分配本质上是生产要素所有权在经济上的实现,这是为什么我国在社会主义市场经济条件下也可以采用这一分

---

① 蔡继明:《关键是弄清非劳动生产要素的作用——也谈深化对劳动价值论的认识》,《学术月刊》2001 年第 10 期。

② 洪银兴:《非劳动生产要素参与收入分配的理论辨析》,《经济学家》2015 年第 4 期。

配方式的原因,也是两种生产关系下按要素分配的共同之处。但我国采用的要素分配方式并没有照搬西方国家的做法,而是与具体国情相结合,形成了具有中国特色的按生产要素分配理论。具体来看,社会主义市场经济条件下的按生产要素分配具有以下两大特点。

首先,从要素所处地位来看,按生产要素分配在分配领域中处于从属地位。我国按生产要素分配不是主要的分配方式,只是多种分配方式中的一种,处于从属地位。尽管从社会历史演进来看,按要素分配占初次分配的比重在不断上升,但我国仍以公有制经济为主,在全社会范围内按劳分配仍然处于主导地位,大多数人仍然以劳动收入为主要来源。而在资本主义国家,生产资料私人占有,资本家以资本购买土地、劳动力等要素来发展生产,资本在生产要素体系中占据主导地位,按资分配是资本主义社会的主要分配方式,不同于社会主义社会的按要素分配。

其次,从要素分配的价值目标取向来看,社会主义的按要素分配并不必然包含剥削,本质上是为实现共同富裕目标服务的。社会主义市场经济体制下要素所有者所获得的报酬是与其贡献相匹配的,并不存在剥削。[1] 虽然按要素分配会带来收入差距的扩大,但在当前生产力发展水平不高的情况下,为了"做大蛋糕"而实行按要素分配,是为提高生产力、最终实现共同富裕服务的。古典经济学家萨伊、新古典经济学派的庞巴维克和马歇尔等均认为,在资本主义条件下,按要素分配是一种公平的分配,不存在剥削。马克思的剩余价值理论揭示了资本所有者对劳动者创造的剩余利润的攫取,因此,在按资分配方式下,资本家会想方设法地减少对劳动者的分配,增加剩余价值,使贫富差距不断扩大。虽然社会主义市场条件下的按要素分配也会带来贫富差距,但这种差距是在可接受范围的,具有调动人们生产积极性的作用,也采取了一系列缩小收入差距的措施。[2]

---

[1]　蔡继明:《按生产要素贡献分配的理论基础和政策含义》,《学习论坛》2004年第7期。

[2]　谷书堂、蔡继明:《按贡献分配是社会主义初级阶段的分配原则》,《经济学家》1989年第2期。

（四）社会主义市场经济条件下的按要素分配与按劳分配是否冲突

人们往往认为，按劳分配偏向体现公平，按要素分配偏向体现效率，二者是相互对立的。而学者们经过长时间的探讨以及我国经济发展的实践证明，二者并不冲突，是可以并存于社会主义市场经济条件下的。

首先，我国的所有制形式要求将按劳分配和按生产要素分配结合起来。有观点认为，按生产要素分配与社会主义制度是不相容的，社会主义只能实行按劳分配。但是，社会主义制度下也可以有市场经济，我国现在的所有制形式既包括公有制形式，也包括私有制、混合所有制等，既然各种经济成分可以并存，相应地，这两种分配方式也可以并存，相互结合，作用于生产。

其次，按劳分配和按生产要素分配均需要在市场经济条件下实现，二者的实质都是按贡献分配。[①] 生产要素不是无限供给的，通过市场手段进行生产要素的调节，可以使要素流向最有价值的部门，实现资源的有效配置。我国的按生产要素分配是按生产要素的贡献分配，生产要素的贡献由要素市场形成的价格决定，受供求规律的制约。而我国的按劳分配也是按劳动贡献分配，需要借助商品货币关系加以实现，因此，二者可以共存于社会主义市场经济体制中，统一于按贡献分配，按贡献分配是社会主体初级阶段的分配原则。[②]

最后，按劳分配和按生产要素分配具有互补性。二者所体现的公平和效率的矛盾并不是不可调和的，在社会主义市场经济条件下可以实现统一。在经济发展水平不高的大背景下，为追求分配结果的公平，单纯实行按劳分配的平均主义只会使人们越来越穷，这是因为人们的劳动积极性不高，其他要素所有者的投入积极性也不高，导致生产效率低下、生产力发展速度缓慢。而如果为了发展生产力，单纯实行按生产要素分配，虽然发挥了人们的主观能动性，激发了人们投身生产的热情，但是这种一味追求效率的做法会使贫富差距越

① 蔡继明：《按生产要素贡献分配理论：争论和发展》，《山东大学学报》（哲学社会科学版）2009 年第 6 期。

② 蔡继明：《按贡献分配——社会主义初级阶段的分配原则》，《人民论坛》1998 年第 4 期。

来越大,社会矛盾凸显,不利于经济的长期稳定发展。因此,在社会主义初级阶段,不能单纯地实行按劳分配或按生产要素分配,必须将二者结合起来。可行的做法是先发展生产,鼓励各生产要素参与生产,在做大蛋糕的同时实行按劳分配,尽可能地实现公平,进一步提高经济效率,从而实现良性循环。我国目前采取的就是这种做法。因此,两种分配方式在社会主义市场经济条件下并不冲突,可以相互结合,互为补充,共同服务于实现社会主义共同富裕的目标。

值得注意的是,尽管按生产要素分配是造成劳动报酬占国民收入初次分配的比重下降、拉大收入差距的重要原因之一,但我们必须明确,这一比例中的劳动报酬仅指的是简单劳动者的报酬,并不包括知识、技术和管理等复杂劳动的报酬,若将这些报酬都计入劳动报酬,劳动报酬占比下降的观点可能就不够准确了。另外,各要素的报酬与生产过程的贡献有关,取决于它们在生产过程中发挥了多大的作用,贡献越大,相应的报酬也会越多。共同富裕是建立在生产力发展到一定阶段基础上的,现阶段生产力水平有限,缩小收入差距不是每个人收入都相等的平均主义,而是要做到机会公平、标准公平和过程公平,增加每个人参与收入分配的要素积累,通过缩小要素差距进而缩小收入差距。

三、数据要素参与收入分配的市场经济理论依据

第一,社会主义的基本经济制度决定了按要素分配的必要性。数据要素参与收入分配的必要性来自社会主义初级阶段"以公有制为主体、多种所有制经济共同发展"的基本经济制度,符合我国生产力发展水平和现实国情。生产决定分配,我国的生产力水平还不高,为了发展生产力,我国需要充分调动市场主体发展生产的积极性,鼓励他们对生产要素的投入。认可并鼓励数据要素参与收入分配,体现了效率原则,有利于促进生产力发展。国家适时给出数据要素参与收入分配的制度设计,既是对数据要素驱动经济增长能力的

回应,又是确保数据要素能够持续释放生产力的科学激励机制。①

第二,按生产要素分配和按劳分配具有互补性。两种分配方式在社会主义市场经济条件下并不冲突,可以相互结合,互为补充,实现公平与效率的统一,共同服务于实现社会主义共同富裕的目标。

综上所述,在社会主义市场经济条件下,数据作为生产要素参与收入分配具有充分的理论合理性、现实必要性和历史必然性。第一,数据要素参与收入分配的合理性来自数据要素对社会生产力和价值创造的贡献,符合西方经济学的边际生产力理论。第二,按要素分配实质上是按生产要素所有权分配,数据要素参与收入分配的必要性来自社会主义初级阶段"以公有制为主体、多种所有制经济共同发展"的基本经济制度,符合马克思主义"生产关系决定分配关系"的基本原理。第三,承认数据要素参与收入分配的合理性是与我国现阶段社会生产力发展水平相适应的,是调动市场主体生产、交换和共享数据的积极性,推动数据要素高效、有序流动,充分发挥数据要素价值潜力的必然要求。

---

① 李标、孙琨、孙根紧:《数据要素参与收入分配:理论分析、事实依据与实践路径》,《改革》2022 年第 3 期。

第五章　数据要素参与收入分配
对收入格局的影响

　　我国现阶段实行"按劳分配为主体、多种分配方式并存"的分配制度,多种分配方式的实质是按要素分配,即各生产要素由市场评价其贡献、按贡献获取报酬的收入分配机制。不同市场经济主体生产要素的占有情况不同,获取的市场报酬也有所差异,进而会对居民收入分配格局产生影响。数据作为数字经济时代的核心生产要素,是数字经济的血液,贯穿于数字经济发展的全过程。与传统生产要素不同,数据要素是通过与其他生产要素的交叉融合,引发生产要素多维度、系统性迭代创新,推动数字产业化和产业数字化,进而推动数字经济的发展,对国民收入分配格局产生影响。因此,数据要素是通过数字产业化和产业数字化的形式,以数字经济为载体参与收入分配的。鉴于不同行业、不同地区、不同个体劳动者之间在数据要素获取机会和使用能力上的差异,本章分别从行业收入、地区收入和个体收入三个层面,探讨数据要素参与收入分配对居民收入格局的影响机制。

第一节　数据要素对行业收入格局的影响

　　数字经济对数据具有高度依赖性,数据是数字经济时代的"新的石油"①,

---

　　①　景玥:《数据就是新的石油》,人民网:http://opinion.people.com.cn/n1/2019/0813/c1003-31290790.html。

好比"阳光、空气和水"等必需品,"无数据不经济"①。数据要素正是通过数字经济的形式才能参与到收入分配中来,实现收入的获取,进而影响和改变收入分配状况。随着云计算、大数据、互联网等新技术向各行业不断渗透,数据已经成为数字经济时代行业发展的重要土壤。目前,各行业都在尝试向数字化、智能化方向发展,不断解锁数据潜在应用价值,提升行业运营效率和竞争力,实现企业利润最大化。以下分别从正向影响和负向影响两个方面探讨数据要素对行业收入分配格局的影响机制。数据要素参与收入分配对行业收入分配格局的影响机制如图 5-1 所示。

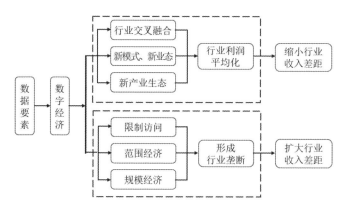

图 5-1　数据要素对行业收入格局的影响

一、数据要素对行业收入格局的正向影响

对传统产业的数字化、智能化改造,不仅可以降低企业的运营成本和生产成本,推动我国经济高质量发展,而且不断催生新业态、新模式和新产业,有助于产业结构升级和产业融合,实现产业利润的平均化,从而缩小行业收入差距,优化行业收入分配格局。

首先,数据要素促进产业交叉融合,打破传统行业分隔,促进行业利润的平均化。数字化技术作为通用技术,增强了要素之间的连接性、场景的联通

---

① 　国家工业信息安全发展研究中心:《中国数据要素市场发展报告》2021 年。

性、数据的贯通性以及价值的互通性,使条线分明的行业边界趋于模糊,企业的跨界活动日益普遍,从而打开更高阶的行业生态空间。例如,在传统医疗行业中,诊疗、买药、保健等环节都分割为不同业务,而智慧医疗将线下体检、体检报告 APP 推送、线上问诊与用药建议、药物同城配送、社区店取药、实时健康监测、治疗效果跟踪等一系列环节无缝串联,形成完整的闭环,将原本分散在体检、药店、保健品、线上论坛、健康监测硬件等领域的资源按照消费者的需求逻辑重新组合在一起,重新定义了上下游产业关系,创造了新的行业生态,促进了行业融合,缩小了行业差距。

其次,对传统产业的数字化、智能化改造,不仅可以降低企业的运营成本和生产成本,推动我国经济高质量发展,而且不断催生新业态、新模式和新产业,有助于产业结构优化升级,提升传统产业的利润水平。例如通过农业生产经营和管理服务的数字化改造,推进发展智慧农业,缩小农业与其他非农产业间的收入差距。例如,南宁相思葡萄农业科技有限公司在葡萄园中安装智能监控系统,实时收集园内温度、湿度等相关数据,并自动统计分析为技术人员提供精准的参考数据,有效减轻和预防各种灾害情况对葡萄园的影响,降低生产成本,将损失最小化,进而提高公司收入。[①] 美国公司孟山都运用大数据,不仅能有效监控农场的土壤情况、天气变化以及农作物生长情况等,还能实现农耕精准化、定制化,帮助农民提高收入的同时,促进农业可持续发展。[②] 青岛的凯盛浩丰的"智慧温室",集压延玻璃、传感器、信息采集、植物模型、农业大脑于一体,用数字化技术、物联网技术等实现自动化种植,产能是普通大田种植的 8—10 倍,是传统蔬菜大棚的 5—6 倍,人工却减少了 2/3;同时,构建一个集种植、销售、加工、物流等于一体的数据服务平台,借助平台连接多方资源信息,下游消费端可发布农产品需求信息,上游生产端可根据市场需求种植农产品和发布农产品供给信息,有效解决了信息不对称问题,大幅提高了农业

---

① 贵阳大数据交易所:《中国大数据交易产业白皮书》2016 年。
② 贵阳大数据交易所:《中国大数据交易产业白皮书》2016 年。

种植业的收益率。①

二、数据要素对行业收入格局的负向影响

与此同时,数据要素和数字经济也可能会扩大不同行业的收入差距,改变行业收入分配格局。

首先,互联网企业拥有海量用户数据后,如果利用数据优势通过限制竞争对手访问或者禁止分享链接等手段维持其市场支配地位,可能形成行业垄断,从而扩大收入差距。例如,2021 年 4 月 10 日,阿里巴巴集团因市场垄断行为,被国家市场监管总局处罚 182.28 亿元。经查,阿里巴巴旗下的天猫平台凭借其市场支配地位,实施"二选一"垄断行为,限制平台内经营者在其他竞争性平台开店或参与促销活动,形成锁定效应,以维持其市场竞争地位。这一行为严重损害了消费者与经营者的利益,影响了平台经济的创新发展。

其次,数字平台经过大量的数据积累,借助其数据、资本及技术优势,充分发挥规模经济和范围经济优势,可能形成行业垄断。目前,许多电商平台为吸引用户,短期来看是消费者占了便宜,但实际上,互联网领头企业财大气粗,通过价格补贴大战,将小商小贩挤出竞争市场,很容易形成"赢者通吃"、"强者愈强"的垄断局面,侵害消费者利益,影响行业健康持续发展。例如,2014 年打车软件的价格大战中,某打车软件采用低价倾销抢占市场份额,形成一枝独秀垄断地位后抬高价格,使消费者利益受到损害。又如,2020 年社区团购打响价格战,各大社区团购平台推出首单一分钱、邀人领红包、满 40 返 40 等各种优惠活动来扩大自己的流量盘,若任由其无序发展下去,最终势必会形成一家或两家平台占据绝大多数市场份额、广大线下菜贩和集贸市场难以为继的局面,最终被国家相关部门及时叫停。

---

① 魏一平:《当农业遇上数字化,农贸市场会消失吗?》,腾讯网:https://mp.weixin.qq.com/s?__biz=MzIzNzY0ODY0Mg==&mid=2247496817&idx=1&sn=02ac0e9d3b894f328c0cea4392c81d07&chksm=e8c7da1cdfb0530a08d5bad69a8022613678170d2c3ae18d638e3adfa5b431d1180a4c0175d0&scene=27。

第二节　数据要素对地区收入格局的影响

随着互联网、云计算、5G 等新一代数字技术的应用场景不断拓展,数据要素和数字经济在不断改善人居环境、营商环境的同时,也必然对地区收入格局带来影响。数据要素对地区收入格局的影响机制如图 5-2 所示。

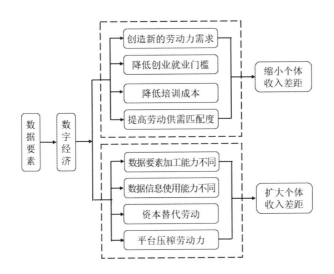

图 5-2　数据要素对地区收入格局的影响

一、数据要素对地区收入格局的正向影响

数字经济时代,数字技术全面融入社会交往和日常生活,构筑起全民畅享的智慧城市数字生活,有助于改善地区收入分配差距,优化地区收入格局。

首先,智慧医疗有助于降低贫困地区居民的医疗成本,缩小地区间的医疗福利差距。我国医疗资源分布非常不均,医疗资源高度集中在东部地区,中西部地区医疗资源不足且医疗水平有限。根据《中国大数据交易产业白皮书》,我国医疗资源的 47% 集中在东部地区,中部地区占比 29%,西部地区占比 24%,中西部地区医疗资源不足且医疗水平有限。政府虽然加大投入力度改善医疗条件,一定程度上降低了低收入群体治疗费用,但"看病难、看病贵"问题依然存在。[1] 但随着医疗物联网和互联网的快速发展,智慧医疗有效加快了医疗市场的信息流通,促进医疗服务在线化传递、均等化获取。例如,在线远程医疗可以为用户提供健康管理服务,用户将自身的血压、血糖、体温等健康数据上传至平台,与平台签约医院的医疗专家就会提供在线远程的诊断和治疗。平台利用信息系统对用户的健康数据进行连续监测并分析整合,医疗专家根据数据分析结果给出合理的健康管理建议。因此,智慧医疗一定程度缩小了地区间医疗卫生资源的差距,让偏远贫困地区居民也能随时享受专家诊疗服务,降低了医疗成本,有助于减少因病致贫、因病返贫现象。

其次,智慧教育推动城市与农村之间教育资源开放共享,促进了地区教育均衡发展,有助于缩小地区间收入分配差距。智慧教育突破了时空限制,为农村地区引入了优质教育资源,打通了城市与农村中小学之间的信息障碍,逐步缩小城乡教育资源差距,推动地区间教育质量均等化。在线教育还能根据学生的兴趣爱好、学习能力、生活环境等不同情况制定个性化服务,激发学生学习热情,实现教育资源开放共享,促进地区间教育公平。例如,近年来,各地区陆续推出录播、直播等线上教学方式,国家教育部还推出了"国家中小学智慧教育平台",可以免费在线观看小学、初中、高中所有课程的名师授课视频。随着在线教育平台的用户规模不断攀升,逐步缩小了城乡间的"教育鸿沟"。例如,在网络通畅的情况下,山区的中小学生只需要一部智能手机就可通过在线教育平台随时随地进入名师讲堂,通过在线辅导 APP 随时随地听到名师的讲解,还能学习了解更多课外知识,拓宽视野。互联网教育还为少数民族地区带入了全新的教育内容、方法和手段,拓宽了少数民族地区与发达地区的沟通与帮扶渠道,为少数民族地区教育脱贫带来契机。[2]

---

[1]　李永友、郑春荣:《我国公共医疗服务受益归宿及其收入分配效应——基于入户调查数据的微观分析》,《经济研究》2016 年第 7 期。

[2]　石玉昌:《以互联网教育转型促进贵州连片贫困地区教育脱贫路径研究》,《民族教育研究》2018 年第 3 期。

再次,智慧金融缩小了地区金融服务差距,从而有助于缩小地区间收入分配差距。随着移动互联网的广泛普及,大数据、云计算等数字信息技术的应用能有效降低金融服务的供给成本和使用成本,提升金融服务的触达能力,使金融服务趋于平民化,有效缩小了地区间金融服务差距。利用大数据技术对客户日常生活的交易数据与社交数据进行分析,还可准确推断出客户的财务状况,对其进行风险测评,增强了金融机构的风险控制能力,大大降低了欠发达地区客户的借贷约束。例如某网络平台旗下的小额信贷业务,利用其大量的用户信息数据与信用记录,通过大数据技术分析用户的偿债能力,推动了普惠金融的发展,为个体经营户、小微企业、农民等弱势群体解决了融资难问题,能有效改善地区间居民的收入差距。

最后,电子商务降低了交易成本,有利于欠发达地区企业进入市场,从而缩小地区间收入差距。电子商务飞速发展使传统交易方式摆脱了时间和空间的限制,解决了交易双方信息不对称问题,大大降低了买卖双方的交易成本。通过电商扶贫,中西部落后地区能获得更多机会进入市场,拓宽了销售渠道和就业渠道,增加当地居民的收入,有利于缩小地区间居民的收入差距。例如,2020 年我国推出"互联网+"电商扶贫模式,为贫困县增加网络曝光率,打破信息壁垒,高效实现供需信息匹配,推动"网络直播"成为一种新型基础设施,帮助农产品产地贫困户就地解决就业、增加收入,实现"造血式"帮扶。

二、数据要素对地区收入格局的负向影响

发达地区在打造智慧城市和新型基础设施建设、实现城市数字化治理方面具有显著优势,可能会进一步放大地区间经济发展不平衡的问题,从而导致地区收入差距扩大,改变地区收入分配格局。

首先,智慧城市建设需要大量资金投入。打造智慧城市需要投入大量资金建设新型基础设施,如 5G 基站建设、特高压、城际高速铁路和城市轨道交通、新能源汽车充电桩、大数据中心、人工智能、工业互联网等。由于各地区财

力差距,可能导致不同地区智慧城市建设进程不一、受益程度各异,从而形成地区间"数字鸿沟",扩大地区间原有收入差距。新基建的高技术和高成本决定了其布局将倾向于经济发达、人口密度高的东部地区,这对欠发达的中西部地区发展较为不利。据《中国新型基础设施竞争力指数白皮书(2020年)》披露,2019年全国新基建竞争力指数平均水平为75.3,其中北京(90.1)、上海(86.4)、江苏(86.3)等东部地区的竞争力指数远远高于全国平均水平,而12个西部省份中,除了四川(76.6)和贵州(76.3)外,其余省份均低于全国平均水平。

其次,智慧城市建设需要大量高素质人才。一方面,智慧城市以技术创新为驱动,需要大量掌握互联网、云计算、大数据、区块链等数字技术的高科技、创新型人才进行数据汇集、清洗、标注、建模、分析和监管,而欠发达地区往往缺乏相应的数据处理和分析人才。另一方面,互联网、电子通信等数字行业大多集中在发达地区,发达地区可以为高素质人才提供更多的就业岗位和更高的薪酬。而欠发达地区还是传统产业占主导,数字经济相关产业较少,对高素质人才的吸引力不足,普遍面临拥有数字技能的高素质人才大量流失问题,由此可能加剧各地区的"数字鸿沟"。BOSS直聘网发布的《2020年人才吸引力报告》显示,全国人才吸引力指数排名前五的城市分别为北京、上海、深圳、杭州、南京,全部都是发达地区的一线城市。因此,总体而言,欠发达地区缺乏吸引高水平数字化人才的竞争优势,数字经济发展的内在驱动力不足,导致地区间数字经济发展进程不一致,扩大地区收入差距。

第三节　数据要素对个体收入格局的影响

由于知识、技术水平和能力的异质性,不同个体在参与数字经济活动过程中,获得工资薪金、劳务报酬或经营收入的机会和潜力差异巨大,数据要素参与收入分配必然改变现有的个体收入分布状况,对个体收入格局带来影响。数据要素对个体收入格局的影响机制如图5-3所示。

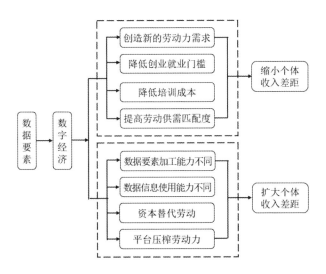

图 5-3　数据要素对个体收入格局的影响

一、数据要素对个体收入格局的正向影响

数据要素驱动的数字经济带来的技术进步和产业变革,有助于降低创业、就业门槛以及培训成本,快速匹配劳动力市场的供求信息,扩大低技能劳动者的就业规模,提高劳动者报酬占国民收入的比重,从而缩小个体收入差距,优化个体收入分配格局。

首先,在劳动力需求层面,数字经济会催生新的就业机会。由于新业态、新商业模式的涌现,使社会分工更加精细,创造了人量新型就业岗位,例如,淘宝、抖音等互联网平台的发展带动了网络主播、网络客服等新兴职业,社会分工细化带来旅行定制师、整理收纳师、网络营销员、网络写手等新兴职业,有助于增加就业机会、增强就业的灵活性,从而提高普通劳动者的收入水平。

其次,在劳动力供给层面,数字经济降低个人创业、就业门槛。一是淘宝等平台经济的出现简化了创业程序、降低了创业门槛,大大激发了广大低收入者的创业热情。传统经济下,创业者需要经过有关部门的注册和审批、租用店铺和雇佣工人,要求有大量的资金投入和周转,而在淘宝开网店、视频带货、微信公众号文章撰写等只需要经过简单的注册审批就可以运营,降低了创业门槛。淘宝、京东等平台的智能算法系统还可以为经营者提供数据分析服务,帮助其优化生产经营决策,金融科技贷款也能为资金不足的个人提供便捷的小额贷款,为创业提供资金支持,从而带动大众创业。二是数字技术降低了就业的时间门槛和技能门槛。一方面,数字技术使移动化办公成为可能,工作时间更加灵活,让更多家庭主妇、兼职人员、自由职业者等参与到经济活动中。另一方面,数字技术也降低了就业的技能门槛。例如,传统的出租车司机需要熟悉城市的每一条道路,对路况和车流量的掌握依赖于自己的经验判断,但是智能导航设备基于车辆行驶、用户定位等地理位置数据信息的收集和对路况的实时分析处理,大大降低了对司机的技能要求,增加了低技能劳动者的就业机会和收入水平。三是互联网的普及使劳动者在线培训成为可能,有助于降低劳动力培训成本,提高低收入者的劳动技能,从而缩小收入差距。线上培训不仅在培训时间和培训老师的选择上更加自由,培训成本也更低,还能录制视频进行反复观看,培训内容包罗万象。2020 年 2 月,人社部开展"互联网+职业技能培训计划"活动,对劳动者进行免费的线上培训,覆盖 100 多个职业,培训人次达 100 多万,主要面向建档立卡贫困劳动力、就业困难人员、零就业家庭成员等,以提高他们的劳动技能。未来,在线培训将是更多劳动者的选择,不仅有助于降低培训成本,而且有利于劳动者学习多样化知识,丰富劳动技能,提高市场适应性和竞争力,为增加收入提供更多可能性,进而有利于缩小收入差距。

再次,减少信息不对称,使劳动力市场的供需更好更快匹配,增加了市场交易机会,拓展了收入获取渠道。由于互联网和智能手机的广泛普及,信息可得性大大提高,有效缓解了就业过程中的信息不对称问题。在线招聘网站和职业社交平台的涌现和发展壮大,使劳动者可以快捷获取招聘信息、投递简历,平台也会搜集企业的用工需求和求职者的职业倾向,实现精准匹配和自动推荐,减少了劳动者的搜寻成本,求职者也能对工资待遇和工作环境进行多方比较,从而改善其收入水平。

二、数据要素对个体收入格局的负向影响

由于禀赋差异,不同个人对数字经济活动的参与度、贡献度和受益度呈现个体差异性,从而也有可能扩大其收入差距,影响个体收入分配格局。

首先,不同技能劳动者的数据要素加工能力不同。数字经济下,要把大量碎片化的数据整合成有价值的信息并作用于生产决策、提高生产效率、转变为现实生产力,必须由具有高技能水平的劳动者进行数据处理和分析,同样的数据经由不同技能劳动者加工后给企业带来的增值空间完全不同。因此,企业会增加对高端技术岗位人才的需求,进而带来高、低技能劳动者收入差距的扩大。有学者预测,数字经济时代的初次收入分配差距将呈现扩大、加速趋势,这主要是因为数据要素高度依赖于知识与技能,初次收入分配将更加偏向于高知识、高技能、高创意的群体,普通劳动者的收入虽然也会增加,但速度远远赶不上前者。

其次,不同消费者利用数据信息的能力不同,消费者能否融入数字经济会影响消费者福利。互联网时代的线上消费,从消费类型上看,不仅可以购买文具图书、服装家居、化工产品等商品,还可以对外卖、在线医疗、网络教育等服务进行消费,实现了从商品到服务的消费范围的扩大;从消费选择上看,企业生产从模块化设计到个性化定制,从大规模生产到柔性化生产,满足了消费者个性化、多样化的消费偏好;从消费地域来看,不受地理位置的限制,可以在全国甚至全球范围精准选购,平台会自动记录、分析消费者需求,推送消费者可能感兴趣的商品,降低了搜索和采购成本,扩大了消费选择,支付方式也更加灵活便捷,有助于增进参与数字经济的消费者福利。有学者利用优步的算法及数据对 2015 年提供服务的消费者福利进行估算,结果表明,消费者每消费 1 美元,大致获得 1.6 美元的消费者福利,全年合计约 68 亿美元。① 由此可

---

① Cohen P, Hahn R and Hall J, et al. *Using Big Data to Estimate Consumer Surplus*: *The Case of Uber*[R]. National Bureau of Economic Research, 2016.

见,参与数字经济的消费者福利增进十分明显。然而,由于地区信息基础设施的接入差异,加上消费者性别、年龄、受教育程度等的不同,人们对互联网消费方式的接受、掌握和适应能力存在巨大差异,特别是教育程度低的人群和老年人,无法充分享受到数字经济带来的红利,间接扩大了收入差距。

再次,数字技术的应用导致资本替代劳动,从而扩大收入差距。将数据要素作用于生产活动离不开数字技术的支持。数字技术的发展使得信息化、自动化和智能化生产成为可能,许多简单重复的工作被机器取代,降低了低技能劳动者的需求和收入。例如,电子商务的发展带动了物流行业快递量的增加,快递分拣员岗位也应运而生,主要职责是将不同性质、种类的商品按照发往的地区进行归类,再由快递员或物流司机运输到指定地点,对学历、工作经验基本没有要求,简单培训即可。尽管数字技术的进步和应用会带来新岗位、新职业,然而劳动者短期内可能难以快速适应这种变化,其技能的提升和转变也需要一个过程,由此会带来高、低技能劳动者收入差距的扩大,劳动收入份额的下降和资本收入份额的上升。世界银行《世界发展报告:数字红利》(2016)称,技术革命导致的下岗与失业是经济进步的有机组成部分,高技能与低技能岗位的就业比例提高,而中等技能岗位的就业率在大多数发展中国家都有下降,导致劳动力市场的两极分化。国际劳动组织数据显示,全球范围内,劳动者收入所占的国民收入份额在减少,从 2004 年的 53.7% 减至 2017 年的51.4%[①],可见,近年来数字技术的发展并未改变原有的收入分配格局。

最后,平台的广泛使用可能会形成对劳动报酬的影响。平台化是未来数字经济发展的趋势,互联网、GPS 定位等技术的发展和成熟,使得平台不仅能采集到用户的数据,也可以掌握依托于平台进行工作的个体数据,还可能利用平台的垄断地位对订单抽成或收费。某货运平台利用掌握的供求信息,不断压低运费价格,提供的货源利润比货运司机们自己找的货源低 15%,货物价

---

① 国际劳工组织新数据显示,大约 50% 的全球薪酬被 10% 的高收入者获得,国际劳工组织,2019 年 7 月 15 日。

格被压低了30％,加剧了货运司机的价格战,使司机们互相压价。

综上所述,数据要素驱动的数字经济对收入分配格局的影响具有正反两面性。总体来看,数据要素对收入分配的影响取决于物的因素(即数据基础设施的可获得性)、政策因素(即数字经济秩序的规范)和人的因素(即参与和分享数字经济红利的能力)。一方面,新兴产业、发达地区、高技能劳动者在参与数字经济的物质基础和技术能力方面拥有先天优势,从而可能产生"数字鸿沟",扩大收入差距,改变收入分配格局。另一方面,数字金融、智慧教育等数字经济的发展,使传统产业、欠发达地区和低技能劳动者或弱势群体有机会分享"数字红利",为其提供了后来居上、弯道超车的可能,从而有利于优化收入分配格局,缩小行业间、地区间和个体间的收入差距。数字经济对收入格局的最终影响取决于两种作用效果的力量对比。

党的十九届五中全会将"全体人民共同富裕迈出坚实步伐"写入国民经济和社会发展的"十四五"规划,并将"全体人民共同富裕迈出坚实步伐"作为2035年的远景目标。2021年8月17日,习近平总书记主持召开中央财经委员会第十次会议指出,共同富裕是社会主义的本质要求,是中国式现代化的重要特征,要坚持以人民为中心的发展思想,在高质量发展中促进共同富裕。为此,政府应从以下三个方面进行宏观调控,积极引导市场主体的经济行为,跨越数字鸿沟,共享数字红利,让数据要素在缩小收入差距、促进共同富裕中发挥更大作用。一是抓住新基建契机,加大对欠发达地区数据基础设施投资的力度,促进地区、城乡的均衡发展。二是建立健全数据要素参与市场流通和收入分配的法律法规,加强数字经济新业态经营行为和劳动关系的监管,防止不正当竞争,保障劳动者的合法权益,维护公平、有序的市场环境。三是推广、普及数字应用教育和数字技能培训,搭建数字化就业创业服务平台,提高全民数据技能和素养。

第六章　数据资产化实现价值的
理论与实证分析

第一节　数据资产化实现价值的理论分析

一、数据资产化实现价值的认识演进

"数据价值化"首次出现在中国信息通信研究院发布的《中国数字经济发展与就业白皮书(2020)》,其中提及有价值的数据是数字经济发展的关键生产要素,推动数据价值的实现是促使数据成为生产要素的关键。鉴于资产具有为其拥有及控制者带来收入与价值的属性,目前理论与实务界普遍是从数据资产化的角度去探究数据如何实现价值的。概括起来,现有对数据资产化实现价值的研究主要从以下两方面展开。

第一,对于数据资产化实现价值的方式,目前理论与实务界较多注重通过数据交易的途径实现。由此一方面在实务中促进了近年来国内外各种数据交易机构与场所的建立,另一方面也使满足数据交易需要的数据资产化管理成为了理论与实务界首要关注的问题(吴超,2018;韩海庭等,2019;叶雅珍等,2020)。《DAMA 数据管理知识体系指南》(2009)首次指出,企业应将数据作为一项重要资产进行有效管理,并建构了 10 个领域的管理框架。在此基础上,不同国家、地区机构与学者建立了多种数据资产管理体系:如北美地区建立了 DCAM(数据管理能力成熟度模型),卡耐基梅隆大学发布了 DMM(数据管理成熟度模型),以及中国(SAC/TC28)于 2016 年构建了 DCMM(数据管理

能力成熟度评估模型)等。但正如有学者所指出的,早期的数据资产管理体系仍然基于数据管理的理念,"并不是完全针对数据资产的"(叶雅珍等,2020);且对数据如何实现价值重视不够,"缺乏数据资产的核心环节——数据运营"(李雨霏等,2020)。由此,中国信息通信研究院(2019)及李雨霏等(2020)进一步构建涵盖了数据以及其他相关活动的管理体系。同时,学者们也发现数据作为资产实现价值一定要与特定的业务场景相结合,即在不同的场景下数据会表现出不同的价值(李春秋和李然辉,2018;王汉生,2019;德勤中国与阿里研究院,2019;阮咏华,2020)。因此,针对业务场景进行数据运营以实现数据价值,是数据资产化的关键。但迄今为止理论与实务界多关注在数据交易与流通上实现资产化的价值,而对于数据作为新型生产要素在赋能实体企业降本增效中,如何实现资产化价值的内在特征与机理还缺乏系统的研究。

第二,数据资产化另一方面的研究则是基于会计与国民经济核算的资产概念界定,探讨数据能否被确认、测算为资产,以及为符合会计与国民经济核算上资产的定义,探讨其成本、收益及价值评估问题。Godfreyetal(2010)认为未来的收益性、所有者对资产的控制权、由过往交易结果形成是资产的核心特征。刘玉(2014)、康旗等(2015)、邹照菊(2017)、唐莉和李省思(2017)等学者基于数据特征的分析提出可参照无形资产进行数据资产的会计处理。李静萍(2020)、马丹和郁霞(2020)从国民经济核算的角度提出了数据资产的统计原则与方法。但另有学者则认为数据资产不同于传统资产,具有其特殊性质,应将其单独作为一项资产类别进行资产化处理(李雅雄和倪杉,2017;朱扬勇和叶雅珍,2018;叶雅珍等,2020;张俊瑞等,2020;余应敏,2020)。并且已有学者注意到数据资产具有长期资产与流动资产不同的属性(朱扬勇和叶雅珍,2018;阮咏华,2020)。由此可见,虽然近年来理论与实务界对基于会计与国民经济核算的数据资产化问题进行了较多的探讨,但在数据的会计与统计资产化处理的认识上尚存在较大的分歧。

综上所述可以发现,近年来理论与实务界对数据资产化管理与会计、统计处理的认识有一个演进的过程,但对于数据作为新型生产要素在赋能实体企业降本增效中,如何实现资产化价值的内在特征与机理尚缺乏系统的研究,使会计与国民经济核算中数据资产处理也产生认识上的分歧。因此,进一步厘清数据资产化实现价值的内在特征与机理就成为迫切需要解决的问题。

二、数据资产化实现价值的内在特征

在数字经济时代,数据成为生产要素本质上源于其所具有知识特征的资产属性。这首先体现在理论与实务界普遍认同的 G20 杭州峰会(2016)上所界定的数字经济概念内涵中。该概念内涵将数据要素的功能界定在知识与信息范畴内。这一观点可追溯到 Ackoff(1989)与 Rowley(2007)提出并归纳的 DIKW 模型:D 指数据(Data),是通过观察现象所形成的情况记录,以文字、数字、图表、声音和视频等形式呈现,随着信息和通信技术(ICT)发展越来越多数据都已经被数字化了;I 指信息(Information),是根据特定目标和情景对观察到的数据进行归纳与总结,概括出关于是什么(What)、是谁(Who)的答案,本质上是结构化的含有价值的数据中关于事实与现象描述性的知识;K 指知识(Know-ledge),W 指智慧(Wisdom),它们都是对形成的信息进行逻辑推理与实践验证,得到关于为什么(Why)、如何做(How)的答案,本质上是关于信息背后内在本质与规律的知识,以及知道本质与规律后决定如何做,并知道相应的可能后果知识。DIKW 模型反映的是从数据中提炼出信息,并将信息逐步升华为知识与智慧的层级结构。根据波兰尼所揭示的需经过"识知"(Knowing)而产生知识的原理(Polanyi.M,1958),DIKW 模型所描述的层级结构其实是知识获取与形成过程的体现,以此为基础进一步拓展知识管理的基本框架。因此,世界经济合作与发展组织(OECD,1996)就将知识分为:知道是什么(Know-What)、知道是谁(Know-Who)、知道为什么(Know-Why)、知道如何做(Know-How)的四个方面知识。由此可知,上述信息、知识与智慧三者本质上是统一在广义的知识内涵中的,三者的区别体现在知识获取与形成过程中所发挥的功能不同,并呈现出功能递进的层级结构。

DIKW 模型是一个基础性知识管理框架,可用于不同应用场景的知识获取与形成管理。在当前数据爆发式增长的数字经济环境下,DIKW 模型提供了数据转化为广义知识发挥生产要素职能,实现资产化价值的思路。对此已有学者指出:数据、信息以及知识的分离,让数据的社会价值与经济价值得以被挖掘出来(张晓,2020)。"根据 DIKW 模型,从数据中提炼出信息、知识和智慧。再经分析形成可行动的洞见,最终由行动产生价值"(邹传伟,2020)。OECD(2017)在《数据驱动创新:经济增长和社会福利中的大数据》一书中基于此构建出将数据转为知识实现价值大纲:主要包括数据获取与数据采集两个方面的内容。因此,数据要转化为广义知识发挥生产要素职能,实现资产化价值,首先需要通过数据整理、分析的设施与技术,将原始数据进行收集、储存及整理成标准化、规范化的数据,并针对特定业务场景运用相应数据分析技术,进一步将数据提炼成与业务场景相适应的知识(包括信息),从而在业务运营中进行知识的获取、形成与转化,并最终实现价值。而由上文所述可以知道,知识是企业经营实现价值创造的唯一来源,也是形成资产的根本特征。数据要素或数据资产的内涵,其实是被加工提炼成具备广义知识内涵而能实现价值的数据。又由于广义知识有一个获取、形成与转化,而在特定业务场景中发挥不同层级价值创造功能的过程,表现为数据分别发挥信息、知识及智慧(在企业决策中可称为智能)的功能。因此,根据 DIKW 模型描绘的数据形成广义知识的框架,在特定业务场景下数据是按照知识形成并发挥不同层级功能成为生产要素或资产的,有一个数据资产化的过程。在这个过程中,聚集的海量数据以及数据整理、分析所需要的设施与技术发展,是数据资产首先要具备的条件;而特定业务场景下的广义知识获取、形成与转化,以实现数据价值,则是数据资产化的关键环节。

综上所述,正是基于数据发展出的信息、知识与智慧在知识形成层次递进过程中所发挥的不同功能,使基于知识内涵的数据生产要素发挥着不同的且层次递进的资产驱动价值创造的职能,这就是基于知识形成过程的数据资产化本质特征所在。因此,数据作为生产要素的职能,本质上体现为数据所提炼出的不同形式知识形成、并作为资产属性实现价值创造的功能,即数据的资产化。

三、数据资产化实现价值的机理

《数据是一种新的石油吗?》一文中提出数据的价值创造是一个不断持续、不断积累的过程,不能把数据视为有形商品而认为其可以通过自由贸易自动实现其价值(张鹏和蒋余浩,2020)。因此,数据资产化的核心在于数据运营资产化,即数据发挥信息、知识及智能的功能,赋能企业经营实现价值创造。其机理具体表现为以下方面。

第一,数据发挥信息的功能,即通过数据信息资产化实现价值创造。"数据的真实价值在于它的信息和意义",因此"数据应当以促进其信息价值的实现为目的"(Glazer R,1993)。"政府数据也被看作是传递政府运作相关信息和公共权力运作信息的载体"(张鹏和蒋余浩,2020)。李亮等(2021)在波特的价值链基础上提出了数据创造企业价值的动态过程是"数据→洞察→行动→结果",并称之为数据创新价值链。数据只有经过加工、分析、处理、提炼等过程,才能发挥出信息的功能。利用多种数据分析工具高度协作,交互使用,以收集和分析大量数据信息,并进一步将该数据转换为有用信息(M.Z.Elbashir et al,2013)。这在某种意义上可以看作是数据发挥信息作用的过程。

在实现数据管理的标准化、规范化下,数据被加工提炼成关于是什么、是谁、在何处以及什么时候、什么特征的信息。而且,在5G、物联网技术的加持下,数据信息实现全链接与实时流动,为产业经济全过程共享,从而达到发挥数据作为信息资产的功能。主要体现为:企业供产销过程信息实时共享,降低了生产中的库存成本、制造成本与物流成本,并缩短了营业周期。同时使交易中的信息搜寻成本、协商与谈判成本及代理成本得到降低,从而节约了资源与劳动耗费,最终提升了生产率及实现价值创造。

第二,数据发挥知识的功能,即通过数据知识资产化实现价值创造。"数据资源除去其庞大的信息量,还可以挖掘出无法用现有计算标准得出的隐含的'大知识'"(吴信东,2016)。数据具有的特性使得其能够帮助企业实现价值创造,"当大数据具备噪音低、分布准确、可用范围广泛的特征时,企业可以利用大数据分析工具洞察商业机会,将数据提炼为知识而用于决策"(Chen et al.,2015),或者"采用自然语言处理、机器学习等技术,对所获取的数据进行深入分析,发现数据之间的相关性,从而得到关于特定业务场景的新知识或新见解"(李亮等,2021)。谢康等(2020)提出数据分析催生了试错式学习和获得式学习,数据存储为信息,信息才可以进一步实现流动以及整合(谢康等,2020)。因此,在实现数据信息共享的基础上,企业可进一步通过数据挖掘与分析进行知识管理,将隐性知识外显化、碎片知识整合化、局部知识协同化、外部知识内在化,促进知识的互补学习及产生新知识,最终为业务应用"赋能"——实现企业创新与协同增效,从而达到数据进一步发挥知识资产的功能。主要体现为:企业基于消费者行为数据知识促进大规模定制生产,实现产品的差异化战略与低成本战略的协同;企业从产品研发到供产销与服务实现全过程知识共享与协同,促进价值网络与产业生态的形成,最终使柔性制造与价值共创得到实现。

第三,数据发挥智能的功能,即通过数据智能资产化实现价值创造。这个过程就是数据发挥智能功能的过程。"数据智能是数据参与价值创造的重要支撑"(王谦和付晓东,2020),"企业信息化与智能化这些核心的数字化表现不但能够提高企业内部的组织效率,同时还可以促进企业融入到数字化为核心的价值生态系统里面"(孙新波等,2021),这一智能化的运营模式全面保证了企业内部数据价值创造过程的实现。即在实现全过程知识共享与协同的基础上,企业借助人工智能以及机器学习这些基于大数据的分析和挖掘技术,建立具备感知、交互、自学习基础上的智能决策数字化模型,让大数据替代人进行决策,从而推动万物互联形成万物智能——即全网络系统数据智能化,实现人工智能驱动的产业经济过程,最终达到数据发挥智能资产的功能。另一方面,数据也驱动了产品的智能化发展,在数字化时代,通过传感器、处理器、存储器等电子元器件,产品利用对数据的实时抓取,形成智能化产品,满足消费者个性化和互联化需求(陈剑等,2020)。数据发挥智能主要体现为:基于数字营销网络及自动化、智能化的客户深层次需求分析,通过创造新的产品价值为客户创造新的需求;基于数据驱动业务和管理创新,实现研发设计智能协同创新、供产销平台一体化集成管控、服务网络智能化实时分析与决策,达成平台化、集成化、场景化的全要素生产率的提升与价值创造。

第二节　数据资产化实现价值的实证检验

一、研究假设的提出

智能制造可以代替部分人力和脑力劳动,并为企业提供高效的辅助功能,智能制造使差异化生产与规模效益两者兼得成为可能,可以大大提高工作效率和生产效率,从而提升企业的全要素生产率。

智能制造的核心是通过数据流转产生价值。智能制造最显著的特征是实现智能决策。数据是辅助决策的重要因素之一,数据的运用能够有效提高决策的效率以及决策的质量。而智能制造实现了数据收集、处理、分析等与数据结合形成知识,并将知识应用于企业管理与决策。智能制造的演进大都需要经过信息化、数字化以及智能化这三个重要的发展阶段。在实现智能决策演进的过程中,一般都遵循着"数据到信息,信息到知识,知识再到决策"这样的螺旋式上升路径。具体来说,智能制造提高全要素生产率的内在机理主要体现在以下三个方面。

第一,将企业获得的碎片化数据整合成对企业有价值的数据即信息。数据在制造行业的需求越来越大,这些数据内部拥有着非常大的价值,但是数据本身又没有价值。换句话说,数据只有在转换成信息之后才会对企业产生比较大的价值。在5G、物联网技术、大数据分析技术的加持下,智能制造使得装备和装备、信息网络和装备,以及企业和企业间实现的信息互联和互通,将研发、设计、采购、制造、销售等环节的大量数据集成在网络平台上。通过对数据集成与加工,数据不再是杂乱无序的,而是转化成了可操作的信息。信息实现全链接与实时流动,从而使产品制造、产品销售、产品供应链或产品服务过程协同化、一体化,从而促进企业生产资源实现动态配置。除此之外,根据这些共享信息,降低了生产中的库存成本、原材料成本与物流成本;同时使交易中的信息收集成本、协商与谈判成本及代理成本得到降低,从而节约了资源与劳动耗费,最终提升了生产率及实现价值创造。

第二,在信息共享的基础上对信息进行管理和分析得到信息背后内在本质和规律的知识。依赖于特定语境形成的信息只是碎片化知识,要形成具有普遍性的知识,则要从碎片化知识的现象背后寻找因果性。相关性只反映事物的偶然性,偶然中包含着必然。如超市通道右边摆放的商品一般是超市最想销售出去的,或者利润较为可观的商品,这背后的原因与大部分消费者习惯用右手有关。但这并不具有普遍性,因而是碎片化知识,只有对多个地区的数据仓库中包含类似的相关性进行因果分析,才可能得到普遍性知识。智能制造系统具备自我学习的强大功能,此外还有对信息进行分析判断的能力。智能制造系统能通过建模对信息进行因果性分析和相关性分析,将隐性知识显性化,碎片知识整合化,偶然性知识普遍化,最终为业务应用"赋能"——实现企业效率的提高与协同增效。

第三,进而将获得的知识内化到生产决策与生产制造过程中即智慧。智能制造的发展演进过程可归纳为为信息化、数字化和智能化三个过程。信息化侧重于数据的集成,实现分散数据的整合化;数字化侧重于数据的分析,实现整合数据可视化;智能化侧重于数据的决策,将可视化数据实用化。通过运用人工智能、机器自主学习等技术,建立具备感知、交互、自学习基础上的智能决策数字化模型,让大数据替代人进行决策。基于数字营销网络及自动化、智能化的客户深层次需求分析,通过创造新的产品价值为客户创造新的需求;基于数据驱动业务和管理创新,实现研发设计智能协同创新、供产销平台一体化集成管控、服务网络智能化实时分析与决策,达成平台化、集成化、场景化的全要素生产率的提升与价值创造。如企业基于消费者行为数据知识更加快速地获取到消费者的个性化需求,同时根据消费者的个性化需求迅速地实现组织和生产程序,促进大规模定制生产,因此可以为消费者提供更加优质的服务,最终使价值创造与生产率得到提升。

因此智能制造提高企业全要素生产率的机理可归纳为以下三个步骤:第一,将企业获得的碎片化数据整合成对企业有价值的数据即信息;第二,在信息共享的基础上对信息进行管理和分析得到信息背后内在本质和规律的知识;第三,进而将获得的知识内化到生产决策与生产制造过程中即智慧。这三个步骤分别对应信息化、数字化以及智能化这三个经济发展阶段。上述信息、知识和智慧本质上是统一在广义的知识内涵中,因此这三个过程都与知识息息相关,第一个步骤可视为碎片知识整合化过程,第二个步骤可视为隐性知识显性过程,第三个步骤可视为显性知识赋能化过程。综合以上分析,本书提出如下研究假设。

假设1:智能制造可以提升制造业企业全要素生产率。

二、研究设计

(一) 样本选择与数据来源

本书将2015—2019年A股制造业上市企业作为初始样本,并对原始样本进行如下筛选:一是剔除在研究期间发生特殊变动的公司;二是剔除资产负债率大于等于1的公司;三是剔除在科创板上市的公司。本书中智能制造的数据来自上市公司披露的年报。通过文本分析法,以"智能制造"为关键词,从深交所与上交所披露的年报中抓取企业是否布局或实施了智能制造的类似信息。接下来,通过人工逐条核对与筛选。本书总共获得了9509个上市企业是否布局或实施了智能制造的观测值。其他一些数据主要来自万德数据库和国泰安数据库。此外,本书对全部的非离散变量进行了1%和99%的缩尾处理。

（二）模型构建与变量定义

1.模型构建

为检验研究假设1,构建如式(6-1)所示模型进行检验:

$$LnTfp_{it} = \alpha + \beta_1 Smart_{it} + \beta_2 Lev_{it} + \beta_3 LnSize_{it} + \beta_4 Growth_{it}$$

$$+ \beta_5 ROA_{it} + \beta_6 Liq_{it} + \beta_7 Age_{it} + \Sigma Firm + \Sigma Year + \varepsilon_{it} \qquad (6-1)$$

其中 $LnTfp$ 为企业的全要素生产率,$Smart$ 为智能制造指标,Lev 为企业当年的财务杠杆,$LnSize$ 为企业规模,即企业当年总资产的自然对数,ROA 为企业当年的绩效,Liq 为企业当年的流动资产比率,$Growth$ 为企业当年的营业收入增长率,Age 为企业上市年龄。$Year$ 和 $Firm$ 为本书控制的年份和个体固定效应,ε 为残差。

2.重要变量及其测度

a. 智能制造($Smart$)。本书用虚拟变量表示。如果企业布局或实施了智能制造,则赋值为1,否则为0。

b. 全要素生产率($LnTfp$)。本书参照鲁晓东和连玉君的研究方法,分别利用 OLS 法,FE 法、LP 法以及 OP 法对中国制造业企业的全要素生产率进行了测算。在比较这四种方法的测算过程和测算结果之后,发现半参数法(也就是 OP 法与 LP 法)可以比较好地缓解计量方法中的样本选择偏误以及内生性问题。考虑到 OP 法要求企业的真实投资额必须大于0,因此本书主要使用 Levinsohn 和 Petrin 提出的 LP 法来计算制造业企业的全要素生产率水平。

3.其他变量

参考杨德明等、孙健等的相关研究,本书还设置了一组可能影响企业全要素生产率的公司层面变量:企业财务杠杆(Lev)、企业规模($LnSize$)、企业绩效(ROA)、企业上市年龄(Age),企业流动资产比率(Liq)和企业销售增长率($Growth$)。表6-1提供了变量的详细定义。

表 6-1　变量定义表

变量类型	变量名称	变量符号	变量描述
被解释变量	企业全要素生产率	LnTfp	$LnY=\beta_0+\beta_1\ln K+\beta_2\ln L+\beta_3\ln M+\varepsilon$, Y 为主营业务收入, K 为固定资产净值, L 为企业员工总数, M 为购买商品,接受劳务支付的现金。通过 LP 法所得的残差为企业全要素生产率 tfp,然后对该指标取对数为 lntfp
解释变量	智能制造哑变量	Smart	虚拟变量,布局或实施了智能制造取值为 1,否则为 0
控制变量	企业规模	LnSize	企业规模:企业总资产的对数
	企业资产负债率	Lev	资产负债率:总负债/总资产
	企业销售增长率	Growth	企业营业收入增长率:(当年营业收入-上年营业收入)/上年营业收入
	企业流动比率	Liq	流动资产比率:流动资产/总资产
	企业资产回报率	ROA	资产回报率:税后净利润/总资产
	企业上市年龄	Age	企业上市年龄:当前年度-企业上市年份+1
	年度虚拟变量	Year	一组年度虚拟变量

三、实证结果分析

(一) 描述性统计分析

将所获取的数据进行初步的处理后,对相关数据进行简单的描述性统计,以在回归之前对数据相关性进行大致了解。表 6-2 汇报了全样本的描述性统计结果。表 6-3 按是否布局或实施了智能制造进行分组,并给出了主要变量的描述性统计。

根据表 6-2 的结果,模型中企业全要素生产率的均值为 15.77,最小值为 13.93,最大值为 18.29。智能制造虚拟变量 Smart 的均值为 0.26,表明大约有 26%的公司—年度观测值已经布局或实施了智能制造。从表 6-3 可以得出,布局或实施了智能制造的样本,其全要素生产率指标显著高于未布局或实施智能制造的样本,且均值检验在1%的置信水平下显著。假设1得到初步检验。

表6-2 变量描述性统计表

变量	观测值	均值	标准差	最小值	中位数	最大值
$LnTfp$	9509	15.77	0.896	13.93	15.68	18.29
$Smart$	9509	0.260	0.439	0	0	1
Liq	9509	0.583	0.165	0.193	0.590	0.919
$LnSize$	9509	22.01	1.155	19.99	21.87	25.60
Lev	9509	0.376	0.181	0.0590	0.364	0.805
$Growth$	8753	0.171	0.344	−0.456	0.113	2.028
ROA	9509	0.0440	0.0610	−0.253	0.0430	0.195
Age	9509	9.500	7.151	0	8	30

表6-3 主要变量描述性的分组统计

Variables	未布局或实施智能制造(1)	布局或实施智能制造(2)	Difference	
	mean	mean	mean	t-value
$LnTfp$	15.674	16.039	−0.365***	−17.733***
Liq	0.579	0.595	−0.016***	−4.203***
$LnSize$	21.863	22.430	−0.568***	−21.519***
Lev	0.358	0.427	−0.069***	−16.585***
$Growth$	0.171	0.171	0.000	0.029
ROA	0.046	0.040	0.006***	4.425***
Age	9.217	10.305	−1.088***	−6.520***

（二）回归分析

表6-4为假设1的检验结果。模型1的结果表明,在不控制企业层面的特征变量时,Smart 的系数估计值在1%统计水平上显著为正。模型2的结果显示,虽然 Smart 系数估计值的显著性水平有所下降,但依然在5%水平上显著。模型3是在模型2基础上加入了时间固定效应所得的结果。由模型3的估计结果发现,Smart 回归系数的显著性水平仍然没有发生改变。由表中模型1至模型3可知,无论是否考虑公司层面控制变量与时间效应,Smart 与 LnTfp 都显著正相关。上述结果表明上市企业在布局或实施智能制造后,企业全要素生产率会显著提高,因此假设1得到论证。

表6-4　智能制造与企业全要素生产率(基准回归)

Variables	模型 1 LnTfp	模型 2 LnTfp	模型 3 LnTfp
Smart	0.285***	0.023**	0.022**
	(20.780)	(1.973)	(1.856)
Lev		0.267***	0.246***
		(4.447)	(4.087)
LnSize		0.352***	0.354***
		(12.863)	(12.782)
Growth		0.217***	0.218***
		(15.718)	(15.611)
Liq		0.713***	0.708***
		(9.440)	(9.333)
ROA		0.940***	0.947***
		(8.390)	(8.493)
Age		0.070***	0.063***
		(18.982)	(16.953)
_cons	15.695***	6.722***	6.769***
	(4396.970)	(11.410)	(11.382)

续表

Variables	模型 1 LnTfp	模型 2 LnTfp	模型 3 LnTfp
N	9509	8753	8753
R^2	0.076	0.548	0.554
F	431.825	437.166	307.918
$Firm$	Yes	Yes	Yes
$Year$	no	no	Yes

注:括号内数值为 t 值,***、**和*分别表示双尾 t 检验在 1%、5%和 10%水平上统计显著(下同)。

(三) 稳健性检验

基准回归方程的设定可能存在双向因果关系、遗漏变量和选择偏差问题。因此,如果本书直接对方程(1)进行回归,所得到的估计系数可能不一致,将存在较大偏误。为了尽可能地缓解上述问题,本书将通过两种方法进行处理。(1)倾向得分匹配法。企业规模、财务杠杆以及企业财务状况都会导致企业是否决定实施智能制造,因此样本存在系统性差异。倾向得分匹配法以一些特征变量为基础,尽可能找到能比较的两组样本,从而缓解选择偏差问题。(2)双重差分模型检验。2015 年中国开展了智能制造试点示范专项行动,这导致企业是否进行智能制造变成了非完全自主的选择。将其作为一个准自然实验,构建渐进双重差分模型,试图准确地识别智能制造对企业全要素生产率所产生的因果效应。

1. 倾向得分匹配检验

表 6-5　智能制造与企业全要素生产率(倾向得分匹配检验)

Variables	模型 1 *LnTfp*	模型 2 *LnTfp*
Smart	0.035 ** (2.015)	0.031 ** (2.382)

续表

Variables	模型 1 *LnTfp*	模型 2 *LnTfp*
Lev		0.271 ***
		(3.772)
Growth		0.204 ***
		(12.497)
LnSize		0.367 ***
		(12.075)
Liq		0.710 ***
		(7.295)
ROA		1.000 ***
		(7.193)
Age		0.060 ***
		(12.860)
_cons	15.669 ***	6.548 ***
	(1539.426)	(9.963)
N	6065	6065
R^2	0.311	0.557
Firm	Yes	Yes
Year	Yes	Yes

根据以上分析,本书考虑到企业当年是否布局或实施智能制造存在选择偏差。当存在企业依可测变量选择是否布局或实施智能制造的选择偏差时,则采用倾向得分匹配法来缓解此问题。它的基本思路是:如果针对每一个布局或实施了智能制造的样本,能用一定方法找到一个其他方面都非常类似,但没有布局或实施智能制造的参照者。两个其他方面相似的样本,一个布局或实施了智能制造,一个未布局智能制造,对这两个样本的全要素生产率的比较则可以反映是否布局或实施智能制造带来的影响。本书采用一对三近邻匹配法对样本进行匹配。本书选择的协变量为企业规模(*LnSize*)、企业资产负债

率(*Lev*)、企业销售增长率(*Growth*)、企业是否位于东部地区(*East*)、企业流动资产比率(*Liq*)、企业上市年龄(*Age*)以及企业资产回报率(*ROA*)。对匹配后的样本重新进行回归估计,其结果分别展示在表6-5中的模型1和模型2。从表中可以看出,布局或实施智能制造能够显著提升企业全要素生产率。

2.双重差分模型检验

早在2015年,工信部首次开启了智能制造的试点工作。随后2016年、2017年和2018年又分别确定了第二批、第三批和第四批试点公司。本书借鉴赵烁等的做法构建智能制造的代理变量。运用多期双重差分倾向得分匹配法,试图识别智能制造与企业全要素生产率的关系。鉴于智能制造试点示范是分批次的,本书参考Beck et al.使用多期双重差分模型来识别推行智能制造对企业全要素生产率的影响。其中,双重差异来自于公司层面和年份层面,比较的是试点示范上市公司与非试点示范上市公司的企业全要素生产率在试点前后的差异。基于此,本书构建如下实证模型:

$$LnTfp_{it} = \alpha + \beta_1 D_{it} + \theta \, Control_{it} + \sum Firm + \sum Year + \varepsilon_{it} I \qquad (6-2)$$

交乘项*D*等于$treat_i * post_t$,$treat_i$为智能制造试点的虚拟变量,如果在样本期间上市公司成为了智能制造试点示范公司,那么$treat_i$取值为1,否则为0;$post_t$为智能制造试点示范的时间虚拟变量,在企业成为智能制造试点示范当年及以后为1,否则为0;因此,在企业成为智能制造试点示范的当年及以后年份,交乘项*D*为1,否则为0;β_1为双重差分统计量,反映了智能制造对企业全要素生产率的影响。如果β_1大于0且显著,则意味着实施智能制造显著提高了企业全要素生产率。由于相关部门在选择智能制造试点示范公司时会参考公司以往的财务状况、智能制造项目的成效及完成情况等因素,因此评选过程不是一个随机过程,会对双重差分模型的平行趋势假设产生影响。为了克服该因素的影响,本书在进行多期双重差分模型之前,先对原有样本运用倾向得分匹配法进行匹配。通过*PSM*为每个处理组匹配两个其他特征相似,但是没有成为智能制造试点示范的上市公司为对照组。本书选择的协变量为企业规模(*LnSize*)、企业财务杠杆(*Lev*)、企业销售增长率(*Growth*)、企业上市年龄(*Age*)、企业流动资产比率(*Liq*)、区域差异(*East*)以及企业资产回报率(*ROA*)。基于匹配后的样本,采用双差分模型估计。使用双重差分方法的一个重要前提条件是要满足处理组与控制组在实施政策之前具有平行趋势的假设。本书通过方程法进行了检验。从结果看,平行趋势检验通过。图6-1为平行趋势图。

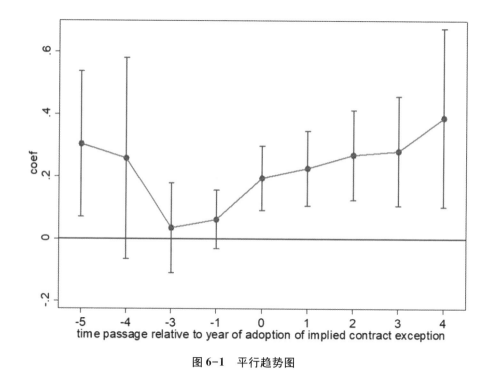

图 6-1　平行趋势图

表 6-6　智能制造与企业全要素生产率(双重差分模型检验)

Variables	模型 1 *LnTfp*	模型 2 *LnTfp*
D/D3	0.081*	-0.201
	(1.769)	(-1.054)
Lev	0.458**	0.463**
	(2.234)	(2.210)

续表

Variables	模型 1 *LnTfp*	模型 2 *LnTfp*
LnSize	0.345 ***	0.337 ***
	(3.164)	(3.227)
Liq	0.381	0.347
	(1.347)	(1.273)
Growth	0.154 ***	0.156 ***
	(4.036)	(4.023)
ROA	0.916 **	0.861 *
	(1.987)	(1.856)
Age	0.028 **	0.039 ***
	(2.182)	(3.306)
_cons	7.846 ***	8.044 ***
	(3.146)	(3.360)
N	1064	1064
R^2	0.572	0.573
Firm	Yes	Yes
Year	Yes	Yes

表 6-6 第(1)列为双重差分模型检验结果。结果中 β_1 的系数显著为正,智能制造有利于提高企业全要素生产率。以第(1)列的检验为基础,增加安慰剂检验。第(2)列以 2012 年为公告开始公布年,重做双重差分检验,结果显示,交叉项回归系数为负而且不显著,这在一定程度上说明了双重差分检验的稳健性。

四、作用机制分析

在罗默构建的模型之中,除了包含两个传统的要素(即劳动和资本)之外,还新加入了人力资本与技术等要素。罗默认为人力资本具有竞争性和排他性。因为每个人只有有限的时间可以用来学习技能,当这个人去世时,他的技能就丧失了。而且具有特殊能力的人不能同时出现在多个地方,这个人也不能同时解决多个问题。因此,人力资本能够由个人提供,并且在竞争市场中开展交易。而技术变革是由于个人的利己行为导致的,所以技术是一种非竞争性输入,这意味着经济的增长从根本上是由一些排他性投入与非竞争性投入所驱动的。总的来说就是知识是一种不可竞争的产品,但人所拥有的知识创造出的任何非竞争性东西(如设计、科学法则、电气原理等),在人死后仍然存在,即知识溢出。基于上述理论,罗默就在模型中将具备竞争性的人力资本和具备非竞争性的技术分开,分析了人力资本与技术对经济增长的影响。在此过程中罗默注意到增长率与生产一单位耐用品所放弃的产量成本无关。这一事实对旨在鼓励物质资本积累的政策具有启示意义,即政府如果提供一次性税收补贴,这对经济增长率的影响与降低生产一单位耐用品所放弃的产量成本的影响相同,一次性税收补贴的效果会增加资本与技术的比值,但不会影响技术的积累速度,因此从长远来看不会影响经济增长率。但这种补贴行为的效果可以与为鼓励研究而提供资金补贴的政策相比较。从长远来看,对知识积累提供补贴,会增加新知识的收益,因此鼓励研究的政策补贴会增加增长率。

在前文的研究假设中提到,智能制造是将知识服务于实践需求,通过知识创造特定竞争优势,进而提高企业全要素生产率与实现价值创造。而且以上分析也探究了智能制造对企业全要素生产率的影响,但我们还需进一步探讨实施智能制造提高企业全要素生产率的潜在机制。根据罗默模型猜想人力资本结构、创新以及政府补贴是不是智能制造提升企业生产率的影响因素。为此下文进行了详细的分析与验证。

(一)人力资本结构

在罗默模型中,人力资本是一个重要的生产要素。人力资本是一种显性知识。在企业实施智能制造过程中,劳动这一生产要素逐步实现专业化,而且素质越高的劳动力具有的更加专业化的知识越有助于整合价值链的各个环节,从而进一步改进生产和运营流程,实现生产成本与交易成本下降。智能制造使企业的生产和管理变得数字化和智能化,如数字化机械设备负责流程化的生产任务。智能设备和智能工厂能够自主进行生产决策,负责较为低级的生产管理任务。因此先进机械设备会替代低端劳动力,同时需要充足的、从事操作、维护、改进和更新的生产技术人员,导致加大对技能型的劳动力的用工需求。此外,大数据、智能制造技术、人工智能等高新技术可被归为具有技能偏向的技术类别,对员工的知识和技能有较高的要求,尤其是要具有计算机、大数据以及人工智能等方面的知识和能力。这也导致企业要提高对高学历和高技能水平的劳动力需求。而且,伴随着企业整体人力资本水平的大幅提高,高质量人力资本与其带来的知识资本都会融入到企业的生产与经营过程中去,从而产生技术的扩散效应,最终提升企业全要素生产率。关于这一点也有相关学者的文献做支撑。如学者夏良科基于中国大型工业企业,使用数据网络方法计算企业全要素生产率,通过实证分析得出人力资本是企业全要素生产率增长的关键因素,而且人力资本主要是通过提升吸收能力与技术开发水平来促进全要素生产率增长。学者赵宸宇等在分析数字化转型是如何影响企业全要素生产率时,将人力资本结构作为一个重要的中介变量。他们认为,数字化转型能够促进企业人力资本结构的进一步优化,同时借助人力资本与知识资本所产生的溢出效应达到提升企业全要素生产率的目的。刘生龙利用我国省级面板数据,试图探究人力资本及其溢出效应如何影响全要素生产率增长,实证结果均发现人力资本所产生的直接效应与外溢效应都对全要素生产率的增长起到了显著正向的影响。

鉴于此我们推测智能制造可能通过优化人力资本结构提高企业全要素生产率。本书构建以下模型检验人力资本结构的中介效用:

$$LnTfp_{it} = a + a_1 Smart_{it} + \theta Control_{it} + \Sigma Firm + \Sigma Year + \varepsilon_{it} \qquad (6-3)$$

$$Tech/MD_{it} = b_0 + b_1 Smart_{it} + \theta Control_{it} + \Sigma Firm + \Sigma Year + \tau_{it} \qquad (6-4)$$

$$LnTfp_{it} = c_0 + c_1 Smart_{it} + c_2 Tech/MD_{it} + \theta Control_{it} +$$

$$\Sigma Firm + \Sigma Year + \omega_{it} \qquad (6-5)$$

　　本书同时用技术人员人数与企业员工总数占比(Tech)和拥有硕士学位的员工人数与企业员工总数占比(MD)来衡量人力资本结构。表6-7提供了相关回归结果。从表中结果可知,模型1和模型2的智能制造系数分别在5%和1%的水平上显著为正。说明在实施智能制造后企业的人力资本结构得到了优化。模型3中人力资本结构的系数显著为正,说明人力资本结构优化对企业全要素生产率具有激励作用。模型4至模型6,是拥有硕士学位的员工数与企业员工总数占比来衡量人力资本结构的回归结果。以上结果表明:智能制造能够通过优化人力资本结构来提高企业全要素生产率,即在智能制造提高企业全要素生产率过程中,人力资本结构起着中介作用。因此,人力资本结构是智能制造提高企业全要素生产率的一种潜在机制。

表6-7　智能制造与人力资本结构、企业全要素生产率

Variables	模型 1 LnTfp	模型 2 Tech	模型 3 LnTfp	模型 4 LnTfp	模型 5 MD	模型 6 LnTfp
Smart	0.026** (2.540)	0.646*** (2.590)	0.025** (2.461)	0.026** (2.540)	0.162** (2.438)	0.026** (2.480)
Tech			0.001** (2.048)			
MD						0.004 (1.644)
LnSize	0.358*** (28.851)	0.648** (2.162)	0.357*** (28.780)	0.358*** (28.851)	0.584*** (7.301)	0.356*** (28.510)
Lev	0.284*** (6.539)	−2.135** (−2.036)	0.287*** (6.600)	0.284*** (6.539)	−1.146*** (−4.096)	0.288*** (6.628)
Growth	0.206*** (22.491)	−0.836*** (−3.780)	0.207*** (22.578)	0.206*** (22.491)	−0.149** (−2.531)	0.206*** (22.541)
Liq	0.706*** (16.935)	0.754 (0.749)	0.705*** (16.917)	0.706*** (16.935)	0.284 (1.058)	0.705*** (16.910)
ROA	0.919*** (13.787)	−0.196 (−0.122)	0.919*** (13.796)	0.919*** (13.787)	−0.025 (−0.058)	0.919*** (13.791)

续表

Variables	模型 1 *LnTfp*	模型 2 *Tech*	模型 3 *LnTfp*	模型 4 *LnTfp*	模型 5 *MD*	模型 6 *LnTfp*
Age	0.061 ***	0.225 ***	0.061 ***	0.061 ***	0.082 ***	0.061 ***
	(23.466)	(3.579)	(23.332)	(23.466)	(4.899)	(23.289)
_cons	6.801 ***	4.239	6.795 ***	6.801 ***	−9.683 ***	6.837 ***
	(26.174)	(0.676)	(26.161)	(26.174)	(−5.782)	(26.223)
N	6095	6095	6095	6095	6095	6095
R^2	0.582	0.019	0.582	0.582	0.049	0.582
Firm	Yes	Yes	Yes	Yes	Yes	Yes
Year	Yes	Yes	Yes	Yes	Yes	Yes

（二）技术创新

在罗默模型中,技术是促进经济增长的重要因素。智能制造需要许多智能技术紧密相连,而且已成为促进其他技术创新的外在原因。智能制造主要通过以下方面对企业技术创新产生影响。第一,加快知识创造。每一项技术创新表现为出现新知识,以及整合新知识和现有知识。技术创新产生的新技术是知识创造的结果,如采用新方法来理解现有知识,创造性整合不同领域知识。智能制造的关键技术是人工智能技术,人工智能技术为企业提高了数据搜集能力,支持快速尝试以各种方法整合知识,并为探索新知识提供便利。人工智能打破了公司内部和公司之间的知识界限,加快了知识的传播和知识交换。因此我们认为智能制造能够加快知识创造,从而促进技术创新。第二,提高学习能力。学习能力影响外部知识进入企业的效率。企业学习能力越强,企业实现创新的概率就越高。而智能制造能够帮助员工提高这些能力。智能制造需要更复杂和更智能的设备,这些先进的设备模拟人类活动,替代传统生产活动中部分大脑工作。这些设备已成为使员工作出比以前更有效的决策的可靠和高效的分析工具,因此员工的学习和吸收能力不断提高。通过提高学习和吸收能力,智能制造有助于技术创新。第三,加快知识和技术外溢。智能制造具有信息共享、分工合理和整合资源的特点。智能制造消除了距离的约束,促进了企业之间的沟通、交流以及合作,降低了企业之间的信息传输和共享成本,使企业更方便地交换信息和共享知识,降低企业传播技术创新的成本。从而使企业间的知识外溢与技术外溢比以前更加容易,企业的技术创新水平不断提高。

张广胜和孟茂源基于内生增长理论,检验研发资本对企业全要素生产率的关系,得出研发投入能显著提升企业全要素生产率。基于上述分析,提出猜想:智能制造可能通过技术创新影响企业全要素生产率。本书构建以下模型检验技术创新的中介效应:

$$LnTfp_{it} = a + a_1 Smart_{it} + \theta Control_{it} + \Sigma Firm + \Sigma Year + \varepsilon_{it} \qquad (6-6)$$

$$INNO_{it} = b_0 + b_1 Smart_{it} + \theta Control_{it} + \Sigma Firm + \Sigma Year + \tau_{it} \qquad (6-7)$$

$$LnTfp_{it} = c_0 + c_1 Smart_{it} + c_2 INNO_{it} + \theta Control_{it} + \Sigma Firm + \Sigma Year + \omega_{it}$$

$$(6-8)$$

其中 $INNO$ 为企业的技术创新水平。技术创新一般从创新投入和创新产出两方面衡量。本书用研发投入来度量创新投入。参考党力等(2015)用研发投入的对数($LnRD$)度量企业研发投入强度。专利是创新的产物,在已有文献中,专利申请量是衡量创新产出常用的指标之一。鉴于发明专利的科技含量高,更能体现企业的技术创新水平,本书使用发明专利申请量衡量企业创新产出。借鉴文献常用做法,使用发明专利数量加 1 后进行对数处理衡量创新产出($LnPatent$)。表 6-8 提供了该模型估计结果。从表中结果可知,第(1)列中智能制造的系数在 5% 水平上显著为正,第(2)列中智能制造的系数在 1% 水平上显著为正,说明企业在实施智能制造后企业研发投入强度会显著增加。第(3)列中 $lnRD$ 的系数在 1% 水平上显著为正,说明研发投入强度对企业全要素生产率具有激励作用。第(5)列 $Smart$ 系数显著为正,说明智能制造能显著增加企业发明专利的申请量。第(6)列 $LnPatent$ 系数显著为正,说明企业发明专利申请量越多,企业全要素生产率越高。以上结果表明:技术创新水平与企业全要素生产率显著正相关,而企业实施智能制造后技术创新水平提高,企业全要素生产率提高。因此,技术创新是智能制造提高企业全要素生产率的一种潜在机制。

表 6-8　智能制造与技术创新、企业全要素生产率

Variables	（1）LnTfp	（2）lnRD	（3）LnTfp	（4）LnTfp	（5）LnPatent	（6）LnTfp
Smart	0.024** (2.079)	0.056** (2.562)	0.017 (1.565)	0.022* (1.866)	0.075** (2.002)	0.021* (1.807)
LnRD			0.115*** (7.742)			
LnPatent						0.009* (1.897)
LnSize	0.357*** (12.703)	0.762*** (15.712)	0.269*** (9.515)	0.353*** (12.769)	0.130*** (3.135)	0.352*** (12.722)
Lev	0.261*** (4.285)	−0.208* (−1.842)	0.285*** (4.692)	0.245*** (4.057)	−0.103 (−0.696)	0.246*** (4.078)
Growth	0.217*** (17.430)	0.044** (2.169)	0.211*** (17.189)	0.219*** (15.575)	−0.033 (−1.184)	0.219*** (15.578)
Liq	0.702*** (8.895)	0.144 (1.322)	0.685*** (8.975)	0.707*** (9.301)	0.141 (1.020)	0.706*** (9.294)
ROA	0.900*** (8.326)	−0.016 (−0.106)	0.901*** (8.630)	0.941*** (8.438)	0.621*** (2.778)	0.936*** (8.446)
Age	0.061*** (17.153)	0.067*** (9.871)	0.054*** (14.519)	0.063*** (16.940)	0.041*** (4.496)	0.063*** (16.873)
_cons	6.728*** (11.104)	0.556 (0.538)	6.664*** (11.333)	6.777*** (11.396)	−1.893** (−2.195)	6.794*** (11.427)
N	8557	8557	8557	8748	8748	8748
R^2	0.575	0.422	0.596	0.554	0.028	0.554
Firm	Yes	Yes	Yes	Yes	Yes	Yes
Year	Yes	Yes	Yes	Yes	Yes	Yes

（三）政府补助

2015 年,工信部联合财政部开展了智能制造专项支持行动,预计总投入资金 110.8 亿元。对实施智能制造的企业,政府根据企业在项目进行期间所支出的资金总额进行一定程度上的财政资金扶持。因此企业实施智能制造能增加企业获得的政府补助。而且从补助主体上看,只有实施智能制造的企业才能获得相关资金补助,因此这种补助可以看成是对知识积累的补助,对研究的补助。根据罗默模型可知,对知识积累提供补助会使新知识的收益增加,用于研究的政府资金补贴能提高经济增长率。

一方面补助会增加用于研究的人力资本,提高福利,从而使全要素生产率提高。如学者张志昌和任淮秀认为给予税收优惠和资金补贴能显著提高用于研究的人力资本投入水平。学者齐孝福利用山东省相关数据深入探究了政府投入、人力资本形成与山东经济增长的关系,他认为政府投入能促进山东省人力资本的积累,在人力资本形成中发挥重大作用,并且这种作用对山东省的经济增长具有积极效应。

另一方面,政府资金补助也会提高技术的积累,提高技术创新效率,进而提升企业全要素生产率。对于技术的积累有两方面,一是研发投入的增加。政府资金的流入能大力支持企业的研发活动。张宗益和陈龙认为政府补助可以减少研发风险,有利于研发投入的增加。二是专利技术的产出量增加。Martin 认为政府发给企业的资金补贴能引发企业间的创新竞争,从而促使企业研发更多的新技术,导致专利数增加。Le 和 Jaffe 通过实证研究发现,政府补助对发明专利或推出新产品的影响比产品外观设计的影响更强且显著。Garcia 和 Mohnen 发现政府补助每增加 2.3%,企业创新产出就会增加 1%。首先,政府补助能增加企业的研发投入费用,加大研发力度进而提高企业的全要素生产率。王薇和艾华认为政府补助能刺激增加企业用于研发的经费,降低企业为投资创新项目而面临资金周转不周的经营风险,激励企业开展研发活动,提升企业全要素生产率。其次,资金补助能使企业的专利产出量增加,提高企业创新产出。孙阳阳和王冬梅以战略性新兴产业上市公司为研究对象,发现政府补贴会通过刺激企业增加专利申请数量进而提高企业全要素生产率。白洁在研究政府补助对高科技企业全要素生产率影响的过程中发现,不管是专利数量还是专利质量,在政府补助对全要素生产率的影响中都起着显著的中介作用,而且进一步发现政府补助对全要素生产率的主要作用路径是专利数量。

基于上述分析,提出猜想:智能制造可能通过增加政府补助影响企业全要素生产率。根据已有的关于中介效应检验的研究,本书构建以下模型检验政府补助的中介效应:

$$LnTfp_{it} = a + a_1 Smart_{it} + \theta Control_{it} + \Sigma Firm + \Sigma Year + \varepsilon_{it} \tag{6-9}$$

$$LnGor\_sub_{it} = b_0 + b_1 Smart_{it} + \theta Control_{it} + \Sigma Firm + \Sigma Year + \tau_{it} \tag{6-10}$$

$$LnTfp_{it} = c_0 + c_1 Smart_{it} + c_2 LnGor\_sub_{it} + \theta Control_{it} + \Sigma Firm + \Sigma Year + \omega_{it} \tag{6-11}$$

表6-9中模型1提供了方程(6-9)的回归结果,模型2和模型3分别提供了方程(6-10)和方程(6-11)的回归结果。从表中结果可知,模型1中智能制造的系数在5%水平上显著为正,模型2中智能制造的系数在5%水平上显著为正,说明企业在实施智能制造后得到的政府补助会显著增加。模型3中LnGor_sub的系数在5%水平上显著为正,说明政府补助对企业全要素生产率具有激励作用而不是抑制作用,而且模型3中智能制造的系数显著为正,说明政府补助发挥着部分中介作用。以上结果表明:政府补助的增加是智能制造提高企业全要素生产率的一种潜在机制。

表 6-9　智能制造与政府补助、企业全要素生产率

Varibles	模型 1 *LnTfp*	模型 2 *LnGor_sub*	模型 3 *LnTfp*
Smart	0.022 **	0.077 **	0.020 **
	(1.915)	(2.025)	(1.761)
LnGor_sub			0.009 **
			(1.775)
LnSize	0.348 ***	0.854 ***	0.339 ***
	(12.803)	(14.247)	(12.451)
Lev	0.253 ***	0.170	0.251 ***
	(4.195)	(1.044)	(4.150)
Growth	0.221 ***	−0.180 ***	0.222 ***
	(17.055)	(−4.886)	(17.080)
Liq	0.677 ***	−0.017	0.676 ***
	(8.889)	(−0.101)	(8.871)
ROA	0.915 ***	0.798 ***	0.883 ***
	(8.089)	(3.360)	(8.118)
Age	0.063 ***	0.041 ***	0.064 ***
	(17.457)	(3.985)	(17.785)
_cons	6.915 ***	−2.738 **	6.958 ***
	(11.826)	(−2.172)	(11.894)
N	8624	8622	8622
R^2	0.557	0.168	0.566
Firm	Yes	Yes	Yes
Year	Yes	Yes	Yes

五、进一步分析

根据我国各地区的经济情况、自然条件和交通运输条件等方面的差异,划分了三大经济地带,分别是东部经济地带、西部经济地带和中部经济地带。从经济发展水平、经济收益水平、技术以及基础设施来看,东部地带比非东部地

带高,由东向西递减。上述结果表明智能制造能显著提高企业全要素生产率。那么该影响具有区域差异吗?首先基础环境方面,东部地区信息化基础设施建设较为完善,能够推动智能化创新发展。上述理论中提到,智能制造的长期发展离不开较高水平的信息化基础设施以及相配套的技术和其他一些相关服务。而在东部地区这些技术水平远高于其他地区,这为智能制造发挥价值提供了必要条件。而且东部地区网络资源建设成效显著,智能化发展的网络指数较高的省市集中于沿海地区。并且这一指数具有从东部地区向中部地区以及西部地区逐步下降的趋势,这也意味着网络资源指数和地方经济的发展程度具有一定的正相关关系。表明网络资源设施水平具有区域性。经济发达的城市更愿意投入更多的资金在信息基础设施建设方面。关于智能化的专项政策,不同区域的政策支持力度存在较大差异。比如北京、天津等地的专项政策力度明显高于其他地区。东部地区数据资源体系建设相对于其他地区来说具有明显优势。东部地区的数据质量、开放环境、开放平台建设等情况都明显优于其他地区。因此本书推断智能制造对东部地区制造业上市公司全要素生产率产生的正向效应比非东部地区上市公司更为明显,即智能制造可以更明显提高东部地区制造业上市公司的全要素生产率水平。

为了进行上述检验,将样本分为东部地区样本和非东部地区样本。由表6-10 的回归结果可知,对东部地区样本进行回归,其 Smart 的系数为正且在5%水平上显著,而非东部地区 Smart 的系数不显著。说明推行智能制造能够显著提高企业全要素生产率,但这只是对于位于东部地区的企业而言的。对于非东部地区的企业来说,智能制造虽能提高企业全要素生产率,但其影响并不显著。

表6-10 智能制造与区域差异、全要素生产率

Variables	模型1 东部地区	模型2 非东部地区
Smart	0.020**	0.026
	(2.100)	(0.897)

续表

Variables	模型 1 东部地区	模型 2 非东部地区
Lev	0.225 ***	0.286 ***
	(6.000)	(3.595)
LnSize	0.343 ***	0.371 ***
	(9.366)	(9.439)
Growth	0.209 ***	0.230 ***
	(17.380)	(11.196)
Liq	0.624 ***	0.911 ***
	(7.807)	(6.299)
ROA	0.898 ***	1.045 ***
	(3.783)	(5.192)
Age	0.064 ***	0.060
	(25.282)	(8.710)
_cons	7.121 ***	6.111 ***
	(9.025)	(7.157)
N	6284	2469
R^2	0.555	0.556
Firm	Yes	Yes
Year	Yes	Yes

第七章　数据资产价值贡献测算

第一节　基于微观视角的数据资产价值贡献测算

数据作为新的生产要素已经得到广泛共识,各行各业意识到数据资产的价值,企业将数据作为核心发展要素,通过数据价值链,应用数据技术,从数据中提炼出信息、形成知识,并转化为智慧,优化企业生产、促进新产品开发以及提升管理效率等,实现企业数据价值创造。数据资产在促进企业发展和经济增长中的贡献已经毋庸置疑,数据对企业的价值贡献如何测算却是一直悬而未决的课题。

如何测量数据资产的贡献的研究还处于起步阶段,尚未形成规范和统一的数据价值测算体系,这一理论研究和实践应用的滞后阻碍了数据资产贡献测算,制约了数字经济的高质量发展和企业数字化转型,如何对数据资产的价值贡献进行测算是目前理论和实务的热点问题。

一、数据资产价值贡献测算模型的构建思路

2010 年,美国评估基金会发布《Best Practices for Valuations in Financial Reporting》,首次提出超额收益法的概念。企业在价值创造过程中,依靠所拥有和控制的各项资产获得超额收益,其中产生企业收益的主要资产包括流动资产、无形资产以及固定资产等,都对企业获取超额收益提供贡献度。且这些资产所产生的贡献能够分割,这就意味着能够测算出各项分割资产产生的贡献值大小。

根据上文的研究和分析,数据资产在促进企业价值创造及收益方面的作用是确定的,但数据资产具有与传统企业资产不同的特征和属性,比如非实物性、附着性等,其本身难以直接创造价值,因此直接测算数据资产对企业收益的贡献度时具有很大的难度。企业在数字化转型过程中产生了大量的数据资产,但都尚未计入财务报表,从而对超额收益的贡献分割中忽略了数据资产的贡献度,因此本书在此按照超额收益法的整体思路,根据各项资产的价值贡献度的划分,从企业的超额收益中剥离出流动资产、固定资产和无形资产的收益贡献,剩余部分则归属于未计入报表的资产所创造的超额收益。在数据—信息—知识—智慧的价值创造链条中,数据是企业信息资源、智力资本和智能应用的基础要素,是企业价值创造的基础资产,也是形成企业其他无形资产的基础来源。因而企业的超额收益由流动资产、固定资产、表内无形资产、人力资产以及数据资产贡献产生,可用公式(7-1)表示:

超额收益=流动资产贡献值+固定资产贡献值+表内无形资产贡献值

$$+人力资本贡献值+数据资产贡献值 \qquad (7-1)$$

二、超额收益的测算

企业超额收益的产生即企业价值创造的过程,学术界多从企业投入的生产要素及将生产要素转化成财务成果的活动两方面进行研究。

一是从投入的生产要素来看,企业经营主要需要的要素可分为经济要素以及非经济要素。经济要素包括资本等一系列需要通过货币及货币等价物购买的要素,最终形成了企业的各项资产,例如土地、固定资产、原材料等;非经济要素是指除经济要素以外,企业维持日常生产经营活动所需要的资源,其未直接以资产的形式存在于企业中,例如企业管理层及员工所拥有的知识、企业固有的文化等。这两大要素共同构成了企业获得超额收益所需的资源投入。

二是从将生产要素转化成财务成果的活动看来,若企业只拥有上述必要的资源投入,没有相应研究、开发、运用资源等活动,企业还是无法创造价值和产生超额收益的。如何运用企业所拥有的资源是创造企业价值的必要手段。

因此,企业应该在作出战略规划的同时推动资源的合理配置,并且让企业获得一定的经济利益。

综上所述,企业超额收益是指企业在生产经营管理期间,合理整合并配置企业经济及非经济等一系列要素以后带来企业绩效的改善和各项能力的增强,进而带来企业价值的上升,同时在这一过程中可以有效激发企业长期可持续的发展能力、获利潜力及竞争优势。

经济增加值(EVA)近年来被广泛作为企业超额收益的度量指标。其最本质的意义是全面考虑了企业的资本成本后,企业经营产生的"经济利润",它为企业税后净营业利润减去全部资本成本后的值。在 EVA 指标体系当中,最核心的指标是"资本利润",而不是一般的"会计利润",一般的会计利润所测算的是企业在期间内收入和成本的差额,而忽略了企业资本的投入成本、投入时间、投入规模以及投资风险等其他一系列重要因素。EVA 则从投资人视角切入,测算资本在营业期间内实现的净收益。只有当净收益大于资本带来的社会收益均值时,资本才能实现"增值"。企业才能真正地获得超额收益,因此 EVA 更符合企业价值管理的财务目标。

EVA 指标具体指的是企业税后净营业利润(即在充分考虑债务资本以及权益资本以后的收益)。相较财务报表上的收益不同的是,EVA 体现的是企业的实际剩余收益。一方面,EVA 从企业价值增值的角度,改进了会计准则对于企业实际经营情况可能产生的扭曲,推动经营情况更加符合现实。比如说有关企业折旧的调整,以及有关企业广告、企业研发费用、企业员工培训费用等的调整,统一都是根据企业实际经营状况而来的。使用 EVA 指标测算企业的价值增值更为接近企业的实际收益情况,因此也就可以更为真实地反映企业实际经营所获取的收益。另一方面,EVA 指标更倾向于反映现金流的实际价值,通过现金流作为导向,以此反映企业真实的价值。因此,EVA 指标更加接近企业真实的价值,而并不是通过会计准则所形成的会计利润来测算的企业超额收益。

EVA 指标测算模型是基于剩余收益思想发展起来的新型价值模型,因此

本书使用 EVA 作为企业超额收益的测算指标,具体计算公式(7-2)如下:

经济附加值(EVA)=税后净营业利润-资本成本

=税后净营业利润-资本总额×加权资本成本率

(7-2)

其中,税后净营业利润(NOPAT)是通过对企业利润表中的净利润进行各项调整后得到的。主要调整步骤为:剔除与日常经营活动无关的项目,再加上与日常经营活动相关但未纳入计算的项目,用以反映企业的实际利润。本书选择的主要调整项目有:财务费用、其他收支项目、研发费用、递延所得税项目。具体计算公式(7-3)如下:

税后净营业利润(NOPAT)=净利润+(利息费用增加+研发费用增加-

其他收支增加)×(1-所得税)-

递延所得税资产增加 (7-3)

企业资本总额(TC)包括所有者权益资本以及需要付息的债务资本。除了调整与税后经营净利润相关的项目之外,还要在资本总额的计算过程中调整在建工程这一项目。主要是由于在建工程在发生与建设期间金额较大,但在当期并不会产生经济利益,无法真实地反映出企业运营过程中资本带来的收益,所以需要对其进行调整。具体计算公式(7-4)如下:

调整后资本总额=平均所有者权益+平均带息负债+研发费用

-平均在建工程-递延所得税资产 (7-4)

加权资本成本率(WACC)是由股权成本和债务成本这两个部分构成,一般情况下理性的投资人期望的投资回报率不会比加权的平均资本成本更低。所以加权资本成本率为投资人能够承受的最低的回报率,也是企业的全部资产回报率。加权资本成本率由债权资本成本 K_d、平均带息负债占比、股权资本成本 K_s 以及平均所有者权益占比四个项目构成。其计算公式(7-5)如下:

加权资本成本率=股权资本成本×平均所有者权益/(平均带息负债+平均所有者权益)+债权资本成本/(平均带息负债+平均所有者权益)×(1-所得税税率)

$$WACC = \ast K_s + \ast K_d \ast (1 - T) \tag{7-5}$$

其中的股权资本成本主要通过构建资本资产定价模型,进而根据计算得出:

$$K_s = R_f + (R_m - R_f) \times \beta \tag{7-6}$$

债权资本成本(K_d)为每年的利息支出总额与平均带息负债的比值。

三、资产贡献值的测算

不同的经济时代,创造价值的主要动力都不尽相同,从农业经济时代的土地和劳动力,到工业经济时代的资本和劳动力,再到知识经济时代,知识和信息成为主要的要素资本,并且成为价值创造中最重要和最具效果的动力。创造企业超额收益的投入要素,最终大部分形成了企业有形或者无形资产,因此可以将企业各项资产作为企业超额收益的贡献驱动因素,并可以按照一定的方法进行贡献度的测算。

(一)流动资产贡献值

流动资产指的是企业持有时间小于一年的那部分资产,这些资产的变现能力较强。因为企业流动资产的持有时间不长,即使这部分资产的形式出现了改变,但是资产的内在价值往往不会变化。在一段时间之后,投资人能够收回全部投资的资产。这就意味着流动资产一般只需要关注投资回报即可,而不存在资产损耗与折旧。因此流动资产贡献值为年均流动资产额与流动资产回报率的乘积:

$$流动资产贡献值=流动资产年平均额×流动资产回报率 \tag{7-7}$$
$$流动资产年平均额=(期初流动资产+期末流动资产)/2 \tag{7-8}$$

(二)固定资产贡献值

固定资产是使用时间大于一年的那部分资产,具体涵盖了房产、机器设备以及运输工具等,构成了企业生产和运营的主要组成部分。固定资产往往会产生自然损耗、更新换代、由于外部环境变化带来的外部损耗和经济性损耗等,从而影响了企业固定资产的价值创造过程。因此,企业固定资产贡献值主要包含了折旧补偿和投资回报。其中,折旧补偿可以分为现有固定资产补偿以及新购买的固定资产补偿,而投资回报为固定资产额的年平均值与投资回报率的乘积。企业固定资产的折旧年限和使用年限通常较长,一般为 5—30 年,因此固定资产的回报率通常以 5 年期限及以上的银行贷款利率表示:

固定资产贡献值=固定资产折旧补偿+固定资产投资回报 (7-9)

固定资产投资回报=固定资产年平均额×固定资产投资回报率 (7-10)

固定资产年平均额=(期初固定资产+期末固定资产)/2 (7-11)

（三） 无形资产贡献值

企业无形资产的收益贡献既包含表内无形资产的价值创造,也包含未在报表中反映的其他无形资产所带来的价值增值。因此,无形资产可以大致分为两类:一类是表内无形资产,另一类为表外无形资产。表内无形资产的价值创造功能类似于固定资产,表内无形资产通常会由于技术进步或者其他一些原因导致经济性贬值出现,因此表内无形资产需要每期进行摊销。考虑到无形资产的摊销和周转一般会经历一个较长的周期,因此与固定资产一样,无形资产的回报率同样以 5 年期限及以上的银行贷款利率表示:

表内无形资产贡献值=无形资产摊销补偿+无形资产投资回报 (7-12)

无形资产投资回报=无形资产年平均额×无形资产投资回报率 (7-13)

表外无形资产包含的范围较大,有人力资本、知识资本、管理才能、客户关系等,人力资本是表外无形资产创造价值增值的重要驱动因素。在数据价值创造链模式中,数据最终形成了知识和智慧,因此数据资产涵盖了除人力资本以外的其他资产。应付职工薪酬是支付给员工的工资和其他费用支出,人力资本作为表外重要无形资产,可以使用应付职工薪酬作为企业人力资本投入额的测算指标,同时以劳动力贡献率作为人力资本的回报率,该指标用中国人

才贡献率的年平均值来反映:

人力资本贡献值=劳动力年投入额×劳动力贡献率　　　　(7-14)

(四) 数据资产贡献值

数据资产作为企业价值创造,产生超额收益的一项重要资产形式,并未计入财务报表,也尚未进行列示和披露,数据资产的价值也未形成规范的评估体系。且数据资产的回报率也缺乏可靠的估计和测算,因而无法采用上述资产的贡献值方法进行测算。根据数据资产价值创造的路径机制和超额收益法的计算思路,通过对企业超额收益的分割,将超额收益扣除流动资产与固定资产、表内无形资产和表外无形资产以及人力资本的贡献值,剩余的超额收益即为企业数据资产贡献值。根据公式(7-1)至(7-14),可以推导数据资产贡献值的测算公式为(7-15):

数据资产贡献值=超额收益-流动资产贡献值-固定资产贡献值

-表内无形资产贡献值-人力资本贡献值　　(7-15)

第二节　基于宏观视角的数据要素资产价值贡献测算

本书分三步对基于宏观视角的数据要素资产贡献进行测算:第一步,引入扩展的 Cobb-Douglas 生产函数、超越对数生产函数以及扩展的 CES 生产函数模型,计算出数据、资本及劳动力等生产要素的边际产出及产出弹性;第二步,基于生产函数模型提出本研究的实证模型,并通过模型推导从理论层面计算出数据等要素的贡献;第三步,结合实证模型及研究数据,估计出生产函数模型的各个参数,进而计算出数据等各生产要素的贡献。本书利用的生产函数模型包括扩展的 Cobb-Douglas、超越对数以及扩展的 CES 三种模型。

一、基于扩展的 Cobb-Douglas 生产函数的数据要素贡献测算

（一）扩展的 Cobb-Douglas 生产函数

Cobb-Douglas(简称 C-D)生产函数为美国数学家柯布和经济学家道格拉斯通过历史数据资料,考察了 1899 到 1922 年美国资本要素和劳动要素(劳动力数量)对制造业企业产品产量的影响后构建出来的,C-D 生产函数的一般形式为:

$$Y = AK^\alpha L^\beta \qquad (7-16)$$

本研究在上述函数的基础上,对其进行了扩展,将资本、劳动力和数据三项生产要素一起纳入生产过程,扩展后的生产函数形式为:

$$Y = A K^{\alpha_1} L^{\alpha_2} D^{\alpha_3} \qquad (7-17)$$

其中, Y 为产出, A 表示技术进步水平, K 、 L 、 D 分别表示资本、劳动和数据投入要素; α_i 为各生产要素的产出弹性。

对方程(7-17)求偏导数可以计算出各投入要素的边际产出为:

$$MP_K = \frac{\partial Y}{\partial K} = \frac{\alpha_1 K}{Y} \qquad MP_L = \frac{\partial Y}{\partial L} = \frac{\alpha_2 L}{Y} \qquad MP_D = \frac{\partial Y}{\partial D} = \frac{\alpha_3 D}{Y}$$

进一步计算出各投入要素产出弹性为:

$$\eta_K = = \frac{\partial Y}{\partial K} \frac{K}{Y} = \alpha_1 \qquad \eta_L = = \frac{\partial Y}{\partial L} \frac{L}{Y} = \alpha_2 \qquad \eta_D = = \frac{\partial Y}{\partial D} \frac{LD}{Y} = \alpha_3$$

（二）数据要素贡献测算实证模型

对式(7-17)取对数可得到:

$$LnY = LnA + \alpha_1 LnK + \alpha_2 LnL + \alpha_3 LnD \qquad (7-18)$$

对数形式的 C-D 生产函数可以直接进行线性回归。基于此,本书将中国 2003—2017 年 285 个地级市面板数据作为主要研究样本,并运用计量软件对如下模型进行回归:

$$Ln \, Y_{it} = LnA + \alpha_1 Ln \, K_{it} + \alpha_2 Ln \, L_{it} + \alpha_3 ln \, D_{it} + \alpha_2 X_{it} + \mu_i + \delta_t + \varepsilon_{it}$$

$$(7-19)$$

式（7-19）中，编码 i、t 分别代表地级市和年份。被解释变量 Y_{it} 表示地级市 i 在第 t 年的产出，用该地级市生产总值（单位：万元）衡量。在解释变量中，K_{it} 表示资本要素，用地级市资本存量（单位：万元）衡量，本书参考张军等（2004）的计算做法，运用永续盘存法测算了 2003—2017 年我国 285 个地级市及以上行政单位的物质资本存量。L_{it} 表示劳动力要素，用城镇私营和个体从业人员数（单位：人）衡量。D_{it} 表示数据要素，用数字经济综合发展指数衡量。X_{it} 为一组可能影响产出的城市层面变量，用来控制丰富的城市特征。

参照袁航和朱承亮（2018）对于控制变量选取的思路，主要包含以下这些变量：①城市年末总人口数（Pop）；②人口密度（Midu），用各城市年末总人口数除以城市总土地面积（单位：万人/平方公里）反映；③政府规模（Gov），用各城市的政府公共财政支出除以该城市的生产总值反映；④基础设施建设水平（Infra），用各城市的市辖区道路面积的年平均值（单位：平方米）反映。μ_i 是城市的固定效应，用来控制那部分不随年份变动的城市之间的内在差异。δ_t 是年份的固定效应，用来控制那部分不随城市变动的各年份出现的全国性冲击。另外，由于可能存在较为严重的异方差与时间序列等问题导致计量结果产生偏误，因此本书所有的回归都使用城市聚类的标准误。上述变量主要来源于2004—2018 年《中国城市统计年鉴》。而数字经济综合发展指数是本书构建而来，具体构建过程如下。

参考刘军等（2020）使用互联网发展水平作为数字经济指数测算的核心，本书考虑到城市层面数据的可获得性，分别从互联网发展水平与数字金融普惠程度这两个方面对数字经济指数进行了测算。有关城市互联网发展水平的测度，本书参考黄群慧等（2019）的计算方法，使用互联网普及率、数字经济相关行业的从业人员数量、数字经济相关行业的产出情况以及移动电话普及率这 4 个维度的指标。上述这 4 个指标分别对应以下具体的变量：①人均宽带接入用户数量（单位：户/百人）；②计算机服务与软件行业从业人员总数和城镇从业人员总数的比值;③邮电和通信业务总量的年平均值(单位:万元/人);④人均移动电话用户数量(单位:户/百人)。以上这些具体的指标都可以从历年《中国城市统计年鉴》找到。而对于数字金融的发展水平,本书使用我国数字普惠金融指数测度,这一指数由北京大学与蚂蚁金服集团合作计算得出。借助主成分分析方法,本书对上述 5 个维度的指标标准化之后进行降维处理,从而获得了我国 285 个地级市数字经济的综合发展指数。

在得到参数 A、α_i 的估计值后,本书根据以下公式对 3 种投入要素的产出弹性进行正则化处理:

$$\eta'_K = \frac{\eta_K}{\eta_K + \eta_L + \eta_D} \qquad \eta'_L = \frac{\eta_L}{\eta_K + \eta_L + \eta_D} \qquad \eta'_D = \frac{\eta_D}{\eta_K + \eta_L + \eta_D}$$

由改进的索洛余值法可知,第 i 种投入要素对产出的贡献率为:

$$\varphi_K = \frac{\eta'_K \Delta K}{\Delta Y} = \eta'_K \frac{Ln\,(1 + \dot{K})}{Ln(1 + \dot{Y})} \qquad \varphi_L = \frac{\eta'_L \Delta L}{\Delta Y} = \eta'_L \frac{Ln\,(1 + \dot{L})}{Ln(1 + \dot{Y})}$$

$$\varphi_D = \frac{\eta'_D \Delta D}{\Delta Y} = \eta'_D \frac{Ln\,(1 + \dot{D})}{Ln(1 + \dot{Y})}$$

其中,$\dot{Y}$、$\dot{K}$、$\dot{L}$、$\dot{D}$ 分别表示产出、资本、劳动力和数据的增长率。

(三) 数据要素贡献测算结果分析

朱希刚和刘延风(1997)参考索洛构建的增长速度方程式与基于 C-D 生产函数的计量模型测度了第八个五年规划时期中国以及各个省份的技术要素在经济产出中的贡献率。他们将 1972 至 1995 年总共 23 年的数据划分成 4 个不同的时间段进行测算。但是,1995 年到 2022 年已经有 27 年之久,全国经济发展状况发生了非常大的变化,因此有必要在朱希刚和刘延风(1997)的基础上进一步研究,通过将数据年份更新至近些年。然后按照式(7-19)重新测度各个地区的资本、劳动力以及技术等生产要素的系数估计值,测算的结果如表 7-1 所示。

表 7-1　2003—2017 年全国三大要素生产弹性系数

生产要素名称	回归系数（弹性系数）			拟采用的弹性系数（2003—2017）
	2003—2007	2008—2012	2013—2017	
资本（K）	0.376	0.294	0.499	0.324
劳动力（L）	0.004	0.002	0.033	0.027
数据（D）	0.014	0.007	0.212	0.101

表 7-1 是基于全国 285 个地级市 2003—2017 年的面板数据资料,分三个时间段以及全部时间段对式(7-19)的回归结果。可以看出,无论是哪一种生产要素,根据 2013—2017 年数据计算的弹性均大于 2008—2012 年、2003—2007 年这两个时段。为了使计算出来的要素贡献率更具代表性,同时参考宋辉等(2021)的做法,本书采用的是全部时段(即 2003—2017 年)资本要素、劳动力要素和数据要素这三大生产要素产出弹性系数,系数值分别为 $\alpha_1 = 0.324$、$\alpha_2 = 0.027$、$\alpha_3 = 0.101$。本书以此作为计算各生产要素贡献率所需的要素弹性系数参考值。在经过正则化处理之后,三种投入要素的产出弹性(调整后)η_K'、η_L'、η_D' 分别为 0.717、0.060、0.223。通过改进的索洛余值法,可以分别计算出三种投入要素对产出的贡献率。

在计算各生产要素对产出的贡献率过程中,需要先计算出产出、资本、劳动以及数据的增长率。表 7-2 为 2004—2017 年期间产出增长率和各生产要素增长率,从表中结果可以看出,每年的产出增长率和生产要素增长率基本都大于 0,这意味着产出、资本、劳动力、数据整体上逐年增长。

表 7-2　2004—2017 年产出和生产要素增长率

年份	产出（%）	资本（%）	劳动（%）	数据（%）
2004	15.925	75.580	9.994	21.232
2005	17.133	55.352	12.692	8.524

续表

年份	产出（%）	资本（%）	劳动（%）	数据（%）
2006	15. 300	42. 315	17. 159	−0. 840
2007	14. 845	34. 840	16. 627	24. 162
2008	13. 973	28. 746	12. 291	23. 923
2009	12. 493	30. 955	15. 850	12. 255
2010	16. 739	29. 388	16. 323	0. 494
2011	14. 857	24. 932	17. 134	14. 698
2012	9. 472	22. 874	12. 536	11. 531
2013	6. 833	21. 304	9. 727	9. 475
2014	5. 004	20. 223	13. 945	8. 917
2015	3. 208	19. 270	26. 468	10. 031
2016	3. 910	17. 074	10. 270	7. 451
2017	7. 366	13. 090	18. 864	9. 159

为便于直观了解产出和生产要素增长率的变化趋势,本书将表7-2中的结果绘制成图7-1。由图7-1可知,资本增长率呈现出逐年下降的趋势,而产出增长率和劳动力增长率基本维持在一个比较稳定的状态,波动幅度较小。在2013年之前,劳动力的增长与产值的增长几乎同步。而数据要素增长率在前半段时期内(2004—2010年)变化较大,但是在后半段时期内(2011—2017年)波动幅度很小,稳定保持在10%的增长率水平。具体来看,数据要素的增长率在2007年最高,达到了24.162%,而在2006年最低,为−0.840%,这就意味着数据要素在2007年为负增长。

最终测算的资本、劳动力和数据三大生产要素对产出的贡献率展示在表7-3中,从表中结果可以看出,首先,总体上资本要素对产出的贡献占据了绝大部分,远远高于劳动力和数据要素对产出的贡献。其次,数据要素对产出的

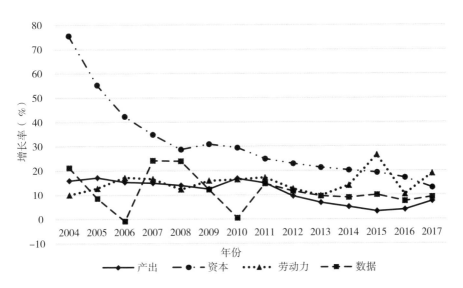

图 7-6　2004—2017 年产出和生产要素增长率(%)变化趋势

贡献略高于劳动力对产出的贡献,贡献率大致为 10%—20%,数据贡献率测算值在 2017 年最高,达到了 18.510%,而在 2006 年最低,对于产出仅有 6.019%的贡献率。在三大生产要素中,劳动力对产出的贡献最小,大致在 10% 以内。为便于直观了解三大生产要素对产出贡献率的变化趋势,本书将表 7-3 中的结果绘制成图 7-2。由图 7-2 可知,数据要素对产出的贡献率基本在 80% 附近波动,且有下降的趋势。在 2004—2017 年期间,数据要素对产出的贡献率均高于劳动力要素对产出的贡献率,且整体上都保持着波动上升的趋势。

表 7-3　2004—2017 年生产要素贡献率

年份	资本(%)	劳动力(%)	数据(%)
2004	87.601	2.751	9.648
2005	89.906	3.534	6.560
2006	89.695	4.286	6.019

续表

年份	资本(%)	劳动力(%)	数据(%)
2007	78.007	4.354	17.639
2008	75.527	6.012	18.461
2009	84.080	5.227	10.694
2010	87.142	5.771	7.087
2011	80.330	5.108	14.562
2012	80.679	5.523	13.799
2013	80.907	5.359	13.734
2014	89.185	1.846	8.970
2015	77.748	6.109	16.143
2016	84.605	3.600	11.795
2017	67.326	14.163	18.510

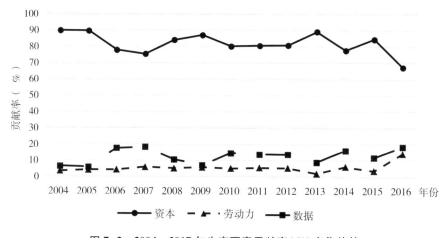

图 7-2　2004—2017 年生产要素贡献率(%)变化趋势

二、基于扩展的超越对数生产函数的数据要素贡献测算

（一）扩展的超越对数生产函数

在实际生产过程中，某一生产要素对于产出的作业不仅和这一生产要素相关，而且还和其他生产要素相关。在上一部分中，C-D生产函数难以全面地反映出各个生产要素之间的内在作用。超越对数生产函数具有灵活的函数形式，能较好地测度各投入要素的相互影响及产出弹性。超越对数生产函数的一般形式如下：

$$LnY = \beta_0 + \beta_K LnK + \beta_L LnL + \beta_D LnD + \beta_{KK} LnK^2 + \beta_{LL} LnL^2 + \beta_{DD} LnD^2 +$$

$$\beta_{KL} LnKLnL + \beta_{KD} LnKLnD + \beta_{LD} LnLLnD \qquad (7-20)$$

式（7-20）中，Y 为产出，K、L、D 分别表示资本、劳动力和数据投入要素，β 为待估参数。容易证明，当 β_{KK}、β_{LL}、β_{DD}、$\cdots$、β_{LD} 都为 0 的时候，超越对数生产函数退化为 C-D 生产函数。

资本、劳动力和数据要素的产出弹性分别为：

$$\eta_K = \frac{dY/Y}{dK/K} = \frac{dLnY}{dLnK} = \beta_K + 2\beta_{KK} LnK + \beta_{KL} LnL + \beta_{KD} LnD \qquad (7-21)$$

$$\eta_L = \frac{dY/Y}{dL/L} = \frac{dLnY}{dLnL} = \beta_L + 2\beta_{LL} LnL + \beta_{KL} LnK + \beta_{LD} LnD \qquad (7-22)$$

$$\eta_D = \frac{dY/Y}{dD/D} = \frac{dLnY}{dLnD} = \beta_D + 2\beta_{DD} LnD + \beta_{KD} LnK + \beta_{LD} LnL \qquad (7-23)$$

（二）数据要素贡献测算的实证模型

超越对数生产函数可以直接进行线性回归，从而得到 β 的估计值。但由于该模型变量数量较多，若直接采用一般的回归分析方法可能会产生严重的多重共线性问题，导致参数估计产生较大失误，最终影响测算结果。岭回归方法是一种用于共线性分析的回归方法，以损失部分信息为代价获得回归系数，通过这种方法估计出来的参数更加准确。

在超越对数生产函数的一般形式,即式(7-20)的基础上,本书构建如下实证模型:

$$Ln\ Y_{it} = \beta_0 + \beta_K Ln\ K_{it} + \beta_L Ln\ L_{it} + \beta_D Ln\ D_{it} + \beta_{KK} Ln\ K_{it} * Ln\ K_{it} +$$
$$\beta_{LL} Ln\ L_{it} * Ln\ L_{it} + \beta_{DD} Ln\ D_{it} * Ln\ D_{it} + \beta_{KL} Ln\ K_{it} * Ln\ L_{it} +$$
$$\beta_{KD} Ln\ K_{it} * Ln\ D_{it} + \beta_{LD} Ln\ L_{it} * Ln\ D_{it} + \beta_1 X_{it} + \mu_i + \delta_t + \varepsilon_{it}$$

$$(7-24)$$

式(7-24)中,编码 i、t 分别代表地级市和年份。被解释变量 Y_{it} 表示地级市 i 在第 t 年的产出,用该地级市生产总值(单位:万元)衡量。在解释变量中,K_{it} 表示资本要素,用地级市资本存量(单位:万元)衡量,本书参考张军等(2004)的计算做法,运用永续盘存法测算了 2003—2017 年我国 285 个地级市及以上行政单位的物质资本存量。L_{it} 表示劳动要素,用城镇私营和个体从业人员数(单位:人)衡量。D_{it} 表示数据要素,用数字经济综合发展指数衡量。X_{it} 为一组可能影响产出的城市层面变量,用来控制丰富的城市特征。参照袁航和朱承亮(2018)对于控制变量选取的思路,主要包含以下这些变量:①城市年末总人口数(Pop);②人口密度(Midu),用各城市年末总人口数除以城市总土地面积(单位:万人/平方公里)反映;③政府规模(Gov),用各城市的政府公共财政支出除以该城市的生产总值反映;④基础设施建设水平(Infra),用各城市的市辖区道路面积的年平均值(单位:平方米)反映。μ_i 是城市的固定效应,用来控制那部分不随年份变动的城市之间的内在差异。δ_t 是年份的固定效应,用来控制那部分不随城市变动的各年份出现的全国性冲击。另外,由于可能存在较为严重的异方差与时间序列等问题导致计量结果产生偏误,因此本书所有的回归都使用城市聚类的标准误。上述变量主要来源于 2004—2018 年《中国城市统计年鉴》,而数字经济综合发展指数是本书构建而来,具体构建过程如下。

参考刘军等(2020)使用互联网发展水平作为数字经济指数测算的核心,本书考虑到城市层面数据的可获得性,分别从互联网发展水平与数字金融普惠程度这两个方面对数字经济指数进行了测算。有关城市互联网发展水平的测度,本书参考黄群慧等(2019)的计算方法,使用互联网普及率、数字经济相关行业的从业人员数量、数字经济相关行业的产出情况以及移动电话普及率这4个维度的指标。上述这4个指标分别对应以下具体的变量:①人均宽带接入用户数量(单位:户/百人);②计算机服务与软件行业从业人员总数和城镇从业人员总数的比值;③邮电和通信业务总量的年平均值(单位:万元/人);④人均移动电话用户数量(单位:户/百人)。以上这些具体的指标都可以从历年《中国城市统计年鉴》找到。而对于数字金融的发展水平,本书使用我国数字普惠金融指数测度,这一指数由北京大学与蚂蚁金服集团合作计算得出。借助主成分分析方法,本书对上述5个维度的指标标准化之后进行降维处理,从而最终获得了我国285个地级市数字经济的综合发展指数。

在得到参数β_i的估计值后,本书根据以下公式对资本、劳动力以及数据三种投入要素的产出弹性进行正则化处理:

$$\eta'_K = \frac{\eta_K}{\eta_K + \eta_L + \eta_D} \qquad \eta'_L = \frac{\eta_L}{\eta_K + \eta_L + \eta_D} \qquad \eta'_D = \frac{\eta_D}{\eta_K + \eta_L + \eta_D}$$

由改进的索洛余值法可知,第i种投入要素对产出的贡献率为:

$$\varphi_K = \frac{\eta'_K \Delta K}{\Delta Y} = \eta'_K \frac{Ln\ (1 + \dot{K})}{Ln(1 + \dot{Y})} \qquad \varphi_L = \frac{\eta'_L \Delta L}{\Delta Y} = \eta'_L \frac{Ln\ (1 + \dot{L})}{Ln(1 + \dot{Y})} \qquad \varphi_D = \frac{\eta'_D \Delta D}{\Delta Y} =$$

$$\eta'_D \frac{Ln\ (1 + \dot{D})}{Ln(1 + \dot{Y})}$$

其中,$\dot{Y}$、$\dot{K}$、$\dot{L}$、$\dot{D}$分别表示产出、资本、劳动和数据的增长率。

（三）数据要素贡献测算结果分析

本书估算了2004—2017年期间资本要素、劳动力要素和数据要素这三大生产要素的产出弹性系数,分别为$\eta_K = 0.302$、$\eta_L = 0.037$、$\eta_D = 0.147$。本书以此作为计算各生产要素贡献率所需的要素弹性系数参考值。在经过正则化处理之后,三种投入要素的产出弹性(调整后)η'_K、η'_L、η'_D分别为0.621、

0.077、0.302。然后通过改进的索洛余值法,可以分别计算出三种投入要素对产出的贡献率。在这一过程中,需要使用表7-3中产出、资本、劳动力以及数据的增长率。

最终测算的资本、劳动力和数据三大生产要素对产出的贡献率展示在表7-4中,从表中结果可以看出,首先,总体上资本要素对产出的贡献占据了绝大部分,远远高于劳动力和数据要素对产出的贡献。其次,数据要素对产出的贡献略高于劳动力对产出的贡献,贡献率大致为10%—30%,数据贡献率测算值在2008年最高,达到了25.477%,而在2006年最低,对于产出仅有8.924%的贡献率。在三大生产要素中,劳动力对产出的贡献最小,基本在10%以内。为便于直观了解三大生产要素对产出贡献率的变化趋势,本书将表7-4中的结果绘制成图7-3。由图7-3可知,数据要素对产出的贡献率基本在70%附近波动,且有下降的趋势。在2004—2017年期间,数据要素对产出的贡献率均高于劳动力要素对产出的贡献率,且整体上都保持着波动上升的趋势。

表7-4 2004—2017年生产要素贡献率

年份	资本(%)	劳动力(%)	数据(%)
2004	82.052	3.818	14.130
2005	85.301	4.968	9.732
2006	85.054	6.022	8.924
2007	69.625	5.758	24.617
2008	66.660	7.863	25.477
2009	77.461	7.135	15.404
2010	81.613	8.008	10.378
2011	72.586	6.839	20.575
2012	73.054	7.410	19.536
2013	73.337	7.197	19.466
2014	84.180	2.581	13.238

续表

年份	资本(%)	劳动力(%)	数据(%)
2015	69.393	8.079	22.529
2016	78.062	4.922	17.017
2017	57.418	17.898	24.684

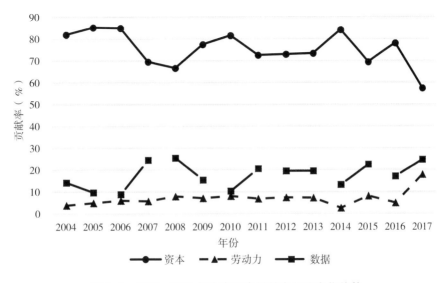

图 7-3　2004—2017 年生产要素贡献率(%)变化趋势

三、基于扩展的 CES 生产函数的数据要素贡献测算

(一) 扩展的 CES 生产函数

CES 生产函数(Constant Elasticity of Substitution Production Function),也称为固定替代弹性生产函数。相对于前文中的 C-D 生产函数,CES 生产函数最大的特点就是放松了 C-D 生产函数中要素产出弹性为常数且要素替代弹性恒为 1 的假设,具有更为一般的性质和较好的兼容性,与实际情况更吻合。根据生产函数的一般形式 $Y = f(X_1, X_2, \cdots, X_n)$,其中 X_1 , X_2 , $\cdots$, X_n 为投入

要素量，Y 为产出量。本研究设定的 CES 生产函数的一般形式为：

$$Y = A \left[\delta_1 (K)^{-\rho} + \delta_2 (L)^{-\rho} + \delta_3 (D)^{-\rho} \right]^{-\frac{\mu}{\rho}} \tag{7-25}$$

式（7-25）中，Y 为产出，A 表示技术进步水平，K、L、D 分别表示资本、劳动力和数据投入要素；δ_1、δ_2、δ_3 分别表示资本、劳动力和数据要素的密集系数；$\rho = \dfrac{1-\sigma}{\sigma}$，$\sigma$ 为要素替代弹性；μ 为规模报酬率，$\mu > 1$ 为规模报酬递增，$\mu = 1$ 为规模报酬不变，$\mu < 1$ 为规模报酬递减。容易证明，当 $\rho \to 0$ 时，CES 生产函数将退化为 C-D 生产函数。

更为一般的 CES 生产函数形式为：

$$Y = A \left[\delta_1 \tau_1 (K)^{-\rho} + \delta_2 \tau_2 (L)^{-\rho} + \delta_3 \tau_3 (D)^{-\rho} \right]^{-\frac{\mu}{\rho}} \tag{7-26}$$

式（7-26）中，τ_i 作为投入要素的增益因子，通常受到政策、技术水平的影响，因此具有阶段性。令 $Z = \delta_1 \tau_1 (K)^{-\rho} + \delta_2 \tau_2 (L)^{-\rho} + \delta_3 \tau_3 (D)^{-\rho}$，则边际产出为：

$$MP_K = \frac{\partial Y}{\partial K} = \frac{\mu \delta_1 \tau_1 Y}{Z K^{\rho+1}} \qquad MP_L = \frac{\partial Y}{\partial L} = \frac{\mu \delta_2 \tau_2 Y}{Z L^{\rho+1}} \qquad MP_D = \frac{\partial Y}{\partial D} = \frac{\mu \delta_3 \tau_3 Y}{Z D^{\rho+1}}$$

产出弹性为：

$$\eta_K = \frac{\partial Y}{\partial K} \frac{K}{Y} = \frac{\mu \delta_1 \tau_1}{Z K^{\rho}} \qquad \eta_L = \frac{\partial Y}{\partial L} \frac{L}{Y} = \frac{\mu \delta_2 \tau_2}{Z L^{\rho}} \qquad \eta_D = \frac{\partial Y}{\partial D} \frac{D}{Y} = \frac{\mu \delta_3 \tau_3}{Z D^{\rho}}$$

（二）数据要素贡献测算的实证模型

由于修正的 CES 生产函数模型从本质上来讲就是非线性的，目前主要有两种方式进行参数估计：一是通过对数线性化的形式，在 $\rho = 0$ 的邻域进行泰勒展开，然后用最小二乘法进行线性回归，从而估计出相关参数；二是采用 Gauss-Newton 迭代法进行非线性估计。

对式（7-26）取对数可得到：

$$LnY = LnA - \frac{\mu}{\rho} LnZ \tag{7-27}$$

令 $f(\rho) = LnZ$，在这里本书使用对数线性化的形式，将 $f(\rho)$ 在 $\rho = 0$ 处进

行泰勒级数展开：

$$f(\rho) = f(0) + f'(0)\rho + \frac{1}{2}f''(0)\rho^2 + \cdots + \frac{1}{n!}f^{(n)}(0)\rho^n \tag{7-28}$$

$$f(0) = ln(\delta_1\tau_1 + \delta_2\tau_2 + \delta_3\tau_3) \tag{7-29}$$

$$f'(\rho) = -\frac{\delta_1\tau_1 K^{-\rho}LnK + \delta_2\tau_2 L^{-\rho}LnL + \delta_3\tau_3 D^{-\rho}LnD}{Z} \tag{7-30}$$

$$f'(0) = -\frac{\delta_1\tau_1 LnK + \delta_2\tau_2 LnL + \delta_3\tau_3 LnD}{\delta_1\tau_1 + \delta_2\tau_2 + \delta_3\tau_3} \tag{7-31}$$

$$f''(\rho) = \frac{\delta_1\tau_1 K^{-\rho}(LnK)^2 + \delta_2\tau_2 L^{-\rho}(LnL)^2 + \delta_3\tau_3 D^{-\rho}(LnD)^2}{Z}$$
$$-\frac{(\delta_1\tau_1 K^{-\rho}LnK + \delta_2\tau_2 L^{-\rho}LnL + \delta_3\tau_3 D^{-\rho}LnD)^2}{Z^2} \tag{7-32}$$

$$f''(0) = \frac{\delta_1\tau_1(LnK)^2 + \delta_2\tau_2(LnL)^2 + \delta_3\tau_3(LnD)^2}{\delta_1\tau_1 + \delta_2\tau_2 + \delta_3\tau_3} -$$
$$\frac{(\delta_1\tau_1 LnK + \delta_2\tau_2 LnL + \delta_3\tau_3 LnD)^2}{(\delta_1\tau_1 + \delta_2\tau_2 + \delta_3\tau_3)^2} \tag{7-33}$$

令 $B = \delta_1\tau_1 + \delta_2\tau_2 + \delta_3\tau_3$

$$LnY LnA \frac{\mu}{\rho}\left(LnB - \frac{\delta_1\tau_1 LnK + \delta_2\tau_2 LnL + \delta_3\tau_3 LnD}{B}\rho + \right.$$
$$\frac{\delta_1\tau_1(LnK)^2 + \delta_2\tau_2(LnL)^2 + \delta_3\tau_3(LnD)^2}{2B}\rho^2 -$$
$$\left.\frac{(\delta_1\tau_1 LnK + \delta_2\tau_2 LnL + \delta_3\tau_3 LnD)^2}{2B^2}\rho^2 \right) \tag{7-34}$$

将 $\rho = 0$ 代入式（19）中，可化简为：

$$LnY = LnA + \frac{\mu\delta_1\tau_1}{B}LnK + \frac{\mu\delta_2\tau_2}{B}LnL + \frac{\mu\delta_3\tau_3}{B}LnD \tag{7-35}$$

这一形式的 CES 生产函数可以直接进行线性回归。在式（20）的基础上，本书将中国 2003—2017 年 285 个地级市面板数据作为主要研究样本，并运用计量软件对如下模型进行回归：

$$Ln\,Y_{it} = LnA + \frac{\mu\,\delta_1\,\tau_1}{B}Ln\,K_{it} + \frac{\mu\,\delta_2\,\tau_2}{B}Ln\,L_{it} + \frac{\mu\,\delta_3\,\tau_3}{B}Ln\,D_{it} +$$

$$\alpha_1 X_{it} + \mu_i + \delta_t + \varepsilon_{it} \hspace{2cm} (7-36)$$

式(7-36)中,编码 i、t 分别代表地级市和年份。被解释变量 Y_{it} 表示地级市 i 在第 t 年的产出,用该地级市生产总值(单位:万元)衡量。在解释变量中, K_{it} 表示资本要素,用地级市资本存量(单位:万元)衡量,本书参考张军等(2004)的计算做法,运用永续盘存法测算了 2003—2017 年我国 285 个地级市及以上行政单位的物质资本存量。 L_{it} 表示劳动力要素,用城镇私营和个体从业人员数(单位:人)衡量。 D_{it} 表示数据要素,用数字经济综合发展指数衡量。 X_{it} 为一组可能影响产出的城市层面变量,用来控制丰富的城市特征。参照袁航和朱承亮(2018)对于控制变量选取的思路,主要包含以下这些变量:①城市年末总人口数(Pop);②人口密度(Midu),用各城市年末总人口数除以城市总土地面积(单位:万人/平方公里)反映;③政府规模(Gov),用各城市的政府公共财政支出除以该城市的生产总值反映;④基础设施建设水平(Infra),用各城市的市辖区道路面积的年平均值(单位:平方米)反映。 μ_i 是城市的固定效应,用来控制那部分不随年份变动的城市之间的内在差异。 δ_t 是年份的固定效应,用来控制那部分不随城市变动的各年份出现的全国性冲击。另外,由于可能存在较为严重的异方差与时间序列等问题导致计量结果产生偏误,因此本书所有的回归都使用城市聚类的标准误。上述变量主要来源于 2004—2018 年《中国城市统计年鉴》。而数字经济综合发展指数是本书构建而来,具体构建过程如下。

参考刘军等(2020)使用互联网发展水平作为数字经济指数测算的核心,本书考虑到城市层面数据的可获得性,分别从互联网发展水平与数字金融普惠程度这两个方面对数字经济指数进行了测算。有关城市互联网发展水平的测度,本书参考黄群慧等(2019)的计算方法,使用互联网普及率、数字经济相关行业的从业人员数量、数字经济相关行业的产出情况以及移动电话普及率这 4 个维度的指标。上述这 4 个指标分别对应以下具体的变量:①人均宽带接入用户数量(单位:户/百人);②计算机服务与软件行业从业人员总数和城镇从业人员总数的比值;③邮电和通信业务总量的年平均值(单位:万元/人);④人均移动电话用户数量(单位:户/百人)。以上这些具体的指标都可以从历年《中国城市统计年鉴》找到。而对于数字金融的发展水平,本书使用我国数字普惠金融指数测度,这一指数由北京大学与蚂蚁金服集团合作计算得出。借助主成分分析方法,本书对上述 5 个维度的指标标准化之后进行降维处理,从而最终获得了我国 285 个地级市数字经济的综合发展指数。

根据已有数据对其进行线性回归,可以得到参数 A、δ_i、τ_i 和 μ。当然,本书也可以使用 Gauss-Newton 迭代法进行非线性估计。在得到这些参数的估计值之后,本书接下来对资本、劳动力以及数据这三种投入要素的产出弹性进行正则化处理:

$$\eta'_K = \frac{\eta_K}{\eta_K + \eta_L + \eta_D} \qquad \eta'_L = \frac{\eta_L}{\eta_K + \eta_L + \eta_D} \qquad \eta'_D = \frac{\eta_D}{\eta_K + \eta_L + \eta_D}$$

由改进的索洛余值法可知,第 i 种投入要素对产出的贡献率为:

$$\phi_K = \frac{\eta'_K \Delta K}{\Delta Y} = \eta'_K \frac{ln(1 + \dot{K})}{ln(1 + \dot{Y})} \qquad \phi_L = \frac{\eta'_L \Delta L}{\Delta Y} = \eta'_L \frac{ln(1 + \dot{L})}{ln(1 + \dot{Y})} \qquad \phi_D = \frac{\eta'_D \Delta D}{\Delta Y} =$$

$$\eta'_D \frac{ln(1 + \dot{D})}{ln(1 + \dot{Y})}$$

其中,$\dot{Y}$、$\dot{K}$、$\dot{L}$、$\dot{D}$ 分别表示产出、资本、劳动和数据的增长率。

(三) 数据要素贡献测算结果分析

根据回归本书得到了参数 A、δ_i、τ_i 和 μ 的值,通过计算本书得到了2004—2017 年期间基于扩展的 CES 生产函数的资本要素、劳动力要素和数据要素这三大生产要素的产出弹性系数,分别为 $\eta_K = 0.357$、$\eta_L = 0.042$、$\eta_D = 0.154$。本书以此作为计算各生产要素贡献率所需的要素弹性系数参考值。在经过正则化处理之后,三种投入要素的产出弹性(调整后) η'_K、η'_L、η'_D 分别为 0.646、0.076、0.278。通过改进的索洛余值法,可以分别计算出三种投入要素对产出的贡献率。

最终测算的资本、劳动力和数据三大生产要素对产出的贡献率展示在表7-5 中,从表中结果可以看出,首先,总体上资本要素对产出的贡献占据了绝大部分,远远高于劳动力和数据要素对产出的贡献。其次,数据要素对产出的贡献略高于劳动力对产出的贡献,贡献率大致为 10%—25%,数据贡献率在 2008 年最高,达到了 25.477%,而在 2006 年最低,对于产出仅有 8.004% 的贡献率。在三大生产要素中,劳动力对产出的贡献最小,基本在 10% 以内。为便于直观了解三大生产要素对产出贡献率的变化趋势,本书将表 7-5 中的结果绘制成图 7-4。由图 7-4 可知,数据要素对产出的贡献率基本在 75% 附近波动,且总体上呈现下降的趋势。在 2004—2017 年期间,数据要素对产出的贡献率均高于劳动力要素对产出的贡献率,其中劳动要素贡献率保持平稳,而数据要素贡献率波动幅度较大。

表 7-5　2004—2017 年生产要素贡献率

年份	资本(%)	劳动力(%)	数据(%)
2004	83.574	3.690	12.735
2005	86.489	4.779	8.732
2006	86.205	5.791	8.004
2007	71.873	5.640	22.487
2008	68.960	7.718	23.323
2009	79.153	6.918	13.929
2010	82.944	7.722	9.334
2011	74.614	6.670	18.715
2012	75.025	7.220	17.754
2013	75.302	7.012	17.687

续表

年份	资本（%）	劳动力（%）	数据（%）
2014	85.598	2.490	11.912
2015	71.543	7.903	20.554
2016	79.826	4.775	15.398
2017	59.660	17.645	22.695

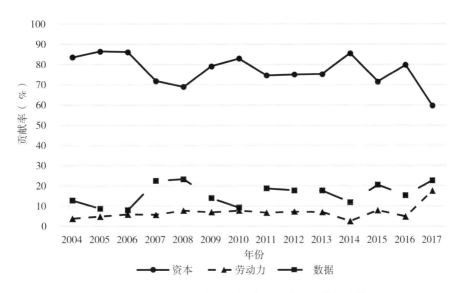

图 7-4　2004—2017 年生产要素贡献率（%）变化趋势

第八章　数据资产会计核算与报告

第一节　数据资产会计核算概述

一、数据资产会计核算的重要性

对于数据要素市场来说,只有会计意义上的数据资产,才可能参与要素市场活动,推进数据要素市场化配置。因此,会计上确认数据资产及入表反映数据价值,具有促进实现价值创造与经济发展的重要价值指向。

宏观上,规范数据要素资产价值的会计核算与信息披露,有助于发挥会计对市场资源的配置作用。会计发展置于数字经济形态下,需要反映数据创造价值的过程中形成的数据资产。微观上,会计上确认权属明确的数据资产。会计上确认数据资产及入表反映数据价值,有利于驱动数据实现价值创造,进一步推动企业组织数字化转型,加快数据资产化进程。

二、数据资产会计核算的必要性

价值化的数据是数字经济发展的关键生产要素,我国秉持数据确权与价值化并重策略,探索数据要素市场化发展。一方面,在 2020 年国家发布并实施《数据安全法》,为数据安全有序流动和数据资产化提供了前提条件。另一方面,北京、上海等地数据交易中心积极探索基于隐私计算技术的数据确权和交易机制,破解了数据流通交易与隐私保护的难题,为数据合规流通、安全释放数据价值奠定了基础。

当前,随着数字经济与实体经济深度融合,数据价值化进程已经呈现数据资产化特征,数据资产化时代已然来临。但是,由于数据确权、数据估值、数据交易的难度较大,已有体系相对零散,无法满足数据要素流通交易的要求。从会计角度可以系统地推进数据价值化,对会计意义上的数据要素的资产价值进行核算,有利于进一步推进数据要素市场化配置,促进数字经济增长。

三、数据资产会计核算面临的困境与解决路径

当前,数据资产化进程加速,数据资产会计核算研究,可以系统地推进相关交叉学科领域,需要在数据治理、数据确权、数据资产会计等方面协同推进。

(一) 缺乏明确的数据资产概念,需要基于数据治理的数据资产形成过程

哪些数据属于资产较难界定。一方面,业内认为数据就是资产,是过于宽泛的概念;因为数据只有通过实现业务价值才能转化为资产。另一方面,会计上的资产定义趋向于保守谨慎,要求数据资产具备经济属性,预期会给企业带来经济利益。

由于数据只有通过应用场景形成数据价值创造能力,才能转化为资产。这需要基于数据治理的数据资产形成过程,企业按照数据管理框架,比如DCAM、DMM、DCMM,将数据作为一项重要资产进行有效管理,以提升数据价值,降低数据管理和应用成本。

(二) 缺乏明晰的数据权属,需要国家层面不同类型的数据权利确权

所有权通常是在判断数据是否为企业资产时所考虑的首要因素。对于数据而言,除所有权外,数据还有很多其他衍生权利,如采集权、使用权和收益权等。

会计上的资产定义,要求数据资产具备明确的法律属性,数据资产须由企业拥有或控制。数据资产的权利主体,应当是产生数据的用户,还是数据要素产业链之上数据采集、处理、加工和存储的企业主体,或者是承载产生数据及数据交易的平台主体,尚待国家层面出台相关法律法规。根据分类分级管理的原则,针对不同类型的数据,比如,公共数据、企业数据和个人数据等若干细分权利进行明确的确权,综合运用行政、法律、技术的手段,保障数据保护、数据利用与数据安全。

(三) 缺乏适恰的数据资产确认标准,需要开展数据资产会计研究

能够资产化的数据应该满足资产认定标准。在当前适用的会计准则之下,现有的资产认定标准过于严格,对不确定性采取过于保守的态度,使得数据这类资产难以被会计确认。

按照我国《企业会计准则——基本准则》,数据在符合资产定义的前提下,还必须满足"可能性"和"可靠性"的确认条件,才确认为资产。但是,现阶段还未能够提出有效的成本与数据价值的实证方法。因此,导致很难将数据价值与业务场景分离,对不同主体的价值和意义也不同,较难对数据资产价值进行评估。这两方面共同导致了数据资产很难被会计确认,无法反映在企业资产负债表内。

会计实务中,普遍遵循谨慎性原则,考虑到数据创造价值具有很大的不确定性,大部分企业将数字化转型投入,参照企业内部研究开发项目研究阶段支出,采用全部费用化处理。其导致的结果是,企业数字化转型投入越大,财务报表上的利润越少,甚至亏损;少量形成若干项数据科技的关键技术专利,以历史成本反映在无形资产类别下,与其市场价值的相关性较差,也未能向财务报表的使用者提供有用信息。

也就是说,在现行企业会计准则体系下,数据尚未以资产形式列报,仅在企业价值评估特别是收购兼并中潜在影响企业整体估值情况。数据作为新型生产要素,需要破除现行资产确认标准的障碍。根据数据创造价值的特点,单

独设置"数据资产"报表项目,与知识、技术、管理等其他要素形成的无形资产区分开来,在资产负债表内反映数据要素的资产价值,开展数据资产会计研究。

第二节　数据资产确认、计量与信息披露

一、数据资产的定义

根据数据资产会计核算的需要,本书把数据资产化这一过程的数据创造活动分成数据准备以及服务计算这两个阶段。具体的数据准备阶段是数据生成和收集阶段的合称,服务计算阶段是数据分析和交换阶段的合称。

二、数据资产的确认与终止确认

以下为数据资产的经济属性与法律属性的要求:(1)明确数据资产的权利主体,要求企业能够主导数据资产的使用并能从中获取经济利益;(2)结合企业数据治理实践,分析数据价值创造活动,如数据生成、处理、收集、分析以及交换,仅有处于分析阶段的那部分数据可能具备获得经济收益的潜力,判断和识别数据资产。有以下情形的,在会计准则下可以把其认定成控制主体所有的数据资产,具体如下。

第一,拥有或控制已完成数据预处理且符合数据处理与分析所需格式要求的数据资源。

第二,已经获得服务计算活动的关键技术专利、专有技术。

第三,拥有或控制经封装形成的数据产品。

第四,拥有或控制某项数据资产相关权利证明。

三、数据资产的计量

(一) 数据资产的成本内涵

数据资产成本,是数据发展成数据资产过程中发生的服务计算成本。数

据资产成本包括：数据资产研发设计、服务计算活动所发生的工具研发费用和实施成本。

（二）数据准备阶段的支出

因为在数据准备这一阶段中的数据还未具备价值创造的能力，所以对于数据准备阶段活动支出，在其发生后不应该计入数据资产成本，而应该确认为当期的损益。

（三）数据产品的计量

数据产品按成本进行初始计量。对数据产品进行后续计量，利用反映计量日各种条件的最新信息，以计量数据产品的现时价值。

在信息技术进步、商业环境的法律风险等影响数据资产价值的因素出现重大变化时，还可以采用现行成本进行估计，反映在计量日取得或创建同类数据资产的成本，现行成本与账面价值的差额计入当期损益。

四、数据资产报告与信息披露

（一）建立彩色数据资产报告，改进财务报告信息披露

数据资产必须要符合会计准则中关于对资产的认定标准，只有这样才可以进入会计的确认程序。如此一来，容易使得数据资产游离在企业资产负债之外。

借鉴国际财务报告概念框架中的会计确认标准，考虑各类不确定性的影响，可以采用 Wallman（1996）提出的彩色报告模式，促进传统财务报告结果的灵活沟通。在彩色报告模式下，数据资产报告可以分为五个层次。

（1）完全符合传统会计确认标准，即符合数据资产的定义、可计量性、相关性和可靠性，这是数据资产报告的核心层次。

（2）符合相关性、可计量性和数据资产的定义，但是可靠性较低。

（3）符合相关性、可计量性，但是可靠性较低、是否符合数据资产的定义存在着不确定性。

（4）符合相关性、可靠性，也可以计量，但是不符合数据资产的定义。

（5）符合相关性，但是不符合可靠性、可计量性、数据资产的定义。

（二）运用数据思维，构建基于事项法会计的数据资产报告

由于数据资产的价值计量受到诸多不确定性因素的影响，加强表外信息披露，与表内确认同等重要。为了向财务报告使用者提供数据资产的相关定性和定量信息，有必要借助大数据技术，构建基于事项法会计的数据资产报告。

第九章　数据资产价值评估

第一节　数据资产价值评估需求分析

一、资产相关行业分析

（一）数据资产市场规模分析

在数字经济不断发展的过程中，数据资产的概念也应运而生。产业数字化和数字产业化的兴起，带来的数据总量开始呈现出爆发式的增长。

在 2020 年，我国的数字经济继续保持高速增长的形势，其数字经济的产业规模从 2005 年时的 2.6 万亿元增加至 2020 年时的 39.2 万亿元。虽然当前情况下世界经济下行压力较大，叠加不确定因素冲击，但是在 2020 年我国的数字经济仍然以 9.7% 的速度保持增长，远高于同期 6.7% 的 GDP 名义增速，特别是以数据为驱动力的互联网公司的崛起，以及云计算、AI、区块链、数字货币等以数据为核心的高新技术的出现，可以预见将来数据总量将呈指数型上涨。

我国依托庞大的人口和丰富资源，具有强大的产生数据的能力。随着"数字中国"建设的推进和大数据概念的广泛传播，我国已经在新一轮的"信息化变革"中抢占先机。2020 年，我国的数据规模约占全球数据总规模的 20%，数据总量更是达到 8000 多（EB）。如此庞大的数据总量自然会推进我国数据相关技术和产业的迅速崛起。以大数据为例，从图 9-2 可以看到，自 2016 年开始，我国的大数据产业规模就在逐年上升，在大数据产业中，相关软件、硬件以及相关服务等行业的总量也随之增长，说明我国的大数据产业正在

图 9-1　我国数字经济规模

资料来源:中国数据中心建设市场深度调研及投资战略分析报告。

图 9-2　我国大数据产业及细分产业规模趋势图

资料来源:《2019 中国大数据产业发展白皮书》。

迅速且均衡地持续发展。

（二）数据资产利用分析

数据产业化的迅猛发展，使得数据交易、数据侵权赔偿以及数据资产市值管理的需求与日俱增，更好地利用数据、挖掘数据价值也成为了各个国家和公司在不断努力突破的方向。概括起来，数据资产利用的重要性反映在以下方面。

一是促进公司数据形成战略性资产。数据价值会伴随其数量、变化以及挖掘程度不断增加。数据资产化后，随着公司生产经营的继续，其数据资产的价值也会不断升高，进而极大提高公司的核心竞争力，成为公司的一项战略资产。

同时，企业各个部门在运行和工作中会衍生出各种数据，这些数据分散在各部门之间。由于各部门的职能不同，其对数据的理解和处理方式也不同，这就使得数据在各部门流通时常常会形成语言障碍，影响运营效率。而如果将相关的数据进行相应的资产化，则会形成有较强通用性的"数据语言"，可以对产生的数据进行有效统一的分类整理，以服务于公司不同的部门，提高公司的运营效率。

二是促进商业数据资产的交易进程。由于信息化时代的发展，数据交易已经变为一种常见的交易类型。但是眼下仍缺少统一的交易标准，在这一背景下使得资产的买卖方的交易成本都偏高，限制了与数据高度相关的行业的发展。而完善这些体系的第一步就是将数据资产化，因此随着数据资产化的逐步推进，也会加快形成数据资产交易体制的进程。

三是促进公共数据的授权使用。在"十四五"的规划中，对政府公共数据资产的流通进一步提出了相关要求，要对政府公共数据资源授权运营试点，鼓励第三方在不涉及国家秘密的前提下对公共数据进行利用，重复发掘和利用公共数据资源存在的潜在价值，现阶段，多个地方政府在推进运管分离的数据授权运用模式，比如上海在 2021 年 9 月公布了《上海市数据条例草案》，提出设立公共数据授权运营机制,参照公共资源特许经营模式,让市场主体通过竞价方式确定授权主体,在一定期限和一定范围内市场化运作,以达到提高数据产品的使用效率的目的,从而释放公共资源的价值并从中受益。

（三）数据资产应用分析

数据资产想要实现价值的释放,必须要将数据与其业务进行协同应用,并且不断创新挖掘更多价值。公共数据资产价值的应用,目前已经处于尝试阶段,主要涉及基础设施建设、民生、金融、医疗、教育等领域。

和基础设施建设有关的数据内容涉及城乡建设、房地产、交通运输、仓储和邮政业以及资源与环境保护等相关的公共开放数据。和住宅投资和竣工建筑面积有关的数据资料拥有将近 5 万次下载,是下载量最高的数据。民生相关数据涵盖劳动就业、人事、民政、政府机构与社会团体名称等相关的公共开放数据。金融数据资产主要是普惠金融相关的数据下载与运用数量较大。和医疗相关的数据涉及的范围包括卫生健康、医疗保健等有关的开放数据,如定点医药机构信息。和教育行业有关的数据信息内容包括教育科技、教育科研和教育资源等,如小学、中学和职业教育学校相关数据查询等。

在公司数据资产方面,根据阿里研究院发布的《数据大治理》研究报告显示,阿里巴巴已经在数据应用、创新以及治理方面作出了很大的成果,2019年,在阿里平台上,已经可以基本实现将 100% 的侵权链接进行封杀,并且接近 96% 的关于产权的投诉能在 24 小时内进行处理。由于对数据资产的合理应用,使得其疑似侵权商品量在每万笔交易中仅占 1.03 笔。虽然阿里案例的成功为数据有效合规赋能指明了方向,但是目前这类案例依然较少,一是在该方面的前期投入成本巨大,并且未来获益的不确定性也很大,因此公司在发展数据应用和创新时常常会承受巨大的风险;二是前期基础数据的获取不易,数据应用和创新建立在海量数据的基础上,而海量数据的获取需要一个长期的过程,因此在该方面公司也承受着巨大的压力。

二、评估数据资产价值的需求

（一）为数据资产公司交易定价提供价值参考

随着数字经济的推进,数据早就变成许多行业不可或缺的基础资产。因此专业收集和分析数据,并提供数据服务和产品的公司日益增多。在国内,各大互联网巨头都在设立大数据业务,依靠自身累计的庞大数据数量,对数据价值进行挖掘和扩展,更好服务于自身业务和社会各个领域,在这其中的典型代表有:阿里巴巴、百度、华为云服务、腾讯等公司。

在关于数据的业务事项日益增多的背景下,数据资产交易所也应运而生。当前的全球第一家大数据交易所位于中国贵州,为贵阳大数据交易所,这为数据资产的交易创建了专业的平台,也表明数据已经可以作为一项资产进行交易,在资产评估实务中对公司进行价值评估时,其所包含的数据资产价值应该得到充分的体现。

（二）为数据资产的侵权赔偿提供价值参考

2016 年以来,数据资产的价值越来越受到人们的关注,随着数据资产的价值凸显,有关数据泄露方面的案件也越来越常见。数据资产存在于各个行业之中,其数据的泄露不仅会给公司自身带来信任危机,同样也会使得用户因个人隐私泄露而惶恐不安。通过分析近几年发生数据泄露的相关案件可以看到,数据泄露案件在各个行业都有发生,并且泄露的信息都是用户或客户的个人数据,这说明公司没有起到保障用户和客户数据隐私的职责。用户选择公司的服务是基于对公司的信赖,在为公司带来收益创造价值的同时,公司也应该肩负起保障用户隐私的责任。

国内也发生过的涉及数据资产侵权的司法案件。数据资产侵权案件多发生于互联网公司,尤其是互联网巨头公司之间。其侵权的数据类型主要为平台的用户数据,包括用户授权的注册数据以及用户在使用网络平台的服务时所留下的行为数据,比如新浪起诉脉脉一案中涉及的用户基础数据;其次是其他数据产品,这些数据是为了给用户提供专门的服务所搜集或购买到的数据,比如车来了诉酷米客一案中涉及的公交汽车行驶数据。

在判决赔偿额的确定上,虽然我国司法界在对数据资产的责任认定上已经有了一定进展,但在最终赔偿额的确认方法上还存在明显不足。判决结果多以侵权人获得的收益为主,而这往往忽略数据资产对于权利人公司的真正的价值以及侵权对其所造成的损失。因此为了更好地防止侵权案件的发生以及维护好权利人自身的利益,评估界迫切需要一种揭示数据资产内在价值的评估模型,以此来更有效地服务于数据资产侵权评估的司法实践。

(三) 为数据资产的市值管理提供价值参考

"数字经济"的推进,使得以数据为基础的公司交易频发。这使得在公司合并重组时,数据资产价值成为公司价值重要的组成部分,尤其是在对数据依赖性越来越高的互联网公司、金融公司及医疗公司。这些公司产生的用户行为数据、金融大数据以及医疗大数据都在不断提高各行业的运行效率,为客户提供更为精准的服务,也使得其可以依据市场变动及时进行战略改变,把握市场机遇创造更多价值。

国外某数据资产评估机构在对某金融服务提供商出售时的价值进行评估时,对其有价值的数据资产进行了评估,深度挖掘了该公司数据资产的价值,并找到了愿意为该公司数据资产付费的买家,同时拆分出了对收购方有战略意义的数据资产。公司之前确定的成交价格为息税折旧摊销前利润的 4 倍,而在这一系列价值发掘的操作下使得最终交易价格提升至息税折旧摊销前利润的 32 倍,整整比未对数据资产进行估价时的售价高出了 8 倍。可见,数据资产具有很高的价值,并且可以在公开市场上找到愿意支付其对价的买方,所以在越来越多的公司收购重组案例中,数据资产的价值成为了必须要考虑的一部分。

通过对数据资产的产业化现状以及评估需求现状进行分析,发现数据资产的产业化正在不断扩大,并且在相关科技的推动下呈现迅猛发展的态势;数据税的征收、数据资产侵权案件的频发和更多的数据资产公司的收购和重组案例都反映出了各界对数据资产价值评估的旺盛需求,因此,资产评估界也迫切需要构建一个能更好地反映数据资产真实价值的评估标准。

第二节 影响数据资产价值的因素

数据资产的形成一般会经历数据获取、数据存储、数据挖掘以及数据应用等四个过程,是一个不断增值的过程。对处于网络环境中的公司而言,其数据资产形成的基础数据为用户数据,用户数据的获取不同于其他可以免费获取的自然数据源,它的获取需要公司进行大量的宣传、引流才能形成对公司有价值的规模数据,因此获客成本可以认为是公司数据资产的基础价值。同时用户使用公司资源的购买行为会为公司带来收益,公司可以通过将客户浏览和交易行为中产生的个人数据进行收集和整理,做到提高数据资产在公司各个部门的流通效率,高效引导用户进行消费创造收益,精确投放吸引广告商加盟,多样数据扩大公司业务板块,进而推进公司获利能力的形成,使公司所拥有的数据资产价值得以提升;公司继续投入研发对自身业务扩张所形成的更多数据进行深度挖掘,为未来发展提供决策依据,开辟多元化生态发展路线。综合来看数据资产的价值涉及法律、经济、技术、市场和网络环境等多项因素。因此首先需要对影响数据资产价值的各项因素进行整理和分析,才能正确辨认数据资产自身所具有的各项价值。本书从合同、技术、市场、网络环境和衍生品五个角度分析影响数据资产价值的相关因素。

一、合同因素

在合同因素涉及的范畴中,除了合同会影响产权的归属外,合同中还会包含其他约定要素,比如数据资产的使用授权许可等。数据资产的所有权人拥有授权许可的权利,该权利同时也是财产权利的重要实现形式。在对被许可行使的数据资产价值进行评估时,评估专业人员需要充分了解相关合同中的相关条款和内容。

在合同中往往存在着多种许可方式,如授权许可、专有许可、非专有许可等,相关人员应该首先明确许可的方式。对于授权许可来说,相关的数据资产只有在得到所有权人许可后才能被使用。而对于专有许可和非专有许可来说,一般认为其存在着一定的区别,它们的区别体现在所有权人是单独授权一个使用者还是同时授权了多个使用者,这一差别的存在往往会影响数据资产的价值。而数据资产往往以互联网为依托,在相应的网络环境中,数据资产的所有权人可以通过设置访问时间等方式,对相关用户在时间上作出相应限制和规定。但同时互联网拥有广泛的覆盖范围,这使得使用者的数量往往很难加以限制,在这一背景下只能采取设置相应权限的方法对用户的使用范围加以限定。所以无论是专有许可还是非专有许可,只能以授予计算机指令的形式实现,也就是非专有许可可以看成是多个专有许可的组合。

二、技术因素

在技术因素涉及的范围中主要包括一些数据在运行中所依托的硬件能力、运行系统、架构、业务模型、系统规模和代码设计等,它们会对数据资产的使用功能造成相应的影响。这些因素共同影响着数据资产的使用过程中所产生的运行效果,当存在着良好的技术水平时,技术因素所产生的效果就是正面的,具体表现在它可以保持系统运行的稳定性,提升数据检索和输出输入的效率,提供更多可靠的个性化服务和提高更加精准的标记质量等。此时,数据资产的功能可以得到更大程度的发掘和应用,数据资产的价值也会随着技术水平的提升而上升。

三、市场因素

关于市场因素,本书从两个角度进行观察和分析。第一个是从政府政策的角度出发来分析其带来的影响,第二个角度是站在市场本身的层面来进行分析。

从国家政策角度出发,影响数据资产价值的因素又可以细分为宏观经济发展因素和行业发展因素。数据资产在发展的过程中必须依托于宏观经济的大环境,整个国家宏观经济发展的好坏直接影响数据产业的发展方向和前景。行业发展因素主要涉及互联网行业的发展,当前中国互联网经济持续蓬勃发展,在带动各项产业前进的同时,互联网中也出现了许多和数据资产有关的专有名词,如数字产业化和产业数字化等。国家"十四五"规划有关数据要素参与市场分配和市场建设行动方案等政策的出台,也推动了数字经济产业体系发展。

而从市场本身的角度进行分析,数据资产必须要在市场交易中才能实现其自身的价值,对数据资产价值造成影响的市场因素包含许多方面,比如市场中用户的数量和偏好,资产自身的专用性,市场自身的竞争情况等。当数据资产具有一定的用户规模时,由于互联网自身存在着快速扩张的效应,会有越来越多的用户接触并使用这类数据资产,并形成良性循环使得数据资产的价值不断扩大。即使用与数据资产有关的商品和服务的用户人数越多,其对应的数据资产价值也就越高,反之亦然。同时用户偏好也会对数据资产的价值产生影响,用户对相应的数据资产偏好程度越高,数据资产所体现出来的价值也必然越高。而对于那些专业性很强的数据资产,其目标用户群体的数量可能就会偏少,从而对其价格产生负面影响,这类资产相较于那些通用性更强的资产在价值上也会偏低。市场的自身竞争情况则是从数据资产的供求角度出发,供大于求,则价格偏低;供不应求,则价格偏高。此外资产还受到供求弹性的影响,弹性较小,价格的高低对使用者数量的影响不大,可以保证销售收入,相反弹性较大,价格高低对使用者较敏感,也会影响销售收入。

四、网络环境因素

数据资产依托于互联网行业而存在,网络环境的变化必然会对数据资产的价值产生深刻而长远影响,因此在这里列举并分析在网络环境中相关资产

价值增值的几个定律,

(一) 梅特卡夫定律

梅特卡夫定律的基本内容为一个网络的价值与其用户数的平方成正比的关系。在一个网络中用的价值也会随着网络节点数的增加而相应上涨。

而该定律对数据资产的价值规律仍然适用,与数据资产有关的产品和服务可以在互联网的作用下与客户构建成一个整体,随着互联网中节点的不断增多,那些使用与数据资产有关的产品或服务的用户数量也在不断增多,则代表这一数据资产的价值被越来越多的人认同,数据资产相对应的价值也就越高。而同时在互联网行业中,存在着十分显著的规模经济现象,相应的客户边际取得成本会随着客户数量的上涨反而会下降,这将进一步提升数据资产的价值。因此,根据梅特卡夫定律可以得知依托于互联网行业的数据资产价值并不像以往传统资产一般呈现出稳定的线性增长的关系,而是以平方的指数形式进行增长。

(二) 网络环境中的"马太效应"

"马太效应"的基本内容是指率先进入或开拓市场的人或企业,可以依据自身在市场中的先行优势,进一步抓住优势机会,不断扩大自身在市场上的份额和竞争能力,即个体在这样的市场中会做到强者恒强。那些和数据资产有关的产品和服务往往存在于网络环境中,因此"马太效应"在数据产业中也十分明显。当用户访问某个数据资产相关产品或者服务,其数据资产相关产品或者服务也可以依托于网络环境对其自身内容和技术进行快速更新和提升。当数据资产相关产品或者服务产生了这种进步,就会被相应的客户所感知到,并通过用户之间的节点进行传播,从而使得越来越多的用户接触到该数据资产,数据资产也将占据越来越大的市场份额。反之如果与数据资产相关的产品或服务在被客户的使用过程中做不到及时进行技术升级和内容更新,则也会有众多客户通过互联网的作用在短时间内获知与该数据资产相关的产品或服务的不足,从而摒弃对其相关产品或服务的使用,转而去接受那些内容更为丰富的产品或者服务。在这一情况下,数据资产所占据的市场份额会越来越小,其价值也会越来越低。

因此处于互联网行业中数据资产企业之间的竞争往往非常惨烈,企业为了保证自己的市场份额不被他人侵占,需要时刻保持自身强大的竞争能力。而当一个企业的竞争能力远超其他同类型的企业时,该企业往往可以将其他同行企业进行淘汰,快速形成一家独大的情形。这些企业很大程度掌握了独特的数据资产,并将其作为依托不断壮大最终成为了行业领导者。

(三) 网络环境中"天花板效应"

根据上文中提到的"马太效应",在行业中占领优势地位的企业可以迅速击败其他企业,快速成长并占据绝大部分的市场份额成为行业领导者。而在实际的市场中,存在的用户数量和企业可以达到的规模终究是有限的。由于在互联网环境中,用户可以对企业的产品和服务作出快速反应并将其反应传递给其他用户,所以企业的用户将会在短时间内达到饱和状态,即出现"天花板效应"。

而这一特点同样适用于数据资产,数据资产通常依附于网络而存在且不具有实物形态,将其进行下载或者上传并不会受到时间和地域的限制。一旦该数据资产被用户所接受并认可,便会通过用户之间的连接节点进行快速传播和推广,使用该数据资产的人数会在短时间内达到饱和,即该数据资产出现"天花板效应"。

五、衍生作品因素分析

数据资产自身形成的收入归数据资产所有人所有,这些收入除了正常的使用费外,还包括延伸的产品或者服务带来的收入,如广告收入等,很多数据资产所有者会在数据资产相关产品或者服务页面中植入广告,以增加收入。需要说明的是,数据资产相关产品或者服务不能单独发挥作用带来收入,需要网络硬件设施、技术、管理等共同发挥作用，所以在这一情况下所形成的收入并不能简单地认为全部由数据资产带来，而是多项资产进行组合共同所形成的收入。所以在此情形下所谓的数据资产价值，并不是单指某项具体的数据资产所形成的价值，而是各项资产共同作用下形成的贡献价值之和。但是如果其他资产价值所带来的价值贡献十分有限，甚至可以忽略不计，则可以笼统地认为其总价值就是由数据资产所带来的价值。

随着互联网行业的高速发展，数据资产的种类也越来越繁多和复杂。数据资产往往和互联网紧密结合，与数据资产相关的产品和服务也往往依附于网络而存在。因此数据资产的价值也受到互联网发展的制约，具体可以从网络的硬件和软件设施这两方面进行分析。互联网的硬件设施是和数据资产有关的产品或服务得以发展的基础条件之一，硬件设施会影响终端的运行速度，网络用户的连接数量以及用户访问数据资产的容量等，这些因素都会不同程度地影响用户使用数据资产的效率。互联网的软件设施可以影响与数据资产有关的产品或服务的大小和范围，其主要的软件设施包括数据资产访问软件的便捷性、网络地域管理权限设置以及网络安全软件可靠性等方面。

第三节　数据资产评估路径探究

一、传统评估方法的适用性分析

在传统的评估方法范畴中的市场法、成本法以及收益法在对网络平台用户数据资产进行评估时具有理论上的可行性，但是作为一项无形资产，其在实务中还存在着许多局限性。

一是市场法。市场法是通过在公开市场上寻找与标的资产在功能、外观、交易条件等修正因素相同或相似的可比资产，并通过对其可比对象的成交价格进一步修正后得到待估标的资产的评估结果。该方法的运用前提是需要有公开市场并且在公开市场上有大量比较案例。

对于市场法来说,目前还没有较完善的数据资产交易市场,虽然许多国家已经出现大数据交易平台,但其交易案例仍较少,没有构成足够多的参照样本。并且由于数据资产具有多样性,不同的数据资产其差异也较大,难以找到可比较的交易案例和修正指标,因此市场法在对数据资产的价值进行评估时存在一定局限。但目前已经有许多评估机构发布了数据资产评价模型,将数据资产的评价指标分为颗粒度、复杂度、时效性等多个指标来计算数据资产的强度,相信随着数据资产市场交易量和交易类型的不断增加,市场法将会成为一种可行的评估方法。

二是成本法。成本法认为评估对象的价值等于以现有技术及价格水平重新构建一个与原评估对象具有相同功能的待估全新资产所需要的所有花费,再依次扣除其存在的各类贬值额后所获得的价值。在成本法的使用过程中,评估专业人员需要对评估对象的重置成本和实体、功能、经济三大价值进行合理的估计。

对于成本法来说,目前学者大多将数据资产的成本分为取得成本和运营成本两部分。取得成本包括前期获取数据资产所付出人力成本和投入的设备成本,运营成本包括数据管理和日常维护的成本,以及算法开发和建立等挖掘数据资产价值时形成的成本。但作为一项无形资产,数据资产的成本与收益也存在着弱相关性,单纯从成本出发难以反映数据资产的收益能力,并且目前大多互联网公司在数据资产管理制度上还存在一定的缺陷,没有将数据资产的成本合理地记录,财务报表上的账面价值也只反映了少部分资本化的无形资产,所以成本法实际使用过程还存在着许多缺陷,这些缺陷需要公司、政府和评估机构共同努力才有可能规范数据资产的成本计量。

三是收益法。收益法是从现金流出发,根据资产的历史现金流和未来发展趋势合理分析和预测资产的未来现金流,并将其折现从而得到资产的价值。在使用收益法确定数据资产价值的过程中,评估专业人员需要明确数据资产未来形成的现金流量,以及相应的折现率和使用年限。

对于收益法来说,其重点和难点是在对于数据资产收益贡献的预测上,由于无形资产的特性,数据资产对公司收益贡献的权重往往难以确认,这不仅需要公司管理者非常了解自己公司以数据资产为核心的商业模式是如何运作,而且还需要评估人员掌握互联网公司的盈利方式。此外,由于互联网公司会在很长一段时间内处于亏损的状态,因此对于收益法评估数据资产来说,仍然存在着较大的不确定性。

二、资产评估的用户价值法

由于传统方法的局限性,三大传统方法虽然在理论上可行,但在实际操作中的许多场景下仍然不易使用。根据近年对数据资产特点以及网络环境的研究,出现了基于单用户价值的评估方法,本部分将重点论述该方法的使用。

(一) 单用户价值测度模型构建

1.传统的单用户价值测度模型分析

Mary Meeker 提出了单用户价值分析模型。该测度模型主要基于两种理论。一是摩尔定律,摩尔定律的主要内容是在假设集成电路芯片的价格维持稳定时,经历过一个约为十八个月的迭代期后,用户购买前代集成电路芯片需要支付的成本只有原来的一半。这一定律体现出了信息技术的快速发展,而 Mary Meeker 认为在互联网行业的发展速度也近似符合该规律。二是梅特卡夫定律。该定律由 3Com 公司的创始人 Robert Metcalfe 提出。梅特卡夫定律的基本内容为一个网络的价值与其用户数的平方成正比的关系。该定律体现了网络效应,网络中的用户交互作用以乘数效果加以连结,从而可以体现出网络的效应。Mary Meeker 在以上两个定律的基础上对其进行构建,从而得到了单用户估值模型:

$$P = M \times C^2 \tag{9-1}$$

式中,P 为项目价值;M 为项目投入的初始成本;C 为单个客户的价值。

在运用此模型对资产的价值进行评估时,并不需要对资产的获利能力状况作出判断,也未涉及未来现金流量的计算,从而回避了市场法与收益法在计算价值时可能遇到的局限性。根据公式的表达式可以得知该估值模型中考虑的价值影响因素有初始投入成本以及单个客户的价值两点,而影响数据资产价值最重要的因素便是用户数量,用户的规模大小与数据资产的价值高低紧密相连。因此单用户价值模型将用户作为核心驱动因素来计算其价值具有一定的合理性。

2.单用户估值测度模型改进的思路分析

而提出以上单用户估值模型到如今已有一段时间,年代相对久远,且当时的互联网环境与现在的互联网环境也存在着或多或少的变化,因此如果直接用单用户估值模型去预测那些数据资产公司的价值,往往会造成估值的失真,我们有必要在初始单用户估值模型的基础上,对其进行进一步的修正和完善。

梅特卡夫定律中指出网络价值会随着用户数增长而进行平方递增,然而这种平方的关系在实际中很难长期维持。在市场的初期阶段,行业处于一片蓝海,且尚未进入存量竞争阶段,这时网络价值便会随着用户数的增加而呈现出指数关系的爆发式增长。但是人与人之间的交互性是有限的,这就致使互联网中的网络节点也是存在上限的,当市场规模逐渐出现饱和,其相应的数据资产价值增速也会有所放缓。例如土豆视频与优酷视频合并的案例,两个视频网站的合并使得其用户数量得到了一个巨大的提升,但是合并的结果并没有使其最终价值呈现出大幅上涨。

而单用户估值模型中并没有将用户类型作出进一步的细分。有些用户在了解网络中提供的服务或产品后未达到自己的预期,便不会尝试去进一步接触。这些群体虽然短暂地成为了目标用户,但并不会为提供服务或产品的企业带来长久和实际的收益。而真正为企业带来收益的,是那些愿意长期付费给企业来获取服务和收益的有效用户。

且单用户估值模型中考虑到的价值驱动因素过少,只有用户数量与初始投入成本。对于互联网刚刚出现和发展的年代,或许其存在着一定的合理性。

但随着互联网技术的进步和行业的发展,其价值影响因素变得越来越纷繁复杂,仅仅只考虑成本投入和用户数量两个参数已经难以满足对如今的数据资产公司进行正确估值的需要。

（二）单用户价值测度模型参数分析

1. 基于活跃用户的单个客户价值修正

之前已经提出并非所有的用户都可以为数据资产公司带来收益,使企业自身价值得到提升。我们可以把公司拥有的用户进一步划分为活跃用户和非活跃用户。其中,能为数据资产公司带来实际价值提升的是活跃用户。活跃用户可以认为是愿意反复获取数据资产公司提供的商品或服务的那一部分用户。同时由于互联网行业中为了扩大和维持自身的市场份额和竞争能力,许多数据资产公司为提供"免费"的商品或服务,但并不说获取这些"免费"的商品或服务的用户不会为公司带来收益,这些用户在使用该类商品或服务的同时本身也会为数据资产公司带来一定的流量与传播效用。这时如果数据资产公司可以通过一些流量变现的手段,便可将其转化为自身实际的收益。

所以首先对单用户价值模型中的用户数量这一指标进行相应修正,通过剔除非活跃用户数的方式,使活跃用户数这一参数来代替原来的全部用户数。同时按照不同的时间段进行归类,活跃用户数又可细分为不同的类型。本书统一采用年这一口径,使用年活跃用户数（YAU）这一指标来对活跃用户数的具体数量来进行衡量。

而活跃用户的数量并不能完全表示其为数据资产公司带来的收益,还需确定每个活跃用户对公司实际的贡献。这里采用单个用户平均贡献值（ARPU）这一指标来进行衡量。在数据资产公司的用户收入构成要素中主要为会员服务收入和广告营业收入,将其加总再除以活跃用户数便可得到单个活跃用户平均贡献值。此时的单个用户平均贡献值的公式如下所示:

$$ARPU = \frac{S+L}{Q} P = M \times C^2 \tag{9-2}$$

式中，ARPU 为单个用户平均贡献值，S 为年广告营业收入，L 为会员服务收入，Q 为年活跃用户数量。

而单用户价值模型再进行以上修正，其改进后的表达式如下所示：

$$P_0 = M \times ARPU \times YAU \times (ARPU \times YAU) \tag{9-3}$$

式中，M 为初始投入成本，P_0 为数据资产价值，ARPU 为单个用户贡献，YAU 为年活跃用户数。

2. 用户价值之间关系的修正

模型中价值呈现出平方递增的关系在实际中很难长期维持。活跃用户数的增长规模有上限，互联网中的网络节点也存在上限，当市场规模逐渐出现饱和，其相应的数据资产价值增速也会有所放缓。所以在这里引入齐普夫定律来对指数增长的数量关系进行下一步的调整。齐普夫定律最早应用在词表编制与文献检索领域中，后拓展应用于互联网行业的相关研究中。该定律认为排在第 k 位的项目其比重为首项的 1/k。即词所占比例的顺序（7.0、3.5 和 2.8 等）与 1/k 的顺序（1/1、1/2、1/3…）紧密对应。如果网络中有 n 个成员，这个值就与 1+1/2+1/3+…+1/n 成正比。在此定律的帮助下将公司价值与用户数量之间平方的关系调整为 nln(n) 的关系。其改进后的表达式如下所示：

$$P_0 = M \times ARPU \times YAU \times Ln(ARPU \times YAU) \tag{9-4}$$

式中，M 为初始投入成本，P_0 为数据资产价值，ARPU 为单个用户贡献值，YAU 为年活跃用户数。

3. 基于直接贡献的单个数据资产估值模型

而公司的价值并非全部由数据资产带来，总的收益需要分配给各个组成部分的不同资产，所以还需要辨认数据资产在总资产中所带来的贡献大小，即明确数据资产的贡献权重。基于此得到最终的表达式为：

$$P_0 = M \times ARPU \times YAU \times Ln(ARPU \times YAU) \times F \tag{9-5}$$

$$P = W \times P_0 \times F \tag{9-6}$$

式中,P 为各类资产的价值,P_0 为估算价值,M 为初始投入成本,$ARPU$ 为单位用户贡献,YAU 为年活跃用户数量,W 为各类资产的贡献权重,F 为初始估算价值 P_0 的调整系数。

第十章　基于个人视角的数据要素参与收入分配的机制和实现路径

　　近年来我国互联网、大数据、人工智能等新技术新业态蓬勃发展,我国数字经济发展迅猛,据中国信通院《中国数字经济白皮书(2020)》显示,2020 年我国数字经济规模已达到 39.2 万亿元,占 GDP 比重达 38.6%。数字经济的快速发展,重塑了我国经济结构,为我国实现经济高质量发展注入了新动力,但同时也为数字经济时代的收入分配提出了新要求。在中国特色社会主义市场经济制度下,我国始终坚持"按劳分配为主体、多种分配方式并存"的社会主义分配制度,其中"按生产要素分配"作为多种分配方式中的重要组成部分,其健全与否事关社会分配公平的实现,对改革开放成果共享具有极大促进作用。党的十九届四中全会在《中共中央关于坚持和完善中国特色社会主义制度、推进国家治理体系和治理能力现代化若干重大问题的决定》中首次将数据与劳动力、土地、知识、技术和管理并列作为重要的生产要素。数据作为数字经济时代最为重要的生产要素,将其纳入参与分配要素范围是对数据在市场经济中地位的提升,是我国数字经济发展的集中反映,也是对既有社会分配矛盾的政策回应和顶层设计。因此,研究数据要素参与个人收入分配的实现路径具有十分重要的现实意义。

第一节　数据要素参与个人收入分配的
前沿进展与综述

一、数据要素参与个人分配的价值基础

（一）数据要素提升微观运行效率

数据要素在生产中发挥的核心作用就是利用其承载的有价值信息,提高劳动力、资本等其他要素之间的协同性,这也是数据要素提升微观运行效率最为典型的作用机制(蔡跃洲和马文君,2021)。早在 20 世纪末,David 和 Wright(1999)便指出信息通信技术(ICT)能够增强生产过程中要素间的协同性,这有助于降低信息不对称,提高全要素生产率。[①] 当然基于数据要素信息价值利用的微观运行效率的提升,其提升速度可能存在先升后降的趋势。数据要素提升微观运行效率的核心在于降低了经济运行中的不确定性,但不确定性状态是有上限的,数据积累引致的效率提升幅度相应也就存在上限,因此,随着数据积累规模的增大,效率提升的速度将最终会下降(Varian,2018;Farboodi 和 Veldkamp,2020)。

（二）数据要素优化中观产业结构

数据对于产业结构的优化,在于数据作为新要素,通过改变产业关联关系、促进产业融合、催生新兴产业(大数据直接产业、大数据关联业态产业、大数据渗透作用产业),推动整个产业结构的优化升级(李辉,2019;王谦和付晓东,2021)。王建冬和童楠楠(2020)认为数据要素通过与其他要素的协同联

---

① David P.A. and Wright G, *General Purpose Technologies and Surges in Productivity Historical Reflections on the Future of the ICT Revolution*[R]. Oxford Economic and Social History Working Papers ,1999.

动,形成了以大数据为主线,产业链、创新链、资金链、人才链多链协同发展新格局。① 此外多数文献对于数据对产业结构的优化升级研究以数字产业化为切入点,发现数字产业化在持续向传统产业渗透融合的过程中,通过数字产业与其他产业之间的耦联效应(Ulrich Dolata,2009)、溢出效应(蔡跃洲和张钧南,2015)和扩散效应(王俊豪和周晟佳,2021),优化了原有产业结构(戚聿东等,2021)。

(三) 数据要素促进宏观高质量发展

数据要素非竞争性、非排他性和低成本复制三项技术-经济特征,使得微观层面的运行效率提升在宏观层面得以放大,成为提高宏观全要素生产率和增长潜力,促进高质量发展的重要途径(蔡跃洲和马文君,2021)。数据要素因其低成本无限复制特征(非竞争性),使其能够形成规模效应(Jones 和 Tonetti,2019),最终提升了经济增长潜力。此外供需错配、产能过剩是阻碍经济高质量发展的顽疾,政府宏观调控的科学性、精准性因数据信息的数量和质量的飞速发展而得以提升,有效缓解政府管控失灵,提高了市场整体运行效率,实现供需双方有效精准匹配,促进经济高质量发展(李辉,2019;Carrière-Swallow 和 Haksar,2019)。

二、数据要素参与个人收入分配

(一) 交易个人数据获益

个人数据又称个人信息或个人资料,按照 World Economic Forum(2011)定义,个人数据是指由个人产生或与个人有关并以物理或电子形式记录的数

---

① 王建冬、童楠楠:《数字经济背景下数据与其他生产要素的协同联动机制研究》,《电子政务》2020 年第 3 期。

据资料。[①] 其可以直接或者间接识别出个人的有关信息,如姓名、出生日期、身份证件号码、个人生物识别信息、住址、电话号码等(OECD,2013;谢永志,2013)。当前学界对个人数据的交易研究中存在两个争论不休的问题,一个是个人数据产权归属问题,另一个是定价问题。学界对个人数据的赋权看法并不一致,法经济学从把产权界定给使用效率最高的主体这个原则出发,确立了财产法四个产权界定的基本规则:先占规则、附属规则、创造规则、公平规则[②],并基于此认为个人数据的所有权赋予数据持有者(企业),才能实现范围经济和规模效应(张玉屏,2021)。而另一些学者认为,赋予消费者对个人数据的控制权有助于促进个人数据的分享与交易(Miller 和 Tucker,2017),并认为个人和数据持有者之间可采取租赁或一次性买卖等方式进行交易(Easley等,2018)。对于个人数据的估价,同样学术界也未形成一致公认的评估方法,目前主要包括基于市场交易的估价方法、基于个人主观的估价方法以及收益法估算三类,其中基于市场交易的估价方法是根据市场上已有交易类似数据的价格进行估价,而个人主观估价则是根据消费者所愿意支付的保留价格进行定价(许宪春等,2022)。收益估价方法则是根据企业利用个人数据所产生的广告收益来估算个人数据的价值(Ahmad 和 Van,2018)。

(二) 数据要素与传统要素相结合实现价值

数据要素虽有着显著异于传统要素的新属性(如复制成本低、流动性强、时效性强、规模经济等典型特征),但数据要素在经济活动中需要与传统生产要素紧密联系,相互结合才能发挥作用(黄少安等,2022)。数据要素实现价值包含流通配置和融合应用两个环节,具体表现为数据要素经过流动和配置,与其他要素组合应用于实际生产活动,引导活动效率提升和生产结构转型,在此过程中,数据要素与资本、劳动力等多种要素相结合,通过融合应用实现自

---

① *Personal Data:The Emergence of a New Asset Class* [R]. Geneva:World Economic Forum,2011.

② 魏建、周林彬:《法经济学》,中国人民大学出版社 2017 年版。

身价值,并提升整体经济价值(杨铭鑫等,2022)。

(三) 数据要素影响收入分配政策

随着我国"互联网+税务"的不断推进,数据尤其是大数据被应用到税收征管的各个环节(孙玉栋和庞伟,2021)。邢会强(2019)认为大数据可以帮助税务机关更全面地掌握纳税人收入与支出情况,提高纳税人纳税遵从度。而与税收相关的税收大数据的形成,通过"画像"技术,提升了纳税服务水平的差异化和专业化,实现了精准服务(王晓东等,2017;樊勇和杜涵,2021)。此外数字经济在数据要素的驱动下,使政府对公共服务做到精准识别,改变了政府公共服务的模式,使公共服务从单一化转向多元化,从粗放型转向集约型(容志,2019;夏杰长和王鹏飞,2021)。

第二节 数据要素参与个人收入分配的理论机制

一、数据要素参与个人收入分配的理论基础

(一) 个人收入分配的影响因素

1.生产力发展总体水平偏低和生产力结构多层次是影响我国收入分配的基础性因素

目前我国发展仍不平衡,生产力结构的多层次现象性依旧显著。先进的、比较先进的和落后的甚至相当原始的生产力并存,城乡二元结构十分明显。同时,我国劳动力素质总体上较低。不同的生产力水平和劳动者素质从根本上决定着生产效率的差异,因此个别劳动所创造的财富差异非常大,按照我国"按劳分配为主体、多种分配方式并存"的社会主义分配制度,这将导致我国目前及今后一段时间里存在较大的收入差距。

2.人力资本要素日益成为决定个人收入分配的重要因素

所谓"人力资本",是体现在人身上的,通过后天投资而获得的劳动能力。

教育投资和保健投资是提升"人力资本"的两条重要途径。在收入分配过程中考虑"人力资本"要素是对高素质劳动者从事复杂性劳动的肯定,并对所创造的巨大价值的回馈。"人力资本"的质和量直接决定了"人力资本"所有者获得收入的机会和水平,从发展趋势看,其地位和作用将日益强化,成为决定个人收入的重要因素。

3. 个人所拥有的可孳息生利私人财产是决定个人收入的主要因素

在社会主义市场经济中,允许和鼓励用合法收入形成的个人财产进行各种方式的实业或金融投资,作为要素投入的个人财产也有权利获得应有的回报。因此,可孳息生利的个人财产也成为决定个人收入的主要因素,并由此形成收入差距。

4. 税收是引起国民收入分配结构变化的影响因素之一

在直接税中,个人所得税尤其是对个人的劳动征税部分对要素收入分配中的劳动收入分配份额产生了削弱影响;在间接税中,我国增值税对要素收入分配具有一定的降低作用,尤其对劳动收入分配份额的影响最为严重;我国营业税则对要素收入分配中的资本分配份额具有较强的降低作用,而相对于资本分配份额而言,对劳动收入分配份额的影响较小。

5. 社会保障是调节个人收入分配不可忽视因素之一

社会保障是一种重要的收入再分配手段,对社会稳定和经济发展发挥着重要作用。社会保障作为各级政府财政支出的重要项目,在宏观调控层面上具有公平收入分配的调节作用。社会保障对收入分配的调节主要通过财政转移支付以及社会保障基金的收缴和给付两种方式进行。其中转移支付的对象是全体社会成员,而社会保障基金的给付对象是基金的缴纳者,因此第二种调节方式相较第一种而言会受到一定制约。无论是在农村还是在城市,社会保障都可以明显地起到保证收入分配公平的作用。但是,它对城镇居民收入分配的调节作用一般认为要比对农村居民的分配调节效果显著,这是因为城镇部门的保障制度较农村而言更为健全。

（二）数据要素参与个人收入分配渠道

1.数据要素赋能经济增长，提升整体收入水平

从上文论述已知，从微观、中观和宏观三个层面予以论述了数据要素对一国经济水平的影响机制。在微观层面上，数据要素配合资本、劳动等传统生产要素的发展，实现商业模式的重构和微观运行效率的提升；在中观层面上，数据要素成为生产要素后，形成新业态、新模式，在数字产业化与产业数字化协同作用下，促进产业创新与融合，优化产业结构；在宏观层面上，政府及市场主体借助数据要素，提升了政策（行为）实施的精准度，实现供需动态匹配，促进经济高质量增长。而经济增长与收入分配之间密不可分，无论是"库兹涅茨假说"、"涓滴式增长假说"抑或是"亲贫式增长假说"均认为一国经济的增长会影响本国居民收入分配效果，并在政府公共服务作用下，居民间收入差距存在缩小趋势。

2.数据要素发掘传统要素潜力，提升传统要素报酬

数据要素的价值实现要求与传统生产要素相结合进行生产活动。单纯收集和存储大量社会数据，其作用只停留在简单的"统计"维度上。数据之所以能够重塑社会经济运行模式，提升经济运行效率，得益于数据要素在生产过程中具有精确分析生产现状的功能，而这一功能的体现则需要数据要素与其他生产要素相结合。以个性化生产为例，个性化生产目前是产业数字化中的重要一环，其中客户偏好信息是个性化生产的核心，但单纯依靠偏好信息是无法实现个性化生产的。偏好性信息只有经过计算分析，将相应生产指令传递到智能化生产设备中，通过模块化生产才能实现最终产品供给。在此过程中，数据要素会与劳动力、资本等要素相结合，赋予它们全新活力，提升要素边际生产报酬。

3.数据要素资产化，提升居民财产收入

数据要素本质上一种信息符号，要使其资产化，需要经过一系列操作，而这一系列操作往往与企业的生产相关。数据要素由人类行为活动产生，并在

参与企业生产活动过程中,推动了组织模式、研发模式、制造模式、销售模式等创新,进而形成数据要素的价值与使用价值,最终实现数据资产化。而数据要素的交换价值则通过数据交易活动而得以实现。数据交易平台是目前数据要素得以融通、交易的交易场所,通过该平台能够实现数据供给方的变现要求。目前存在以政府参与型数据平台以及企业主导型数据平台两类,如贵阳大数据交易所、北方大数据交易中心、淘数据等。目前在实践过程中存在两类交易方式以确定数据价值。一类是数据撮合交易模式,交易平台以交易粗加工的原始数据为主。另一类是数据增值服务模式,数据交易机构不是简单地将买方和卖方进行撮合,而是根据用户不同需求,定制相应数据产品,随后再提供给需求方。

4. 数据要素驱动数字政府,提升分配政策精准度

当前,数字政府已成为建设数字中国的重要组成部分和核心枢纽,目前广东、浙江、上海等已成为全国数字政府建设的典型,正引领当地数字经济、智慧城市、数字乡村等全方位协同发展。在数字政府下,政府可以统筹财政、税收、消费等领域数据,实现全域数据一盘棋,提高宏观调控能力,降低政府运行成本。具体到税收和社会保障方面,政府通过数字税务以及数字财政,实时跟踪个人收入与支出情况,提高纳税遵从度和精准扶贫度与及时性。以数字税务为例,通过建设"数字征管",依托各类纳税数据,实现税收征管智慧化。通过对纳税人申报、财务报表、发票等数据信息,实现智能税源分级分类管理,为各级税务机关定制税源状况分析报告,提高管理部门征管效率。

二、数据要素参与个人收入分配的内在逻辑

在分析了影响个人收入分配的因素后,可以进一步探讨数据要素参与个人收入分配的内在逻辑。根据上文分析可知,数据要素既在与其他传统要素的配合使用过程中,提升了传统生产要素的贡献;又在参与政府决策过程中提升了税收和社会保障施行的精确性。为此,数据要素可通过收入效应和分配效应两方面,改变当前个人收入分配格局。如图 10-1 所示。

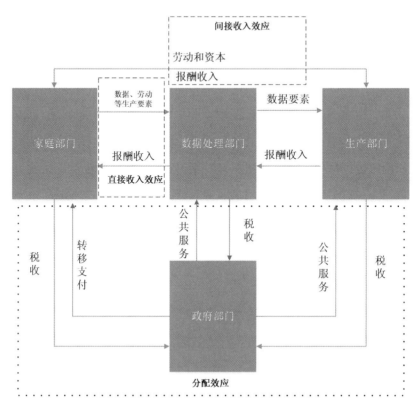

图 10-1　数据要素参与个人收入分配的内在逻辑

（一）数据要素参与个人收入分配的收入效应

收入效应可以进一步分为直接收入效应和间接收入效应两类。直接收入效应主要包括数据要素作为个人可掌息生利私人财产直接获得报酬以及个人通过参与数据要素处理活动直接获得报酬两类。这两类具体又可以细分为以下三类情形：第一类,数据要素所有者通过直接销售数据要素获得相应报酬；第二类,数据要素所有者将数据要素通过出租、入股等形式参与生产活动,获取租金、利润和股息等报酬；第三类,在数据处理部门的劳动者通过从事一般性劳动和复杂性劳动获得相应报酬。

其中第一、二类情形,需要健全数据要素的定价机制。遵循要素市场化的改革逻辑,应该建立由询价竞价机制、公允估价机制在内的"二位一体"定价机制。其中询价定价机制由数据要素供需双方在交易平台上通过询价、竞价最终形成,是数据要素市场化的直接表现。而公允估价机制则是针对一些如并购等非交易场景的存在,需经第三方评估机构对数据要素进行评估的定价机制。

对于第三类情形,又有两种分类方式。第一种,通过按劳分配的形式,企业通过相关环节劳动者的劳动力,给予一般熟练劳动者的工资报酬。第二种,对于高技术人才,可以采取年薪以及特殊津贴等复杂劳动报酬,也可以采用与技术要素分配类同的方式,参与数据要素报酬的分配。具体而言可分为以下几种:(1)技术成果转让与有偿技术服务。通过一次性支付报酬购买数据处理相关技术成果使用权或买断数据处理相关技术成果使用权。对各种技术服务,支付相应报酬;(2)数据处理技术入股。技术成果拥有者将数据处理技术作价入股,参与股份有限公司或有限责任公司的红利分配;(3)根据数据收集、处理、开发的独立劳动者的实际贡献大小、责任轻重、技术水平高低等,对其经济报酬实行有所倾斜的分配形式。

间接收入效应主要指数据要素在生产过程中通过与其他传统要素相结合,通过微观、中观以及宏观层面,充分释放经济潜力,提升传统要素贡献能力。具体可以细分为以下两种情形:第一类,数据要素与劳动力要素相结合,提升劳动报酬率;一切生产要素只有与劳动相结合才能转化为现实生产力,数据与劳动力要素相结合的过程,也就是劳动者通过数据要素,提高劳动技巧,提升劳动生产率的过程,随着数据要素与劳动力要素结合越为精密,劳动创造财富的能力也越强;第二类,数据要素与资本要素相结合,提升资本报酬率。数据要素与资本要素的相结合的过程,实际上就是改变生产性资本的水平和质量的过程。生产设备是资本的主要部分,数据要素与生产设备的深度融合,能推动生产设备的技术进步,产生一系列智能化、模块化生产设备,极大提升了生产设备的可利用率和生产能力。

（二） 数据要素参与个人收入分配的分配效应

分配效应主要涉及个人收入的再分配过程,数据要素的参与使得个人收入的再分配过程变得更为公平有效。从整个社会而言,数据要素在参与个人收入初次分配中可能存在扩大收入差距的地方。一方面,因为数据要素产权界定目前仍不清晰,存在法律空白和数据垄断现象。过去很多国家对数据产权一直没有明晰界定,而是交由市场决定,这就导致大量个人数据被企业无偿占有,决定了由数据要素所获得的财产性收入在不同个体之间的分配是极不均衡的。另一方面,虽然数据要素可以通过与传统生产要素诸如资本、劳动力相结合提升居民报酬,但参与生产活动的个体类型众多,存在参与活动环节中没有数据要素参与的个体,这就导致了数据要素可能拉大了个体间收入差距。为此,在再分配过程中,政府借助数据要素的特性,更好发挥政府在社会主义市场经济运行中的作用。

数据要素的分配效应主要以税收和转移支付方式进行调节。一方面,政府通过数字税务以及数字财政,实时跟踪个人收入与支出情况,提高纳税遵从度和精准扶贫度与及时性,提高了政府财政工具在收入再分配中的有效性。另一方面政府可对数据处理部门征收原始数据信息税,向数据密集型产业增收数据收益附加税,并将该收入转移支付给全体居民,用以补偿数据要素在初次分配过程中可能造成的收入差距扩大问题。数字服务税以类似于集体转移支付的方式,将原先公司因为用户数据创造的价值而应当支付给用户的经济对价,通过纳税的方式支付给政府,再由政府通过福利支出等方式补偿给用户,使用户享受自身数据的收益。[1] 作为国家宏观调控中的经济手段,数字服务税能够实现收入的再分配以维护用户福利。

---

[1] 丁凤玲:《个人数据治理模式的选择:个人、国家还是集体》,《华中科技大学学报》(社会科学版)2021 年第 1 期。

三、数据要素参与个人收入分配的理论模型构建

本部分基于 Acemoglu（2002）关于技术进步偏向理论的基础框架，考察数据要素偏向与资本要素或劳动力要素相结合进行生产活动，对个人收入分配的影响。

（一）模型的基本假设

本节拟构建一个多部门生产经济模型，该模型的构成是由家庭部门提供生产要素，并结合研究与发展部门共同生产中间产品，进而生产得到最终产品。其中，家庭部门能够提供资本 K 和劳动力 L 两种生产要素。具体来说：首先，家庭部门一方面向数据处理部门提供劳动力 $1-\theta L$ 并获得相应报酬，另一方面向中间产品部门提供资本 K 和劳动力 θL 并获得相应的收入回报；其次，数据处理部门通过由家庭部门提供的劳动投入进行原始数据处理，获得能够与资本和劳动力要素相结合的数据要素；再次，由数据处理部门提供不同类型的数据要素分别与家庭部门提供的资本和劳动力两种生产要素相结合而生产出中间产品，并分别获得相应报酬；最后，再通过中间产品部门提供的中间产品进行生产而得到最终产品。各个生产部门间的具体关系流程可以参见图 10-2。

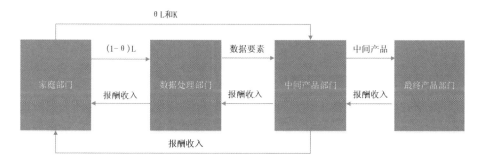

图 10-2　生产部门关系

（二）具体部门模型构建

1.最终产品生产部门模型构建

借鉴 Acemoglu（2002）的方法，通过构建数理模型来分析要素收入分配究竟受到哪些因素影响。在传统的 C-D 生产函数中，要素替代弹性固定为1，各种要素的收入份额是固定不变的，不适用这里研究劳动收入份额变动的情况。因此，这里将生成函数设定为 CES 生产函数，即：

$$Y = F(Y_K, Y_L) = \left[\delta Y_K^{\frac{\varepsilon-1}{\varepsilon}} + (1-\delta) Y_L^{\frac{\varepsilon-1}{\varepsilon}} \right]^{\frac{\varepsilon}{\varepsilon-1}} \tag{10-1}$$

其中，Y_K 是资本密集型的中间产品，Y_L 是劳动密集型的中间产品。ε 表示两种中间产品 Y_K 和 Y_L 的替代弹性，δ 表示两种中间产品 Y_K 和 Y_L 在最终产品 Y 中的相对份额。

2.中间产品生产部门模型构建

两种中间产品的生产函数如下：

$$Y_K = \left[\int_0^{D_K} Q_{Ki}^{1-\alpha} d_i \right] K^{\alpha} \tag{10-2}$$

$$Y_L = \left[\int_0^{D_L} Q_{Li}^{1-\alpha} d_i \right] (\theta L)^{\alpha} \tag{10-3}$$

其中 $\alpha \in (0,1)$，K 和 L 分别为资本和劳动力的数量。Y_K 是资本密集型中间产品，其生产依赖于资本和一系列与资本要素相互补的数据要素种类 D_K 和相应的数量 Q_{Ki}。同理，Y_L 是劳动密集型中间产品，其生产依赖于劳动和一系列与劳动力要素相互补的数据要素种类 D_L 和相应的数量 Q_{Li}。

3.数据处理部门模型构建

数据处理部门主要从事不同类型数据的收集、处理和加工，具体数据要素的类型范围为（0，D_K]和（0，D_L]，其中前者是与资本要素结合，用于生产资本密集型中间产品的数据要素的类型范围，后者是与劳动力要素相结合，用于生产劳动密集型产品的数据要素的类型范围，不同数据要素类型 D_K 和 D_L 范围的增加能够表示数字经济的发展进步，二者范围的差异反映出数字经济进步。数据类型的增加形式可由以下公式(10-4)和(10-5)表示,其中,γ 表示处理效率,在不同类型数据处理过程中,处理效率可以不同。家庭部门进入数据处理部门的劳动要素可分为 L_K 和 L_L ,分别用于不同类型数据的处理活动,且 $L_K + L_L = (1 - \theta)L$ 。不同数据类型增加范围的差异反映了数字经济进步的偏向性,也反映出数据要素与资本、劳动力要素结合的程度。

$$\dot{D}_K = \gamma_K D_K L_K \tag{10-4}$$

$$\dot{D}_L = \gamma_L D_L L_L \tag{10-5}$$

(三) 模型均衡条件

在一个经济体的均衡条件下,要实现最大化的生产利润,就要满足市场出清时的生产要素价格和产品价格,即可将最终产品 Y 的产品价格记 P ,中间产品 Y_K 和 Y_L 的产品价格分别记为 P_K 和 P_L ,而将用家庭部门提供的资本要素 K 和劳动力要素 L 的相应收入报酬可分别记为 r_K 和 w_L ,类型 i 数据要素的价格记为 P_{Ki} 和 P_{Li} 。

1. 中间产品部门均衡

假设所有市场均是完全竞争的,利润等于总收益减去总成本,那么资本密集型中间产品部门利润最大化问题为:

$$Max\pi_K = P_K Y_K - r_K K - \int_0^{D_K} P_{Ki} \cdot Q_{Ki} d_i \tag{10-6}$$

同理,劳动密集型中间产品部门利润最大化问题可以写成:

$$Max\pi_L = P_L Y_L - w_L \theta L - \int_0^{D_L} P_{Li} \cdot Q_{Li} d_i \tag{10-7}$$

根据利润最大化条件,分别对数据要素数量求偏导,使其满足理论最大化,为此可以得到不同类型的数据要素数量为:

$$Q_{Ki} = K \left[\frac{(1 - \alpha)P_K}{P_{Ki}} \right]^{\frac{1}{\alpha}} \tag{10-8}$$

$$Q_{Li} = \theta L \left[\frac{(1 - \alpha) P_K}{P_{Ki}} \right]^{\frac{1}{\alpha}} \tag{10-9}$$

从式(10-8)和式(10-9)可以看出,中间产品部门对数据要素的使用数量随中间产品价格 P_K、P_L 的上升而上升,随着要素使用数量 K 或 L 的上升而上升,而随着所使用数据的价格 P_{Ki} 和 P_{Li} 的上升而降低。直觉上,中间产品价格的上升增加生产要素的边际产出价值,会鼓励厂商更多地使用数据要素;另一方面,更大的雇佣规模也增加了与资本或劳动力类型相匹配的数据要素的需求量,而自身价格为数据要素的使用成本,成本的提高必然会带来数据要素需求的下降。

同样根据中间部门利润最大化表达式,分别对资本要素和劳动力要素求一阶导,可得

$$r_K = \alpha P_K \left[\int_0^{D_K} Q_{Ki}^{1-\alpha} d_i \right] K^{\alpha-1} \tag{10-10}$$

$$w_L = \alpha P_L \left[\int_0^{D_L} Q_{Li}^{1-\alpha} d_i \right] (\theta L)^{\alpha-1} \tag{10-11}$$

故可知资本要素与劳动力要素的相对报酬为:

$$rw = \frac{r_K}{w_L} = \theta^{1-\alpha} \frac{P_K}{P_L} \cdot \left(\frac{K}{L} \right)^{\alpha-1} \frac{\int_0^{D_K} Q_{Ki}^{1-\alpha} d_i}{\int_0^{D_L} Q_{Li}^{1-\alpha} d_i} \tag{10-12}$$

2.数据处理部门均衡分析

这里我们假设所有类型数据要素的边际成本均为 MC,因此数据处理部门提供的与资本要素相结合的数据要素能够获得的利润为:

$$\pi_{D_K} = (P_{Ki} - MC) Q_{Ki} \tag{10-13}$$

同理,数据处理部门提供的与劳动力要素相结合的数据要素能够获得的利润为:

$$\pi_{D_L} = (P_{Li} - MC) Q_{Li} \tag{10-14}$$

将数据要素需求量,用上式中所求出的最优数量式(10-8)和式(10-9)
进行替换可得:

$$\pi_{D_K} = (P_{Ki} - MC)K\left[\frac{(1-\alpha)P_K}{P_{Ki}}\right]^{\frac{1}{\alpha}} = K\left[(1-\alpha)P_K\right]^{\frac{1}{\alpha}}\left[P_{Ki}^{1-\frac{1}{\alpha}} - MC \cdot P_{Ki}^{-\frac{1}{\alpha}}\right]$$

$$(10-15)$$

$$\pi_{D_L} = (P_{Li} - MC)\theta L\left[\frac{(1-\alpha)P_L}{P_{Li}}\right]^{\frac{1}{\alpha}} = \theta L\left[(1-\alpha)P_L\right]^{\frac{1}{\alpha}}\left[P_{Li}^{1-\frac{1}{\alpha}} - MC \cdot P_{Li}^{-\frac{1}{\alpha}}\right]$$

$$(10-16)$$

故而根据利润最大化一阶条件,关于 P_{Ki}(P_{Li})求导可以得到:

$$P_{Ki} = P_{Li} = \frac{MC}{1-\alpha} \tag{10-17}$$

为了简化模型,本研究将数据要素的边际成本标准化为 $MC = 1 - \alpha$,这表
明,在均衡状态下,各类数据要素的价格为 $P_{Ki} = P_{Li} = 1$。故根据均衡时所需
数据要素数量以及数据价格,可以得到数据处理部门通过出售数据要素所能
获得的利润为:

$$\pi_{D_K} = \alpha K\left[(1-\alpha)P_K\right]^{\frac{1}{\alpha}} \tag{10-18}$$

$$\pi_{D_L} = \alpha \theta L\left[(1-\alpha)P_L\right]^{\frac{1}{\alpha}} \tag{10-19}$$

此外,根据式(10-2)、(10-3)、(10-8)以及(10-9)可以推导出中间产品
新的表达形式:

$$Y_K = K \cdot D_K\left[(1-\alpha)P_K\right]^{\frac{1-\alpha}{\alpha}} \tag{10-20}$$

$$Y_L = \theta L \cdot D_L\left[(1-\alpha)P_L\right]^{\frac{1-\alpha}{\alpha}} \tag{10-21}$$

3. 最终产品部门均衡分析

最终产品生产厂商的利润最大化函数形式如下式所示:

$$Max\pi_Y = PY - P_K Y_K - P_L Y_L$$

$$= P\left[\delta Y_K^{\frac{\varepsilon-1}{\varepsilon}} + (1-\delta)Y_L^{\frac{\varepsilon-1}{\varepsilon}}\right]^{\frac{\varepsilon}{\varepsilon-1}} - P_K Y_K - P_L Y_L \tag{10-22}$$

对其关于 Y_K 和 Y_L 进行求解一阶导可得:

$$P_K = \delta\left[\delta Y_K^{\frac{\varepsilon-1}{\varepsilon}} + (1-\delta)Y_L^{\frac{\varepsilon-1}{\varepsilon}}\right]^{\frac{1}{\varepsilon-1}}Y_K^{-\frac{1}{\varepsilon}} \tag{10-23}$$

$$P_L = (1 - \delta) \left[\delta Y_K^{\frac{\varepsilon-1}{\varepsilon}} + (1 - \delta) Y_L^{\frac{\varepsilon-1}{\varepsilon}} \right]^{\frac{1}{\varepsilon-1}} Y_L^{-\frac{1}{\varepsilon}} \tag{10-24}$$

进而资本密集型和劳动密集型两类中间产品的相对价格可通过下式进行表达：

$$rYKL = \frac{P_K}{P_L} = \frac{\delta \left[\delta Y_K^{\frac{\varepsilon-1}{\varepsilon}} + (1 - \delta) Y_L^{\frac{\varepsilon-1}{\varepsilon}} \right]^{\frac{1}{\varepsilon-1}} Y_K^{-\frac{1}{\varepsilon}}}{(1 - \delta) \left[\delta Y_K^{\frac{\varepsilon-1}{\varepsilon}} + (1 - \delta) Y_L^{\frac{\varepsilon-1}{\varepsilon}} \right]^{\frac{1}{\varepsilon-1}} Y_L^{-\frac{1}{\varepsilon}}} = \frac{\delta Y_K^{-\frac{1}{\varepsilon}}}{(1 - \delta) Y_L^{-\frac{1}{\varepsilon}}}$$

$$\tag{10-25}$$

由此可以发现，资本密集型与劳动密集型两种中间产品的相对数量以及二者间的替代弹性能够影响中间产品的相对价格。当 Y_K 相对于 Y_L 而言更充裕时，二者间的相对价格也更低。

再次，我们将资本密集型与劳动密集型两种中间产品的数量表达式（10-20）以及（10-21）引入到中间产品的相对价格公式中，并令 $\sigma = \varepsilon\alpha - \alpha + 1$，$\sigma$ 表示生产要素劳动力 L 和资本 K 之间的替代弹性，当该值大于 1 时，表明劳动力和资本要素为替代关系，当该值小于 1 时，表明二者之间为互补关系。那么中间产品价格之间的相对关系可以改写成：

$$rYKL = \frac{P_K}{P_L} = \theta^{\frac{\alpha}{\sigma}} \left(\frac{\delta}{1-\delta} \right)^{\frac{\alpha\varepsilon}{\sigma}} \left(\frac{K \cdot D_K}{L \cdot D_L} \right)^{-\frac{\alpha}{\sigma}} \tag{10-26}$$

同时，可将劳动力和资本两类要素的相对价格写为：

$$rw = \frac{r_K}{w_L} = \theta^{1-\alpha} \frac{P_K}{P_L} \cdot \left(\frac{K}{L} \right)^{\alpha-1} \frac{\int_0^{D_K} Q_{Ki}^{1-\alpha} d_i}{\int_0^{D_L} Q_{Li}^{1-\alpha} d_i} = \theta^{\frac{\sigma-\alpha\sigma+1}{\sigma}} \left(\frac{\delta}{1-\delta} \right)^{\frac{\varepsilon}{\sigma}} \left(\frac{K}{L} \right)^{-\frac{1}{\sigma}} \left(\frac{D_K}{D_L} \right)^{\frac{\sigma-1}{\sigma}}$$

$$\tag{10-27}$$

（四）数据要素对资本与劳动力要素收入分配的影响

将资本与劳动力要素相对收入关于数据要素偏向（D_K/D_L）求偏导，可得式子：

$$\frac{\partial rw}{\partial (D_K/D_L)} = \frac{\sigma - 1}{\sigma} \theta^{\frac{\sigma - \alpha\sigma + 1}{\sigma}} \left(\frac{\delta}{1 - \delta}\right)^{\frac{\varepsilon}{\sigma}} \left(\frac{K}{L}\right)^{-\frac{1}{\sigma}} \left(\frac{D_K}{D_L}\right)^{-\frac{1}{\sigma}} \tag{10-28}$$

从上式可知,数据要素的偏向会影响资本和劳动力要素的市场价格,当 $\sigma > 1$,即 $\frac{\sigma - 1}{\sigma} > 0$ 时,数据要素越是偏向与资本相结合,越会导致资本相对价格的提升。而如果 $\sigma < 1$,即 $\frac{\sigma - 1}{\sigma} < 0$ 时,数据要素越偏向于资本,资本相对价格则越会下降。

同时,由劳动力和资本两类要素的相对价格公式,可以得到资本与劳动力两种生产要素的相对收入份额,以及数据要素偏向对要素收入份额的影响,具体见式(10-29)和(10-30):

$$yrw = \frac{r_K K}{w_L L} = \theta^{\frac{\sigma - \alpha\sigma + 1}{\sigma}} \left(\frac{\delta}{1 - \delta}\right)^{\frac{\varepsilon}{\sigma}} \left(\frac{K}{L}\right)^{1 - \frac{1}{\sigma}} \left(\frac{D_K}{D_L}\right)^{\frac{\sigma - 1}{\sigma}} \tag{10-29}$$

$$\frac{\partial yrw}{\partial (D_K/D_L)} = \left(\frac{\sigma - 1}{\sigma}\right) \theta^{\frac{\sigma - \alpha\sigma + 1}{\sigma}} \left(\frac{\delta}{1 - \delta}\right)^{\frac{\varepsilon}{\sigma}} \left(\frac{K}{L}\right)^{1 - \frac{1}{\sigma}} \left(\frac{D_K}{D_L}\right)^{-\frac{1}{\sigma}} \tag{10-30}$$

同样地由上式可知,数据要素的偏向会影响资本和劳动力要素的收入份额,当 $\sigma > 1$,即 $\frac{\sigma - 1}{\sigma} > 0$ 时,数据要素越是偏向与资本结合,越会导致资本相对收入份额的提升。而如果 $\sigma < 1$,即 $\frac{\sigma - 1}{\sigma} < 0$ 时,数据要素越偏向于资本,资本相对收入份额则越会下降。

结论1:数据要素的偏向会影响资本与劳动力要素的价格,以及资本与劳动力要素的收入份额。在最终产品生产过程中,当资本与劳动力要素为替代关系时,数据要素越偏向于与资本相结合,资本要素相对价格越高,居民从资本要素中所能获得的报酬也越多;当资本与劳动力要素为互补关系时,则结果恰好相反,数据要素越偏向于与资本相结合,居民从资本要素中所能获得的报酬越少。

（五）要素的相对供给对要素收入分配的影响

数据处理部门对数据要素的供给决策由该部门的利润引导。哪类数据要素所能给数据处理部门带来的利润高，数据处理部门就越会增加该类数据要素的供给。在上文中已推导出数据处理部门提供两类数据要素所能获得的利润。为此可以得到二者之比：

$$\frac{\pi_{D_K}}{\pi_{D_L}} = \theta^{\frac{1-\sigma}{\sigma}} \left(\frac{K}{L}\right)^{\frac{\sigma-1}{\sigma}} \left(\frac{\delta}{1-\delta}\right)^{\frac{\varepsilon}{\sigma}} \left(\frac{D_K}{D_L}\right)^{-\frac{1}{\sigma}} \tag{10-31}$$

当两类利润相等时，整个数据处理部门达到均衡。由此可得：

$$\frac{D_K}{D_L} = \theta^{1-\sigma} \left(\frac{K}{L}\right)^{\sigma-1} \left(\frac{\delta}{1-\delta}\right)^{\varepsilon} \tag{10-32}$$

故可知若资本要素和劳动力要素为替代品时，资本与劳动力的相对供给会提高与资本要素相结合的数据要素，相反若资本要素和劳动力要素为互补品时，资本与劳动力的相对供给会降低与资本要素相结合的数据要素。

结论2：数据要素偏向受资本要素与劳动力要素供给影响，当资本与劳动力要素为替代关系时，数据要素供给情况会偏向禀赋更丰富的要素，而当资本与劳动力要素为互补关系时，数据要素供给情况会偏向禀赋更匮乏的要素。

把式（10-32）代入（10-27）和（10-29）中，可得：

$$rw = \frac{r_K}{w_L} = \theta^{3-\alpha-\sigma} \left(\frac{\delta}{1-\delta}\right)^{\varepsilon} \left(\frac{K}{L}\right)^{\sigma-2} \tag{10-33}$$

$$yrw = \frac{r_K K}{w_L L} = \theta^{3-\alpha-\sigma} \left(\frac{\delta}{1-\delta}\right)^{\frac{\varepsilon}{\sigma}} \left(\frac{K}{L}\right)^{\sigma-1} \tag{10-34}$$

为此，资本要素与劳动力要素的相对价格，以及两种要素的收入份额之比，与二者的供给数量间的关系，可由下式反映：

$$\frac{\partial rw}{\partial(K/L)} = (\sigma-2) \theta^{3-\alpha-\sigma} \left(\frac{\delta}{1-\delta}\right)^{\varepsilon} \left(\frac{K}{L}\right)^{\sigma-3} \tag{10-35}$$

$$\frac{\partial yrw}{\partial(K/L)} = (\sigma-1) \theta^{3-\alpha-\sigma} \left(\frac{\delta}{1-\delta}\right)^{\frac{\varepsilon}{\sigma}} \left(\frac{K}{L}\right)^{\sigma-2} \tag{10-36}$$

由此可知,当资本与劳动力要素为替代关系时,资本要素相对供给的增加,会提升资本要素报酬占比。当资本与劳动力要素为互补关系时,资本要素相对供给的增加,因为数据要素偏向与劳动力要素相结合进行生产,而会降低资本要素报酬占比。

结论3:资本、劳动力要素的供给变化会影响资本、劳动收入份额情况。当二者为替代品时,资本要素相对供给增加会提升其收入份额占比,当二者为互补品时,资本要素相对供给增加会降低其收入份额占比。

第三节　数据要素参与个人收入分配的经验事实

一、数据要素作为资产参与个人收入分配的特征事实

从数据价值角度看,尽管单个人的数据价值量相对有限,但大量个人的数据累加,量变就会引起质变,个人数据的分析和使用将对许多行业的商业模式带来革命性的影响。国际互联网行业巨头 Google、Facebook、Twitter 以及国内三家巨头企业 BAT(百度、阿里和腾讯)的重要业务都是消费者个人模式,以个人数据为核心开展相应的搜索、电子商务或社交网络服务。目前涉及个人数据管理与交易的平台主要有服务平台以及个人数据银行两类。

(一)个人数据平台模式

许多行业性的业务运营与服务公司,往往涉及对某类个人数据的采集、分析与应用,如中国移动采集的个人通信消费数据、中国电力采集的个人用电消费数据和淘宝平台采集的个人电商消费数据等,2010 年 3 月 30 日,阿里巴巴开放淘宝平台所有的个人电商交易数据,将该计划命名为"数据魔方"。2014年 2 月,国内组建首个面向数据交易的产业组织——中关村大数据交易产业联盟,通过开放的数据接口(API)进行数据的录入、检索和调用,以期为政府机关、科研单位、企业组织和个人提供数据交易和使用场所,2014 年 6 月,中

关村大数据交易产业联盟发布了我国首个大数据交易行业规范《中关村数海大数据交易平台规则》。

实际上,智能手机等终端上的许多应用程序(APP)软件,本质上都是个人数据的采集与管理软件,如个人健身健康数据采集平台"华为运动"等。总体来看,当前个人数据的采集和管理主要由服务企业依托业务平台,在未明确用户个人数据产权等权益的情况下采集的,普遍存在数据"谁采集、谁拥有"的潜规则,并进一步依靠采集的个人数据,通过提供增值服务扩展企业的盈利途径。

(二) 个人数据银行

四川大学嵌入式系统研发与测试实验室和成都数银科技有限公司基于个人数据银行模式与架构,合作开发的数汇宝平台,是一种典型的个人数据银行模式。其作为一种个人数据资产的管理与增值服务平台解决方案,以保护用户个人数据的所有权、知情权、隐私权和收益权为核心,结合数据众筹/众包等模式,为商品精准营销、个人征信和互联网金融等提供数据支撑。

数汇宝通过个人数据资产的集中管理与协同服务,重组数据资源,实现跨界数据融合、流通,成为开放的个人基础数据平台,提升数据集成的价值,扩大数据分享、使用,推动个人数据银行新模式、新业态的发展。通过数汇宝数据接口(API),个人数据有偿合理地提供给第三方使用和开发行业应用服务,形成数据到业务的闭环,为个人、企业和政府提供共赢合作的价值,构建一个完善的个人大数据生态系统。

二、数据要素参与个人收入分配的案例分析

(一) 个人参与数据服务企业报酬分配——以 T 公司为例

T 公司是国内一家互联网金融信息服务企业,作为国内金融产品提供

最齐全的互联网金融信息公司,也是网上证券交易的最大提供商,同时还是互联网安全通信产品的主要供应商和电商软件的供应商,其经营产品从证券到期货,再到外汇和黄金等跨越诸多领域。此外该公司的主营业务还包括广告及互联网业务推广服务、基金销售及大宗商品交易等其他业务和软件销售及维护。公司的网上证券行情和交易系统得到全国 100 多家证券公司使用。公司在全国证券股票类 APP 活跃度与用户黏性排名中常年稳居前列。

公司将在未来继续加大在云计算、大数据、人工智能等领域的研发费用投入,推动各项业务的创新和升级。利用现有的研发技术优势和客户基础优势,在产品和平台业务上进行更好的完善和不断创新,进一步提高用户体验和忠诚度,保持公司的稳定经营和业绩的持续向好发展。

该企业一直处于互联网金融服务行业领先水平,在近几年中国互联网企业百强榜单中位列前茅,经过许多年运营积攒了十分广泛的忠实客户基础,企业发展至今也能及时公开透明地披露相关财务信息,整体特征比较符合本书对个人参与数据服务企业收入分配的研究要求,因此选取 T 公司作为分析对象具有一定的代表性。

T 公司主要收入来源为增值电信服务、软件销售及维护服务、广告及互联网业务推广服务、基金销售及其他交易服务等的收入。通过分析 T 公司的研发支出和应付职工薪酬趋势图,如下图 10-3 和图 10-4 所示可知,基本上用于研发数据服务技术和互联网业务推广的费用都在逐年增加,同时员工工资水平也有显著提升。尤其是在 2019—2020 年期间,工资水平从 9404 万元增至 14700 万元,年增长率高达 156%。一方面,研发支出增加可以间接表示企业对数据要素投入的增加,是互联网数据服务行业蓬勃旺盛生命力的有力证据;另一方面个人劳动报酬的增加也印证了在数据要素与劳动力要素相结合的过程中,提升了个人的工资水平。

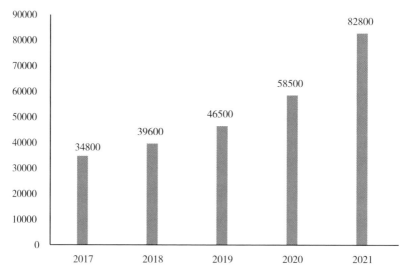

图 10-3　T 公司研发费用趋势图（单位:万元）

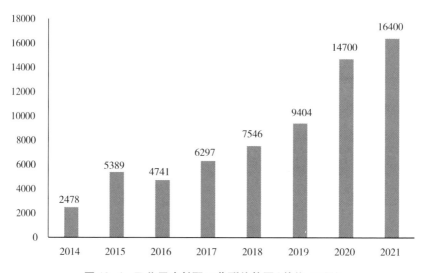

图 10-4　T 公司应付职工薪酬趋势图（单位:万元）

第四节　数据要素参与个人收入分配的实现路径

一、明确个人数据产权界定

对个人数据要素的产权作出合理界定,是保障个人从数据要素资产中获得相应报酬的内在要求。就我国生产要素按贡献分配制度而言,数据生产要素能进行合理收入分配需具备两个前提,首先所有权是明晰的,其次是对经济增长能够产生贡献。人们在使用搜索引擎、网站购物、网上社交等过程中会形成大量孤立而纯粹的个人数据,这些数据属于原始数据,其本身具有碎片化、非结构性等特征,只能由数据处理企业借助云计算技术来加工处理形成有价值的数据库,故此参与经济增长贡献的个人数据,既包括了个人活动信息,又凝结了数据处理企业的生产资料投入和智力投入。故讨论数据要素参与收入分配实现路径的核心则是能够确定数据要素的产权归属,本书尝试基于数字经济发展阶段,划分个人数据的权属。

(一) 数字经济发展期的个人数据的权属

为促进数字经济快速发展,从法学及经济学视角考量,个人数据的产权在数字经济发展期应赋予企业。法经济学从把产权界定给使用效率最高的主体这个原则出发,确立了财产法四个产权界定的基本规则:先占规则、附属规则、创造规则、公平规则。① 个人数据的产生往往与企业的服务密不可分,消费者在使用企业提供的相应服务时,相应数据也便产生并存储于企业系统中,为此基于先占规则、附属规则和创造规则,个人产生的数据要素产权应归企业所有。此外公平规则,指的是基于公平的考虑应对弱势群体给予特别保护。公平原则不应简单地给予弱者所有权,而应考虑过程的公平性。与企业相比,个

---

① 魏建、周林彬:《法经济学》,中国人民大学出版社2017年版。

人属于较弱群体,但公司不断更新数据处理技术,为个人提供更便捷的服务,从过程公平角度而言,个人数据产权也应赋予企业,以鼓励技术进步和服务创新。

从经济学角度看,在数字经济发展的早期阶段,应该尽量将个人数据产权赋予企业,以减少产权交易带来的经济效率损耗。科斯提出,当产权明晰且交易费用为零时,不论初始的产权配置如何,资产配置最终是有效的。[①] 如果将个人数据产权授予个人会增加交易过程以及数据使用的总成本。此外数据具有较低的价值密度。平均而言,对于单个数据要素,市场价值微乎其微。在数字经济发展的早期阶段,交易所有极低价值的数据对数字经济的发展是不利的,因为它的成本会超过企业从中所能获得的利润。故从经济学视角,也应将个人数据产权赋予企业。当然,企业对于个人数据拥有产权的前提是数据经过了"匿名化"处理,去除了可识别性特征。

(二) 数字经济成熟期的个人数据的权属

在数字经济成熟期,则需进一步明晰个人对个人数据的收益权。界分个人数据从产生、收集(处理)、使用过程中的收益权归属是完善个人参与数据收益分配所应考量的前置性问题。数据产生阶段,若数据内容对企业生产毫无贡献则丧失分配资格,此时个体不能参与分配,反之则不然。数据收集(处理)、使用阶段,企业通过数据追踪、数据发现、数据采集、数据分析、数据输出对数据进行加工使之投入社会化生产,在这一系列过程中均涉及对原始数据的利用。故作为个人数据所有人的企业,出于财产法中公平原则,可适当地将所有权中的收益权加以分离,由个人所占有。这样个人则依据收益权能获取一定报酬,而企业则基于对数据要素的财产权获取一定的利益分配。

二、完善个人数据要素定价机制

在数字经济发展成熟期,数据要素的交易次数愈加频繁,交易数量愈加繁

---

① 卢现祥:《制度经济学》,武汉大学出版社 2015 年版。

多,交易种类愈加丰富。在明确个人数据要素相关权属前提下,需要完善个人数据要素的定价机制,推进"市场决定价格"机制形成,充分保障个人从数据要素资产中获益的权益。个人数据要素价格形成需遵循市场化原则,通过"报价—估价—议价"的价格生成路径,充分保障市场在价格形成中的关键作用。相较于传统要素价格形成的"报价—议价"路径,由于个人数据要素交易市场尚未成熟,个人数据要素本身存在非排他性等特征,应在个人数据要素买卖双方间引入独立、客观的第三方评估机构,对交易产品进行估价。

在定价机制设计上,个人数据卖方基于数据成本、挖掘潜力、市场供需关系、数据要素历史价格等因素,在数据交易平台上对所拥有的产品进行报价。第三方评估基于个人数据产品类型(原始数据、脱敏数据、模型化数据和人工智能化数据),从成本、数据质量、应用价值和品牌价值等维度对个人数据要素进行评估,形成公允价值。[1] 而最新公布的《信息技术服务数据资产管理要求》则为第三方评估提供了借鉴参考。个人数据买卖双方在公允价格指导下展开议价,最终形成个人数据要素的市场价格。通过"报价—估价—议价"形式,充分发挥市场主体对价格形成作用,有效解决个人数据资产定价难,平台干预过度、数据要素所有者无法获得相应收益等问题。

---

① 黄倩倩等:《超大规模数据要素市场体系下数据价格生成机制研究》,《电子政务》2022年第 2 期。

第十一章 基于企业视角的数据要素参与收入分配的机制和实现路径

近年来,互联网、云计算、大数据、人工智能、区块链等技术加速创新,数字经济发展速度之快、辐射范围之广、影响程度之深前所未有。而数据要素作为数字经济的核心驱动力,为企业生产活动的高效运转提供了有力的支撑。2021年11月30日,工信部发布了《"十四五"大数据要素产业发展规划》(以下简称《规划》)。《规划》指出,数据要素是新时代重要的生产要素,是国家基础性战略资源,这已经成为全球共识。此外,党的十九届四中全会审议通过的《中共中央关于坚持和完善中国特色社会主义制度、推进国家治理体系和治理能力现代化若干重大问题的决定》中指出,要"健全劳动、资本、土地、知识、技术、管理、数据等生产要素由市场评价贡献、按贡献决定报酬的机制"。

作为技术进步的体现,数据参与能够促进企业劳动生产率的提高,并进一步增加企业收益。人工智能作为典型的数据参与方式,对企业收入将产生重要影响。《2017年人工智能发展报告》中数据显示,在过去几年内,人工智能的使用显著促进了全球主要发达国家(如美国、德国等)的经济增长。然而,对于我国而言,作为后发型国家,我国的技术水平与发达国家相比相对落后,这在很大程度上限制了数字技术的应用条件。《2020人工智能产业研究报告》中数据显示,人工智能作为数据参与的重要方式,其在互联网、金融等数字基础完善、技术水平相对较高的行业中应用更为广泛,而在技术水平相对较低,基础设施相对薄弱的农业、零售业中对劳动生产率的促进作用不明显。因此,鉴于人工智能对不同行业企业影响的差异,考察数据要素参与企业收入分配的实现路径具有十分重要的现实意义。

第一节　数据要素参与企业收入分配的前沿进展

一、数据要素在企业中的作用

(一) 数据要素驱动企业创新能力

数据要素作为生产要素的一部分,通过与传统生产要素的不断融合,正在逐渐改变传统企业的生产方式和经营模式。这种转换不仅能够为后发企业追赶技术领先企业提供了机会,同时也为领先企业构建新的数字技术壁垒和创新能力壁垒提供了机遇(刘海兵和王莉华,2021)。Graetz 和 Guy(2018)等提出了以产品设计为中心的工业企业四阶段迭代创新模式,数据要素作为新的生产要素,其具有结构复杂、分布空间广、边际成本几乎为零等特点,并呈现出明显的网络性、精准性等功能特征。孙新波和苏钟海(2018)认为数据要素的扁平化和流动性特点是赋能企业发展,实现企业价值创造的重要路径。企业通过增加数据要素投入,实现数字化转型,有利于实现更精准地匹配用户的需求,为节省资源和创造更多的价值提供了条件(刘启雷等,2022)。李晓华和王怡帆(2020)认为数据要素通过与企业其他生产要素发生作用并产生前向和后向的反馈能够创造新的经济价值。具体来说,通过工业物联网和信息物理系统等硬件设施实现数据要素的收集、储存和共享,再通过大数据技术、云平台与边缘计算等技术手段实现数据要素的可视化和价值化(裘莹等,2021)。

(二) 数据要素与企业生产率

数据作为内含技术水平的生产要素,一方面,通过与劳动力、资本等传统要素深度融合,形成新的要素结构和要素组合,充分发挥要素的协同作用和联动作用,促进企业生产率增长;另一方面,数据要素的参与能够改善传统生产要素的资源错配,提升资源利用率,从而提升企业生产率。李海舰和赵丽(2021)认为数据要素成为生产要素的运行机制,要通过思维、组织、研发、生产、营销等五大模式创新来实现。数据要素不仅能优化企业决策(Brynjolfsson 等,2017),还能从信息挖掘、创新协同、降低企业成本、优化生产环节和技术等多种渠道直接提升企业生产效率(Veldkamp 和 Chung,2019)。但部分学者持相反观点,认为数字经济的蓬勃发展不一定会促进经济增长,甚至有可能产生负面影响。一方面,数据要素作为生产要素的一种,其与传统要素一样,也存在要素错配的问题。当数据要素出现管理不当时,其高成本的特点有可能会挤占企业大量生产资源,造成企业资源错配(Wamba 等,2017);另一方面,随着数字经济的爆发式增长,其引致的网络效应促使网络用户呈现出集中于一些头部数字化平台的现象,进而导致市场结构出现"赢者通吃"的寡头垄断或完全垄断问题,从而降低企业生产率(郭家堂和骆品亮,2016)。

二、企业数据要素的相关测算

数据要素作为企业的最新的生产要素目前还面临着产权界定不清晰、个人隐私保护不充分、数据要素利用效率不足等问题(陶卓等,2021)。Tallon 和 Kraemer(2007)提出了使用过程中的感知价值而不是公司层面的财务指标来衡量 IT 业务价值的建议。Tallon 等(2020)通过考虑云计算和传统 IT 业务结合,以使用过程中的感知价值来衡量 IT 业务价值。还有一些研究是站在数据要素质量的角度来考虑企业数据要素资源的价值,Yin 等(2021)采用历史成本法计算数据要素资产(企业主动或被动收集的数据要素)的初始价值,随后采用公允价值和历史成本或者公允价值和现值中较低的数值来衡量数据要素价值。Tambe 等(2019)提出了一种剥离企业数据要素价值的实证方法,他们用几个易获得的变量来衡量企业对实现新技术价值所需的无形资产进行的投入,结果发现 ICT 从业人数是一个不错的选择。Brynjolfsson 等(2019)通过量化和捕捉一种新的包含了具有隐含价格的免费数字商品对福利的贡献,改善了传统 GDP 核算中对数据生产要素的遗漏和误测问题。Byrne 和 Corrado（2020）站在家庭消费的角度建立了一个衡量 ICT 资本数字服务创新和增长价值的框架，作为现有 GDP 中个人消费部门的有效补充。

三、数据要素对企业收入分配的影响

（一）基于劳动收入份额视角

目前，在分析数据要素对劳动力收入份额的影响时，部分学者关注数据参与对超大型企业的影响。Autor 等（2017）选取美国的 6 个行业为研究对象，发现创新能力越强的超大型企业，其市场集中度上升越快，数据参与引致的网络效应阻碍了超大型企业的技术扩散，从而获得垄断利润。然而无法避免的是，随着市场集中度的不断提升，企业的劳动收入份额也产生了明显的下降。Guellec 等（2017）分析了数据参与引致的创新效应对收入分配的影响，研究结果显示，数据参与引致的创新效应提高了市场集中度，从而助力企业获得垄断收益，进而提升了劳动个体间的收入不平等，降低了劳动收入份额。

数据参与引致劳动收入份额的原因可能在于，数据技术领先行业的企业通常拥有技术优势，与其他企业相比，其所生产的数字化产品或服务具有较强的竞争优势。虽然初始数字化成本较高，但凭借其边际成本几乎为零的优势获得较大市场份额，获得先发优势（Ernst 等，2018）。在此基础上，数字技术领先企业通过将产品或服务价格定在其边际成本之上以获得垄断租金和市场地位（Guellec 等，2017）。此外，数据要素具有较强的壁垒性，数字技术壁垒容易导致数字企业间的不公平竞争行为。通常情况下，对数字技术获得性越容易的企业越占据较强的竞争优势，而缺乏数据参与的企业将被淘汰。因此，数字技术领先企业获得垄断利润的方式就是通过利用富有的数字技术竞争优势，通过追踪和匹配消费者的需求偏好，实施价格歧视，从而最大限度地获取消费者剩余和垄断利润（Ezrachi 等，2016）。而数据要素参与的驱动型，进一步提升了数字技术领先企业在行业中的领导地位（朱琪和刘红英，2020）。

（二）基于替代效应和生产率效应视角

学界关于这方面的研究可以归纳为两种效应:替代效应,即高新技术会替代很多已有的岗位造成失业;互补效应或者说生产率效应,即企业工人通过学习新技术掌握了更高级的生产能力带来了生产效率的提高。数据要素进入企业首当其冲的是制造业的工人,由于自动化技术的普及,导致新技术将替代很多劳动力(McAfee 和 Brynjolfsson,2012)。在过去的 10 年中,AI 技术取得飞速发展,而且在未来几年中还在不断变化(Neapolitan 和 Jiang,2018),并且人工智能已经开始影响到了企业的生产,由此美国的一些学者认为这是未来失业的先兆(West,2018)。Acemoglu 等(2020)通过研究企业采用人工智能的情况发现人工智能在企业中更多还是表现出替代效应,即代替工人的劳动,积极效应或者互补效应目前都很小。但是,Acemoglu 和 Restrepo(2019a)在他们的著作中也提到了自动化会带来一定的生产效率效应:首先,随着自动化成本的下降,非自动化劳动力的需求会增加;其次,自动化程度的提高带来的资本积累也会增加劳动力的需求。Acemoglu 和 Restrepo(2019b)的研究也发现了新技术可以通过创造新的工作任务从而带来工作岗位的增加。Acemoglu 和 Restrepo(2020)认为人工智能带来替代效应还是互补效应是不能够一概而论的,企业选择更便宜的资本(机器)带来的是替代效应,但是随着机器的使用带来的生产力的提高反过来会带来对劳动力的更大需求。

第二节　数据要素参与企业收入分配的理论机制

一、数据要素参与企业收入分配的内在逻辑

伴随人工智能技术的应用推广,数据要素作为全新的生产要素,不仅会替代非 ICT 类的资本要素,更为直接的,是对传统劳动力的替代,从而引致部分劳动力失去就业岗位。这就是数据参与生产而引致的岗位替代效应

（Acemoglu 和 Restrepo,2017）。纵观历次科技革命的爆发,其均会或大或小地对就业岗位产生替代效应,严重的情况下会引致某些就业岗位消失。然而一个多世纪以来,从各国的就业情况来看,虽然技术革命引发了岗位替代效应,但各国的就业人数始终保持着平稳增长的趋势(Bessen,2016)。造成就业岗位消失与就业人数增长同时存在的原因在于,技术进步在产生岗位替代效应的同时,其也能带来正向的溢出效应,从而间接创造出新的就业岗位,即数字技术的发展会抑制就业人数下降,也被称为抑制效应(Acemoglu 和 Restrepo,2018)。如图 11-1 所示。

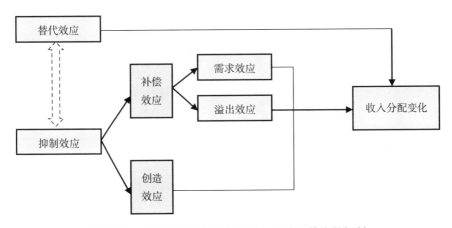

图 11-1 数据要素参与影响企业收入分配的作用机制

（一）数据要素参与影响企业收入分配的抑制效应

抑制效应可分为补偿效应和创造效应(Acemoglu 和 Restrepo,2018)。第一,补偿效应是指数据要素参与引致的企业生产规模的扩大和生产率的提升。企业生产规模的扩大可以在一定程度上弥补岗位的减少,主要通过以下三种路径:(1)在生产的过程中,部分生产任务或生产环节必须使用人工,随着生产规模的扩大,必须通过增加岗位数量才能促进生产率的提升;(2)随着企业生产效率的提升,企业的生产成本会随之下降,从而促使企业具备了进一步扩大生产规模的条件,如增加生产线,从而促进了岗位增加,而这种情况下的岗位增加是由于社会需求引致的,因此称为"需求效应";(3)企业生产效率的提升可以引致生产成本和产品价格的下降,从而增加了消费者的实际购买,进而促进消费者同时增加了对企业产品的需求,通过乘数效应最终也推动了其他行业规模的扩大和岗位的增加。这种现象被称为"溢出效应"。第二,创新效应是指技术的不断进步创造出的新的就业岗位。Acemoglu 和 Restrepo(2018)在分析工资收入的历史数据时发现,在 20 世纪 80 年代以前,劳动收入在国民收入中所占的份额始终变化不大,保持着相对稳定。工业革命以来,随着自动化技术的不断发展,新工作、新岗位也随之不断涌现。如在 19 世纪和 20 世纪,农业、纺织业等传统劳动力行业的工作岗位在被不断替代的同时,也衍生出了工程师、维修工等一系列新工种和新岗位(Furman 和 Seamans,2019)。

上述抑制效应的发挥隐含了两个前提条件。一是抑制效应中补偿效应的发挥会受到行业产品供需状况的影响,如果某个行业产品的需求是已经接近饱和,几乎没有了再扩大的空间,那么其补偿效应中的需求效应便很难发挥。如果在开放经济条件下,虽然市场规模扩大,但如果大部分市场需求被国外厂商满足,也会抑制补偿效应的发挥(Autor 和 Salomons,2017)。二是数据要素参与无法对已有岗位实现全部的替代,这也是抑制效应发挥的根本前提。抑制效应中的补偿效应之所以能够实现,是通过增加了不可替代岗位,进而实现了补偿。如果已有的所有岗位均能够被数据参与后的自动化所替代,那就意味着没有了必须由人工来完成的工作岗位,市场需求的增加不会对就业岗位产生任何影响,其相应的补充效应也就不复存在(Bessen,2016)。

(二) 数据要素参与影响企业收入分配的替代效应

首先,数据参与对收入分配的影响主要源于技术偏向性。由于数字技术和数据要素均存在技术偏向性,在这种技术偏向性的作用下,数字技术和数据参与将对企业的生产流程、商业模式和组织管理产生影响,从而进一步影响生产要素的组织结构和劳动力的收入分配。首先,考虑资本和劳动力两种生产要素,在资本雇佣劳动力的理论框架下,企业进行生产具有资本偏向性。数据要素作为技术型生产要素,能够通过提高企业劳动生产率节省劳动时间,降低劳动价值,从而实现资本增值。而数据要素作为资本要素增值的载体,其本质是更加偏好资本,从而引致其对劳动力的替代效应会加深资本和劳动力之间的不平等,进而提升初次分配中的资本劳动比。因此,数据要素参与可能会加剧收入不平等。

其次,数据要素作为一种内含技术的新兴生产要素,具有连接传统生产要素的作用。作为"润滑剂",数据要素加强了传统生产要素的流通和连接,重塑了企业生产流程和组织流程,提升了企业的数字化转型能力。而企业数字化转型程度不同,其引致的生产模式和经营模式转型的深度和广度等也不同,进一步加剧其资本配置效率的差异,最终导致不同企业间的收入水平存在较大差异。造成这种现象的原因主要在于,一方面,拥有数字化资产和数字平台的领先企业将率先实现企业的数字化转型。如通过 5G 网络、区块链、大数据等数字技术实现了更高效率的供需匹配和资源配置,降低了企业和用户之间的信息不对称,降低了搜寻成本,从而促进了企业的生产率提高和利润率的增长。另一方面,数字技术的投资和研发通常具有高投入和低边际成本的特点,数据要素集聚所带来的技术进步和生产力的提升将反过来促进对劳动力的更大需求。

再次,从劳动力结构来看,数据要素参与(如人工智能)对劳动力市场和就业结构也会带来冲击(Bessen,2016)。通常情况下,高技能岗位通常需要劳动力具备高分析能力,较强的解决问题能力等软技能,从而使其难以被自动化技术所替代。而低技能岗位通常对劳动力的能力要求较低,大多从事重复性工作,不需要劳动力作出高难度的判断,从而更容易被自动化机器设备所替代。从我国的收入差距来看,近年来,我国不同行业间的收入差距也呈增长趋势,其中平均收入最高的行业为信息传输、计算机服务和软件业,而平均收入最低的行业为农、林、牧、渔业,其平均收入之差由 2015 年的 80095 元扩大为 2019 年的 122012 元。导致这种结果的原因主要在于信息传输、计算机服务和软件业属于高数字技术行业,而传统农业类行业的数字技术投入不足。这预示着人工智能对我国不同岗位的劳动力也产生了差异化影响,并拉大我国的收入差距。

二、数据要素参与企业收入分配的理论模型构建

本研究基于 Acemoglu 和 Restrepo(2016)的任务模型(简称 AR 模型)考察数据要素参与的自动化扩张与新岗位创造两种形态对劳动收入差距的影响机理。同时借鉴王林辉等(2020)的相关研究,考虑不同技术部门间的产品、技术水平、劳动收入等异质性。

1. 基本假设

假设1:在 Acemoglu 和 Restrepo(2016)任务模型框架的基础上,假设 s 部门产品是由标准化在 $[N-1,N]$ 区间上的一系列岗位 x 的中间品投入生产得到,将 s 部门产品生产函数设为 Cobb-Douglas 函数形式:

$$\ln Y_s = \int_{N-1}^{N} \ln y_s(x)\,dx \tag{11-1}$$

其中,$\ln y_s(x)$ 表示在 s 部门生产活动中岗位 x 上的中间品投入。并且,为了考虑任务范围的变化,设定任务在 $[N-1,N]$ 区间上运行。

假设2:设岗位 x 上的中间品价格为 $p_s(x)$,借鉴王林辉等(2020)的相关研究,假设岗位 x 上中间品的反需求函数为:

$$p_s(x) = Y^{\frac{1}{\varepsilon}} Y_s^{-\frac{1}{\varepsilon}} y_s(x)^{-1} \tag{11-2}$$

其中,Y 表示最终产品总产出,ε 表示不同技术类型产品间的替代弹性。

假设3:考虑生产中数据要素参与,数据要素与传统生产要素相结合,会催生出人工智能等"新技术"以及智能机器人等"新劳动力",最终表现为自动化生产。假设数据要素参与企业生产,每一项任务都可以由机器来生产,这取决于它是否(在技术上)实现了自动化。假设 $x \in [N-1,I]$ 表示自动化生产,可以由机器完成,而其余的不是技术自动化的,必须由人工完成:

$$y_s(x) = \begin{cases} \gamma_D(x) K_D(x) & x \in [N-1,I] \\ \gamma_L(x) L(x) & x \in [I,N] \end{cases} \tag{11-3}$$

其中, $L(x)$ 表示岗位 x 上的劳动力投入, $\gamma_L(x)$ 表示劳动生产率,假设劳动生产率在增加。$K_D(x)$ 表示岗位 x 上的数据要素资本, $\gamma_D(x)$ 表示机器在自动化生产中的生产率。假设 $\gamma_L(x)/\gamma_D(x)$ 在 x 中增加,因此劳动力在索引较高的任务中具有相对优势。阈值 I 表示自动化可能性的前沿:它描述了可以使用人工智能、工业机器人、各种计算机辅助技术和其他形式的"智能机器"实现自动化生产的任务范围。同时假设劳动力和数据要素资本都是固定的和非弹性的。

2. 技术变革的类型

不同于一般生产函数设定中技术进步主要以要素增进型形态参与生产活动,本文的理论框架中,数据要素参与生产活动过程表现为四种不同类型的技术进步,所有的进步都会提高生产率,并对劳动力和工资产生不同的影响。

一是劳动增强型技术进步:宏观经济学和劳动经济学的标准方法通常侧重于劳动增强型技术进步。这种技术变化对应于功能 $\gamma_L(x)$ 的增加(或者可能是等比例的增加)。

二是自动化生产(广义范围):这里指广义上的技术自动化,由参数 I 表示。

三是自动化的深化:人工智能和机器人等技术进步的一个方面将有助于提高已经自动化的任务中机器的生产率。根据本文的模型,这对应于任务 $x < I$ 的 $\gamma_L(x)$ 函数的增加。可以看出,这种类型的自动化深化对劳动力需求的影响与自动化(广义范围)不同。

四是新劳动岗位创造:根据 Acemoglu 和 Restrepo(2016)的相关研究,技术变革的另一个重要方面是创造劳动力具有比较优势的新任务和活动,由参数 N 表示。

3. 均衡分析

假设 W 为均衡工资, R 为均衡资本成本(或租赁率)。均衡时企业生产每项任务的成本最小,且劳动力和资本市场实现出清。

为了简单起见,假设:

$$\frac{\gamma_L(N)}{\gamma_D(N-1)} > \frac{W}{R} > \frac{\gamma_L(I)}{\gamma_D(I)} \qquad (11-4)$$

第二个不等式意味着 $[N-1,I]$ 中所有任务由机器生产,第一个不等式意味着新任务的引入将增加总产出。这一假设适用于工资租金比率是内生的。借鉴 Acemoglu 和 Restrepo(2018)的相关研究,均衡状态下的总产出(GDP)的 Cobb-Douglas 形式为:

$$Y = B \left(\frac{K}{I-N+1}\right)^{I-N+1} \left(\frac{L}{N-1}\right)^{N-1} \qquad (11-5)$$

其中, $B = \exp\left(\int_{N-1}^{I} \ln\gamma_D(x)\,dx + \int_{I}^{N} \ln\gamma_L(x)\,dx\right)$ 。(11-4)式的总生产函数是由两个生产要素分配到任务中得到。更重要的是,这个生产函数中的资本和劳动力指数取决于自动化程度和新劳动岗位创造。

借鉴 Acemoglu 和 Restrepo(2018)的相关研究,将劳动力需求设定为:

$$W = (N-1)\frac{Y}{L} \qquad (11-6)$$

由式(11-5),劳动力在产出中的份额可表示为:

$$s_L = WL = (N-1) \qquad (11-7)$$

4. 数据要素参与影响收入分配的机制分析

设 s 部门的工资和资本成本分别为 w_s 和 r_s 根据岗位 x 上中间产品生产的利润最大化原则,结合(11-2)式和(11-3)式,得到最优要素投入为:

$$y_s(x) = \begin{cases} \gamma_D(x)K_D(x) = Y^{\frac{1}{\varepsilon}} Y^{\frac{\varepsilon-1}{\varepsilon}} r_s^{-1} & x \in [N-1,I] \\ \gamma_L(x)L(x) = Y^{\frac{1}{\varepsilon}} Y^{\frac{\varepsilon-1}{\varepsilon}} w_s^{-1} & x \in [I,N] \end{cases} \qquad (11-8)$$

假设 s 部门中要素供给外生给定,根据要素市场出清条件并结合(11-8)式,可得:

$$K_s = Y^{\frac{1}{\varepsilon}} Y^{\frac{\varepsilon-1}{\varepsilon}} r_s^{-1}(I-N+1), \qquad L_s = Y^{\frac{1}{\varepsilon}} Y^{\frac{\varepsilon-1}{\varepsilon}} w_s^{-1}(N-I) \qquad (11-9)$$

其中,将(11-3)式和(11-9)式代入(11-1)式可得 s 部门最优产出:

$$Y_s = \left[K_s / (I - N + 1) \right]^{(I-N+1)} \left[L_s / (N - I) \right]^{(N-I)} \tag{11-10}$$

由(11-10)式,产出变化率可分解为如下形式:

$$d\ln Y_s = (I - N + 1)d\ln K_s + (N - I)d\ln L_s +$$

$$(I - N + 1)\ln\left(\frac{K_s}{L_s}\frac{N - I}{I - N - 1}\right)d\ln\left[(I - N + 1) \right] \tag{11-11}$$

同时,根据(11-9)式,s 部门的劳动力收入可表示为:

$$w_s L_s = Y^{\frac{1}{\varepsilon}} Y^{\frac{\varepsilon-1}{\varepsilon}} (N - I) \tag{11-12}$$

令 ω 表示不同技术水平部门的劳动力收入差距,用来衡量劳动收入不平等程度。结合(11-11)式和(11-12)式,将收入差距变化率分解为岗位更迭效应和生产率效应:

$$d\ln\omega = \underbrace{d\ln\left(\frac{I}{N - I}\right)}_{\text{岗位更迭效应}(UE)} + \underbrace{\frac{\varepsilon - 1}{\varepsilon}d\ln T_s}_{\text{生产率效应}(PE)} \tag{11-13}$$

结论1:数据要素参与对劳动收入分配的影响存在岗位更迭效应和生产率效应,其影响分别为 $d\ln\left(\dfrac{I}{N - I}\right)$ 和 $\dfrac{\varepsilon - 1}{\varepsilon}d\ln T_s$。

5. 数据要素参与影响收入分配的机制分解

一是岗位更迭效应分解。为进一步揭示数据要素参与的自动化扩张与新岗位创造两种形态在劳动收入分配过程中扮演的不同角色,将岗位更迭效应做进一步分解:

$$UE = \underbrace{\frac{I}{N - I}d\ln I}_{UEI} + \underbrace{\frac{I}{N - I}d\ln N}_{UEN} \tag{11-14}$$

由(11-14)式可知,数据要素参与可通过自动化扩张即 UEI 增加,或新岗位创造即 UEN 增加影响劳动收入差距。其中,UEI 表示数据要素参与引致的自动化扩张代替劳动力执行生产活动所减少的劳动力,导致劳动收入差距缩小。UEN 表示数据要素参与引致的新岗位创造通过增加该部门劳动岗位数量及劳动需求,导致收入不平等加剧。

结论2:数据要素参与的岗位更迭效应可通过自动化扩张和新岗位创造方式改变影响劳动收入,且影响效果迥异。

二是生产率效应分解。为分析数据要素参与通过改变生产率,进而对收入差距产生影响,将生产率效应 PE 分解为:

$$
PE = \underbrace{\frac{\varepsilon-1}{\varepsilon}(I-N+1)\ln(\frac{K_s}{L_s}\frac{N-I}{I-N-1})d\ln I}_{PEI} +
$$

$$
\underbrace{\frac{\varepsilon-1}{\varepsilon}(I-N+1)\ln(\frac{L_s}{K_s}\frac{I-N-1}{N-I})d\ln N}_{PEN} \quad\quad (11-15)
$$

一方面,PEI 表示数据要素参与的自动化扩张通过影响全要素生产率方式对劳动收入差距的影响,且其存在门槛特征,门槛值为 $Z_I = NK/(K+L)$ 。当 $I < Z_I$ 时,即当数据要素参与所形成的自动化岗位不足时,有 $\ln(\frac{K_s}{L_s}\frac{N-I}{I-N-1}) > 0$,表明自动化扩张促使企业采用更为"廉价"的机器替代"昂贵"的劳动执行生产任务,以节约成本,提升了生产率,缩小劳动收入差距;而当 $I \geq Z_I$ 时,即当资本投资所形成的自动化岗位过度时,有 $\ln(\frac{K_s}{L_s}\frac{N-I}{I-N-1}) \leq 0$,说明自动化规模进一步扩张将增加机器需求推动资本租金上涨,企业难以从自动化扩张中提高相对生产率,进而扩大收入差距。

另一方面,PEN 表示数据要素参与通过新岗位创造方式改变相对生产率,对劳动收入差距产生影响,且该效应存在门槛特征,门槛值 $Z_N = I(K+L)/K$ 。当 $N < Z_N$ 时,即当资本投资所形成的自动化岗位过度时,有 $\ln(\frac{L_s}{K_s}\frac{I-N-1}{N-I}) > 0$,说明新岗位创造将提升生产率,缩小劳动收入不平等。而当 $N \geq Z_N$ 时,即当岗位总数超过一定规模,也就是数据要素参与所形成的自动化岗位不足时，$\ln(\frac{L_s}{K_s}\frac{I-N-1}{N-I}) \leq 0$，表明新岗位数量增加，引发岗位空缺或与劳动技能不匹配从而降低相对生产率，加剧劳动收入不平等。因此，得到本文的结论3。

结论3：数据要素参与的生产率效应可通过自动化扩张和新岗位创造方式改变影响劳动收入，且生产率效应存在门槛特征。若不同技术部门产品互补，且数据要素参与所形成的自动化岗位不足时，自动化扩张和新岗位创造均会通过相对生产率缓解收入不平等，反之则相反。

第三节　数据要素参与企业收入分配的经验事实

一、数据要素参与企业收入分配的特征事实

数据要素与传统生产要素相结合，催生出人工智能等"新技术"、金融科技等"新资本"、智能机器人等"新劳动力"，这些生产要素的改变均会对劳动力的收入分配产生重要影响。课题组利用2007—2019年中国A股上市公司数据分析数据要素参与对企业收入分配的影响。

（一）数据要素参与职工收入

首先，分析数据要素参与对职工收入的影响。限于数据要素的可获得性，本书采用企业的研发支出作为数据要素参与的代理变量。图11-2报告了2007—2019年上市公司研发支出与职工收入水平的变化趋势。从图11-2中可以看出，在2010年后，上市公司的研发支出和职工收入水平均呈增长趋势，特别是在2014年后，上市公司的研发支出增长明显，这与中国数字经济在2014年左右开始迅速增长的现实相吻合。同时，研发支出与职工收入水平同向变动的趋势能够侧面反映出研发支出的增加对于职工的收入水平的正向影响。一方面，研发支出的增加使得上市公司的数据要素投入增多，数据要素参

与生产导致企业的生产率提高,从而提高企业的营业利润,推动劳动者的报酬快速增长。另一方面,数据要素参与引致的技术进步及其广泛应用,又会创造新的就业岗位,对就业产生正向创造效应。从上述分析中可以看出,数据要素参与对企业的职工收入存在明显的改善效应。

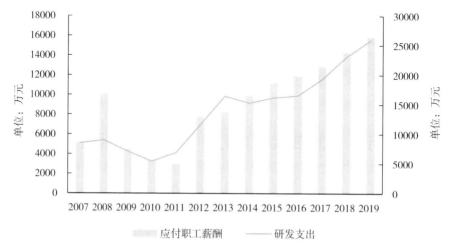

图 11-2 2007—2019 年上市公司研发支出与职工收入水平

（二）数据要素参与高管收入

高管的收入与其创造的价值很难观察,大多数企业会根据企业绩效进行判断。然而,由于委托—代理问题的存在,股东不能完全掌控高管的行为,所以导致高管的决策存在道德风险与机会主义。为此,大多数企业采用高管薪酬与企业绩效相关联,企业绩效越好,高管的薪酬越高。而数据要素参与企业生产对提高企业的生产率和绩效具有促进作用,从而影响高管的收入。图 11-3 为 2007—2019 年上市公司研发支出与前三名高管薪酬总额的变动情况。从图 11-3 中可以看出,与图 11-2 相似,研发支出的增加与前三名高管薪酬的变化呈现出同方向变动的趋势。但从增长幅度来看,高管薪酬的增长幅度稍低于研发支出的增长幅度,可见与职工收入相比,数据要素参与对高管薪酬的提升影响相对较小。

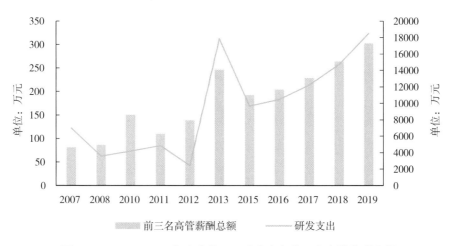

图 11-3　2007—2019 年上市公司研发支出与前三名高管薪酬总额

（三）数据要素参与企业职工收入分配

收入水平反映人力资本的价值和贡献,企业薪酬分配适当,有利于激发员工的积极性、创造性,加强团队的凝聚力、战斗力,提高企业核心竞争力,推动企业可持续发展,最终实现企业效益增长与国家经济繁荣。对上市公司而言,高管收入占企业职工收入较大份额。图 11-4 为 2007—2019 年上市公司研发支出与前三名高管薪酬占比变化情况。从图 11-4 中可以看出,前三名高管薪酬占比与研发支出的变化趋势相反,说明研发支出在增加的过程中,前三名高管薪酬在职工薪酬中的占比在降低。可见,虽然增加研发支出方式的数据要素参与提高了前三名高管的薪酬(图 11-3),但降低了前三名高管薪酬在职工薪酬中的占比。可能的原因在于,如前文理论研究结论所述,数据要素参与的生产率效应可通过自动化扩张和新岗位创造方式改变影响劳动收入,若不同技术部门产品互补,且数据要素参与所形成的自动化岗位不足时,自动化扩张和新岗位创造均会通过相对生产率缓解收入不平等。

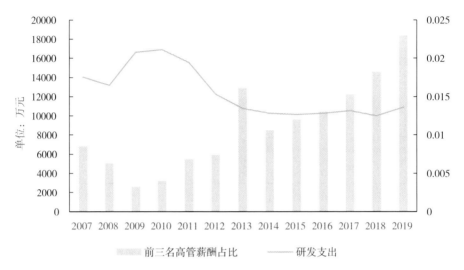

图 11-4　2007—2019 年上市公司研发支出与前三名高管薪酬占比

二、数据要素参与企业收入分配的案例分析

（一）上市企业数据要素参与情况定量分析——以 S 公司为例

尽管数据要素已经被广泛接受成为新时代新阶段下重要的经济"新能源"，但企业数字化转型并非简单的企业资料数据要素数字化，而是借助前沿数字技术与硬件系统来推动企业生产资料与生产过程的数字化，从而达到提质增效的重要目标导向。为更加充分体现数据要素参与企业收入分配及对收入分配的影响，课题组借鉴吴非等（2021）的相关研究，通过 Python 爬虫功能归集了上市公司 S 传感股份有限公司年度报告，并通过 Java PDFbox 库提取所有文本内容，以此作为数据要素池供后续的特征词筛选。在企业数字化转型特征词的确定上，课题组归纳整理出有关数字化转型的特定关键词，在重要政策文件和研究报告借鉴上，以《中小企业数字化赋能专项行动方案》、《关于推进"上云用数赋智"行动培育新经济发展实施方案》、《2020 年数字化转型趋势报告》以及近年《政府工作报告》为蓝本，进一步扩充数据要素参与的特征词库，形成了图 11-5 的特征词图谱。根据图 11-3 和图 11-4 的特征词进

行搜索、匹配和词频计数,进而分类归集关键技术方向的词频并形成最终加总词频,从而构建企业数据要素参与转型-指标体系。

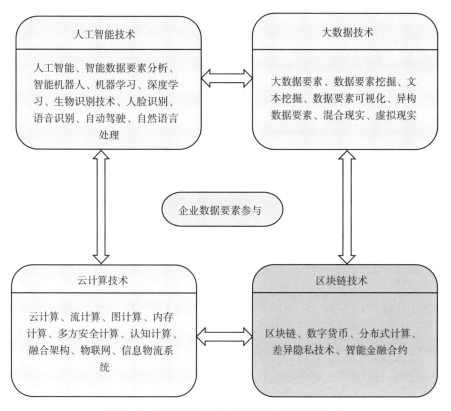

图 11-5　数据要素参与情况的结构特征词图谱

　　本书挖掘过程中选取了数字信息技术、人工智能、云计算、区块链、互联网和大数据要素 6 个维度共计 60+个小指标。小指标例如:数字化、数字营销、数据要素信息、网络、物联网、信息化、信息技术、自动化、5G、大数据要素等。上市企业 S 公司数据要素参与的结构化特征归集情况如表 11-1 所示。从表 11-1 中可以看出,在 2012—2019 年期间,S 公司的年报中出现的数据要素类词频数呈逐渐增长趋势。虽然年报中的数据要素参与词频数不能代表企业真实的数据要素参与情况,但能够折射出企业的战略特征和未来展望,在很大程度上体现企业所推崇的经营理念及在这种理念指引下的发展路径。

表 11-1　S公司数据要素参与的结构化特征归集情况

关键词	2012	2013	2014	2015	2016	2017	2018	2019
数字化	2	0	1	1	1	0	0	1
数据要素集成	0	1	0	0	2	2	2	2
数据要素管理	0	0	0	0	0	0	1	4
网络	7	8	8	6	7	5	4	3
物联网	0	0	0	0	0	0	0	1
信息化	2	2	1	2	0	0	1	3
信息技术	0	0	0	0	0	0	1	1
信息集成	0	0	0	1	0	0	0	0
自动化	2	1	2	2	1	2	2	3
大数据要素	0	0	0	0	0	1	1	6
智能	4	2	4	5	5	5	18	30
互联网	1	2	6	8	15	16	20	23
电子商务	0	0	0	0	0	58	36	22
电商平台	0	1	0	0	1	1	1	1
AI	0	0	0	1	0	0	2	3
电子技术	1	1	1	1	1	1	1	1
电子科技	0	0	0	0	0	0	1	1
线上	0	0	3	1	4	3	4	9
线上线下	0	0	0	0	2	1	3	4
总词频	19	18	26	28	39	95	98	118

（二）S公司数据要素参与收入分配案例分析

以S公司年报中的数据要素参与类词频数表示其数据要素参与情况，

2012—2019 年 S 公司的职工薪酬与数据要素参与总词频的变化情况如图 11-6 所示。从图 11-6 中可以看出,数据要素参与的词频数与职工薪酬的变化趋势相一致,在 2012—2019 年均呈现出逐渐增长的趋势。可见,随着 S 公司数字化转型战略的实施,企业职工薪酬也在增长,说明数据要素参与提高了企业职工收入。可能的原因在于,一方面,数据要素参与通过自动化方式,以价格较低的资本替代价格较高的劳动执行生产任务,从而节约成本促进产出效率提升,并进一步增加非自动化岗位的劳动需求,提高劳动收入份额(Acemoglu 和 Restrepo,2019)。另一方面,如果数据要素参与朝劳动增强型方向发展,则有利于提升劳动者技能水平及生产效率,促进劳动就业及收入增加(Trajtenberg,2018)。

图 11-6 2012—2019 年 S 公司数据要素参与收入水平情况

图 11-7 为 2012—2019 年 S 公司的数据要素参与前三名高管薪酬总额的变动情况。从图 11-7 中可以看出,数据要素参与的词频数与前三名高管薪酬总额的变化趋势相一致,在 2012—2019 年均呈现出逐渐增长的趋势。可见,随着 S 公司数字化转型战略的实施,企业前三名高管薪酬总额也在增长,说明数据要素参与提高了前三名高管薪酬总额。

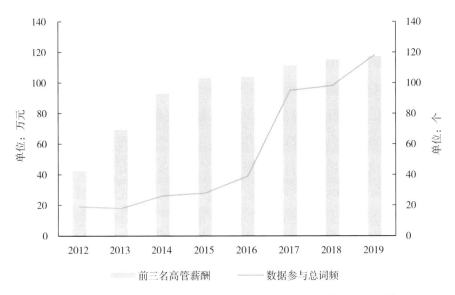

图 11-7　2012—2019 年 S 公司数据要素参与前三名高管收入水平情况

同样以前三名高管的薪酬在职工薪酬中的占比表示收入分配情况，2012—2019 年 S 公司前三名高管的薪酬占比与数据要素参与情况如图 11-8 所示。从图 11-8 中可以看出，与前文特征事实分析相一致，前三名高管的薪

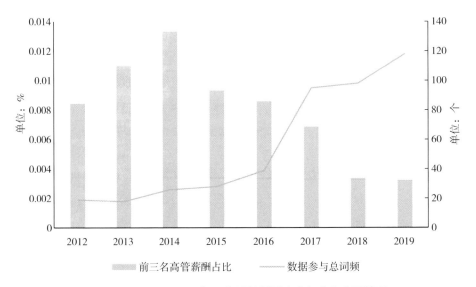

图 11-8　2012—2019 年 S 公司数据要素参与收入分配情况

酬占比与数据要素参与呈现反向变化趋势,随着数据要素参与的增加,前三名高管薪酬在职工中的薪酬占比逐渐下降,说明数据要素参与缓解了收入不平等。可能的原因在于新的劳动岗位通常更青睐于在新岗位上具有相对优势的高技能劳动,而自动化技术更倾向于替代低技能劳动,因此劳动岗位替代与创造在短期内均会加剧收入不平等,但从长期看,新岗位技能的普及在一定程度上会抑制收入差距的扩大(Acemoglu 和 Restrepo,2018)。

第四节　数据要素参与企业收入分配的实现路径

一、加大对数字技术的支持力度

进一步加大对数字技术研发的支持力度。在企业数字化转型的进程中,应加大对企业数字技术研发的支持力度,特别是给与技术落后企业适度的补偿和支持。由于不同企业的数字技术水平存在较大差异,从而导致出现了技术垄断,进而影响了企业间的收入差距。为了减少企业间的收入差距,政府可重点从以下两个方面着手。一方面,增加对数字技术研发的投入,鼓励建设由政府、高校、科研机构和企业组成的四部门研发体系,以教育津贴等方式鼓励高校建立专门的数字技术研究机构,开设数字经济学专业,以津贴奖励等方式鼓励更多的人才进入数字技术研发工作,培养更多的数字技术人才,从而提升数字技术的整体发展水平。另一方面,加大对企业数字技术研发的支持力度,针对数字技术落后的企业发放技术补贴,有条件的情况下可适当派遣数字技术人员亲临企业指导,有利于促进技术落后企业与新一代信息技术的有效衔接,并掌握当前数字技术的发展趋势,从而有效缩小与数字技术领先企业的技术差距,降低企业间的收入差距。

完善对企业数字技术创新投入的激励机制。为了建立更加完善的激励机制,可从以下三个方面着手。第一,提升企业的治理水平。企业治理对企业的发展起着关键作用,而对企业高管的管理至关重要。因此,应改善企业高管的考核和奖励制度,将高管的长期价值创造作为重要的考核目标之一,以提升数字技术对企业价值的创造能力。第二,建立长期创新投入机制。企业通过长期的创新投入,能够获得较长期的技术资本积累,通过技术资本增量推动企业创新,从而有利于企业保持长期的竞争优势,有利于提升企业职工的收入水平。第三,变革员工报酬激励模型。企业通过设计和制定长期的"创新驱动报酬体系",激励员工长期探索和创新能力,同时有利于提升员工自身的人力资本水平和可持续发展能力。

二、明确数据所有权

明确数据所有权是促进企业间公平竞争的关键因素。如果企业的数据产权不明确,企业利用数据参与生产很容易遭到窃取。因为在现有法律体系下,产权不明晰的数据达不到商业秘密的门槛,不属于商业机密,从而导致企业对被盗取的数据无法维权。而且即便维权成功,得到的补偿也是以失去数据为代价的。从整个社会的福利来看,事前的数据产权明晰比事后的补偿更有利于促进资源的高效配置。而目前已有的反不正当法、反垄断法等的目的主要是事后补偿,这种维持市场竞争的方式不能充分维护数据要素的高效配置,而清晰的数据产权制度才能从根本上解决数据纠纷、提高数据市场配置效率。

构建私人拥有数据所有权、企业拥有数据生产要素用益权的二元权利结构。为了更好地提高生产效率、降低成本,可建立私人数据所有权和企业使用权的二元权利结构。一方面,在私人不具有数据所有权或无法从数据中获利的条件下,消费者会重点关注对自身隐私的保护,从而限制企业使用数据。但如果产权明晰,通过数据所有权的分享,在消费者的隐私不被侵犯的条件下,企业同样拥有了数据的使用权,从而可以提高企业的生产效率。

三、强化劳动者的教育培训

首先,提高劳动者的初次分配报酬是缩小收入差距的重要途径。鉴于劳动者是参与收入分配的基本要素,因此,提高劳动者的人力资本水平是减少收入差距的有效途径。而提升劳动者技术水平的关键在于教育体系的改革,需要政府在教育体系改革、技能岗前培训等方面提升劳动力技能。其次,提升劳动力与技术的匹配度。在人机协作的过程中,员工应积极参加技能培训,提升自身的知识结构和知识技能,增强与技术的匹配度。在此期间,企业可搭建有利于提升员工知识水平的学习平台,建立与数字技术岗位相关的技能认证标准,同时建立与认证标准相匹配的奖励体系,从制度上激励员工提升技能。最后,深化教育改革特别是高等教育改革。一方面应继续扩大高等教育覆盖范围,提升适龄青年的知识水平和技能水平;另一方面要转变现有的教育理念和人才培养模式,将学生创造力的开发和培养作为教育的首要目标,以适应数字技术对劳动力素质的新要求。

四、再分配政策

再分配政策是对初次分配后果的调节,为降低数据参与对劳动个体之间的收入差距可能造成的负面影响,可从以下几个方面着手。首先,征收数字税。数据作为一种新的生产要素,在某种意义上,其本质更倾向于资本,可将数据视为一种货币报酬。因此,征收数字税可在一定程度上保护消费者的权益。其次,加强企业参与再次分配的政策引导。一方面重点引导企业承担社会责任,通过免费提供便民数字服务的方式将数字红利返还民众。另一方面,推动企业积极参与"东数西算"算力工程,将数据加工等产业迁移至西部地区,借助算力产业政策引导等方式调节不同区域间的数字红利分配。最后,适时调整行业监管规则,为数字技术的应用推广营造宽松的市场环境。近年来新一代信息技术推动了经济社会运行模式的巨大变革,伴随人工智能技术对传统领域的渗透,新业态、新模式还将不断涌现,并带来各种新业态与既有规则之间的冲突,各行业监管部门需要密切关注这种变化,加强失业救济方面的保障力度。

第十二章 基于政府视角的数据要素
参与收入分配的机制
和实现路径

第一节 从数字经济到数字财政：数据要素
参与收入分配的政府视角

一、数字经济时代的数字财政

随着数字经济时代的来临,我国互联网、大数据、人工智能等新技术新业态蓬勃发展,重塑了我国经济结构,提升了我国经济效率,增强了我国全球竞争实力。以数字经济规模为例,据中国信通院《中国数字经济白皮书(2020)》报告,2020 年我国数字经济规模已达到 39.2 万亿元,占 GDP 比重达 38.6%。数字经济快速发展,既为我国经济高质量发展注入了新的动力和活力,也为数字经济时代的数字财政提出时代要求。

数据财政和土地财政有相同之处,土地财政是将土地相关的税费收入作为(地方)财政收入的来源,数据财政同样是将数据相关的税费收入作为(地方)财政收入的来源。从数字经济税收溯源探索来看,比特税(Bit Tax)(Cordell,1997)是早期数据财政的实践尝试,即探索从最基础的数据层面进行征税。随着数字经济发展,数据财政的一个体现就是针对国际互联网巨头征收的数字服务税、均衡税、转移利润税等(谢波峰和陈灏,2019),这是结合时代场景对跨国数字经济巨头企业征税的解决方案。数字经济催生数据财政,反过来数据财政会极大地促进数字经济。数据财政会引导政府、私人投资数据要素市场基础设施,建立和完善数据要素的流通、流转和资本化体系,极大地促进数字经济的发展。数据财政还会极大地促进数据要素市场的发展、数字资产的形成,以及加快各行业的数字化转型进程。

基于土地财政形成的原因和机理分析,可以推断,数据财政形成的基本条件有两个:第一,政府的数据专营地位;第二,数字经济时代土地财政的逐步退出,地方政府需要新的财政收入来源弥补财政分权导致的收支缺口。在数字经济时代,上述两个条件同时具备,因此,数据财政不可避免将逐步代替土地财政成为数字经济时代地方政府的选择。同时,随着我国经济形态发展到数字经济阶段,经济结构调整导致经济运行和产业结构日趋智能化、数字化,同时国际上发达国家在政府的高度重视下数字经济蓬勃发展,上述因素均加快和推动我国数据财政的形成。可见,在数字经济时代,数据财政逐步取代土地财政,是数字经济发展到一定阶段的必然产物,对于解决我国数字经济时代财政纵向平衡提供了一个全新的理念和方案。

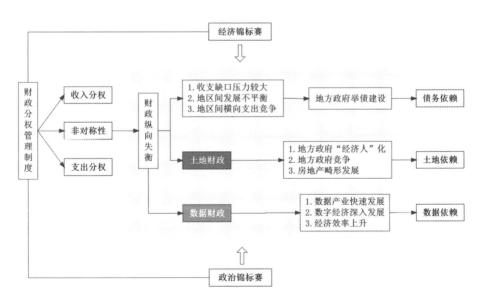

图 12-1　数字经济时代的数据财政

二、数据财政的形成关键：政府数据的有序开放和市场化运营

数据开放特别是政府数据免费开放是数字经济时代公共领域最大的难题之一，政府数据免费开放的程度决定数据财政可持续问题。首先，数据开放及相应服务可以使用付费机制。随着数字经济发展，虽然公共服务的边界也在不断打破，但即使数据开放及相关服务具有公共性，估计也应该属于混合性公共产品，因为通过技术手段还是可以形成个性化产品和服务的，从而通过私有产品一样的价格补偿成本机制解决部分成本问题，类似于教育、卫生、交通等（马蔡琛和赵笛，2018）。其次，目前数据市场的现有实践都已经证明了数据服务是具有一定价值的。私营企业可以通过数据服务来营利，有市场价值；政府部门的数据，即使不公开，企业也通过爬虫等各种手段获取，形成各种数据产品，说明政府的数据有市场价值。最后，如果数据开放完全作为免费的公共服务提供，仅就政府数据而言，数据加工整理的工作量比较大，需要相当的成本，数据开放即使属于新时代背景下新增的公共服务，至少在我国当前财政支出刚性结构下挤出这一块支出恐怕也存在困难，也就是说，将数据开放简单地等同于提供公共服务，在目前的财政收支格局下，加之当前政企各执一端的数据分布僵局，估计财政也难以完成这一任务。进一步，从目前的数据开放情况来看，仅仅片面强调政府数据的免费开放，而不统筹规划包括政府、企业、个人在内多方主体的数据开放大格局，从财政的视角来看，无论从财政投入，还是从财政收益，可能只是短期的权宜之计，缺乏长期有效持续机制设计，绝对难以为继。数据开放是国家大数据战略的主要内容之一，数据财政就要以推动数据开放为己任，在市场经济环境中，设计好财政机制，巧力拨千钧。数据财政的建设也是要以此为核心任务，基于数据要素的公共属性和开放要求，利用财政工具和手段，在进行理论思考和实践检验基础之上，不断推进和完善具体的设计，推动在政府和企业两端的数据有序开放、流通和市场化运营，从而发挥数据要素促进数字经济增长的长效机制和巨大作用。

政府数据是政府拥有的公共数据,即"公共管理和服务机构"在依法履职或提供公共管理和服务过程中收集或产生的,以一定形式记录、保存的各类数据及其衍生数据。公共管理和服务机构涉及的企事业单位,包括但不限于教育、卫生健康、供水、供电、供气、供热、金融、电信、公共交通等企事业单位。由于政府拥有巨量的、异构的、富含隐私信息的原始数据,这些数据可以被层化(Sheaflication)后,加工成为多样化的高价值数据产品(服务)。政府可以通过自主经营、特许授权或外包合作的形式,挖掘公共数据的潜在价值,获取更多的收入。可以预期,随着区块链、安全和隐私计算等技术的逐渐成熟,政府不仅会开放更多的数据资源,而且会通过加大物联网等基础设施投资,增加更多的数据资源。将会涌现出越来越多的数据开发商,开发基于公共数据的产品和服务。

在中国特定的经济环境和制度下,数据权,即数据的产权,具备双重分割特征:所有权与使用权的分割。中央的政策文件也明确,要建立完善"所有权与使用权分离"的数据要素管理新体制,构建数据要素有序流通、高效利用的新机制。上述政策目标的实现,依靠私人企业是无法实现的,需要政府积极主动作为。同时,数据确权的复杂性、数据隐私保护和数据安全的强制要求,将极大地提高初级数据提供商的门槛。政府不仅拥有巨大的原始数据资源,而且也具有法定的采集大量数据的权利。政府作为最大的数据所有者,就成为不可或缺的参与者。由此,政府主导数据交易,不仅是必然的,也是必需的。政府对公共数据的垄断性决定了其卖方市场的属性。其定价依据更多的是考量政府开支预算平衡以及社会效应。特许经营、专营等权利,则一般可以通过招拍挂的拍卖形式定价。

三、数据财政合理边界:政府数据市场化和私域数据资产化

数据财政是数字经济时代的时代需求和必然结果,数据财政的实施和运营必须遵循客观规律和市场机制,要明确数据财政的合理边界,确保数据财政赋能经济高质量发展。数据财政的合理边界取决于政府数据的市场化水平和

私域数据的资产化水平。

政府数据的市场化水平是数据财政的定盘星和稳仓石。政府数据是数据财政的核心资产和关键来源,据研究,数据要素市场80%左右的高敏高价值数据源于政府数据,因此高价值政府数据决定了数据要素市场的市场化程度和运行效率。政府数据具有公共性,但这不意味着政府数据必须全部无偿开放。政府数据具有公共物品特征,对于具有纯公共物品性质的政府数据,政府应当无偿开放以提升社会福利水平和运行效率。但对于具有准公共物品性质的政府数据,政府完全可以作为国有资产进行国有专营或授权经营。政府应在功能设计上,尽量消除政府数据的敏感性,确保开放数据的安全性。在此基础上,尽量扩大纯公共物品性质的政府数据开放范围,明确准公共物品性质的政府数据市场化经营范围。

私域数据资产化水平决定数据财政的含金量和可持续水平。私域数据资产化水平是数据财政的重要组成和关键支撑。对于企业数据或个人数据而言,尽管数据也具有一定的公共属性,但本质上具有私享性,而且规模庞大的私域数据只有成为数据资产才能进入数据要素市场流通交易,通过税费等形式成为数据财政的重要组成和关键支撑。在私域数据进入数据要素市场之前,仅仅是私域数据资源,只有经过政府的身份认证之后,才有资格进入数据要素市场成为数据要素。至于基于政府数据或政府数据产品开发形成的新数据产品本质上属于私域数据产品,本身已经资产化。因此,政府数据市场化水平和私域数据资产化水平决定了数据财政的合理边界。

以上数据财政的合理边界,可以分从狭义和广义两个层次分析。狭义的数据财政就是经营性政府数据产品和服务、私域数据产品和服务进入数据要素市场流通所涉及的财政收支活动;广义的数据财政则包括除狭义的数据财政之外,由于数据要素赋能经济高质量发展引致的相关产业发展贡献的边际税收增量。狭义和广义的数据财政的两个层次,也分别对应数字经济发展的两个阶段。在数字经济发展的初级阶段,狭义的数据财政占据绝对主导地位,政府的任务是推动政府数据公开和市场化运营,培育、引导和激活数据要素市

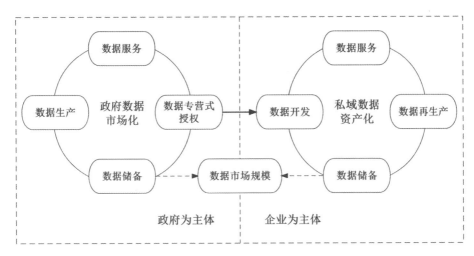

图 12-2　数据财政合理边界示意图

场,引致私域数据要素产品和服务的丰富化和专业化。但在数字经济发展的中高级阶段,广义的数据财政逐渐占据主导地位,在该阶段,数据要素市场逐渐成熟,逐步形成"市场为主+政府为辅"的数据资源配置的市场机制,数据要素赋能经济高质量发展导致经济运行效率提升和经济结构合理化、高度化,经济效率提升引致的产业边际税收增量对数据财政的贡献和影响越来越大,数据财政在我国经济社会可持续发展和社会治理中的作用和影响也越来越大。

四、数据财政的形成机理

当前和未来相当长一段时间里,数字经济的发展将极大地促进经济结构转型。政府、企业和居民的数字化转型、升级和重构,催生数据要素成为核心的、重要的生产要素,数据要素的产生与发展推动数字经济向纵深发展,从而导致数据财政的形成。当前由于数据资源在政府、法人和个人之间分布不均衡以及缺乏高效的数据要素市场、数据资源向数据要素形成和转化机制不畅等矛盾日益凸显,这严重影响了数据财政规模扩大和效率提升,也严重阻碍数据财政赋能数字经济的增长潜能。

当前我国经济增长特别是地方政府还存在土地财政的路径依赖,如2007—2020年,我国土地使用权出让收入从7285亿元增长到84142亿元,年复合增长率达20%以上,占政府财政收入的比重由10.20%增长到46.01%。随着我国数字经济深入发展和经济宏观调控的要求,我国财政收入的结构必然要摆脱土地出让收入,土地财政作为一个历史阶段的产物,在我国进入新发展阶段时将逐步由主导地位退居次要的、从属的地位。在数字经济时代,数据要素就成为显性的、寄予厚望的重要财政收入来源之一,基于数据要素的数据服务收入及税收将导致数据财政逐渐占据主导地位。尽管数据财政要达到较高的规模并占据主导地位仍需要一段时间,但我国蓬勃发展的数字经济导致数据财政增长潜力巨大。数据财政的形成机理见图12-3。

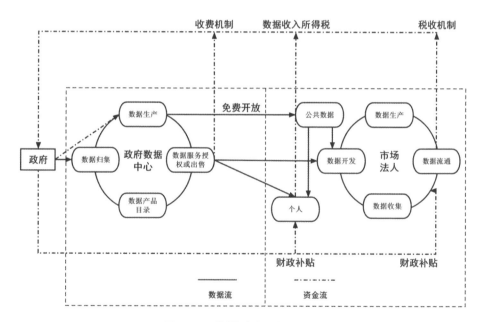

图12-3 数据财政形成机理图

根据图12-3可以从四个路径分析数据财政的形成机理。

路径1:政府将公共管理和社会服务中产生的政府数据归集给政府数据中心,政府数据中心将归集的政府数据资源进行脱敏和规范化生产,对于纯公共物品性质的政府数据进行免费开放,供企业、个人或其他社会群体查阅或再次利用。对于具有准公共物品性质的政府数据,政府数据中心向社会提供有偿数据服务或进行数据产品的出售、授权经营,产生的收入归集政府财政。同时,政府对进入数据要素市场交易的私域数据或跨国交易的数据产品提供数据身份认证服务,私域数据需要数字身份的关联,才能真正实现价值。而数字身份认证则由政府管控,政府通过为私域数据提供数字身份认证可以获取收入。私域数据通过数字身份认证后,才有可能与公共数据或其他私域数据产生关联,形成超额价值。跨国数据交易中,各个国家政府都垄断数字身份的核心数据,需要各个政府间的数字身份互认机制,我国政府提供私域数据产品认证服务获取的收入也归集数据财政。

路径2:除数字身份认证服务外,数据要素交易环节中需要确权、交易凭证、簿计和权利证明等文件。因此,无论这些私域数据交易采用点对点、交易所还是其他形式,政府都可以征收数据交易印花税。随着数据要素市场发展,数据商品、数字资产增长都会十分迅速,而且跨国数据交易规模也迅速增长。基于数据商品、数据服务、数字资产的增值税、所得税会逐渐增长。可以展望,未来数字资产规模将超过传统实物资产的规模,届时,数据财政收入有望占到非常大的比重。

路径3:政府数据财政支出有两个主要渠道,一是支持政府数据资源开发利用形成纯公共物品和数据要素,二是对市场法人主体开发的数据产品和服务进行财政补助或购买,推动数字产业化、产业数字化、数字化治理水平的不断升级和高度化,发挥数据财政反馈和赋能支持数字经济的良性循环。

路径4:政府向个人提供数据产品和服务获得收入归集数据财政,同时,政府向提供各类数据劳动和数据服务产生相关收入的个人征收个人所得税,课税收入归集数据财政。同时,个人数据是私域数据的重要来源和构成部分,政府、企业和社会法人等各类市场主体收集个人数据要提供相应的报酬,这样也维持数据财政与社会公众之间的良性循环。

从上述四个路径可以清晰看出数据财政形成中资金流和数据流的去向。

第二节 政府数据市场化并参与收入分配的态势及实践

一、我国政府数据开放利用的现状及问题

（一）我国政府数据开放利用的基本情况

推进政府数据的开放利用及市场化运营是数据财政的关键环节。党和国家高度关注政府数据的有效利用。根据国务院 2015 年发布的《促进大数据发展行动纲要》，主要就"提升政府数据开放共享标准化程度"、"制定实施政府数据开放共享标准"、"建立标准规范体系"等方面提出指示；2017 年 12 月，在中共中央政治局第二次集体学习时，习近平总书记特别强调"要运用大数据提升国家治理现代化水平"。随后，在党的十八届五中全会上，"实施国家大数据战略，推进数据资源开放共享"的提出又引起广泛的关注。值得注意的是，中共中央连同国务院在 2020 年 4 月 9 日共同印发的《关于构建更加完善的要素市场化配置体制机制的意见》中，更是将"推进政府数据开放共享"提升到史无前例的高度，成为促进数据要素市场快速形成的三大要点之首。①

近年来，为实现国家治理体系和国家治理能力现代化，并在数智转型战略驱动下，我国积极推进数据治理体系建设，地方政府数据开放的整体情况呈现为发展迅速、蔚然成林的态势，以及政府开放数据内含的社会化利用日益显著。② 与此同时，与政府数据开放直接相关的政策、法律法规和规范标准也呈现出从无到有、逐步完善的发展态势。与之相关的政策的出台使得地方政府数据开放平台数量和开放的有效数据集呈现出爆炸式增长，在一定程度上加快了各地政府部门数据开放利用的进程。部分文件见表 12-1。

---

① 黄如花：《我国政府数据开放共享标准体系构建》，《图书与情报》2020 年第 3 期。
② 王芳、陈锋：《国家治理进程中的政府大数据开放利用研究》，《中国行政管理》2015 年第 11 期。

表 12-1　我国政务数据开放利用的政策进程

年份	政策文件
2006	北京市发布《政务信息资源共享交换平台技术规范》
2007	国标《政务信息资源交换体系》发布
2010	福建省发布《福建省政务信息共享管理办法》
2015	河北省发布《河北省政务信息资源共享管理规定》；山东省发布《山东省政务信息资源共享管理办法》；国务院发布《促进大数据发展行动纲要》
2016	国务院发布《政务信息资源共享管理暂行办法》；福建省发布《福建省政务数据管理办法》；贵州省发布《贵州省政务数据资源共享管理暂行办法》；广西壮族自治区发布《广西政务信息资源共享管理暂行办法》；上海市发布《上海市政务数据资源共享管理办法》等
2017	国务院发布《政务信息系统整合共享实施方案》；发改委、国务院联合发布《政务信息资源目录编制指南（试行）》；北京市、甘肃省、海南省、河南省、西藏自治区、云南省、江苏省、福建省、山西省、江西省等 25 省市区均发布政务信息系统整合共享实施方案
2018	国务院发布《2018 年政务公开工作要点的通知》；内蒙古自治区发布《内蒙古自治区政务信息资源共享管理暂行办法》；河南省发布《河南省政务信息资源共享管理暂行办法》；重庆市发布《重庆市政务信息资源共享开放管理办法》；上海市发布《上海市公共数据和一网通办管理办法》；广东省发布《广东省政务数据资源共享管理办法（试行）》；湖北省发布《湖北省政务信息资源共享管理办法》；山东省发布《电子政务公共服务云平台》《政务信息资源系列标准》等 6 项标准
2019	重庆市发布《重庆市政务数据资源管理暂行办法》；广西壮族自治区发布《广西政务数据资源管理与应用改革实施方案》；山东省发布《山东省电子政务和政务数据管理办法》；辽宁省发布《辽宁省政务数据资源共享管理办法》；上海市发布《上海市公共数据开放暂行办法》；吉林省发布《吉林省公共数据和一网通办管理办法（试行）》
2020	中共中央、国务院印发《关于构建更加完善的要素市场化配置体制机制的意见》；重庆市发布《重庆市公共数据开放管理暂行办法》；贵州省发布《贵州省政府数据共享开放条例》；天津市发布《天津市公共数据资源开放管理暂行办法》；浙江省发布《浙江省公共数据开放与安全管理暂行办法》；广西壮族自治区发布《加快推进广西政务信息系统整合共享实施方案》

资料来源：作者整理。

我国各级政府始终以国家政策为导向，积极推进政府数据开放利用建设，并且已取得瞩目的成绩。据统计，截至 2021 年 10 月，我国已经有 193 个省级和城市的地方政府上线的数据开放平台，其中省级平台 20 个（含省和自治区,不包括直辖市和港澳台),城市平台 173 个(含直辖市、副省级与地级行政区)。目前,我国 71.43% 的省级(不含直辖市)政府和 51.33% 的城市政府已上线了政府数据开放平台。

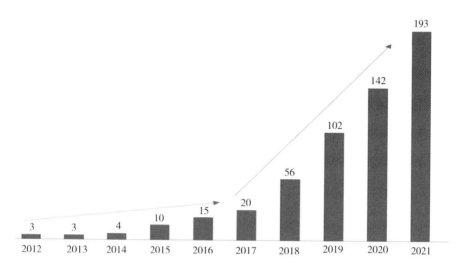

图 12-4 2012—2021 年我国地方政府开放数据平台数量增长情况(单位:个)

资料来源:复旦 DMG 整理。

据《2021 中国地方政府数据开放报告》统计,截至 2021 年 10 月,浙江省、广东省、山东省、四川省与广西壮族自治区等地的省(自治区)本级和下辖所有地市都已上线了数据开放平台。同时,黑龙江省、山西省和内蒙古自治区等省(自治区)内已有部分下辖地市上线了数据开放平台,但省(自治区)本级平台尚未上线;而甘肃省、福建省、河北省、河南省和陕西省虽已上线了省本级平台,但省内绝大多数地市却尚未上线平台。整体而言,东南沿海省域的政府数据平台已经基本相连成片。然而,目前全国仍有吉林、辽宁和云南 3 个省的省本级和下辖地市均未上线任何数据开放平台。

我国政府数据开放利用具体情况如下。

1. 政府部门数据应用广泛,与之相关的制度体系逐步完善

通过分析 37 省市大数据发展规划文件发现,大数据主要应用到政府部门数据共享、公共数据资源开放、安全保障、宏观调控等方面,其中,政府部门数据共享、公共数据资源开放成为最受关注的政府治理领域。中国信通院报告显示,至2020年底,我国已有30个省市政府出台了相关的政策文件,合计约发布了56份政策文件。这些政策文件涉及政府数据开放利用的方方面面,诸如内容、范围、形式等,为各地政府提升自身数据开放水平指明了道路和方向。

2.政府数据开放利用的平台数量急剧增长

政府数据的开放利用的平台通常以下载或API接口的方式提供数据集,数据集总量统计的是平台上可通过下载或API接口获取的有效数据集总数。从有效数据集总量来看,全国各地方政府开放的有效数据集总数从2017年至2020年分别为8398、17420、71092和98558个,4年间增长超过10倍。但不同地区之间的开放数据集会有差异,如图12-5所示,山东省的有效数据集总量较高,但单个数据集平均容量又以浙江省最优。总体而言,山东、浙江、广东等省份数据水平较高。

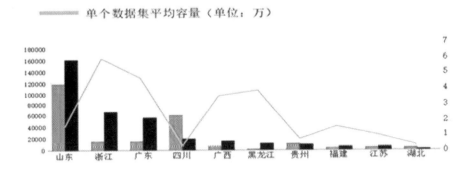

图12-5　省域数据状况比较图

资料来源:复旦DMG整理。

(二) 我国政府数据开放利用存在的问题

我国政府数据当前呈现一些基本特征:数据体量大、应用浅、开放少;点数据多、条数据强、块数据弱;静态数据多,动态数据少;碎片化数据多,关联性数据少;离线数据应用多,在线数据应用少;不能共享的数据多,能共享的数据少;有条件共享的数据多,无条件共享的数据少;行政性开发的数据多,市场化开发的数据少。具体有以下几个方面。

1.缺乏完善的法律法规和政策体系

近几年,政府数据的开放利用引起各方的高度关注,特别是党和国家。国家陆续出台了各种有利于提升政府数据开放共享水平的政策,诸如《数据安全管理办法(征求意见稿)》和《政务信息资源共享管理暂行办法》,无一不彰显了政府数据利用的突出地位。然而,我国尚未颁布权威性的、关于政府数据开放共享的法律法规。同时,国家和各级地方政府出台的相关政策文件也大多停留在办法、暂行条例、意见、方案等层面,各地方政府也仍未突破现有的视野层面,仍依赖于约束性的意见方针,因此,在政策体系建设和法律法规的建设方面仍留有很大的余地。并且各地方政府对于政务数据的公布缺乏统一的规范、分类杂乱,不同平台上的政府数据差别巨大,不利于各部门数据资源的协作,以及国家政府平台数据资源的整合,也不利于社会公众对政务信息的理解和使用,使得政务信息公开的透明度受到影响。

2.政务信息资源开放共享平台缺乏统一标准

多年来,各级地方政府数据开放的领域不尽相同,且信息资源的深度和广度也只停留在浅层面,缺乏一些相关属性的描述,给信息使用者理解和使用政务数据设置了一定的障碍。2017年初,中央联合国务院办公厅下发《关于推进公共信息资源开放的若干意见》,指出各级各地政府建设开放数据的政府门户网站时,应借鉴国家电子政务外网和中央政府门户网站的建设意见,以此为导向建设好统一规范的数据开放平台。目前大部分省份和直辖市均建立了政府数据开放共享的平台,为今后进一步的建设打下坚实的基础。然而,与一些发达国家相比,我国仍稍显不足。统一规范、全面系统的政府数据开放利用平台尚未建立,因此,对于系统性的政务数据开放利用平台,应加快建设脚步。

3.政府开放数据建设发展不平衡

我国当前存在着中西东部地区政府开放数据建设发展不平衡的问题。根据复旦大学数字与移动治理实验室联合国家信息中心数字中国研究院发布的"2021 年度中国开放数林指数"和《中国地方政府数据开放报告——省域》，报告显示浙江省的综合表现最优，进入第一等级"五棵树"。山东省也总体表现优秀，进入第二等级"四棵树"。其次是贵州省、广东省、四川省、广西壮族自治区、福建省等省区。在四个单项维度上，浙江省在准备度、平台层和数据层上都排名第一，山东省在利用层排名第一（如表 12-2 所示）。核心城市和经济发达地区由于拥有充足的人力、物力、财力，能较快调动各种资源投入到数字政府的建设当中去，因此，这些地区的政府数字化水平较高，并且远高于偏远地区或欠发达地区，进而不同地区的数字化建设水平呈现不平衡状态。而欠发达地区的数字政府的建设之路则充满坎坷，由于该地区数字资源的匮乏，公众难以获取足够的政府数据信息，又进一步阻碍了数字政府的建设，陷入了一种恶性循环的境地，成为数字型政府建设的难点和重点。①

表 12-2　中国开放数林指数省域综合排名（十强）

地区	准备度		平台层		数据层		综合指数	总排名	开放数据	奖项
	指数	排名	指数	排名	指数	排名				
浙江	15.26	1	13.88	1	30.45	1	76.69	1		数开繁盛
山东	11.18	3	13.38	2	24.24	3	66.10	2		数开成荫
贵州	12.07	2	11.95	3	11.71	10	51.13	3		数开丛生
广东	7.54	5	10.84	4	25.78	2	49.26	4		数开丛生
四川	6.10	8	9.96	5	17.19	6	44.25	5		数开丛生
广西	9.87	4	8.69	6	21.23	4	43.39	6		数开丛生
福建	7.46	6	7.87	7	17.47	5	38.90	7		十强
江西	7.30	7	4.5	11	13.56	7	31.56	8		十强

---

①　北京大学课题组、黄璜：《平台驱动的数字政府：能力、转型与现代化》，《电子政务》2020 年第 7 期。

地区	准备度		平台层		数据层		综合指数	总排名	开放数据	奖项
	指数	排名	指数	排名	指数	排名				
宁夏	2.10	15	7.65	8	13.49	8	23.74	9		十强
海南	4.63	10	4.62	10	3.61	11	19.06	10		十强

数据来源:复旦 DMG 整理。

4.政府数据开发利用的深度有待深化

当前,我国政府数据开发建设之路还处于起步阶段,各个地方政府数据信息的开放利用的程度还不高,政务数据开放利用的层面还比较浅显,服务面不够宽泛,主要集中于政务数据中台等方面,而只有小部分的地方政府门户网站上线了一些民生日常应用,例如交通、教育、健康等民生应用。并且全国各地各级地方政府的政府数据开放范围差异较大,标准也千差万别,易导致跨地区、跨层级、跨部门事项的处理难度大大增大。因此,政府开放数据的应用面可以逐步扩大,应用到社会民生或商业层面,同时加大对行业数据的挖掘,从而进一步深化政务数据信息利用的深度。

5.政务数据信息管理体系不健全

与国外部分发达国家相比较,我国政府数据开发利用还缺乏有效的管理,不仅缺乏系统全面的监管体系,还缺乏全国性的政府数据监督管理部门。各政府数据管理缺乏跨部门、跨区域的监管,各部门功能重叠、职责不清晰,难以整合我国庞大的政府数据库资源。综合言之,我国政府数据开放利用建设中,比较突出的问题有缺乏高效的界定标准。高质量的数据应当具有唯一性、及时性、精准性、系统性等特性,政务数据也不例外,但是,基于政府数据的这些特性并未建立起完备系统的评价体系,导致数据市场中的交换存在诸多困难,数据的价值也难以体现。究其原因,应该是政务数据的产权难以确认。

6.机制体制保障和信息安全防护不完善

目前,我国保障数字政府运行的体制机制仍不完善。首先,数据管理机构的权责不清晰,各个政府部门的政务系统比较繁杂,功能交叉,设备易闲置浪费,在应急情境下,难以快速决策部署,无法及时回应社会需求。其次,数字政府的信息安全防护还有待加强。为防止政府和个人信息泄露、数据过度开发等问题的出现,数据信息防护体系还需进一步升级。同时,数据开放共享的运营管理体系也未形成统一的标准。因此,出于数据信息安全的考虑,各级政府应加强对数据共享管理和安全维护工作的监管。

二、我国政府数据市场化和参与收入分配的现状和态势

(一)我国政府数据市场化的现状分析

如果构建功能完善、成熟高效的数据要素市场,必须实现政府数据的市场化运营,这是激活数据要素市场、实现和挖掘政府数据价值的关键举措。原因是数据要素市场上高达80%的高敏高价值数据来自政府数据。价值化是政府数据走向市场的激励和可持续机制,政府数据市场化是其价值的集中体现,有利于政府数据价值得到极大的保障。政务数据共享开放程度逐步扩大是一个渐进的、历史的趋势,但如果从道德上和社会正义上强制要求政府数据不切实际地扩大免费开放范围,将导致政府因免费开放政府数据的资金成本得不到保障而丧失政府数据开放的动力,因而导致政府数据免费开放的范围过小和数据要素市场上政府数据供给严重不足,可能最终导致数字经济时代数据财政迟迟难以建立,既影响我国数字经济高质量发展,又影响我国数字产业化、产业数字化和数字化治理合理化与高级化。可见,不能道德绑架政府数据必须全部免费开放,在数字经济和数据财政发展的初级阶段,具有准公共物品性质的高价值政府数据必须基于价值化和市场化原则有偿开放。

在大数据时代,数据资产拥有者因其拥有的数据资产,享受到数据时代巨大的红利。因此,在此背景下,数据的拥有者——政府和企业,若是同时拥有快速收集并利用数据的能力,将为其带来强大的竞争力。因此,政府在进行信息化建设的同时,政府数据价值化也是当前政府工作的重中之重。特别是近

年来大力推动的"互联网+政务服务"改革、政府大数据中心建设等活动,极大充裕了政府数据资源库。而政府利用这些数据资源,不但可以满足其日常的政务工作和民生事务服务,展现其"治理属性";而且市场主体进行日常的生产经营活动时也可以利用这些数据,展现了政务数据库的"生产属性"①。

政府数据资产的价值发现、创造和实现,是基于其蕴含的社会、经济、文化、政治等方面的价值的增值性。政府数据资产价值发现循环涉及政府、企业组织、科研院校、公众等利益相关者的需求,政府数据资产价值发现动态循环参照图 12-6。政府数据可以通过市场化开发来实现其价值化,先将政务数据授权给数据市场的特定主体,再采用恰当的方法进行运营,由此推动政府数据的市场化,并探索出政务数据价值化的合理路径,使政府数据发挥其最大的作用,释放其经济社会价值。而政府数据要进入市场,首先应将政府数据资产产权化,建立好数据资产的注册登记制度。其次,注重数据资产的运营管理,进行大规模的数据分析活动,并结合实际实现数据经济价值和社会价值的最大化。在法律政策上,我国政府数据价值化和市场化有明确支持和保障。自2015 年起,国务院陆续发布了《促进大数据发展行动纲要》、《政务信息系统整合共享实施方案》和《中共中央国务院关于构建更加完善的要素市场化配置体制机制的意见》等政策,旨在激活数据要素的潜能。随后,《中华人民共和国国民经济和社会发展第十四个五年规划和 2035 年远景目标纲要》中提出"开展政府数据授权运营试点"②。贵州省和山西省率先出台了政府数据资产管理办法,加强对政府数据资产的开放、流通、利用等方面的管理。③ 上述政策文件明确了政府数据是生产要素和国有资产,因此应该有保值增值的保障机制。

---

① 李刚:《政府数据市场化配置的边界:政府数据的"生产要素"和"治理要素"二重性》,《图书与情报》2020 年第 3 期。

② 张会平、顾勤、徐忠波:《政府数据授权运营的实现机制与内在机理研究——以成都市为例》,《电子政务》2021 年第 5 期。

③ 易明等:《政府数据资产的价值发现:概念模型和实施路径》,《电子政务》2022 年第 1 期。

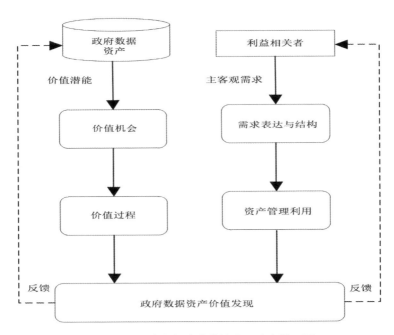

图 12-6　政府数据资产价值发现动态循环图

在实践上,我国政府数据价值化和市场化已有较好试点。如四川省成都市奋勇当先,率先搭建并运行专门的政府数据运营服务平台、组建国资载体开展政府数据授权运营、出台政府数据授权运营的管理办法等,并探索出一条运营政府数据的"成都模式",摸索出独具特色的政府数据价值化之路。[①]

总体而言,我国政府数据价值化和市场化的状况还不尽如人意。首先,政府数据开放平台建设成效欠佳。由于不同级别、地区和部门的政府出于各自的目的,对于政务数据信息的利用程度和使用形式并不相同,最终也会导致其建设的数据平台的效果有所差别。其次,地方政府开放数据的积极性不高。对部分地方政府而言,政府数据价值化周期长且收益存在不确定性,导致开发困难。最后,各地政府数据价值量及开发能力也大小不一,在很大程度上会影

---

① 张会平、顾勤、徐忠波:《政府数据授权运营的实现机制与内在机理研究——以成都市为例》,《电子政务》2021 年第 5 期。

241

响政务数据的开发利用进度。① 由于不同主体的价值期望不同,不同主体的数据价值化的形式可能会有差异。因此,我国政府数据价值化和市场化还任重而道远。

（二） 我国政府数据参与收入分配的实践及态势

随着新科技革命的兴起,互联网、大数据、云计算、人工智能、区块链、物联网和 5G 技术等数字技术信息技术的成熟和产业化,愈发成为现阶段经济结构变化和经济社会发展的核心动力,促进社会生产力快速发展。新科技革命背景下,数字化信息渗透到社会物质资料生产的各个环节,促进产业数字化和数字产业化发展,极大改变了人们的生产生活方式,也颠覆了传统的科学研究范式,世界各国经济增长动力得到了巨大的释放。而对数字化信息和知识的相关配置也关系到分配关系的变迁,拥有高质量、多数量的数据信息,无疑易获得更多的收益,进而影响到收入分配的结果。② 在此基础上,对于收入分配问题,仅讨论传统生产要素分配已然不合适。在当前的经济环境下,数字化产业化大规模地推进,使得现有的分配方式易发生变化。

政府数据作为生产要素参与分配有利于我国社会分配的体系的进一步完善。首先,政府数据作为一种生产要素,在参与社会分配时,需与其他类型的数据要素互相配合、互相竞争,在此过程中,不同类型的数据要素也得到了相互补充、相互促进,从而激发了各数据要素的创造活力。其次,政府数据在繁荣要素市场的同时,也进一步提高了居民收入水平。此外,政府数据归属于数据信息,在一定程度上,政府数据作为生产要素参与收入分配能提高我国大数据的整体水平。③

政府不仅可以利用政府数据对国民收入进行合理分配,同时,还可以将政

---

① 门理想、王丛虎、门钰璐:《公共价值视角下的政府数据开放——文献述评与研究展望》,《情报杂志》2021 年第 8 期。

② 韩文龙、陈航:《数字化的新生产要素与收入分配》,《财经科学》2021 年第 3 期。

③ 庄子银:《数据的经济价值及其合理参与分配的建议》,《国家治理》2020 年第 16 期。

府数据作为一种关键性生产要素参与到生产经营过程中,并凭借网络这一媒介、以数字创新为导向,促进产业结构的优化升级。而政府数据参与收入分配的作用主要体现在以下三方面:第一,政府数据以活劳动产生价值,并以按劳分配的形式参与收入分配;第二,政府数据以物化劳动创造剩余价值,从而参与收入分配;第三,政府数据作为重要的数据资源,能促进技术的革新,从而提升社会生产率,创造更多的收益参与收入分配。但是,政务数据资产能产生价值与其所具有的价值并不等同。政府数据必须经过劳动的方式,才能将政务数据的价值转嫁到新的产品中去。在数字化信息时代,与传统方式相比,政府拥有更广阔的发挥空间,可利用大数据对社会收入分配进行监管,这便是政府数据对收入分配的主要作用。

当前,我国政府数据参与收入分配刚刚起步,已经开始了实践和尝试,不过规模和成效均需提升。当前政府数据的价值化市场化实践和参与收入分配主要体现在政府大数据产业上。我国政府大数据主要应用于信息共享、政务数据管理、城市网络管理与社会管理几大领域,未来灾情监测、交通安全、医疗服务等将是政府数据开放应用的重点领域。根据赛迪数据测算,我国大数据产业在政府领域的应用占比约为14.5%。据此测算,2017年以来,我国政府大数据规模逐年增加。2017年,中国政府大数据产业规模达514.8亿元,2020年约为926亿元左右。

当前我国一些城市在政府数据价值化市场化运营和参与收入分配上也进行了实践。成都市通过政府数据授权运营为政府数据市场化配置探索出有益的可行路径,如通过运营管理监督机制、平台建设运行机制、网络安全保障机制、数据需求管理机制、数据申请与授权机制、数据交付与利用机制、利益补偿与激励机制、数据服务定价机制等创建政府数据的运营机制和收入分配机制。在政府数据市场定价方面,成都市采纳了协商的方式,即政府数据提供单位和政府数据使用单位进行多次协商并结合具体实际确定最终的数据使用价格,并不由某一方单独定价。另外,贵阳市的政府数据的运营方式也有其独特的优势。根据贵阳市发布的《贵阳市政府数据共享开放条例》,其中提到要借助

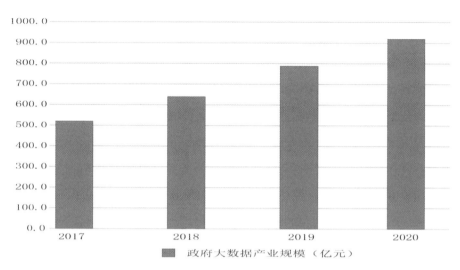

图 12-7　2017—2020 年中国政府大数据应用市场规模(单位:亿元)

注:政府大数据市场规模为前瞻根据中国大数据市场规模与政府大数据所占市场份额数据测算所
　　得,仅供参考。
资料来源:中国大数据产业联盟、赛迪顾问、前瞻产业研究院。

"云上贵州·贵阳"分平台统一建设政府数据开放平台,旨在建立一个政府主导、市场参与、数据利民的政府数据开放平台。该服务平台主要分为五种数据类别,分别是主题、行业、领域、服务、部门,而社会大众普遍关心的医疗、卫生、教育、交通等重点领域也都有涉及。同时,贵阳市政府数据开放平台还利用国内外先进的数据技术,如网页智能引导机器人、固定链接(RDF)等信息技术,为大众提供众多优质的、免费的数据服务。在高价值政府数据上也采取市场化运营模式,主要有以下几点:第一,贵阳信息产业发展中心下辖控股公司,而该控股公司收取数据特许经营权的服务费;第二,通过提供数据调用权而收到成本补偿费作为收益;第三,根据市场行情定价,提供数据服务项目并收取费用;第四,贵阳信息产业发展中心对下属控股公司的数据交易行为提供监管等。山东省潍坊市政府各个部门采用"盘点数据资产底数"、"创新数据资产应用"和"强化数据资产安全"三种主要机制有效推进数据的资产化管理,由此促进了数据资产的质效提升,也对数据财政的建立和成效提升起到可持续支撑作用。

整体而言,我国政府数据价值化市场化运营并参与收入分配还处于起步阶段。从我国现有的实际情势出发,当前政务数据运行的机制仍不合理。为此许多地方政府提出了许多建议并进行了尝试,例如通过举办数据创新应用大赛等比赛来激发公众的数据创新潜能,但是收效甚微。而导致这些尝试成效不佳的原因是数据的质量参差不齐、数据量不够充足、数据的时效性不强等,并且受众群体的素养也有高有低、参与度不高等。基于此,政府数据还有很大的开发空间,这也影响和制约政府数据参与收入分配的成效。一方面是我们的认识问题没有跟上,理论界和实务界的视角还停留在土地财政上,对新时代的数据财政还缺乏全面深入的认识。另外一方面,我国对数字经济和数据财政的统计工作认识和实践严重滞后。统计显示,2020年我国数字经济规模占GDP比重已超过39.6%。这么庞大的数字经济规模肯定产生规模可观的数据财政,但目前缺乏公信力和普适性很强的统计体系去反映真实的发展状况。

在新科技革命时代,一切瞬息万变,政府数据在我国经济社会高质量发展中扮演着重要角色,将政府数据价值化市场化运营并纳入收入分配框架中具有必要性和迫切性。但因为政务数据资产与其他资产有着天然的区别,具有独特性,在具体的分配过程中,对其分配方法和形式的设计存在许多困难。如目前缺乏科学规范的标准为政府数据资产定价。因此在收入分配方面,数据财政还有很大的发挥空间。虽然目前统一的数据交易市场在我国还未完全形成,导致政务数据资产化和市场化缺乏有效的市场约束机制。而且,关于数字经济和数据财政统计工作的滞后也严重影响对数据要素市场化和参与收入分配的客观认知。但未来随着上述问题的解决,我国政府数据价值化市场化运营并参与收入分配肯定会取得更加理想的成效。

第三节　数据资本、数据财政与经济增长:一般均衡分析

一、单一经济体的模型

本书依据 Minniti 和 Parello(2011)的技术分析路线,同时参考 Martin 和 Ottaviano(1999)、Montmartin(2013)等分析方法。并考察政府税收因素的影响。

模型的基本设定:两种生产要素(劳动力 L 与数据要素 D),经济体将由三部门组成,即完全竞争的传统行业、垄断竞争的制造业部门(M)与数据部门(I)。每个地区的劳动力初期禀赋为 L,仅考虑政府部门的数据作为数据来源。

数据部门每生产 1 单位的有效数据资本 K_D 需使用 a_I 单位的劳动力 L。数据部门的企业向制造业部门的企业提供数据服务等,如协助制造业企业进行创新,帮助企业提高生产效率等。制造业部门的企业面临 Dixit-Stiglitz(1977)的垄断竞争型市场,并且具有规模报酬递增效应。每一种差异化的产品均由一家制造业企业生产,制造业部门的投入要素劳动力数量为 L、数据资本为 K_D。传统行业是完全竞争型市场,并且使用 1 单位的劳动力 L 生产同质产品。

政府部门对使用数据资本的制造业企业获取的利润征收适当的比例税,并在数据搜集、整理等过程中对数据部门进行补贴,已达到政府部门的收支平衡。

(一) 消费和生产

N 代表该经济体可用于消费的差异化商品品种总数。消费者对同质化的商品与差异化产品的需求偏好满足 C-D 效用函数,即有:

$$\int_0^\infty \ln\left[D(t)^\alpha H(t)^{1-\alpha}\right] e^{-(\rho-g_L)t} dt \tag{12-1}$$

其中,H 为同质商品的消费量,例如大米、小麦、玉米等农产品。D 为差异化产品。主观贴现率或时间偏好率 $\rho \in [0,1]$, $\alpha \in [0,1]$ 表示差异化的商品消费支出占总支出的份额,各地区的人口自然增长率为 g_L。对于差异化的产品需求以不变替代弹性系数函数(CES 函数)来表示,即有:

$$D(t) = \left[\int_0^N D_i(t)^{\sigma-1} di\right]^{\frac{\sigma}{\sigma-1}} \tag{12-2}$$

假定产品品种总数为 N,不同商品之间的替代弹性系数为 σ,代表性消费者的支出函数为:

$$E(t) = \left[\int_{i=1}^N p_i D_i(t) di + p_H H(t)\right] \tag{12-3}$$

$D_i(t)$ 代表消费者的商品需求量,p_i 为相应产品的销售价格,同时假定同质化商品的价格 $P_H = 1$。

与此同时,代表性消费者将分两步来进一步优化其效用函数:第一步,在预算约束式(12-3)下最大化其效用函数式(12-1),此时无跨期选择问题,通过构建拉格朗日函数并进行求导整理后,可得到以下方程式:

$$H = (1-\alpha)E \tag{12-4}$$

$$\Delta = \left[\int_{i=1}^N p_i(t)^{1-\sigma} di\right]^{1/(1-\sigma)} \tag{12-5}$$

第二步是消费者将在消费与储蓄之间进行跨期选择,在跨期预算约束 $\dot{B} = w(t) + rB(t) - E(t) - g_L B(t)$ 条件下最大化效用函数式(12-1),其中 B 为代表性消费者的资产存量价值。使用动态最优化方法,构建并求解哈密尔顿函数,可得到消费支出增长的欧拉方程为:

$$\dot{E}/E = r - \rho \tag{12-6}$$

对于制造业部门的厂商而言,每生产 x 单位的产品,需要 1 单位的数据资本(固定成本,假定政府给予企业的每单位数据资本的授权价格为 f)与 l 单位的劳动力(可变成本),且数量关系为 $l=\beta x$;厂商的资本投资利润率等于销售

总收入减去劳动者的工资收入,对于制造业企业而言,产品最终定价按照成本加价法进行定价,因此可得到厂商的价格为:

$$p_i = \frac{\beta w \sigma}{\sigma - 1} \quad (12-7)$$

市场均衡时,工资率 $w = 1$,考虑到政府部门将按比例税进行征税,因此,可将企业的营业利润表示为:

$$\Pi = \left[\frac{\beta x_i}{\sigma - 1} - f \right] \cdot (1 - \gamma) = \left[\frac{\beta}{\sigma - 1} \cdot \frac{\alpha E(t) p_i(t)^{-\sigma}}{\Delta} - f \right] (1 - \gamma) \quad (12-8)$$

其中, $\Delta = \left[\int_{i=1}^{N} p_i(t)^{1-\sigma} di \right]^{1/(1-\sigma)}$。

(二) 数据资本增长及功能

数据资本的产出主要为中间产品及服务与专利产出,本文可将其设定为如下形式的生产函数,即有:

$$\dot{K} = \frac{L_I}{a_I} \quad a_I = \frac{1}{K_t \cdot A(t)} \quad g = \dot{K}/K_t \quad (12-9)$$

其中, $A_{t+1} = \left[\frac{(1-\beta)\lambda}{\beta} G_t \right]^{1/\lambda}$。

G_t 为政府在数据收集、整理及数据规划等方面的支出。

当 $\phi > 0$ 时,其表示在一定时期内,数据资本的积累积价值,可被称为"站在巨人肩膀上"(standing on the shoulders)效应。而当 $\phi < 0$ 时,在数据资本形成过程中,最先的数据资本价值极高,后来形成的资本数据只是对历史规律及现象的重复,科学价值较低,存在"涸泽而渔"(fishing out effect)现象。在本文中,假定 $0 < \phi < 1$。

假设政府存在平衡预算约束,也即税收收入与政府补贴支出相等,平衡预算规则得到满足。因此政府部门对制造业部门的利润按照比例 T 进行征收,同时获得数据授权费为 F。因此,政府预算平衡时,有以下等式成立:

$$T + F = \frac{\alpha LE}{\sigma}\gamma + F = G \tag{12-10}$$

此时有：

$$A_{t+1} = \left[\frac{(1-\beta)\lambda}{\beta} \cdot \left[\frac{\alpha L_t E_t \gamma}{\sigma} + F\right]\right]^{1/\lambda} \tag{12-11}$$

因此，数据资本形成效率主要取决于就业人口数量、消费支出等因素的增长。从式（12-10）、式（12-11）也可以得出，同时政府针对数据资本的授权使用费和税率的高低会影响未来企业的进入，从而导致高税率情形下，政府总的收入不一定会增加，相应的，政府的税率如果定得过低，则此时政府收入不足，导致政府在数据资本形成的投入方面的不足，从而产生低效率。

命题1：数据资本形成效率与人口数量、消费支出等呈正向比例关系，但政府税率的高低及政府在数据方面的授权使用费的高低则需要权衡，过高的税率和过低的税率均不利于数据资本的形成。

（三）均衡增长率与稳态均衡

均衡增长率与对数据资本投入经济激励紧密关联，这要求数据资本投入和以无风险利率形成的借贷之间的套利机会是不存在的，本文称 $v(t)$ 为制造业企业的股票市值，这个值将对应于税后营运利润的贴现值，即：

$$v(t) = \int_t^\infty e^{-[R(s)-R(t)]}\pi(1-T)\,ds \tag{12-12}$$

其中 $R(t) = \int_0^t r(u)\,du$ 为从0到t期内获得的利润的累计折扣系数。那么此时的无套利方程为：

$$\dot{v} + \pi(1-T) = rv \tag{12-13}$$

在数据行业可自由进入和零利润条件下，企业的价值等于数据资本的单位价值，也等于生产1单位数据资本的边际成本 F_I。

且设 $g = \dot{K}/K = \dot{N}/N$，劳动力数量增长率为 g_L，即：$g_L = \dot{L}/L$。

在工资率等于1的情况下，均衡时有以下等式：

$$F_I = v = \frac{1}{K^\varphi A} \tag{12-14}$$

在稳定状态下,因此,可计算北方地区的企业价值增长率为:

$$\frac{\dot{F}_I}{F_I} = \frac{\dot{v}}{v} = -(\varphi + 1/\lambda)g \tag{12-15}$$

企业价值将以 $(\varphi + 1/\lambda)g$ 的速度下降,原因是两地区的产品品种增长率 g 的提高意味着将有更多企业进入市场,这将增加制造业部门的竞争从而降低企业利润率。但对于长期而言,资本存量将以 $g - g_L$ 的速度增长,而由式(12-15)可知,单位资本的价值将以 $(\varphi + 1/\lambda)g$ 的速度下降。在稳定状态下,资本收入的价值将是不变的,因此有 $g - g_L = (\varphi + 1/\lambda)g$,继而有 $g = g_L/(1 - \varphi - 1/\lambda)$。

命题2:人口增长率越高、数据资本使用效率越高、政府在数据资本支出效率越高,则总体经济增长率越高。

该定理说明要提升总体经济增长率,适度的人口增长是必要的,同时要提高创新知识的质量,使其能够对未来产生更大的跨期溢出效应。特别对于我国人口自然增长率下降,老龄化速度加快,因此要保证一个合理的经济增长率,必然需要提高 φ 值,充分发挥知识存量的效能,因此要充分挖掘我国拥有世界上规模最大的大学生群体的创新潜能,充分利用我国的人力资本资源规模化优势,推动创新发展。此外,要提高政府在形成有效数据资本中的效率。

二、两区域经济模型

假定存在两个区域,南方与北方,制造业部门的产品以冰山形式的贸易成本进行交易,而传统部门的交易成本则为零。两区域具有一定的对称性,基本部门的假定及相关条件如同单一经济体区域的模型,加星号代表南方,未加星号代表北方,下标 all 代表南方与北方之和。同时假定普通劳动力的工资率与同质商品的价格等于1。

消费者需求最大化的求解如同单一经济体区域的模型,因此不再赘述。

（一）厂商的位置均衡

在需求函数式中引入最优价格函数式可得北方的消费者对于原产地为南方与北方地区的产品需求量为:

$$D_i = \frac{\sigma - 1}{\beta \sigma} \frac{\alpha E}{N + \tau^{1-\sigma} \widetilde{\omega}^{\sigma-1} N^*} \quad D_j = \frac{\sigma - 1}{\beta^* \sigma} \frac{\alpha E \tau^{-\sigma}}{\tau^{1-\sigma} \widetilde{\omega}^{1-\sigma} N + N^*} \quad (12\text{-}16)$$

其中 $\varphi = \tau^{1-\sigma}$ 代表贸易一体化水平。由于南方与北方具有对称性,使用表达式（12-16）可得到南方与北方各自的产品产量:

$$x_i = \frac{\alpha L(\sigma - 1)}{\beta \sigma N_{all}} \left(\frac{E}{[s_n + \tau^{1-\sigma} \widetilde{\omega}^{\sigma-1} (1 - s_n)]} + \frac{\tau^{1-\sigma} E^*}{[\tau^{1-\sigma} s_n + \widetilde{\omega}^{\sigma-1} (1 - s_n)]} \right)$$

$$(12\text{-}17)$$

$$x_j = \frac{\alpha L(\sigma - 1)}{\beta^* \sigma N_{all}} \left(\frac{\tau^{1-\sigma} E}{[\widetilde{\omega}^{1-\sigma} s_n + \tau^{1-\sigma} (1 - s_n)]} + \frac{E^*}{[\tau^{1-\sigma} \widetilde{\omega}^{1-\sigma} s_n + (1 - s_n)]} \right)$$

$$(12\text{-}18)$$

$$\pi_i = \frac{\alpha L E_{all}}{\sigma N_{all}} \left(\frac{s_e}{[s_n + \tau^{1-\sigma} \widetilde{\omega}^{\sigma-1} (1 - s_n)]} + \frac{\tau^{1-\sigma} (1 - s_e)}{[\tau^{1-\sigma} s_n + \widetilde{\omega}^{\sigma-1} (1 - s_n)]} \right) \quad (12\text{-}19)$$

$$\pi_j = \frac{\alpha L(\sigma - 1)}{\beta^* \sigma N_{all}} \left(\frac{\tau^{1-\sigma} E}{[\widetilde{\omega}^{1-\sigma} s_n + \tau^{1-\sigma} (1 - s_n)]} + \frac{E^*}{[\tau^{1-\sigma} \widetilde{\omega}^{1-\sigma} s_n + (1 - s_n)]} \right)$$

$$(12\text{-}20)$$

其中 $s_n = N/N_{all}$ 是位于北方的制造业部门所占的市场份额,由于资本具有流动性,因此南方与北方的区域均衡须满足税后利润相等原则,此时有:

$$x_i = \frac{(1 - T^*)\beta^*}{(1 - T)\beta} x_j \quad (12\text{-}21)$$

$$(1 - T)\pi_i = (1 - T^*)\pi_j \quad (12\text{-}22)$$

将式（12-22）代入到方程式（12-19）和式（12-20）中,可得到:

$$s_n = \frac{s_e [1 + \vartheta (\tau/\widetilde{\omega})^{1-\sigma}] - \vartheta (\tau/\widetilde{\omega})^{1-\sigma}}{\vartheta (1 - s_e) [1 - \vartheta (\tau/\widetilde{\omega})^{1-\sigma}] + s_e [1 - \vartheta (\tau\widetilde{\omega})^{1-\sigma}]} \quad (12\text{-}23)$$

其中 $\vartheta = \dfrac{1 - T^* - (\tau\widetilde{\omega})^{1-\sigma}(1 - T)}{1 - T - (\tau/\widetilde{\omega})^{1-\sigma}(1 - T^*)}$，$s_e = E/E_w$，其表示位于北方地区消费者的支出和收入份额。

（二）数据流动与数据资本形成

数据可以交易并在不同空间区域间进行流动，并且可以根据不同的数据集产生新的数据集。因此将这些假设总结为：

$$\dot{K}_{all} = \frac{L_{all,I}}{a_{all,I}} = \frac{L_I}{a_I} + \frac{L_I^*}{a_I^*} \quad a_I = \frac{1}{K_{all}^\varphi A(t)} \quad a_I^* = \frac{1}{K_{all}^\varphi A^*(t)}$$

$$A(t) = J(t)\left[s_n + \lambda(1 - s_n)/\tau_k\right]^\varphi \quad A^*(t) = J^*(t)\left[\lambda s_n/\tau_k + 1 - s_n\right]^\varphi$$

$$(12-24)$$

且满足 $\dfrac{\partial J(t)}{\partial L_I} > 0, \dfrac{\partial^2 J(t)}{\partial^2 L_I} < 0; \dfrac{\partial J^*(t)}{\partial L_I^*} > 0, \dfrac{\partial^2 J^*(t)}{\partial^2 L_I^*} < 0$。

其中 a_I 和 a_I^* 分别代表北方和南方的不同状态，$K_{all}^\varphi A(t)$ 和 $K_{all}^\varphi A^*(t)$ 分别表示位于北方与南方，L_I 和 L_I^* 是北方和南方的数据部门的劳动力数量，$\lambda \in [0;1]$ 刻画数据在不同空间的交易与流动程度。$J(t)$ 与 $J*(t)$ 均与数据开发人员数量之间呈倒 U 型关系，说明数据开发工作也存在内卷及激烈竞争；为研究方便，本论文进一步假定南方与北方均处在倒 U 型右侧，这样可防止研发活动全部集中在北方（在现实中，研发活动也不完全集中在一个地区）。

（三）劳动力市场均衡及其增长率

由于劳动力是部分流动的，且其被用于所有经济部门。同时假定劳动力总供给数量固定，等于 2L。传统部门（T）的劳动力需求从式（12-4）等计算可得，制造业部门使用的劳动力需求由上式等求解而得出，通过计算得到中间部门的劳动力需求。所以劳动力市场的均衡条件为：

$$2L = \frac{g_{all}}{K_{all}^{\varphi-1}A} + LE_{all}\left(\frac{\sigma - \alpha}{\sigma}\right) \qquad (12-25)$$

劳动力总供给量不变,同时在式(12-25)中,除 E_{all} 外均为常数。因此, E_{all} 须随着时间的推移而保持均衡。这个条件意味着:

$$r = \rho \tag{12-26}$$

此式意味着无风险资产的利率恒定且等于时间偏好率。

(四) 全局与局域的目标冲突

在初期状态下,可将代表性消费者的收入与支出表达成如下函数形式:

$$E = 1 + \frac{rK(0)v(0)}{L} \qquad E* = 1 + \frac{rK*(0)v(0)}{L} \tag{12-27}$$

将式(12-27)等代入后,进而有:

$$E = 1 + \frac{rs_k}{LK_{all}^{\varphi-1}A} \qquad E* = 1 + \frac{r(1-s_k)}{LK_{all}^{\varphi-1}A} \tag{12-28}$$

进行转换后可有:

$$s_e = \frac{1}{2} + \frac{r(s_k - 0.5)}{2LK_{all}^{\varphi-1}A + r} \left(s_e = \frac{E}{E+E*}, s_k = \frac{K(t)}{K(t)+K*(t)} \right) \tag{12-29}$$

对于北方地区而言,由于假定初期 $K(0) > K*(0)$,所以此时有 $s_k > 0.5$,将 s_e 对 φ 、λ 求导,此时有 $ds_e/d\varphi < 0$ (需有 $\ln[K(s_n + \lambda(1-s_n)] > 0$), $ds_e/d\lambda < 0$ 。由此可得以下命题:

命题3:数据资本的空间流动及使用将降低优势地区的支出份额,提高劣势区域的支出份额,这将缩小区域经济发展差异。

但需注意的是,在上述求导过程中,需有 $\ln[K_{all}(s_n + \lambda(1-s_n)] > 0$,因此,最初数据资本存量的多少将影响跨期溢出的程度;缩小数据资本鸿沟及数据使用能力方面的差距,有助于实现区域协调与共同富裕。

三、研究结论

本书基于 D-S 为基础的空间经济学模型的最新扩展,即引入公共部门与数据部门作为新的经济主体,并刻画两部门之间的经济关系。本文主要有三个研究结论:首先,我们从理论上证明,数据资本的形成效率与人口数量、消费支出等呈正向比例关系,(数据财政存在适度规模)过高或过低的企业税率均不利于数据资本的形成,数据授权使用费也存在相似的结论。其次,数据资本使用效率越高即政府在数据资本支出效率越高,则总体经济增长率越高。最后,数据资本的空间流动及使用将缩小区域经济发展差异,助力共同富裕目标的实现。

第四节 政府数据价值形成与影响机理

一、概念界定

政府数据资源要素价值可以理解为政府数据作为生产要素中的一种在生产经营活动中参与生产配置所创造的价值。[①] 根据价值产生的阶段,可以将政府数据资源要素的价值分为政府数据资源要素事前价值、政府数据资源要素事中价值和政府数据资源要素事后价值。政府数据资源要素事前价值是指政府出售数据资源而获取的租金价值;政府数据资源要素事中价值是指企业利用购买的政府数据参与市场生产经营活动时给自身带来的经济效益;政府数据资源要素事后价值是指最终使用政府数据的企业开发相关产品所创造的价值。其中,政府数据资源要素事前价值受益主体为政府,政府数据资源要素事中价值受益主体为企业,政府数据资源要素事后价值受益主体为最终用户。

二、研究假设与研究模型

(一) 影响因素指标来源

根据前人研究成果,如表 12-3 所示,可将影响因素划为六大类:基础因

---

① 陈兰杰、李邈:《政府数据生产要素价值实现影响因素研究》,《河北北方学院学报》(社会科学版)2021 年第 4 期。

素——政府数据供给情况（张晓娟等，2022；王卫和王晶，2020）、核心要素——数据价值化支撑能力、推动因素——企业数据吸收能力（曹雨佳，2016）、决定因素——政府数据交易规则（刘莉，2020）、保障因素——政府数据交易安全（王卫和王晶，2020；唐长乐，2021）、支撑因素——数据供给监督反馈机制（周文鸿，2018；刘莉，2020）。

表 12-3　相关学者关于影响因素研究

作者	观点
张晓娟等（2022）	政府开放数据数量与质量、利益相关者、价值实现环境因素是政府数据开放价值实现的三个关键因素。
唐长乐（2021）	认知因素、需求因素、动机因素、技术因素、资源因素和政治经济因素六个主范畴是政府开放数据价值共创的影响因素。
王卫和王晶（2020）	从用户和平台两个角度出发，研究影响开放政府数据价值实现的因素。用户方面：用户绩效期望和社会影响；平台方面：开放数据质量、开放平台质量和平台服务质量。
刘莉（2020）	数据资产市场化的主要阻碍及影响因素可归纳为数据法律性质、数据权属、数据安全风险、数据监管四个方面。
王晶等（2019）	基于 TOE 理论，从环境、技术和组织三方面分析了开放政府数据价值实现的影响因素。
周文鸿（2018）	指出目前国外政府开放数据主要关注制度体系、组织架构、政策法规、数据门户、评估机制等几方面问题。
曹雨佳（2016）	相关法律法规缺失，数据管理各自为政，对数据缺乏有效盘活，数据价值有待挖掘等都是数据价值实现的影响因素。

资料来源：作者自行整理。

（二）研究假设的提出

本文梳理前人研究成果，基于前节六大影响因素进行具体分析，具体衡量指标如表 12-3 所示，并提出研究假设。

1. 政府数据供给情况

张晓娟等(2022)认为从数据质量本身属性角度,主要评价指标包括完整性、原始性、准确性、非专有性、一致性、及时性、可机读性、安全性、蕴含价值以及元数据描述统一和规范等。从用户满意度方面来评价,主要指政府开放数据可获取、可理解、易用、切合用户需求,数据获取与使用是非歧视、免于授权。庞进京(2017)从政务信息资源质量维度入手提出权威性、精准性、时效性、有用性、易用性、个性化、互动性、原创性、多样性等多个维度。我国行业众多,各个行业需要的数据或有相同或不同,随着社会经济的发展,综合型企业的出现,政府应该将数据打通,扩大数据覆盖面的同时,增加数据基数,促进产业的升级换代。数据的及时更新可以更好地传递当下的状况而减少时滞性问题的出现,完整且精准的数据可以给企业带来更有效且可持续的使用。一方面,政府数据的来源具有权威性,另一方面,政府部门的权威性可以保障数据交易、储存等过程的安全性。数据的易用性,可以给用户带来更好的体验感。数据关联性越高,越容易被整合和应用,越具有价值。基于此,本书从数据覆盖面、基数、时效性、完整性、精准性、权威性、易用性、关联度八个方面衡量政府数据供给情况。

2. 数据价值化支撑能力

当前的数据价值化支撑能力首先要考虑到数据交易的市场化效率问题,数据交易市场化程度越深、市场效率越高,表明当前的数据价值化支撑能力越强。其次,就是新型基础设施质量问题,近年来新型基础设施的不断投入建设,为数据价值化提供了必要的支点,新型基础设施的质量越好,数据价值化支撑能力越强。再次,是数字技术发展和普及程度问题,数字技术的快速发展进步与普及程度广影响着数据价值化水平,为其实现提供一定的支撑作用。最后,数据运营人员综合能力越高,数据价值化支撑能力越强。基于此,本书以目前数据交易市场效率好、目前新型基础设施质量好、目前数字技术发展和普及好、目前数据运营人员综合能力高衡量政府数据价值化支撑能力。

3.企业数据吸收能力

Alexopoulo 等（2016）认为，用户行为影响开放数据价值的实现。数据具有三重价值：资源租金、管理增值、挖掘利用价值（王芳，2020）。对政府数据的挖掘利用影响其价值实现，而企业作为数据吸收大户，更多地使用分析开发数据以此创造倍增的社会经济价值。其中，企业的数据转换资金总量是衡量企业使用数据效率的重要因素，转换资金总量越多，效率越高。数据开发投入资金不足的情况下，即使保证效率，也会影响价值实现。企业对数据的开发运用能力决定了企业是否可以挖掘价值，而核心关键技术更是企业能否抢占市场先机的重要条件。数据意识是指人们对数据有所需求，而寻求、利用数据。人们的数据意识越高，需求越明显，企业越容易分析挖掘出适应需求的数据。数据和其他要素相同的是，使用过程中不仅有法律层面的规定，也需要道德上的规范，具有数据道德，有利于数据的交易。基于此，本文以转换资金总量、数据开发上投入、开发技术运用能力、关键核心技术、相关人员数据意识、相关人员数据道德衡量企业数据吸收能力。

4.政府数据交易规则

信息产权理论指出，数据交易的顺利进行的前提是清晰完备的权属界定。政府数据只有具备清晰的产权，才能使得政府数据所有权与使用权分离，这样政府数据要素才能进入生产经营活动中参与市场资源配置进行价值创造。由于数据具有多样性，可交易品种、交易格式也具有多元化，进而能够满足市场多种多样的需求，交易品种越多样、交易格式越丰富，越有利于数据交易量的增加。目前在数据定价方面，由于数据质量等指标的数据不可得导致不能科学准确地衡量数据的价值。① 交易评估价格越准确，越准确估计政府数据价值。应用技术实现多源多模态数据的融合分析可以提高政府数据价值变现。交易数据融合度越高，政府数据价值越高。交易机制可信度越高，越有利于政

---

① 　郭宏程：《数据要素市场化环境下的数据安全思考》，《中国金融电脑》2020 年第 9 期。

府数据的交易。近年来各大交易平台纷纷出台禁止清单、标准体系,加大交易全过程的安全性,这使得交易量大幅度上升。基于此,本文以目前交易的数据权属界定、交易品种多样性、交易格式丰富性、交易评估价格准确性、交易数据融合度高、交易机制可信度高衡量政府数据交易规则。

5. 政府数据交易安全

所谓数据脱敏,就是不违反规则的前提下对包含某些敏感信息的数据进行改造变形,以便保护隐私数据。[①] 政府数据脱敏后的价值保留程度指的是相对于真实原始数据企业运用脱敏后的政府数据进行生产经营得到的价值,脱敏后的数据与原始数据越相似,企业运用脱敏后的数据得到的价值越大,并且数据脱敏会降低交易数据的安全风险。数据加密是数据安全共享的基础。数据流通加密指的是利用技术对流通中的数据进行加密处理流,避免数据泄露或是被恶意篡改,数据流通加密程度越高,政府数据交易越安全。交易平台越规范,交易流程越稳定、高效、安全。规范建设政府数据交易平台,有利于提升数据交易的可信度。基于此,本文以目前交易数据脱敏后的价值保留程度、数据流通加密程度高、交易平台规范程度高衡量政府数据交易的安全程度。

6. 政府数据供给监督反馈机制

建立完善的政府数据交易监督制度体系有利于引导各方规范交易,保障交易过程稳定开展。由于政府数据的交易容易存在价格不合理、交易数据不合规等问题,加强对数据交易的监督,有利于政府数据供给需求双方的数据交易的长期互利共赢,减少政府数据价值的流失。政府数据交易监督反馈平台既有提供交易政府数据场所的作用,又可以维护市场正常、有序运行。当企业交易政府数据出现问题的时候,通过监督反馈平台可以追溯数据源头,减少企业不必要损失。政府数据交易监督管理机构主要是从政府数据的提供方来

---

① 王毛路、华跃:《数据脱敏在政府数据治理及开放服务中的应用》,《电子政务》2019 年第 5 期。

看,加强政府内部监督管理,减少政府数据交易收费不规范。本文以全面的数据监督反馈制度、完善的监督反馈平台、合理的监督管理机构衡量数据供给监督反馈机制。

由此,本文提出如下假设:

H1:政府数据供给情况正向影响政府数据事前价值。

H2:政府数据供给情况正向影响政府数据事中价值。

H3:政府数据供给情况正向影响政府数据事后价值。

H4:数据价值化支撑能力正向影响政府数据事前价值。

H5:数据价值化支撑能力正向影响政府数据事中价值。

H6:数据价值化支撑能力正向影响政府数据事后价值。

H7:企业数据吸收能力正向影响政府数据事前价值。

H8:企业数据吸收能力正向影响政府数据事中价值。

H9:企业数据吸收能力正向影响政府数据事后价值。

H10:数据交易规则正向影响政府数据事前价值。

H11:数据交易规则正向影响政府数据事中价值。

H12:数据交易规则正向影响政府数据事后价值。

H13:数据交易安全正向影响政府数据事前价值。

H14:数据价值化支撑能力正向影响政府数据事中价值。

H15:数据价值化支撑能力正向影响政府数据事后价值。

H16:数据供给监督反馈机制正向影响政府数据事前价值。

H17:数据供给监督反馈机制正向影响政府数据事中价值。

H18:数据供给监督反馈机制正向影响政府数据事后价值。

表 12-4　指标来源

类别	一级指标	二级指标
影响因素	数据供给情况	目前交易的政府数据覆盖面广
		目前交易的政府数据基数大
		目前交易的政府数据时效性强
		目前交易的政府数据完整性好
		目前交易的政府数据精准性高
		目前交易的政府数据权威性强
		目前交易的政府数据易用性强
		目前交易的政府数据关联度高
	数据价值化支撑能力	目前政府数据交易市场效率好
		目前新型基础设施质量好
		目前数字技术发展和普及好
		目前数据运营人员综合能力高
	企业数据吸收能力	贵公司的转换资金总量多
		贵公司在数据开发上投入少
		贵公司的数据开发技术运用能力强
		贵公司拥有的关键核心技术先进
		贵公司的相关人员数据意识强
		贵公司的相关人员数据道德高
	数据交易规则	目前交易的政府数据权属界定明晰
		目前交易的政府数据品种多样
		目前已有的政府数据交易格式丰富
		目前交易政府数据的评估价格准确
		目前交易的政府数据融合度高
		目前的交易机制可信度高
	数据交易安全	目前交易政府数据脱敏后的价值保留程度高
		目前政府数据流通加密程度高
		目前政府数据交易平台规范程度高
	数据供给监督反馈机制	目前政府数据供给监督反馈制度完善
		目前政府数据供给监督反馈平台完善
		目前政府数据供给监督管理机构规范

续表

类别	一级指标	二级指标
价值	事前价值	政府的货币收益价值高
		政府的决策价值高
		政府的形象价值高
	事中价值	政府数据给贵公司的产品带来了高价值
		政府数据给贵公司的产品带来了高竞争能力
		政府数据给贵公司的产品带来了高业务能力
	事后价值	政府数据产品受市场欢迎
		政府数据产品市场价值高
		政府数据产品创税能力强

资料来源:作者自行整理。

（三）模型构建

根据前文分析,本书构建了政府数据价值实现影响因素概念模型,如图12-8所示。

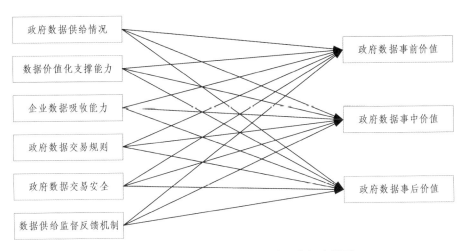

图 12-8　政府数据价值实现影响因素概念模型

三、实证研究

（一）预调研分析

预调研共回收调查问卷 36 份，有效率达到 100%，数据回收后利用 SPSS26.0 软件对测量题目进行信效度检验以判断可靠性和有效性。由表 12-5 可知各测量指标和问卷总体的 α 系数均大于 0.8，表明调查问卷量表内部具有一致性，可信度较高，可以在大范围内开展正式调查。

表 12-5　预调查 Alpha 系数检验结果

指标	克隆巴赫 Alpha	项数
数据供给情况	0.941	8
数据价值化支撑能力	0.914	4
企业数据吸收能力	0.907	6
数据交易规则	0.955	5
数据交易安全	0.943	3
数据供给监督反馈机制	0.963	3
政府数据事前价值	0.843	3
政府数据事中价值	0.945	3
政府数据事后价值	0.915	3
总体	0.985	38

数据来源：作者自行整理。

（二）描述性统计分析

经过大约一个月时间的发放和回收，获得问卷 153 份，经过审查，发现有的问卷明显用时极短，有些并未使用政府数据，有些使用政府数据但并未购买政府数据。剔除掉这些不合格问卷后共得到问卷 149 份，有效问卷达到

99.7%。由图12-9可知调研对象的基本信息。

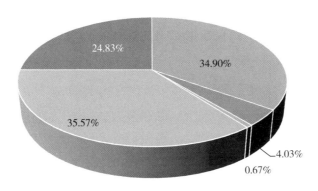

图 12-9　企业性质占比

由图12-9可知,本次接受调查的样本中,公司性质主要集中在国有企业(占比34.90%)和私营企业(占比35.57%)两大方面,这说明样本选择的可靠性。

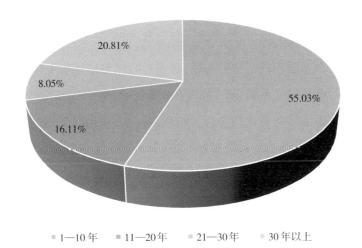

图 12-10　公司成立时间分布

由图12-10中的公司成立时间分布可知,在公司成立时间上1—10年占比超半数(占比55.03%),其次是30年以上(占比20.81%),再次是11—20

263

年(占比 16. 11%)。

由图 12-11 中的公司行业分布可知,金融业有 38.89%,金融业细分,可分为银行业(占比 20.4%)、证券业(占比 10.6%)。

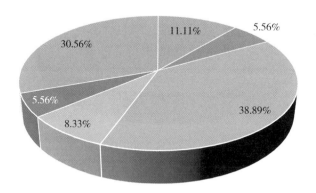

‧农业 ‧制造业 ‧金融业 ‧教育业 ‧信息传输、软件和信息技术服务业 ‧其他

图 12-11 公司行业分布

(三) 正式调研的信度和效度分析

1. 信度分析

信度的分析主要用两个指标衡量:修正后的项与总计相关性(CITC)数值检验与 Cronbach Alpha 系数(α)检验。本研究通过 SPSS26. 0 计算了所获调研数据的修正后的项与总计相关性、Cronbachα 值,检验量表的内部一致性信度,各量表内部一致性信度数据如表 12-6 所示。

表 12-6 内部一致性信度数据

项目	删除项后的标度平均值	删除项后的标度方差	修正后的项与总计相关性	平方多重相关性	项已删除的 α 系数	Cronbach α 系数
A1 数据覆盖面广	24. 52	37. 454	0. 806	0. 705	0. 930	0. 939
A2 数据基数大	24. 53	37. 481	0. 820	0. 712	0. 929	
A3 数据时效性强	24. 68	37. 787	0. 825	0. 714	0. 928	

项目	删除项后的标度平均值	删除项后的标度方差	修正后的项与总计相关性	平方多重相关性	项已删除的α系数	Cronbach α系数
A4 数据完整性好	24.66	37.603	0.833	0.708	0.928	
A5 数据精准性高	24.52	38.549	0.797	0.670	0.930	
A6 数据权威性强	24.14	41.649	0.575	0.369	0.945	
A7 数据易用性强	24.62	38.359	0.816	0.701	0.929	
A8 数据关联度高	24.56	39.302	0.807	0.704	0.930	
B1 数据交易市场效率好	10.30	7.320	0.845	0.716	0.886	0.920
B2 新型基础设施质量	10.35	7.580	0.823	0.684	0.894	
B3 数字技术发展和普及好	10.17	7.753	0.824	0.682	0.894	
B4 数据运营人员综合能力高	10.25	7.810	0.773	0.599	0.911	
C1 公司的转换资金总量多	16.68	19.423	0.778	0.620	0.868	0.896
C2 公司在数据开发上投入少	16.90	22.118	0.460	0.235	0.917	
C3 公司的数据开发技术运用能力强	16.74	19.880	0.806	0.693	0.865	
C4 公司拥有的关键核心技术先进	16.77	19.515	0.750	0.601	0.873	
C5 公司的相关人员数据意识强	16.61	19.577	0.781	0.694	0.868	
C6 公司的相关人员数据道德高	16.40	19.876	0.771	0.640	0.870	
D1 数据权属界定明晰	16.95	24.227	0.811	0.664	0.946	0.951
D2 数据品种多	17.02	24.425	0.865	0.766	0.940	
D3 数据交易格式丰富	17.07	23.596	0.852	0.751	0.942	

续表

项目	删除项后的标度平均值	删除项后的标度方差	修正后的项与总计相关性	平方多重相关性	项已删除的α系数	Cronbach α系数
D4 交易数据的评估价格准确	17.02	23.696	0.834	0.706	0.944	
D5 交易的数据融合度高	17.10	23.645	0.875	0.778	0.939	
D6 交易机制可信度高	16.85	23.856	0.859	0.751	0.941	
E1 交易数据脱敏后的价值保留程度高	6.84	4.15	0.824	0.678	0.852	0.905
E2 数据流通加密程度高	6.97	4.215	0.804	0.648	0.869	
E3 交易平台规范程度高	6.98	4.223	0.802	0.645	0.870	
F1 数据供给监督反馈机制	6.87	4.639	0.889	0.791	0.931	0.950
F2 监督反馈平台完善	7.01	4.648	0.889	0.792	0.930	
F3 监督管理机构规范	6.96	4.458	0.905	0.82	0.918	
Y11 货币收益价值高	7.36	3.625	0.768	0.591	0.857	0.890
Y12 决策价值高	7.24	3.576	0.801	0.642	0.828	
Y13 形象价值高	7.19	3.536	0.783	0.617	0.844	
Y21 公司的产品价值高	7.1	4.078	0.836	0.701	0.904	0.927
Y22 公司的竞争能力高	7.27	3.846	0.851	0.728	0.893	
Y23 公司的业务能力高	7.15	4.1	0.864	0.747	0.883	
Y31 数据产品受市场欢迎	7.06	4.125	0.865	0.749	0.873	0.924
Y32 数据产品市场价值高	7.09	4.126	0.838	0.706	0.896	
Y33 数据产品创税能力强	7.16	4.258	0.832	0.696	0.900	

数据来源:作者自行整理。

从表 12-6 可知：信度系数（Cronbach α 系数）值大于 0.8，因而说明研究数据信度质量很高。针对"项已删除的 α 系数"，A6 数据权威性强与 C2 公司在数据开发上投入少，如果被删除，信度系数（项已删除的 α 系数）会有较为明显的上升，分别由 0.939 上升到 0.945、0.896 上升到 0.917，因此可考虑对 A6 数据权威性强与 C2 公司在数据开发上投入少两项进行修正或者删除处理。针对修正后的项与总计相关性"CITC 值"，分析项的 CITC 值均大于 0.4，说明分析项之间具有良好的相关关系，同时也说明信度水平良好。综上所述，数据信度质量高，可用于进一步分析。

2. 效度分析

本研究用 AMOS26.0 进行了验证性因子分析，检验量表的测量关系、聚合（收敛）效度、区分效度。

本研究首先将数据供给情况（A）、数据价值化支撑能力（B）、企业数据吸收能力（C）、数据交易规则（D）、数据交易安全（E）、数据供给监督反馈机制（F）作为影响因素的六个维度，每个维度都是一个潜变量，它们分别由观测题项来测量。模型设定如图 12-12 所示。数据供给情况（A）有 7 个观测题项，数据价值化支撑能力（B）有 4 个观测题项，企业数据吸收能力（C）有 5 个观测题项，数据交易规则（D）有 6 个观测题项，数据交易安全（E）有 3 个观测题项，数据供给监督反馈机制（F）有 3 个观测题项，共有 38 个观测题项。如图 12-12 所示。

用 AMOS26.0 对影响因素验证性因子分析模型进行演算（平均变抽取量 AVC 需要手工计算），得到以下参数值（如表 12-7）进行测量关系分析、聚合（收敛）效度分析。

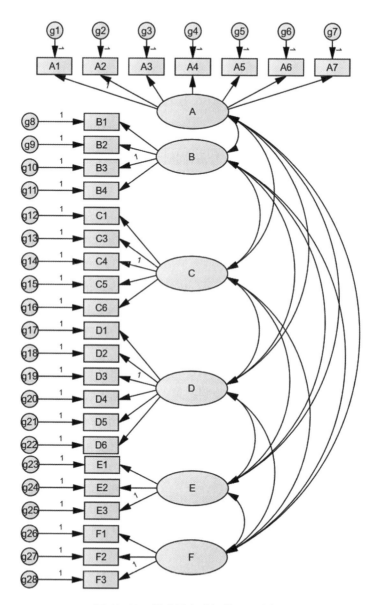

图 12-12　影响因素验证性因子分析

表 12-7　因子载荷系数表格

显变量	<---	潜变量	估计值	标准估计值	S.E.	C.R.	P
A1 数据覆盖面广	<---	A	1	0.845			
A2 数据基数大	<---	A	0.977	0.839	0.075	13.057	***
A3 数据时效性强	<---	A	0.98	0.868	0.071	13.849	***
A4 数据完整性好	<---	A	0.989	0.87	0.071	13.901	***
A5 数据精准性高	<---	A	0.896	0.825	0.071	12.689	***
A7 数据易用性强	<---	A	0.902	0.833	0.07	12.909	***
A8 数据关联度高	<---	A	0.824	0.824	0.065	12.657	***
B3 数字技术发展和普及好	<---	B	1	0.853			
B2 新型基础设施质量	<---	B	1.045	0.861	0.075	13.862	***
B1 数据交易市场效率好	<---	B	1.149	0.917	0.073	15.655	***
B4 数据运营人员综合能力高	<---	B	0.98	0.809	0.079	12.444	***
C4 公司拥有的关键核心技术先进	<---	C	1	0.804			
C3 公司的数据开发技术运用能力强	<---	C	0.963	0.855	0.079	12.146	***
C1 公司的转换资金总量多	<---	C	1.02	0.834	0.087	11.728	***
C5 公司的相关人员数据意识强	<---	C	1.014	0.847	0.085	11.982	***
C6 公司的相关人员数据道德高	<---	C	0.952	0.816	0.084	11.374	***
D3 数据交易格式丰富	<---	D	1	0.879			
D2 数据品种多	<---	D	0.913	0.888	0.058	15.872	***

续表

显变量	<---	潜变量	估计值	标准估计值	S.E.	C.R.	P
D1 数据权属界定明晰	<---	D	0.938	0.848	0.065	14.398	***
D4 交易数据的评估价格准确	<---	D	0.982	0.858	0.067	14.748	***
D5 交易的数据融合度高	<---	D	0.993	0.896	0.061	16.186	***
D6 交易机制可信度高	<---	D	0.972	0.884	0.062	15.713	***
E3 交易平台规范程度高	<---	E	1	0.881			
E2 数据流通加密程度高	<---	E	0.975	0.858	0.066	14.78	***
E1 交易数据脱敏后的价值保留程度高	<---	E	0.996	0.875	0.065	15.402	***
F3 监督管理机构规范	<---	F	1	0.936			
F2 监督反馈平台完善	<---	F	0.948	0.915	0.047	20.193	***
F1 数据供给监督反馈机制	<---	F	0.971	0.935	0.045	21.745	***

数据来源:作者根据 AMOS 分析结果整理而得。* 号表示显著性水平, ** 表示 p<0.01; *** 表示 p<0.001。

针对显变量对潜变量测量关系来看:由表 12-8 可知,各个显变量对潜变量的标准估计值均大于 0.6 且呈现出显著性,意味着各个显变量能很好地测量潜变量。

表 12-8　模型 AVE 和 CR 指标结果

潜变量		平均方差萃取 AVE 值	组合信度 CR 值
数据供给情况	A	0.712	0.945
数据价值化支撑能力	B	0.741	0.920
企业数据吸收能力	C	0.691	0.918
数据交易规则	D	0.767	0.952
数据交易安全	E	0.759	0.904
数据供给监督反馈机制	F	0.863	0.950

数据来源:作者根据 AMOS 分析结果整理计算而得。

本次针对数据供给情况(A)、数据价值化支撑能力(B)、企业数据吸收能力(C)、数据交易规则(D)、数据交易安全(E)、数据供给监督反馈机制(F)共6个因子,以及38个分析项进行验证性因子分析(CFA)分析。从表12-8可知,6个因子对应的AVE值均大于0.5,且CR值均高于0.7,意味着本次分析数据具有良好的聚合(收敛)效度。

通过AMOS26.0利用调研样本数据进行统计分析,本研究得出模型各主要拟合指数[①],如表12-9所示。

表 12-9 模型拟合指标

常用指标	χ^2	df	p	卡方自由度比 χ^2/df	GFI	RMSEA	RMR	CFI
判断标准	–	–	>0.05	<3	>0.9	<0.10	<0.05	>0.9
值	706.844	335	0.000	2.110	0.765	0.087	0.040	0.922
其他指标	TLI	AGFI	IFI	PGFI	PNFI	SRMR	RMSEA 90% CI	
判断标准	>0.9	>0.9	>0.9	>0.5	>0.5	<0.1	–	
值	0.912	0.715	0.923	0.631	0.746	0.040	0.078—0.095	

考察参数值,CMIN/DF=2.110<5;拟合优度绝对指标RMSEA=0.087<0.10;拟合优度相对指标CFI=0.922>0.900;PNFI=0.746>0.5。因此,动态能力验证性因子分析模型有良好的拟合度,模型可以接受。

图12-13更加清晰明了地展示了影响因素验证性因子分析模型标准化系数。

---

① 模型拟合指标用于整体模型拟合效度情况分析;模型拟合指标非常多,通常情况下很难所有指标均需要达标;建议使用常见的几个指标即可,包括卡方自由度比,GFI,RMSEA,RMR,CFI,NFI,NNFI。

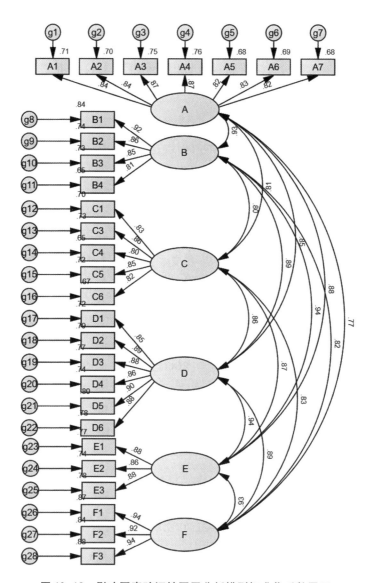

图 12-13 影响因素验证性因子分析模型标准化系数展示

本研究首先将政府数据事前价值(Y1)、政府数据事中价值(Y2)、政府数据事后价值(Y3)作为政府数据价值的三个维度,每个维度都是一个潜变量,它们分别由 3 个观测题项来测量。模型设定如图 12-14 所示。

用 AMOS26.0 对政府数据价值验证性因子分析模型进行演算(平均变抽

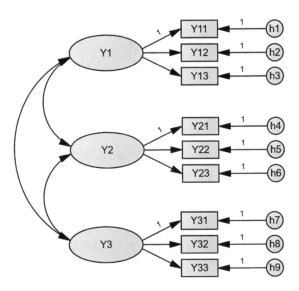

图 12-14　政府数据价值验证性因子分析

取量 AVC 需要手工计算），得到以下参数值进行测量关系分析、聚合（收敛）效度分析，见表 12-10。

表 12-10　因子载荷系数表格

显变量	<---	潜变量	估计值	标准估计值	S.E.	C.R.	P
Y11 货币收益价值高	<---	Y1	1	0.86			
Y12 决策价值高	<---	Y1	1.004	0.874	0.071	14.06	***
Y13 形象价值高	<---	Y1	0.971	0.825	0.076	12.709	***
Y21 公司的产品价值高	<---	Y2	1	0.886			
Y22 公司的竞争能力高	<---	Y2	1.062	0.898	0.066	16.095	***
Y23 公司的业务能力高	<---	Y2	1.007	0.915	0.06	16.773	***
Y31 数据产品受市场欢迎	<---	Y3	1	0.902			
Y32 数据产品市场价值高	<---	Y3	1.031	0.912	0.059	17.448	***
Y33 数据产品创税能力强	<---	Y3	0.958	0.871	0.061	15.665	***

数据来源：作者根据 AMOS 分析结果整理而得。

针对测量关系来看:对于各测量关系,标准化载荷系绝对值均大于 0.6 且呈现出显著性,意味着有着较好的测量关系。

本次针对政府数据事前价值(Y1)、政府数据事中价值(Y2)、政府数据事后价值(Y3)共 3 个因子,以及 9 个分析项进行验证性因子分析(CFA)分析。从表 12-10 可知,政府数据事前价值(Y1)、政府数据事中价值(Y2)、政府数据事后价值(Y3)共 3 个因子对应的 AVE 值均大于 0.5,且 CR 值均高于 0.7,意味着本次分析数据具有良好的聚合(收敛)效度,见表 12-11。

表 12-11 模型 AVE 和 CR 指标结果

潜变量		平均方差萃取 AVE 值	组合信度 CR 值
政府数据事前价值	Y1	0.728	0.889
政府数据事中价值	Y2	0.810	0.927
政府数据事后价值	Y3	0.801	0.924

数据来源:作者根据 AMOS 分析结果整理计算而得。

通过 AMOS26.0 利用调研样本数据进行统计分析,本研究得出模型各主要拟合指数[1],如表 12-12 所示。

表 12-12 模型拟合指标

常用指标	χ^2	df	p	χ^2/df	GFI	RMSEA	RMR	CFI	NFI
判断标准	–	–	>0.05	<3	>0.9	<0.10	<0.05	>0.9	>0.9
值	54.057	24	0.000	2.252	0.927	0.092	0.024	0.978	0.961
其他指标	TLI	AGFI	IFI	PGFI	PNFI	RFI	RMSEA 90% CI		

---

① 模型拟合指标用于整体模型拟合效度情况分析;模型拟合指标非常多,通常情况下很难所有指标均需要达标;建议使用常见的几个指标即可,包括卡方自由度比,GFI,RMSEA,RMR,CFI,NFI,NNFI。

续表

常用指标	χ^2	df	p	χ^2/df	GFI	RMSEA	RMR	CFI	NFI
判断标准	>0.9	>0.9	>0.9	>0.5	>0.5	>0.9	–		
值	0.966	0.978	0.966	0.494	0.640	0.941	0.125—0.020		

考察参数值,CMIN/DF = 2.252<5;拟合优度绝对指标 RMSEA = 0.0927<0.10;拟合优度相对指标 CFI = 0.978>0.900;PNFI = 0.640>0.5。因此,动态能力验证性因子分析模型有良好的拟合度,模型可以接受。

图 12-15 更加清晰明了地展示了影响因素验证性因子分析模型标准化系数。

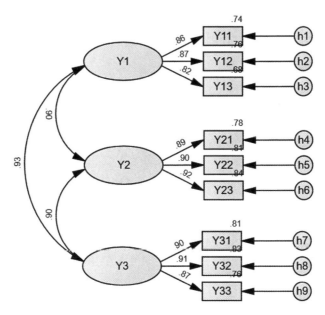

图 12-15 影响因素验证性因子分析模型标准化系数

（四）结构方程模型（SEM）分析

1.路径分析

本文采用结构方程模型（SEM）来验证政府数据价值实现影响因素概念

模型,采用极大似然估计法来计算理论模型的拟合指标与各个路径系数的估计值,得出假设检验相关的测量要素之间的相关关系。通过 AMOS26.0 提供的临界比例(Critical Ratio,简称 C.R.)或显著性水平 P 值就能够判断是否接受假设检验通过,以便考察通过结构方程模型分析获得的参数估计值是否具有统计意义,如图 12-16 所示。图 12-16 清晰明了地展示了政府数据价值实现影响因素结构方程模型路径图。

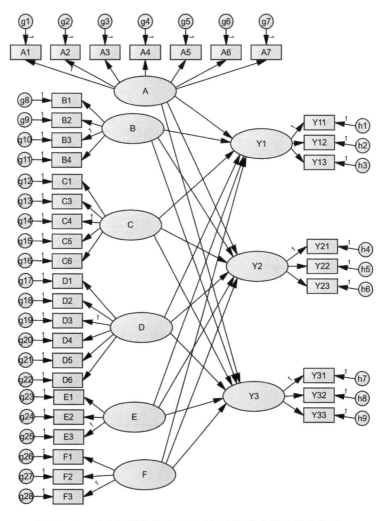

图 12-16 政府数据价值实现影响因素结构方程模型路径图

考察参数值,CMIN/DF = 2.101<5;拟合优度绝对指标:RMSEA = 0.086<0.10;拟合优度相对指标 CFI = 0.905>0.900;PNFI = 0.745>0.5。因此,政府数据价值实现影响因素结构方程模型有良好的拟合度,模型可以接受,见表12-13。

表 12-13 因子载荷系数表格

显变量	<---	潜变量	估计值	标准估计值	S.E.	C.R.	P
Y1	<---	A	0.337	0.465	0.046	7.399	***
Y2	<---	A	0.362	0.316	0.052	7.029	***
Y3	<---	A	0.478	0.487	0.053	9.083	***
Y1	<---	B	−0.085	−0.103	0.045	−1.88	0.06
Y2	<---	B	−0.281	−0.252	0.052	−5.357	***
Y3	<---	B	−0.476	−0.365	0.06	−7.916	***
Y1	<---	C	−0.072	−0.094	0.042	−1.725	0.085
Y2	<---	C	0.241	0.200	0.053	4.594	***
Y3	<---	C	−0.127	−0.123	0.047	−2.707	0.007
Y1	<---	D	0.100	0.145	0.038	2.671	0.008
Y2	<---	D	0.100	0.092	0.045	2.231	0.026
Y3	<---	D	0.011	0.012	0.041	0.272	0.785
Y1	<---	E	0.667	0.859	0.061	10.866	***
Y2	<---	E	1.002	0.814	0.075	13.391	***
Y3	<---	E	0.868	0.824	0.069	12.567	***
Y1	<---	F	0.043	0.066	0.035	1.237	0.216
Y2	<---	F	−0.244	−0.236	0.043	−5.652	***
Y3	<---	F	0.064	0.073	0.039	1.648	0.099

数据来源:作者根据 AMOS 分析结果整理而得。* 号表示显著性水平,**表示 $p<0.01$;***表示 $p<0.001$。

2. 研究结论

由表12-13可知,数据供给情况(A)显著地正向影响政府数据事前价值(Y1)(标准系数 = 0.465,$p<0.001$)、政府数据事中价值(Y2)(标准系数 =

0.316,p<0.001)、政府数据事后价值(Y3)(标准系数=0.487,p<0.001),这符合假设 H1、H2、H3。数据价值化支撑能力(B)对政府数据事前价值、政府数据事中价值、政府数据事后价值不显著且为负向影响,可能与当前的数据基础设施建设不完善具有较大的关系。企业数据吸收能力(C)显著地正向影响政府数据事中价值(Y2)(标准系数=0.200,p<0.001),这符合假设 H8,而对政府数据事前价值(Y1)、政府数据事后价值(Y3)表现出显著的负向作用,这可能是与当前的数据价值实现机制不完善有密切关联。企业的数据吸收能力仅能有效作用于其本身的价值,而对政府及最终使用者的价值未起到有效作用。数据交易规则(D)显著正向影响政府数据事前价值(Y1)(标准系数=0.145,p<0.01)、政府数据事中价值(Y2)(标准系数=0.092,p<0.05),正向影响政府数据事后价值(Y3)(标准系数=0.012,p<0.001),这符合假设 H10、H11。数据交易安全(E)显著地正向影响政府数据事前价值(Y1)(标准系数=0.859,p<0.001)、政府数据事中价值(Y2)(标准系数=0.814,p<0.001)、政府数据事后价值(Y3)(标准系数=0.824,p<0.001),这符合假设 H13、H14、H15。这表明数据交易的安全性对数据价值实现具有重要影响。数据供给监督反馈机制(E)显著地负向影响政府数据事中价值(Y2)(标准系数=-0.236,p<0.001),这表明当前的供给监督机制不健全,不能有效监管企业的数据使用,造成政府数据事中价值不能有效实现。数据供给监督反馈机制(E)显著地正向影响政府数据事中价值(Y3)(标准系数=0.073,p<0.001),这符合假设 H18。

第五节　实现路径

一、完善数据财政的顶层制度设计与建设

根据上述分析,数据供给能力和交易规则正向影响政府数据价值,进而影响数据财政的规模和效率。因此,必须从中央层面完善数据财政的顶层制度

设计与建设,实现政府数据从资源到资产的靓丽转变,推进政府数据的市场化运营,充分实现政府数据的资本化和价值化。要完善政府数据的产权制度,为政府数据市场化运营排除障碍;在此基础上,要健全和完善政府数据资产价值评估制度,尽量摸清政府数据资产家底,为数据财政实施提供依据和方向。要完善数字经济时代政府的财税制度设计,通过科学合理的税制税率推进私域数据市场化活跃程度及政府数据市场化开发利用的热度。同时,要注意到数字税是数据财政规模的关键渠道,但数据税绝对不能涸泽而渔,要有利于数据交易市场规模的扩大和数字经济税源的培育。最后,数据财政要收支有效,要构建合理高效的数据财政支出机制,要有助于提升数字经济时代居民数字技能和综合福利水平,而且要通过政府购买、政府投资、财税补贴等形式壮大私域数据市场规模。在此基础上,构建全过程实时监控、动态优化的数据财政运营体系。

二、构建和完善顺应数字经济和数字财政要求的统计体系

2017 年 3 月,数字经济首次写入政府工作报告。2021 年 3 月 12 日,国家"十四五"规划纲要发布,在社会发展主要目标中,"数字经济核心产业增加值占 GDP 比重"首次成为体现创新驱动的指标。到 2025 年,数字经济核心产业增加值占 GDP 比重将达到 10%。作为衡量数字经济发展水平的重要统计标准,2021 年 5 月 27 日国家统计局发布了《数字经济及其核心产业统计分类(2021)》。该统计体系弥补了我国数字经济统计工作的空白,对客观真实的衡量我国数字经济的发展水平有重要意义。但该统计体系存在明显缺陷,如对数字产业化部门给出了周详的统计设计,但对产业数字化和数字化治理部门发展和成效水平统计设计很不完善。另外,对数字经济时代的数据财政工作基本没有提及,对基于数据流和资金流探讨数据财政的机理和路径、目录和细节缺乏前瞻性制度设计和探索。为了更好发挥政府数据价值及赋能经济增长机制,必须构建和完善顺应数字经济和数字财政要求的统计体系。

三、构建和完善国家层面的政府数据开放共享和开发利用平台

目前,全球的主要发达国家已建成全国层面的政府数据开放共享和开发利用平台,我国在这方面相对滞后,尚未形成国家层面的、统一的、专门的、"一站式"的政府数据开放共享和开发利用平台,这导致全国性的政府数据开放共享和开发利用远远滞后于数字经济发展的时代要求。2021 年 9 月 1 日实施的《中华人民共和国数据安全法》明确提出要构建统一规范、互联互通、安全可控的政务数据开放平台,推动政务数据开放利用。要破除部门和区域利益分割,客观评估数据安全及需要保护的程度,更不能借口数据安全而懒政惰政,给全国层面的政府数据开放共享和开发利用设置障碍。构建和完善国家层面的政府数据开放共享和开发利用平台是一项耗资巨大的政府公共产品,但它可以提供丰富高价值的政府数据资源,激活和扩大全国统一的数据要素市场,因此中央政府责无旁贷,要尽快建成和投入使用国家层面的、统一的、专门的、"一站式"的政府数据开放共享和开发利用平台,并采取行政化和市场化相结合的手段推进政府数据有效开放,对于准公共物品性质的政府数据坚持有偿开放的市场化原则,引致和推动政府数据资源的充分有效开放利用,充分发挥政府数据要素资本化和价值化水平。

四、基于"受益者负担"原则稳步推进政府数据有偿开放

由于数据供给情况显著地正向影响政府数据价值,必须要加快推进政府数据开放流通。当前,进行公共数据增值开发的个人或组织是政府数据开放活动的特定受益人。在特定受益人存在的情况下,政府开放的数据就变成了一种准公共产品(俱乐部产品)。根据公共经济学与行政法理论,准公共产品(俱乐部产品)的供给理应遵循"受益者负担"原则。必须要将政务信息公开与政府数据开放(以及后续的数据增值利用)区分开来。这一区分不仅是在政府数据开放领域适用"受益者负担"原则的基础,同时也有助于回应政府数

据有偿开放的合法性(正当性)质疑。《中华人民共和国政府信息公开条例》第27条第一款规定:"行政机关不得通过其他组织、个人以有偿服务方式提供政府信息"。但政府数据开放活动向社会提供的是个人无法直接读取的原始数据,不属于处理后的、难以二次开发的政府信息或政务信息。因而,尽管当前法律对于政府数据开放尚未有明确规定,但基于信息与数据的本质区分,不难得出政府数据在法理上可有偿开放的结论。作为一种准公共产品,政府数据的开放目的是鼓励个人或非政府组织对数据进行增值开发,以挖掘新的社会收益,遵循"谁利用、谁付费"或"谁受益、谁付费"的"受益者负担"原则,面向特定受益人进行有偿数据开放。

五、稳步推进政府数据要素高质量生产和市场化运营

政府数据赋能数字经济高质量发展和积极扩大数据财政规模需要持续稳步推进政府数据要素高质量生产和市场化运营。政府数据要通过市场化推进数据资源转化为数据要素,从而实现其资本化和价值化。因此,必须多措并举加大高质量政府数据生产规模,并积极通过市场化实现其价值化。首先,打破政府部门利益篱笆和数据孤岛现象,通过法规和市场化机制提升政府数据开放的规模和动力。要依法规定政府数据开放的范围和层次,不能以数据安全为借口消极怠政,尽量扩大政府数据的开放规模。由于政府数据开放需要成本,政府数据的要素化和价值化需要高质量的数据生产和开发,因此要通过市场化机制补偿政府数据开放的成本并增强其主动开放的动力,进一步提高政府数据质量。其次,明晰和健全政府数据授权机制,深化政府数据市场化开发利用场景。要建立健全府数据开放许可协议机制和政府数据利用授权机制,推动政府数据市场化应用场景,通过引入私人资本加大政府数据的使用场景和开发利用效率,努力加强政府数据和私域数据的深度融合应用,充分挖掘政府数据资产价值并赋能数字经济发展。最后,基于投入产出原则创新政府数据要素开发模式,按市场化原则明确收益分配。政府数据要素的市场化和价值化既是数据财政的有力保障,也是各级政府推动高质量数据开放的关键动

力。必须保障政府的"数据收益权",努力创新政府数据利用模式,让各级政府在高质量政府数据要素的生产和市场化运营中扩大数据财政规模,努力实现数据财政和数字经济相促协力发展的良好局面。

六、强化技术支撑,保障政府数据开放和市场化运营安全

政府数据市场化运营决定了政府数据的资本化和价值化水平,但政府数据的市场化运营水平和效率取决于政府数据的安全开放。《中华人民共和国数据安全法》对政务数据安全与开放提出纲领性要求,但缺乏更深一步的政府数据开放利用和安全实施细则。这需要从三个层次上保障政府数据安全开放。首先,应根据需要规定政府相关数据的涉密等级和开放程度,不因数据开放影响国家安全和经济安全;其次,要保障政府数据的知识产权安全,要尽量避免经营性政府数据资产泄密和失窃等运营安全行为;最后,要保障政府数据开放利用和市场化运营支撑体系的安全。上述政府数据安全与开放的要求均需强化先进的数字化、智能化技术支撑,要通过人工智能、区块链等先进技术保驾护航,通过实时监控确保政府数据开放利用和市场化运营全周期的完整性、准确性及可溯性,努力确保政府数据开放的效率最大化和价值最大化。

第十三章　促进数据交易市场发展的制度与政策

数据交易市场是实现数据交易的载体,也是实现数据价值的重要场所。我国从 2004 年建立北京中关村第一家数据交易所以来,一直积极探索建立有效、可信的数据交易市场,截止到 2021 年,我国已经建立有一定交易规模的区域性数据交易所或交易中心 20 余家。但是由于数据要素价值和数据产权难以界定,数据交易市场发展滞后于数字经济发展,也滞后于数据应用发展。因此,还需要秉承在"实践中规范和发展"的原则,分阶段逐步建立数据交易规则体系,建立数据交易市场,扩大示范试点,促进数据规范交易,提升数据交易量和交易面。

第一节　现有促进数据交易市场发展的制度与政策梳理

一、国内数据交易市场发展的制度与政策

数字经济以数字化的知识和信息作为核心生产要素,通过数字技术与实体经济深度融合,加速重构新产业、新业态、新模式,加快数字经济发展成为构建"双循坏"新发展格局的战略选择与关键支撑。近年来中国的数字经济发展取得显著成效,成为推动国民经济稳定增长的关键动力,也成为拉动经济增长的第一引擎。据中国信息通信研究院发布的《中国数字经济发展白皮书

（2021 年）》显示，2020 年中国数字经济的规模达到 39.2 万亿元，占 GDP 比重为 38.6%，按可比口径计算，同比名义增长 9.7%，远高于 GDP 增速。近年来，数据要素市场规模增长迅猛，据 IDC（国际数据公司）发布的研究报告《数据时代 2025》表明，全球新产生数据资源规模每年以 27% 左右的速度增长，2019 年全球数据要素市场规模达到 5207.16 亿美元，中国的数据要素市场规模增速位居世界前列，预计 2025 年将成为世界最大的数据圈。全球数据要素市场潜力巨大，中国的数据交易市场亦日趋活跃，On Audience 统计显示，中国数据市场的交易值增速在全球遥遥领先，2019 年的数据交易规模达 23.93 亿美元，首次超过英国位居世界第二。

　　培育发展数据要素市场，加速释放数据要素红利，是推进数字经济快速发展的重要路径与构建新发展格局的必然要求（李直和吴越，2021）。党的十九届四中全会指出"健全劳动、资本、土地、知识、技术、管理、数据等生产要素由市场评价贡献、按贡献决定报酬的机制"。首次将数据纳入生产要素、推动数据要素市场化配置（尹西明等，2021）。数据成为数字经济时代的基础性战略资源和生产要素，蕴含着巨大的经济价值，但是却面临一个亟待解决的重要问题：数据要素如何实现市场化配置并激活其内在价值，释放其潜在红利从而推动地区数字经济发展？中共中央、国务院在 2020 年 4 月印发《关于构建更加完善的要素市场化配置体制机制的意见》，提出"加快培育数据要素市场，提升社会数据资源价值"。数据要素市场的培育将重塑数字经济形态，进一步提高数据要素在数字经济发展过程中的流通效率与市场价值，促使数据要素为经济高质量发展提供新动能（王伟玲等，2021）。在此背景下，作为数字经济时代的关键生产要素，如何建设数据要素市场，完善交易机制体制，扩大数据交易规模，实现数据要素的市场化配置，进而推动数字经济发展等有待进一步探索，这是近年来政府和学界关注的重要课题。

　　数据作为数字经济时代企业最重要的资源和生产要素之一，正在吸引越来越多的学者投入其研究。首先是关于数据要素特征的研究，于晓龙和王金照(2014)认为,数据要素呈现离散化、多样化、突变化等特征,单个的、个别的数据对价值创造的作用不大,只有当大量的数据交叉聚合,进行系统分析,才能产生巨大的价值。数据作为数字经济时代一种新的生产要素,具有不同于劳动、土地和资本等传统生产要素的新特征,包括非竞争性、规模报酬递增、可再生性等主要特征。非竞争性的存在使得同一组数据可以无限复制给多个主体同时使用,一个额外的使用者不会减少其他现存数据使用者的效用(Acquisti et al.,2016)。Veldkamp 和 Chun(2019)认为,数据要素的边际成本接近于零,这是其与传统生产要素的最大不同之处。由于数据要素具有非竞争性,决定了数据要素的高配置效率与较大的潜在经济价值(Jones 和 Tonetti,2020)。对于企业来说,其拥有的数据规模越大、种类越丰富,产生的信息和知识就越多,因此数据要素呈规模报酬递增(徐翔等,2021)。规模报酬递增特征表明,随着数据规模增大及维度增加,人们从数据中获取的经济价值将呈指数级的增长(戴双兴,2020)。Veldkamp 和 Chun(2019)将数据要素纳入生产模型,发现若数据生产要素与劳动力结合,数据将会带来规模报酬递增,同时提高了企业生产效率。与传统生产要素不同,数据生产要素具有可再生性,不但不会随着使用次数的增多而减少,反而可以多次循环使用,不断提升数据要素价值。

其次是关于数据要素对经济增长的作用研究。Sutherland(2018)认为数据要素是数字经济构成的基础,形成经济增长的新动力。将数据要素纳入经济增长模型,Jones 和 Tonetti(2020)探讨了不同的数据所有权模型如何影响经济增长率。Farboodi 和 Veldkamp(2021)建立企业积累数据的经典增长模型,发现企业通过数据积累可以减少自身面临的不确定性从而提高企业生产率。数据生产要素对经济增长的贡献具体表现在两个方面:一方面可以缩短生产过程各环节的时间以提高劳动生产率,增加使用价值量,从而表现为更多的价值量;另一方面通过降低生产资料成本缩短资本流通时间,加速再生产循环过程,以创造和实现更多价值(王胜利和樊悦,2018)。崔俊富和陈金伟(2021)利用间接法测算了数据生产要素对中国经济增长的贡献,与资本、劳动和技术相比,目前数据要素对中国经济增长的贡献较小。从理论视角分析数据要素赋能经济增长的作用机制,是通过要素驱动、融合激发、协同提升、反馈正配等方式促进了价值创造与效率提升(王谦和付晓东,2021)。大数据分析技术的运用提高了新知识的发现率,数据生产要素通过驱动知识生产促进了经济增长速度的提升(Agrawal 等,2019)。Aghion 等(2019)进一步引入企业产品质量与加工效率进行异质性分析之后,发现大数据等新技术的发展以及数据等新生产要素的出现将会降低创新活力,进而导致经济增速下滑。在信息经济或数字经济时代,数据将和其他生产要素一起融入经济价值创造过程,变革经济社会形态,形成新的先进生产力(李清彬,2018)。裴长洪等(2018)认为,数据信息及其传送是一种决定生产率的技术手段,是先进生产力的代表。

数字经济是以数据生产要素为代表的新经济形态的描述,数字经济可以通过新的投入要素、新的资源配置和新的全要素生产率促进经济增长(荆文君和孙宝文,2019)。从政治经济学角度来看,基于数字技术的数字经济具有显著的规模经济、范围经济以及长尾效应(裴长洪等,2018)。许恒等(2020)通过构建企业层面的非对称竞争博弈模型,发现数字经济对传统经济会产生技术溢出与技术冲击两种效应。此外,部分学者探讨了数字经济对包容性增长(张勋等,2019)、高质量发展(赵涛等,2019;葛和平和吴福象,2021)、城市创新能力(韩璐等,2021)、产业结构(陈晓东和杨晓霞,2021)以及企业创新绩效(侯世英和宋良荣,2021)的影响。王开科等(2020)运用投入产出数据实证分析发现,基于数字技术应用的数字经济发展有效提升了社会生产效率。

近年来,我国党中央、国务院高度重视并不断完善大数据政策支撑。2015年7月,国务院办公厅发布《关于运用大数据加强对市场主体服务和监管的若干意见》(国办发〔2015〕51 号),肯定了大数据在市场监管服务中的重大作用,并在重点任务分工安排中提出要建立大数据标准体系,研究制定有关大数据的基础标准、技术标准、应用标准和管理标准,加快建立政府信息采集、存储、公开、共享、使用、质量保障和安全管理的技术标准,引导建立企业间信息共享交换的标准规范。同年 8 月,国务院发布《关于印发促进大数据发展行动纲要》(国发〔2015〕50 号),全面系统部署我国大数据技术与大数据产业发展,强调在大数据发展中要重视建立标准规范体系,推进数据关键共性标准制定和实施,开展标准验证和应用试点示范,并积极参与相关国际标准的制定工作。

2017 年 1 月,工业和信息化部发布《大数据产业发展规划（2016—2020年）》(以下简称《规划》)(工信部规〔2016〕412 号)。全面部署"十三五"时期大数据产业领域布局与发展,加快建设数据强国,为实现制造强国和网络强国提供强大的产业支撑。作为未来五年大数据产业发展的行动纲领,《规划》明确了"十三五"时期大数据产业发展的指导思想、发展目标、重点任务、重点工程及保障措施等内容,明确了从推进大数据技术产品创新发展、提升大数据行业应用能力、繁荣大数据产业生态、健全大数据产业支撑体系、夯实完善大数据保障体系五个方面开展工作。

2020 年 4 月,中共中央、国务院印发《关于构建更加完善的要素市场化配置体制机制的意见》,首次将数据作为一种新型生产要素写入文件,并强调加快培育数据要素市场,推进政府数据开放共享,提升社会数据资源价值,加强数据资源整合和安全保护,推进数据交易规则建立,推进数据标准化体系建立,为打造数据交易市场创造更好的环境。

围绕国家政策,各部委和相关行业管理机构也陆续出台了一系列行业政策,以促进大数据在各领域的深入应用,如表 13-1 所示。

表 13-1　部分领域大数据政策

时间	政策名称	内容
2017	《大数据产业发展规划（2016—2020 年）》	到 2020 年,技术先进、应用繁荣、保障有力的大数据产业体系基本形成。大数据相关产品和服务业务收入突破 1 万亿元,年均复合增长率保持 30% 左右,加快建设数据强国。

续表

时间	政策名称	内容
2017	《关于推进水利大数据发展的指导意见》	按照实施国家大数据战略要求,立足水利工作发展需要,健全水利数据资源体系,深化水利大数据应用,促进新业态发展。
2018	《关于加快推进交通旅游服务大数据应用试点工作的通知》	加快推进交通旅游服务业中的大数据应用试点工作,重点试点内容是如何应用大数据平台和技术,支持运游一体化服务。
2018	《推动企业上云实施指南(2018—2020 年)》	为了实现企业大数据管理,要求企业都上云,企业通过运用大数据、人工智能等云上服务实现业务拓展。
2019	《关于加强绿色数据中心建设的指导意见》	建立健全绿色数据中心标准评价体系和能源资源监管体系,打造一批绿色数据中心先进典型,形成一批具有创新性的绿色技术产品、解决方案,培育一批专业第三方绿色服务机构。
2020	《工业数据分类分级指南(试行)》	阐述了工业数据的基本概念,介绍数据分类、数据分级以及数据分级管理情况,为建设工业互联网平台做支撑。
2020	《关于工业大数据发展的指导意见》	推动工业数据全面采集、存储标注,加快工业设备互联互通,推动工业数据高质量汇集,统筹建设国家大数据平台,激发工业数据市场活力,深化工业数据应用,促进工业数字化、智能化转型。
2020	《关于公布支撑疫情防控和复工复产复课大数据产品和解决方案》	"一网畅行"疫情防控和复工复产大数据系统等94个疫情防控和复工复产复课大数据产品和解决方案入选。

围绕国家大数据战略,各省市也相继出台大数据政策规划,积极推动当地大数据产业发展。贵州省以建设社会信用体系与大数据融合发展试点省为契机,重点落实国家各项社会信用体系建设量化指标,助力"放管服"和供给侧结构性改革,优化营商环境,推动政府职能转变和社会治理能力提升,推进"诚信贵州"建设,大力推进社会信用体系与大数据融合发展试点省工作;浙江省以构建城市大脑为核心开展数据资源、应用服务、标准规范、安全保障、运营模式的探索与创新,带动大数据产业全面落地;山东省明确要加快数字园区建设,培育和支持软件产业园区发展,加快推动大数据产业创新发展,进一步

健全大数据产业链条,形成创新协同、布局合理、产业配套、科学有序的产业生态体系。部分省市出台的大数据政策规划见表 13-2。

表 13-2　部分省市大数据政策规划

时间	省份	政策名称	内容
2016	广东省	《广东省促进大数据发展行动计划（2016—2020 年)》	用五年左右时间,打造全国数据应用先导区和大数据创新创业集聚区,抢占数据产业高地,建成具有国际竞争力的国家大数据综合试验区和先导区。
2017	广东省	《关于促进大数据发展的实施意见》	通过政府数据开放及应用引领,到 2020 年,打造具有广州特色的大数据产业体系,成为全国大数据应用先行区、大数据创新创业示范区、大数据产业核心集聚区。
2021	江苏省	《江苏省"十四五"大数据产业发展规划》	到 2025 年全省大数据核心业务收入突破 2500 亿元,推动江苏成为积极融入长三角、面向全国、在优势特色领域具有国际竞争力的先进算力支撑区、数据要素高配置先导区、大数据产业创新发展区、大数据融合应用示范区。
2019	贵州省	《贵州省大数据战略行动 2019 年工作要点》	提出深入实施数字治理攻坚战、深入实施数字经济攻坚战、深入实施数字民生攻坚战等七大项主要大数据行动战略工作要点,加快推动大数据与各领域深度融合。
2020	重庆市	《重庆市支持大数据智能化产业人才发展若干政策措施》	支持高校建设大数据智能类市级一流学科、重点学科,优先增列大数据智能类等社会发展急需领域的学位授权点;加快推进大数据、人工智能领域的重点实验室、工程研究中心、技术创新中心等创新平台建设,建设一批博士后科研工作站、工程师创新能力培养训练基地。
2019	浙江省	《浙江省"城市大脑"建设应用行动方案》	提出到 2022 年,全省各设区市"城市大脑"通用平台基本建成,信息孤岛基本消除,自主可控的技术产业体系基本形成,形成一批特色应用;到 2035 年,各设区市"城市大脑"应用成效凸显,新型智慧城市建设、技术产业发展走在全国前列。
2018	河南省	《河南省促进大数据产业发展若干政策》	计划采取十条措施,促进河南大数据产业发展。其中,从 2018 年到 2020 年,每年拿出 1000 万元支持宽带网络基础设施建设。

时间	省份	政策名称	内容
2019	河北省	张家口市关于《支持大数据产业发展十项措施》	为加快大数据产业创新发展、绿色发展、高质量发展,完善产业链,打造世界级超大规模绿色大数据产业集群、全国大数据创新应用先行区,建设"中国数坝",张家口市发布了支持大数据产业发展十项措施。
2020	北京市	《北京国际大数据交易所设立工作实施方案》	根据实施方案,由具有优质数据资源的市属国企对现有交易所进行重组,更名为北京国际大数据交易所,并适时引进中央企业、互联网企业等战略投资者,增加注册资本、变更经营范围、变更交易品种。
2018	四川	《四川省促进大数据发展工作方案的通知》	以提升政府治理能力、转变发展方式、促进产业转型升级为导向,以产业融合发展为核心,以培育发展产业集群为重点,推动政府数据开放共享应用,推进技术研发、人才培养、产业发展和示范应用,培育大数据骨干龙头企业和产业基地,加快大数据产业布局,提升我省大数据发展水平。
2019	湖南	《湖南省大数据产业发展三年行动计划（2019—2021年）》	以强化大数据产业创新发展能力为核心,以深化工业大数据创新应用、推动大数据产业聚集为重点,以完善发展环境和提升安全保障能力为支撑,打造数据、技术、应用与安全协同发展的产业生态体系,加快建设数据强省,推动湖南制造强省建设,推进湖南在数据强国建设中走在前列。
2019	山西	《山西省促进大数据发展应用2019年行动计划》	主要从数字基础设施建设、数字产业发展、数字融合应用、产业数字化转型等方面,明确提出了"构建安全、高速、泛在、智能的数字基础设施,构建创新、开放、协同、集聚的数字产业生态体系"、"形成政府各部门数据资源统一汇集共享的运行机制和向社会合理开放的发展格局,大数据在医疗、教育、交通、旅游等民生领域应用不断深入"、"推动数字经济与实体经济融合发展"。

基于政策规范,各地还纷纷加强机构设置,旨在凝聚资源、形成合力,推动大数据政策落实。2018年省级机构改革后,山东、重庆、福建、广东、浙江、吉林、广西、贵州等省市明确设立大数据管理机构或部门,并在大数据管理部门

之下设立了大数据中心作为技术支撑机构开展具体政务大数据建设工作。部分省市大数据机构见表13-3。

表13-3　部分省市大数据机构

省份	机构	隶属机构
成都	成都市大数据中心	成都市政务服务和网络理政办公室
海南	海南省大数据管理局	海南省政府
四川	四川省大数据中心	四川省政府
广东	广东省信息中心(改革中)	广东省政府
山东	山东省大数据中心	山东省大数据局
广东	广东省政务服务数据管理局	广东省政府
山东	山东省大数据局	山东省政府
贵州	贵州省大数据局	贵州省政府
福建	福建省数字福建建设领导小组办公室(省大数据管理局)	福建省政府
浙江	浙江省大数据发展管理局	浙江省政府
重庆	重庆市大数据应用发展管理局	重庆市政府
上海	上海市大数据中心	上海市政府
贵州	贵州省信息中心 贵州省量子信息和大数据应用技术研究院	贵州省大数据局

二、现有制度的局限及需要突破的问题

(一) 数据交易环境有待进一步完善

只有交易才能体现数据真正的价值贡献,有了价值贡献才能参与收入分配。促进数据交易首要解决的问题不是数据确权问题,而是建立可信的数据交易市场。因为一般情况下,数据交易的不是所有权,而是使用权,因此数据

究竟归谁所有并不是阻碍数据交易的最大障碍。数据交易后,并不影响数据所有者使用数据,也不影响数据所有者再次交易数据。没有可信的数据交易市场,数据交易双方对交易的数据都不信任,供给方对数据交易后使用的安全性缺乏信任,需求方对购买的数据质量缺乏信任,这就会阻碍交易双方交易的积极性,进而阻碍数据的流通与使用。交易双方对交易利益分配、交易规则都可能不信任,因为没有统一的交易价格,交易的公平性难以保证;由于数据的易复制性,交易的安全性也难以保证。因此,需要进一步建立和完善可信的数据交易市场。

（二）数据标准体系有待进一步建立

数据交易市场为何不兴旺,数据交易为何不繁荣,其中的一个重要原因就是数据标准不统一,数据规格、数据质量不统一,造成交易困难。我国还没有建立起从上至下的数据标准体系,数据标准体系包括数据质量标准、数据监管标准、数据技术标准、数据定价标准等。从数据质量来看,部分交易数据存在格式不规范、内容不完整、时效无保障等问题,影响数据交易。从交易价格来看,目前交易过程中缺乏对数据定价的统一标准,难以准确衡量数据应有价值。从交易的规范性来看,有的地方对交易有监管,有的地方对交易没有监管,造成滥交易、黑交易现象时有发生。

（三）数据交易规则有待于进一步完善

数据交易规则是规范各交易主体的责任、权利与义务,规范交易程序,如数据登记、审核、评估、定价,建立市场准入制度、交易跟踪和安全审计机制、信息披露制度、投诉举报查处机制等。目前我国还没有统一的数据交易规则体系框架,各数据交易市场均处于各自为政的自我管理阶段,交易规则也是各自为政,造成市场分割的局面,市场之间缺乏流动性,更缺乏统一的国家大数据市场。目前我国各地数据交易大多基于数据交易平台开展,但数据交易平台在建设过程中对于建设主体、参与主体等并未制定严格的标准要求,对于谁可以出资、出资额多少才能建设大数据交易平台未作明确规定,这种低门槛将影响数据质量。与此同时,我国大数据交易平台建设主要采用会员制,但对入会成员未制定统一标准要求。这些都影响数据交易平台良性发展和数据交易平台的运行效率。

(四) 数据交易平台的监管制度有待进一步完善

我国数据交易所从 2014 年北京中关村第一个数据交易所设立开始起步,设立时间较短,截至 2020 年,全国建有近 80 家数据交易平台,其中政府主导的超过 20 家。各地方政府为了促进大数据的发展,数据交易所或交易中心只要有需要一般都批准建立,各地的数据交易市场还处在野蛮生长阶段,市场监管部门基本还没有对数据交易进行监管,而是由大数据管理中心代为监管,国家和各地方政府也还基本上没有专门出台数据交易平台监管的制度。从目前大数据交易平台建设来看,各地大数据交易平台存在着定位重复、各自为战、难以形成集中和综合优势的问题。以华中大数据交易所、长江大数据交易中心、东湖大数据交易中心三个交易平台为例,三者均处于湖北省境内,但在发展定位、功能定位上特色不明显,界定不清,形成了多个分割的交易市场,导致数据交易市场之间缺乏流动性,呈现交易规模小、交易价格无序、交易频次低等特点,难以真正实现平台化、规模化、产业化发展,无法有效发挥数据交易平台的功能优势。

第二节 建设数据要素市场促进数字经济发展的实证检验

为了检验数据交易市场建设政策的效应,本书应用双重差分模型,以 2014—2017 年间逐步在 13 个城市建设的数据交易平台作为一次"准自然实验",检验数据交易平台建设对数字经济发展的影响。

一、制度背景与理论分析

（一）数据交易平台建设政策背景

数据交易主体作为数据要素流通与交易的重要参与者,对数据要素市场建设至关重要。从供给侧来看,数据交易主体由政府主导向社会多主体共建发展,即由政府指导类、数据服务商类、大型互联网企业三类主体共同参与。其中,政府指导类最早加入数据交易市场,也是规模最大的数据交易主体,遵循"政府指导,市场化运作"的理念,通过指导相关数据交易平台建设、建设数据交易所等方式来推动数据要素交易与配置,激活数据要素价值。与传统的市场交易渠道不同,数据交易平台通过数据线上交易和线下服务的高效协作,实现数据要素高效配置。据中国信息通信研究院发布的《数据价值化与数据要素市场发展报告(2021 年)》表明,截至目前,中国数据交易平台建设经历了三个阶段:井喷式爆发期(2014—2016 年)、发展停滞期(2017—2019 年)、重现新生期(2020 年至今)。

2014 年 2 月 20 日我国首个大数据交易平台——中关村数海大数据交易平台正式启动,该交易平台由中关村大数据交易产业联盟承建,将通过开放的应用程序接口(API)进行数据录入、检索、调用,为政府机构、科研单位、企业乃至个人提供数据交易使用和数据应用的场所,为数据所有者提供大数据变现的渠道,打破"数据孤岛",盘活"数据资产"。随后,数据交易平台数量呈井喷式增长态势,仅 2015—2016 年期间有 12 家数据交易平台相继成立。2015年 4 月 14 日,全国第一家以大数据命名的交易所——贵阳大数据交易所正式挂牌运营并完成首批人数据交易。该数据交易所采用"政府指导,社会参与、市场化运作"的模式,是一个面向全国提供数据交易服务的创新型交易场所,旨在促进数据要素资源交易与流通,规范数据交易活动,监督与维护数据交易市场秩序,保障数据交易主体的合法权益。截至 2017 年底,中国已建设了贵阳大数据交易所、钱塘大数据交易中心、上海数据交易中心、武汉东湖大数据交易中心等近20家数据交易平台,覆盖了北京、上海、重庆等3个直辖市和贵州、湖北、浙江、江苏、陕西等10个省份,具体范围见表13-4。

　　虽然数据交易平台从2014年开始建设,分布范围广泛,数据交易平台所处的不同城市在地理位置和经济发展水平上存在较大差异,但从建设的各类数据交易平台的总体方案来看,各数据交易平台的主要发展目标较为一致,大致包括以下三个方面:促进数据流动,加快数据资产的开放、共享和互通;规范数据交易行为,维护数据交易市场秩序,保护数据交易各方合法权益;挖掘数据价值,向社会提供完整的数据交易、结算、交付、数据资产管理和融资等综合配套服务。

表 13-4　近年来建设的主要数据交易平台

发展阶段	年份	建设的数据交易平台	所在地
井喷爆发期	2014	中关村数海大数据交易平台	北京
	2015	贵阳大数据交易所	贵阳
		武汉东湖大数据交易中心	武汉
		长江大数据交易中心	
		西咸新区大数据交易所	西安
		华东江苏大数据交易平台	盐城
		重庆大数据交易市场	重庆
		河北大数据交易中心	承德
	2016	上海数据交易中心	上海
		浙江大数据交易中心	桐乡
		哈尔滨数据交易中心	哈尔滨
		华中大数据交易所	武汉
		钱塘大数据交易中心	杭州
发展停滞期	2017	中原大数据交易中心	郑州
		青岛大数据交易中心	青岛

（二）数据交易平台建设促进了城市数字经济发展

在数字经济时代,经济增长模式由外延式向内涵式转变,数据要素所具备的区别于劳动、资本等传统生产要素的特征对经济增长具有持续推动的作用,数据要素是数字经济的微观基础和创新引擎,促进数据要素的流通和交易是未来数字经济发展的大趋势。作为新一轮科技革命和产业变革的新关键要素,数据要素的非竞争性、规模报酬递增、可再生性等基本特征表明,若要充分发挥数据要素在结构优化、模式创新与制度变革中的作用,则需在界定数据产权和保障数据安全的前提下,推进数据要素的有序流动。可以将数据要素的流动方式分为三类,包括数据开放、数据交易和数据交换(张莉,2019)。一般来说,公共部门的数据通常由政府机构采用数据开放的方式有选择地向公众开放,而私人部门的数据大多由微观个体通过数据交易与交换实现数据要素流动(蔡跃洲和马文君,2021)。

数据要素市场化是数据要素优化配置的制度基础,完善的数据要素市场可以激发数据供给者不断提供优质的数据,保障数据需求者以相对公允的价格在市场上得到所需的数据,是数字经济发展的内生动力。同时,完善的数据要素市场能促进数据要素资产价值实现,为企业数据开放交易、数字技术应用和商业模式转型提供充分的经济激励,加快地区数字经济发展(唐要家和唐春晖,2020)。数据要素市场建设将重塑数字经济形态,大幅提高数据要素配置效率,发挥数据这一数字经济时代的新型要素对传统要素配置效率的倍增作用,为数字经济高质量发展提供新动能(王伟玲等,2021)。数据交易是打破信息孤岛和行业信息壁垒,促进高价值数据汇聚对接,满足数据市场多样化需求,实现数据价值最大化的重要渠道。数据交易平台是保障数据交易实现的重要载体,是联系数据交易需求双方的重要纽带,既是数据交易的组织者,也是交易活动的参与者。可以说,一个地区有没有完善的数据交易平台,直接影响该地区的数字经济发展速度和发展水平。数据交易平台的建设有利于促进数据要素市场建设,充分挖掘数据要素的潜力,打通数据壁垒,破解数字鸿

沟,激活数据价值,推动数字经济蓬勃发展。基于以上讨论,本书提出以下研究假说:

研究假说1:数据交易平台建设有效提升了城市数字经济发展水平。

(三) 数据交易平台建设促进城市数字经济发展的传导机制

数据交易平台建设之所以能够促进城市数字经济发展,其传导机制包括两点。第一,数据交易平台建设促进了制造业和服务业融合。在数字经济时代,以大数据、互联网为代表的新一代信息与通信技术(ICT)突破了工业经济时期的行业壁垒,不仅改造了传统产业,还加速了产业融合(Manyikaet等,2011),催生了制造业与服务业融合发展的新产业形态,如智能制造、个性化定制等产业融合领域(王谦和付晓东,2021)。数据交易平台建设促进数据要素向传统制造业流动,传统制造业可以从数据中提炼企业需要的信息,通过数据要素与其他资源的重新整合,实现企业自身数字化改造与转型(戴双兴,2020)。数据是制造业与服务业融合发展催生新产品、新服务过程中的关键要素,利用从数据中挖掘的信息能帮助企业优化生产、研发、库存和配送,改变制造企业的商业模式(唐要家和唐春晖,2020)。

Vandermerwe和Rada(1988)最早提出制造业和服务业融合的概念,指制造企业同时提高产品生产业务与服务业务以提升自身的市场竞争优势。制造业和服务业融合推动制造业服务化,是传统制造企业由只提供单一产品向同时提供产品和服务转变的过程,不仅延伸了制造业价值链,也提高了制造业附加值(童有好,2015)。在新一轮科技革命和产业变革背景下,制造业和服务业融合是发展先进制造业和现代服务业、推进数字经济和实体经济深度融合的重要路径(赵宸宇等,2021)。制造业和服务业融合是地区数字经济发展的重要动力。一方面,制造业和服务业融合发展形成的新兴融合产业是产业数字化的重要组成部分。制造业和服务业融合形成服务型制造,其实质是基于数字化信息将数字技术应用到传统制造业的生产制造、研发设计、营销服务等多个环节,加快传统制造业数字化转型(戴双兴,2020),扩大地区产业数字化规模,对地区数字经济发展起到积极作用。另一方面,制造业和服务业融合加速了基于电子制造、软件信息服务及互联网等信息化产业的发展,提高地区数字化产业比重和数字产业化规模(李永红和黄瑞,2019)。同时,制造业和服务业的融合发展也为大数据、云计算、移动物联网、人工智能等数字产业的发展提供智慧城市、智慧交通、智慧商业城市综合型应用场景(张昕蔚和蒋长流,2021),推动地区数字经济发展。

第二,数据交易平台建设提升了传统生产要素资本与劳动等的配置效率。数据交易平台基于互联网、区块链技术进行数据交易,不仅保障了数据流动安全,也优化了数据要素配置效率。基于数据交易平台的数据要素市场建设加速了数据要素流动与交易,实现了数据在行业间应用和跨行业连接,数据应用与连接也成为数据要素融入实体经济的关键环节(何玉长和王伟,2021)。一方面,数据要素市场建设提升了劳动与资本等传统要素的生产效率。数据要素通过与劳动者、劳动资料和劳动对象等劳动要素结合,不但提高了劳动要素的生产效率,而且重塑了经济发展方式(戴双兴,2020)。作为一种无形的新型要素,数据与劳动、资本等有形要素相结合体现了实体经济数字化的深化发展,其本质是传统生产要素提高生产效率的创新发展(唐要家和唐春晖,2020)。数据要素借助其在生产要素配置中的快速优化和集成共享,在价值创造过程中不仅将自身价值转移到新产品中,同时还能够提升劳动与资本要素的配置效率(张昕蔚和蒋长流,2021)。另一方面,数据要素市场建设推动了劳动与资本的价值增值。数据与劳动、资本等传统要素的深度融合产生乘数效应,共同参与社会经济价值创造与增值(冯鹏程,2018)。作为数据要素的典型特征,数据要素对劳动、资本等有形的生产要素具有很强的渗透性,凭借其高度的流动性和易复制特性,渗透至经济社会的各生产部门,与传统生产要素的深入融合实现价值增值(戚聿东和刘欢欢,2020)。传统的资本、劳动与数据要素融合形成新要素组合,此时单位劳动或资本将会创造更高的劳动生产率和资本深化,实现经济要素的价值增值(田杰棠和刘露瑶,2020)。数据交易平台建设不仅促进了数据要素的市场化配置,加速了数据要素价值的实现,推动了数据生产、流动与共享,而且还提升了传统生产要素如资本与劳动等的配置效率,进而促进了城市数字经济发展。由此,本书提出以下研究假说:

研究假说2:数据交易平台建设通过促进制造业与服务业融合,促进资本与劳动等传统要素生产效率提升,进而推动城市数字经济发展。

(四) 数据交易平台建设促进城市数字经济发展存在异质性

1. 数字基础设施差异

数据交易平台建设的实施效果依赖于城市的数字基础设施情况。基础设施对于城市的经济社会发展至关重要,以数字化设施建设为代表的"新基建"是中国新一轮科技革命和产业变革的关键基础与支撑,包括网络通信、数据中心、云计算及工业互联网等数字平台(高升,2020)。作为底层的数字化平台,如通信塔、光纤光缆等数字基础设施为新技术、新产业、新模式等数字经济发展模式提供新动能。但受限于地理位置以及地区发展现状,并非所有的城市都具备完善的数字化基础设施。完善的数字基础设施一方面提升了网络通信便捷性与信息化水平,吸引更多外来数字化企业和资本流入,有利于强化数字经济发展优势;另一方面不仅有利于要素的空间流动,对优化要素配置效率和释放要素潜力也有重要的意义(郭金花等,2021)。此外,作为数据要素发挥生产力作用的载体,大数据、人工智能、工业互联网等数字化基础设施平台的发展加速了数据在各主体之间的充分流动,也有利于加快传统产业的数字化改造与升级,形成知识与信息驱动的新经济模式(钞小静,2020)。由此可见,若数据交易平台建设在数字基础设施较为完善的城市,更有利于推动城市数字经济发展。由此,本书提出以下研究假说:

研究假说3:城市数字基础设施越完善,则数据交易平台建设对城市数字经济发展的效应越大。

2. 创新能力差异

创新是一个地区经济社会发展的重要引擎,一个城市的创新能力对数字经济的发展产生了深远影响。以大数据、人工智能为代表的数字技术发展,为地区创新要素流动与创新模式等提供了新的技术支撑。作为数字经济发展的重要组成部分,产业数字化通过运用数字技术将数据要素与传统生产要素深度融合,推动传统产业向数字化、智能化转型升级,而数字产业化即基于数字化技术的软硬件信息产业的发展,使数字产品与服务逐步取代传统产品和服务(韩璐等,2021)。此外,城市自身的技术创新能力对数字产业化和产业数字化发展至关重要,对数字经济发展产生深刻的影响。因此,创新能力较高的城市本身具有数字经济发展的比较优势,这种优势可能通过数据要素市场建设被进一步放大,从而更有利于提升城市的数字经济发展水平。综合上述分析,本书提出以下研究假说:

研究假说4:在创新能力较高的城市,数据交易平台产生的影响效应更显著。

3.政府干预程度差异

在市场经济条件下,数据这一新型生产要素需要通过数据交易市场配置到生产和生活领域,即数据要素通过市场机制来实现数据要素需求与供给。与此同时,数据交易法规与交易规则是维护数据交易各方权益,数据交易公平秩序和数据交易市场健康运行的重要保障,政府是数据要素市场监管的主体(蔡跃洲和马文君,2021)。政府实施干预的主要目的是弥补市场失灵,但过度的政府干预将会造成数据要素市场化配置效率不高。适当的政府干预一方面能够打破地区体制机制障碍与制度壁垒,为数据要素的充分流动与交易塑造高效、便捷的流通环境,更好地促进本地的数字经济发展;另一方面,充分结合有为政府和有效市场,发挥总量信息优势引导数据要素市场化配置,提高整体数字经济发展水平(唐要家,2020)。因此,数据要素交易平台建设之后,政府干预程度是影响地区数字经济发展的因素之一。基于上述分析,本书提出以下研究假说:

研究假说5:在政府干预程度较低的城市,数据要素市场完善对数字经济发展产生显著正向效应。

二、数据、模型与识别策略

(一) 数据样本

本书选取的数字普惠金融指标来源于北京大学数字金融研究中心(郭峰等,2020),其余原始数据均主要来源于 2012—2019 年《中国城市统计年鉴》和《中国统计年鉴》。由于北京大学数字金融研究中心课题组发布的中国城市数字普惠金融指数时间范围仅包括 2011—2018 年,且部分地级市的指标出现大量数据缺失,为了减少样本选择造成回归结果的偏误,本书以2011—2018 年中国 277 个地级市为研究对象。同时,本书对样本内的主要连续变量数据进行了 1% 的缩尾处理,以此来降低极端值对回归结果的影响。

(二) 主要变量与描述性统计

1.数字经济发展水平的测度

目前,学术界和政府部门用来测度数字经济的方法主要有两种:一是直接法,在数字经济统计口径与产业分类范围内,估算出某一区域的数字经济规模(许宪春和张美慧,2020);二是综合法,通过构建多维度数字经济评价指标体系,运用主成分分析法与功效得分法测算数字经济发展指数(吴晓怡和张雅静,2020;刘军等,2020;韩璐等,2021)。

本书借鉴赵涛等(2020)以及韩璐等(2021)构建的中国城市层面数字经济综合发展指数测度的指标体系,并基于相关指标数据的可获得性,从互联网发展水平与数字普惠金融两个维度来测算 2011—2018 年中国 277 个城市的数字经济发展水平,具体测算指标体系见表 13-5。具体测算方法是将 5 个二级指标的数据经过标准化后降维处理,运用主成分分析的方法测算出中国城市数字经济发展水平,记为 diged。

表 13-5　数字经济发展水平测算指标体系

一级指标	二级指标	三级指标
数字经济发展水平	互联网普及率	百人中互联网宽带接入用户数
	互联网相关从业人员数	计算机服务和软件业从业人员占城镇单位从业人员比重
	互联网行业相关产出	人均电信业务总量
	移动电话普及率	百人中移动电话用户数
	数字普惠金融发展水平	数字普惠金融指数

2.控制变量

经济发展水平:一个地区的数字经济发展水平与其经济发展程度密切相关,经济发展水平较高的地区,其数字化基础设施更完善,产业数字化程度与数字化产业比例较高,该城市的数字经济发展水平可能更高。本书采用人均实际 GDP 来衡量经济发展水平,并对其取自然对数。

政府干预程度:当地政府的财政投入与支持为该地区数字经济发展提供条件,市场化配置数字经济资源的同时,政府的干预也会影响当地的数字经济发展。本书运用地方政府财政支出占地区 GDP 的比值来度量政府干预程度。

金融发展水平:数字化产业是数字经济发展的重要组成部分,也是数字经济与实体经济融合的体现,属于典型的资本密集型产业,因此一个地区数字经济的发展需要强有力的金融资源支持。本书利用城市金融机构存贷款余额占 GDP 比重来表示金融发展水平。

人力资本水平:地区数字经济的快速发展离不开高素质人才的强大支撑。高素质劳动力对数字经济的发展产生长期持续影响,基于数字化技术运用的数字经济需要高素质劳动力的支撑,若该地区的人力资本水平越高,其数字经济发展水平可能也越高。本书采用每万人在校大学生数来衡量城市人力资本水平,并取自然对数。

外商投资水平:在数字经济时代,数字经济的发展创造了新经济业态和新型商业模式。信息通信与数字化技术成为国际投资的重要领域,数字经济发展水平更高的地区在吸引外资流入方面更具优势。因此,选取外商直接投资额度量外商投资水平,并取自然对数。

居民工资水平:从数字经济的内涵来看,地区数字经济的发展与居民数字交易活动程度密切相关,而居民工资水平决定了其开展数字交易活动的活跃程度(刘军等,2020)。当一个地区的居民工资水平越高,该地区的数字交易活动更活跃,数字经济发展水平也越高。因此,本书选取城镇职工平均工资表示居民工资水平,并取自然对数。

从表13-6可以看出,数字经济发展水平的标准差为0.930,最小值为-0.056,最大值为4.394,表明不同城市间数字经济发展水平差异较大,存在较大的数字鸿沟。控制变量的统计结果表明,不同城市在金融发展水平、人力资本水平及外商投资等方面呈现"均值小、标准差大"的特点,存在明显的差异。

表 13-6　变量的说明与描述性统计

	变量	变量名称	观测值	均值	标准差	最小值	最大值
被解释变量	diged	数字经济发展水平	2215	1.314	0.930	-0.056	4.394
核心解释变量	dtp	是否建设数据交易平台	2215	0.021	0.143	0.000	1.000
控制变量	lnpgdp	经济发展水平	2214	10.665	0.584	8.842	12.024
	gov	政府干预程度	2214	0.198	0.103	0.044	0.947
	finance	金融发展水平	2214	2.354	1.157	0.588	14.058
	lnhum	人力资本水平	2173	4.634	1.065	-0.524	7.179
	lnfdi	外商投资水平	2091	10.582	1.872	5.127	14.561
	lnwage	居民工资水平	2201	10.822	0.299	8.509	12.678

（三）模型构建

在基准模型的设计上,本书根据处理组与控制组的选取原则将建设数据

交易平台的城市作为处理组,其余城市列入对照组。具体的双重差分模型设定如下所示:

$$diged_{it} = \alpha_0 + \alpha_1 dtp_{i\ t} + \beta X_{it} + e_i + m_t + \varepsilon_{it} \qquad (13-1)$$

其中,i、t 分别表示城市、年份,$diged$ 表示数字经济发展水平。dtp 为核心解释变量,若城市 i 在第 t 年建设了数据交易平台,dtp 取值为 1,否则取值为 0。此外,e_i 代表城市个体固定效应,m_t 表示年份固定效应,X 代表一系列控制变量。本书重点关注核心解释变量 dtp 的估计系数 α_1,表示数据交易平台建设对城市数字经济发展的影响。若 $\alpha_1 > 0$,说明数据交易平台建设对城市数字经济发展有正向影响;若 $\alpha_1 < 0$,说明数据交易平台建设对城市数字经济发展有不利影响。

三、识别假设与平衡性检验

为准确识别以数据交易平台建设为表征的数据要素市场建设对城市数字经济发展的影响,双重差分法的识别假设要求处理组城市在经过干预处理之前,其数字经济发展水平应该与对照组城市具有一致的变化趋势。如果数据交易平台在各城市之间不是随机建设的,则这一识别假设也将受到威胁,从而数据交易平台建设之后处理组与对照组的数字经济发展水平差异可能来自城市层面其他因素的影响。因此,我们首先对可能影响数字经济发展及各城市建设数据交易平台决策的潜在因素进行讨论。从本书选取的数字经济发展水平测算指标体系可以看到,互联网相关从业人员数、互联网行业相关产出、数字普惠金融发展水平、数字基础设施水平等因素都有可能影响各城市是否建设数据交易平台。此外,人均实际 GDP、政府干预、人力资本、外商投资、居民工资、创新能力等经济与社会特征也可能对各城市支持建设数据交易平台的决策产生影响。2011—2013 年间,建设数据交易平台决策的潜在影响因素及经济社会特征在处理组和对照组城市间的对比情况见表 13-7。

表 13-7　平衡性检验

变量类型	变量	处理组	对照组	差异
潜在影响因素	互联网相关从业人员数	0.134 (0.067)	0.076 (0.095)	0.058 (0.041)
	互联网行业相关产出	0.243 (0.117)	0.123 (0.119)	0.120 (0.078)
	数字普惠金融发展水平	0.696 (0.199)	0.413 (0.194)	0.283 (0.177)
	数字基础设施水平	0.415 (0.127)	0.244 (0.127)	0.171 (0.121)
经济社会特征	人均实际GDP	10.467 (0.647)	10.519 (0.575)	−0.052 (0.104)
	政府干预程度	0.208 (0.159)	0.180 (0.090)	0.028* (0.016)
	人力资本水平	4.422 (1.100)	4.533 (1.090)	−0.111 (0.178)
	外商投资水平	10.632 (1.517)	11.014 (1.625)	−0.382 (0.260)
	居民工资水平	10.576 (0.261)	10.586 (0.236)	−0.010 (0.042)
	创新能力	5.155 (18.968)	6.507 (16.859)	−1.352 (3.061)

注:括号中报告的是稳健标准误;***、**和*分别表示在1%、5%及10%的水平上显著。

　　由于处理组城市样本内的北京最早在2014年开始建设数据交易平台,因此通过比较处理组和对照组城市的潜在影响因素在2011—2013年间变化来进行平衡性检验。发现无论是互联网相关从业人员数、互联网行业相关产出、数字普惠金融发展水平还是数字基础设施水平,处理组和对照组城市均不存在显著差异,因此,潜在因素的检验结果符合本书的识别假设。此外,为尽量减少其他潜在因素的干扰,本书还比较了2011—2013年经济社会特征因素在处理组和对照组中的差异,平衡性检验结果表明处理组和对照组的人均实际GDP、人力资本水平、外商投资水平、居民工资水平、创新能力等经济社会特征并没有显著差异,但处理组城市的政府干预程度显著高于对照组。

为了全面揭示 2011—2018 年中国数字经济发展总体水平,图 13-1 给出了 2011—2018 年全国数字经济发展水平均值变化趋势,表明 2014 年以前中国的数字经济发展尚处于初步阶段,2014—2017 年间,我国数字经济发展水平逐年攀升,2017 年同比 2011 年,数字经济综合发展指数增长约 66.67%。

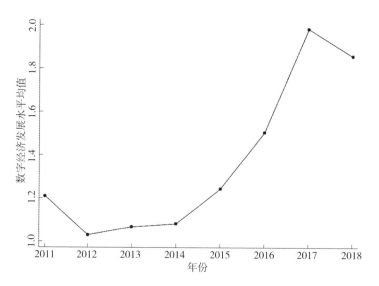

图 13-1　2011—2018 年全国数字经济发展水平均值

同时,从折线图的斜率可以看到,我国数字经济的增速明显,与 2014—2015 年相比,2016—2017 年间全国数字经济发展水平变化的斜率更大,表明 2016 年以来我国数字经济发展速度较快。而在 2017 年以后,全国数字经济发展出现短暂的放缓。以上数字经济发展变化趋势可能的原因在于:从 2014 年开始,中国的数据交易市场开始进入井喷式爆发期,各地纷纷加速建立大数据交易中心,有效激活数据价值,推动数字经济发展;而 2017 年《网络安全法》正式实施以后数据交易市场的发展步入停滞期,此时数字经济发展也受到一定影响。

2011—2018 年我国 30 个省区市的数字经济发展水平如图 13-2 所示。可以看到,北京、广东、上海和浙江属于数字经济高梯度地区,其数字经济发展水平远高于其他地区,其中与北上广地区相比,浙江的数字经济发展稍显落后。同时,数字经济发展水平均值最高的北京是排名最后的青海的 3 倍以上。全国 30 个省区市中,有 10 个省区市的数字经济发展水平高于全国平均水平,其中除四川、重庆和辽宁之外,其余 7 个省区市均在经济活跃的东部地区。这表明各地经济基础、产业结构差异决定其数字经济发展所处的阶段,东部地区的经济基础好、产业结构持续优化,也是我国经济发达地区。此外,有 20 个省区市属于数字经济低发达甚至欠发达地区,其数字经济发展水平低于全国平均水平。表明目前中国的数字经济发展存在巨大的"数字鸿沟",呈现两极分化的态势,区域间数字经济发展存在明显的"马太效应"。绝大部分地区在资源与政策方面没有优势,其数字经济发展还较为落后,一些不发达地区由于互联网基础设施落后,严重制约了当地数字经济发展。

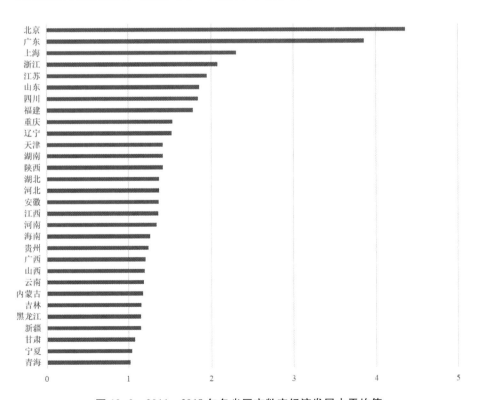

图 13-2　2011—2018 年各省区市数字经济发展水平均值

四、实证结果分析

(一) 回归结果分析

建设数据交易平台作为数据要素市场建设的一项重要探索与实践,也是当前提高中国数据要素市场化配置的关键举措。数据交易平台建设的效果如何? 其在推动地区数字经济发展方面是否有效? 本书运用双重差分法对模型(1)进行估计,考察数据交易平台的建设对中国城市数字经济发展的影响效应,其回归结果如表 13-8 所示。

表 13-8　基准估计结果

变量	diged					
	OLS		FE			
	(1)	(2)	(3)	(4)	(5)	(6)
dtp	1.506*** (0.449)	1.561*** (0.457)	0.133** (0.056)	0.149*** (0.057)	0.130** (0.061)	0.127** (0.061)
lnpgdp		−0.098** (0.047)		−0.020 (0.017)	−0.010 (0.019)	−0.028 (0.021)
gov		−0.450* (0.257)		−0.044 (0.090)	−0.054 (0.116)	−0.082 (0.117)
finance		0.043* (0.023)		0.008 (0.007)	0.006 (0.007)	0.003 (0.007)
lnhum		−0.016 (0.023)		−0.001 (0.008)	0.002 (0.009)	0.002 (0.009)
lnfdi					−0.007* (0.004)	−0.007* (0.004)
lnwage						0.076* (0.044)
常数项	−0.095* (0.050)	0.998* (0.514)	−0.095*** (0.016)	0.110 (0.175)	0.090 (0.191)	−0.506 (0.405)
固定城市	是	是	是	是	是	是

续表

变量	diged					
	OLS		FE			
	（1）	（2）	（3）	（4）	（5）	（6）
固定年份	是	是	是	是	是	是
观测值	2215	2171	2215	2171	2057	2047
R^2	0.087	0.090	0.322	0.322	0.323	0.324

注:括号内报告的是城市层面的稳健标准误;***、**、* 分别表示回归结果在 1%、5%、10%的水平下通过显著性检验,下表同。

　　从回归结果可以看出,列(1)没有控制其他变量的影响,OLS 的回归结果发现核心解释变量 dtp 的估计系数显著为正,控制经济发展、政府干预、金融发展和人力资本水平之后列(2)的回归系数依然显著。为了降低 OLS 估计结果的偏误,列(3)至列(6)进行固定效应回归,发现核心解释变量的回归系数依然显著为正,列(4)中核心解释变量的回归系数为 0.149,在 1%的水平下显著,以上结果发现数据交易平台建设对城市数字经济发展产生显著的正向影响,说明以数据交易平台建设为表征的数据要素市场建设有效推动了城市数字经济发展,验证了前文理论分析部分提出的假说 1。列(5)和(6)在此基础上分别进一步控制了外商投资和居民工资等因素对城市数字经济发展的影响,核心解释变量的回归系数均在 5%的水平下显著为正,地区的居民工资水平越高,则其数字经济发展水平也越高。表明控制变量的选取不会对基准估计结果产生较大影响,说明数据交易平台建设能够显著提高当地数字经济发展水平。

　　此外,从中国目前数字经济发展现状可以看到,地区间数字经济发展不平衡问题日益突出,由此形成的数字鸿沟问题不容忽视。本书基于数据要素市场视角,参考周利等(2020)的做法,从实证层面分析不同地区之间的数字经济发展是否存在数字鸿沟问题。在基准回归模型的基础上进行分位数回归,图 13-3 报告了不同分位段下核心解释变量 dtp 的回归系数。可以看到,随着分位段的逐渐提升,核心解释变量估计系数逐渐变大,说明以数据交易平台建设为表征的数据要素市场建设扩大了城市间数字经济发展差距,在短期内呈现显著的"数字鸿沟"。

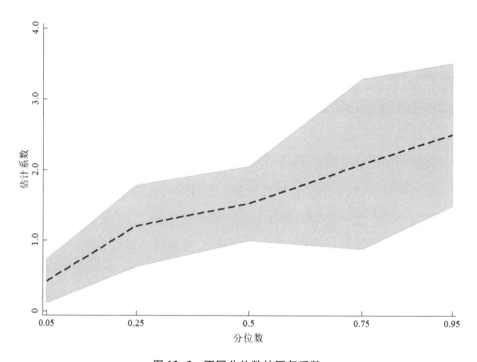

图 13-3　不同分位数的回归系数

（二）有效性检验

1. 平行趋势检验

平行趋势检验是应用双重差分法的重要前提,为了检验数据交易平台建设之前的平行趋势以及观测该制度实施之后的影响效应。本书参考 Beck 等（2010）和 Chen 等（2017）的检验方法,采用事件分析法检验数据交易平台建设前后对城市数字经济发展的影响。将模型(13-1)中的 dtp 替换成表示政策实施前后 3 年的哑变量 d,其他变量同模型(13-1),具体检验方程如下:

$$diged_{it} = \alpha_0 + \prod_{n \geq -3}^{3} \alpha_n d_n + \lambda X_{it} + e_i + m_t + \varepsilon_{it} \tag{13-2}$$

其中,d_0 是数据交易平台开始建设当年年份的哑变量,$n<0$ 表示数据交易平台建设前 n 年,$n>0$ 表示数据交易平台建设后 n 年。城市样本中的数据交易平台建设年份最早为2014年,最晚为2017年,故基于研究窗口期内在数据交易平台建设前后各取3年。本书重点关注的估计系数是 α_n,表示数据交易平台在建设开始第 n 年时,处理组城市与对照组城市之间的数字经济发展水平差异。当 $n<0$ 时,系数 α_n 的变化趋势比较平缓,则满足平行趋势假设;反之,若其在 $n<0$ 期间的变化趋势显著上升或下降,则证明处理组城市与对照组城市在政策实施之前存在较大差异,不满足平行趋势假设。

图13-4汇报了估计系数 α_n 的大小及对应的95%置信区间,并且汇报了被解释变量为 *diged* 时数据交易平台建设对城市数字经济发展的动态影响。从平行趋势检验图中可以看出,在该项制度实施前的三年内,估计系数 α_n 的变化比较平缓,政策实施之前 d_n 的系数估计值 α_n 在95%的置信区间内基本都不显著,表明处理组城市与对照组城市在数据交易平台正式建设之前并无显著差异。此外,数据交易平台正式建设当年的估计系数较小,且并不显著,可能由于2014年建设数据交易平台数量太少,只有北京市正式建设了数据交易平台,导致该制度在实施当年的效果并不明显。然而,从数据交易平台正式建设后的第一年开始,估计系数 α_n 出现明显的上升,表明数据交易平台建设显著地促进了处理组城市的数字经济发展,以上估计结果验证了平行趋势假设。

2. 安慰剂检验

一些与数据交易平台建设无关的其他事件或随机因素也可能会使得城市数字经济发展水平产生差异,从而造成实证估计结果偏误。为了进一步排除地区层面不可观测的因素对数据交易平台制度实施城市选择的影响,本书参考 Alder 等(2016)的检验方法来排除这种干扰。具体做法是:按照样本选取区间内各年份建设的数据交易平台数量,通过随机分配建设数据交易平台的城市进行安慰剂检验,并对安慰剂检验的随机过程重复了500次,对变量 *dtp* 进行估计并对其估计系数进行统计分析,将表13-8中列(6)核心解释变量的回归系数作为基准估计结果,随机抽取城市样本确保本书构建的核心解释变

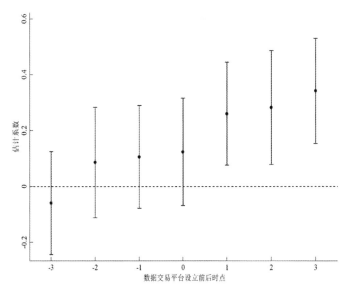

图 13-4　平行趋势检验

量 *dtp* 对城市数字经济发展没有太大影响。图 13-5 中报告了被解释变量为 *diged* 时 *dtp* 的估计系数的概率密度分布图。从安慰剂检验的概率密度分布图可知,绝大多数抽取样本中 *dtp* 的估计系数集中分布在零附近,而模型(13-1)的基准估计结果为 0. 127,系数均值与基准结果相比非常接近于 0,则说明不可观测的随机因素对城市数字经济发展不存在显著影响,反证数据交易平台建设对城市数字经济发展有显著的促进作用。以上结果表明,未观测到的因素几乎不会影响城市数字经济发展,说明了数据交易平台制度的正式实施对估计结果至关重要,验证了城市数据经济发展效应的提升确实来自于数据交易平台建设。

3. 稳健性检验

(1)倾向得分匹配差分

前文的基准回归分析发现数据交易平台建设能够显著提高城市数字经济发展水平,为了消除处理组与对照组城市样本带来的特征差异的干扰,降低回归估计偏误,本书进一步利用倾向得分匹配差分法(PSM-DID)回归,以保证

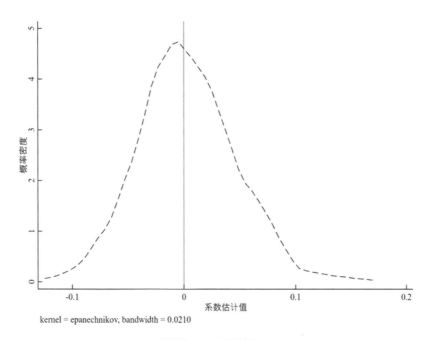

kernel = epanechnikov, bandwidth = 0.0210

图 13-5　安慰剂检验

本书结论的稳健性。具体地,本书运用核匹配方法,首先选择匹配使用的协变量,即匹配处理组与对照组城市样本的一系列特征控制变量,计算倾向得分匹配值并进行匹配;再运用 PSM 配比中的核匹配方法减少处理组和对照组特征变量在匹配前后的标准化偏差,以此缓解城市间的特征差异,发现处理组和控制组特征变量在匹配前后的标准化偏差基本在 0 附近(小于 10%),表明经过倾向得分匹配之后处理组和控制组的变量差异性得到了均衡,很好地解决了两组城市在个体特征上的系统性差异。

此外,为了考察此匹配结果是否较好地实现平衡,因此对匹配变量进行平衡性检验,发现匹配后变量的标准化偏差小于 10%,而且所有特征变量 t 检验的结果不拒绝处理组与控制组无系统差异的原假设。对比匹配前的结果,大多数特征变量的标准化偏差均大幅缩小,表明各特征变量基本通过平衡性检验。此外,为了更好地避免匹配方法选取的主观性,本书还采用 k 近邻匹配法和半径匹配法进行倾向得分匹配。其中,k 近邻匹配法是选取距离最近的 k

个观测值作为对照组,本书选取 $k=4$;半径匹配法是指首先设定一个半径,找出设定半径范围内的全部观测值作为对照组,将处理组得分值与控制组得分值的差异在半径范围内进行配对。表 13-9 列(1)至列(3)显示了倾向得分匹配差分的估计结果,可以看到无论是选择核匹配、k 近邻匹配还是半径匹配法,核心解释变量的回归系数均在 5% 的水平下显著为正,该结果说明经过样本匹配后的影响效应依旧较为稳健,样本内城市个体特征差异的影响较小,本书研究结论的稳健性较好。由于篇幅限制,正文部分未报告各匹配方法的特征变量在匹配前后的标准化偏差以及匹配变量的平衡性检验。

表 13-9　稳健性检验

变量	核匹配	k 近邻匹配	半径匹配	剔除直辖市	反事实检验
	（1）	（2）	（3）	（4）	（5）
dtp	0.128 ** (0.062)	0.177 ** (0.073)	0.178 ** (0.073)	0.134 ** (0.068)	0.012 (0.095)
常数项	−0.250 (0.452)	−0.696 (0.570)	−0.675 (0.590)	−0.526 (0.401)	−0.576 (0.397)
控制变量	控制	控制	控制	控制	控制
城市固定效应	是	是	是	是	是
年份固定效应	是	是	是	是	是
观测值	1886	1290	1270	2027	2047
R^2	0.327	0.437	0.434	0.328	0.328

（2）剔除直辖市

尽管上述稳健性检验提高了双重差分估计结果的可靠性,由于本书选取的城市样本中的 4 个直辖市均建设了数据交易所,而 4 个直辖市的经济社会综合发展水平远高于大多城市,估计结果可能会受到这部分极端值的影响。因此,本书将北京、上海、天津和重庆 4 个直辖市全部予以剔除。剔除 4 个直辖市后的估计结果如表 13-9 列(4)所示,dtp 的回归系数为 0.134,且均在 5% 的水平下显著,表明排除直辖市可能存在的极端值干扰之后,本书的估计结果依然可靠。

（3）反事实检验

通过梳理数据交易平台制度探索历程后发现，本书认为数据交易平台开始建设的时间节点为 2014 年，假设该制度实施的时间提前至 2013 年，若估计结果不显著，则认为数字经济发展水平的提升效应来自于数据交易平台的建设，而非其他不可观测因素。从表 13-9 中列（5）可知，核心解释变量的回归系数为 0.012，但并不显著，表明 2013 年的制度实施并没有诱发城市数字经济发展水平的提升效应，数据交易平台的正式建设驱动了城市数字经济发展，城市数字经济的提升效应来源于 2014 年数据交易平台开始正式建设。

（4）内生性处理：工具变量法

双重差分法通过处理组和控制组的对比能够更好地克服估计过程中的内生性问题，但这一前提是数据交易平台建设的城市是随机选择的，而现实情况可能并非如此。此外，处理组城市本身的数字经济发展水平相对较好，使得这些城市建设数据交易平台的可能性更高，这种双向因果会造成内生性问题，可能降低估计结果的说服力和精确性。

表 13-10　工具变量估计结果

变量	第一阶段		第二阶段	
	（1）	（2）	（3）	（4）
	dtp	*dtp*	*diged*	*diged*
iv	0.047 *** (0.006)	0.046 *** (0.007)		
dtp			0.113 *** (0.016)	0.122 *** (0.019)
常数项	−0.173 *** (0.025)	−0.228 *** (0.069)	−0.253 *** (0.019)	3.481 ** (1.390)
控制变量	未控制	控制	未控制	控制
城市固定效应	是	是	是	是
年份固定效应	是	是	是	是

续表

变量	第一阶段		第二阶段	
	（1）	（2）	（3）	（4）
	dtp	*dtp*	*diged*	*diged*
观测值	1984	1983	1983	1829
R^2	0.034	0.035	0.332	0.335
第一阶段 F 值	20.560	15.850		

为了较大程度上缓解内生性问题,识别数据交易平台对城市数字经济影响的净效应,亟须寻找一个合适的工具变量。本书在样本期内选取的政府指导类数据交易平台主要分布在华东、华北和西南地区,其分布与地区的信息基础设施能力相关。因此,本书借鉴黄群慧等(2019)、李宗显和杨千帆(2021)的做法,选择各城市1984年拥有的邮局数量作为是否建设数据交易平台的工具变量。原因在于:一方面,在固定电话普及之前主要通过邮局系统进行通信,当地的邮局分布也在一定程度上代表了城市的信息基础设施水平。邮局数量越多的城市,该城市的信息基础设施水平越高,则选择该城市建设数据交易平台的概率越大,故选取各城市邮局数量满足工具变量的相关性要求。

此外,相对于数字化与信息化技术的发展与变革,1984年的邮局数量对城市数字经济发展的影响较弱,当前邮局的数量也难以影响城市数字经济发展。因此,在控制了其他变量后,选取各城市1984年的邮局数量作为工具变量在一定程度上满足排他性约束要求。由于选取的各城市1984年的邮局数量属于横截面数据,而本书样本期内为面板数据,因此进一步将各城市1984年的邮局数量与上一年全国层面的人均光缆线路长度的交互项作为面板工具变量。一方面,由于全国层面的人均光缆线路长度是由所有城市共同决定的,不会明显地受到某一城市数字经济发展的影响,全国层面人均光缆线路长度的变化对单个城市而言是相对外生的;另一方面,本书采用的是上一年全国层面的人均光缆线路长度,某城市当期数字经济发展水平对上一期全国层面人均光缆线路长度的影响几乎不存在。

本书利用两阶段最小二乘法(2SLS)进行检验,其结果如表13-10所示,无论是否加入控制变量,第一阶段回归的F统计量值均大于10,表明该工具变量与内生解释变量之间高度相关,即不存在弱工具变量问题。从第一阶段回归结果可以看出,工具变量 iv 的估计系数显著为正,表明某城市在1984年拥有的邮局数量越多,该城市建设数据交易平台的概率越大。第二阶段回归中进一步发现,在使用了工具变量代替之后,回归系数在1%的水平下依然显著,且对被解释变量 diged 的作用方向同基准回归一致,说明经过内生性处理之后以数据交易平台建设为表征的数据要素市场建设依然可以显著促进城市数字经济发展,表明基准模型的估计结果并未受到潜在内生性问题的影响。

(5)其他稳健性检验

为保证研究结论的稳健性,本书进一步对基准模型进行稳健性检验。一是剔除建设企业类数据交易平台的城市样本。近年来,为了抓住数字经济时代发展机遇,部分互联网企业也主导建设了数据交易平台,如北京的数据堂、上海的发源地、苏州的聚合数据、杭州的阿里云数据市场、成都的数据淘以及贵阳的数据宝等数据交易平台,这些建设企业类数据交易平台的城市大多为本书的处理组城市,上述企业类数据交易平台可能会对本书的估计结果产生干扰。对此,我们删除了存在企业主导建设数据交易平台的城市样本。二是控制"宽带中国"政策因素影响。考虑到数据交易平台的经济效应可能受到同时期"宽带中国"政策因素的影响,本书进一步控制了城市在2014年是否为"宽带中国"示范城市与时间趋势的交叉项。三是控制固定效应。通过控制省份固定效应、省份与时间联合固定效应,以控制地区层面及其随时间变化的不可观测因素,以缓解数据交易平台建设可能带来数字经济发展的宏观系统性环境的变化。四是增加额外协变量。考虑到城市数字经济发展可能受到控制变量及其时间变动趋势的影响,加入控制变量与年份虚拟变量的交互项、控制变量与线性时间趋势的交互项。上述稳健性检验的具体回归结果见表13-11,可以发现,在剔除建设企业类数据交易平台的城市样本、控制"宽带中国"政策因素影响、进一步控制固定效应以及增加额外协变量之后,以数据交易平台建设为表征的数据要素市场建设对城市数字经济发展的驱动效应仍然显著,本书的主要估计结果依然稳健。

表 13-11　其他稳健性检验

变量	剔除企业类数据交易平台的城市	控制"宽带中国"政策	控制固定效应		增加额外协变量	
	（1）	（2）	（3）	（4）	（5）	（6）
dtp	0.073 ** (0.036)	0.121 * (0.069)	0.109 ** (0.055)	0.132 * (0.070)	0.117 * (0.062)	0.113 * (0.061)
常数项	−0.045 (0.885)	−0.847 *** (0.200)	4.532 *** (1.136)	−0.393 (0.552)	−1.009 (0.903)	−0.083 *** (0.017)
控制变量	控制	控制	控制	控制	控制	控制
固定城市	是	是	是	是	是	是
固定年份	是	是	是	是	是	是
同期"宽带中国"政策	否	是	否	否	否	否
固定省份	否	否	是	否	否	否
省份-时间固定效应	否	否	否	是	否	否
控制变量×年份哑变量	否	否	否	否	否	否
控制变量×T	否	否	否	否	否	是
控制变量×T^2	否	否	否	否	否	是
控制变量×T^3	否	否	否	否	否	是
观测值	2004	2047	2047	2047	2047	2047
R^2	0.431	0.157	0.395	0.449	0.928	0.927

五、进一步的作用机制分析

(一)作用机制分析

基于前文的理论分析与研究假说部分,为了探究以数据交易平台建设为表征的数据要素市场建设是否通过相应的措施与渠道驱动了城市数字经济发展,数据交易平台制度对城市数字经济发展的影响可能存在产业融合和要素配置效率提升两种主要机制。本书利用中介效应模型对两种作用机制进行实证检验,构建以下方程:

$$diged_{it} = w_0 + w_1 dtp_{i\ t} + w_2 Control_{it} + \eta_i + \gamma_t + \varepsilon_{it} \qquad (13-3)$$

$$m_{it} = \beta_0 + \beta_1 dtp_{i\ t} + \beta_2 Control_{it} + \eta_i + \gamma_t + \varepsilon_{it} \qquad (13-4)$$

$$diged_{it} = e_0 + e_1 dtp_{i\ t} + e_2 m_{it} + e_3 Control_{it} + \eta_i + \gamma_t + \varepsilon_{it} \qquad (13-5)$$

其中,模型(13-3)是考察数据交易平台建设对城市数字经济发展的影响,与前文模型(13-1)一致。模型(13-4)用于估计数据交易平台建设对中介变量 m 的影响,该式重点关注系数 β_1,若 β_1 通过显著性水平检验,则说明数据交易平台制度对中介变量存在影响。本书考虑的中介变量包括制造业和服务业融合、资本和劳动配置效率。模型(13-5)在模型(13-3)的基础上加入了中介变量,以考察具体作用机制是否成立,该模型重点关注 e_1 和 e_2。数据交易平台建设制度对城市数字经济发展产生的总效应为 w_1,直接效应为 e_1,中介变量 m 的间接效应(中介效应)为 $\beta_1 e_2$。前文模型(13-1)的基准回归中 w_1 的系数显著为正,由中介效应模型分析结果可知,在满足模型(13-4)的前提下,若 e_1 和 e_2 的回归系数均显著为正且 e_1 的系数减少,则说明 m 为部分中介变量;如果 e_1 显著为正而 e_2 显著为负,且 e_1 的系数变大,也说明 m 是部分中介变量;如果 e_1 不显著但 e_2 显著,则 m 为完全中介变量。

本书从产业融合和要素配置效率视角进行作用机制分析,制造业和服务业融合发展是产业融合的关键,因此选取城市层面制造业和服务业融合水平来度量城市产业融合水平。对于城市层面制造业和服务业融合水平的测度,本书借鉴赵涛等(2020)和赵宸宇等(2021)的方法,限于城市层面数据的可得性,选取城市生产性服务业占比来衡量制造业和服务业融合水平。采用城市生产性服务业从业人数占城镇单位从业人数的比重来表示城市生产性服务业占比,具体包括交通、仓储与邮电业、信息传输、计算机服务和软件业、金融业、租赁和商业服务业、科研、技术服务和地质勘查业等生产性服务业。此外,本书借鉴白俊红和卞元超(2016)的测算方式,选取劳动和资本配置效率来代替城市要素配置效率。具体做法是:该方法首先建立超越对数形式的生产函数来测度劳动与资本市场的扭曲程度,其中选取城市生产总值作为产出,使用永续盘存法计算的城市资本存量作为资本投入量,选取年末城镇单位就业人员数作为劳动投入量,以上的投入产出变量均核算成 2011 年不变价;其次,基于生产函数计算资本和劳动的边际产出;最后,选取各城市城镇单位就业人员平均工资代表劳动力价格,利用一年期金融机构法定贷款利率的均值表示资本价格,可以得到资本与劳动要素的边际产出与其价格之比,即资本与劳动市场的扭曲程度。因此,若要素市场的扭曲程度越低,其要素配置效率越高。为了使要素市场扭曲指数能够反映要素配置效率,当要素市场扭曲指数小于 1 时,该要素配置效率等于其要素市场扭曲指数;若扭曲指数大于 1 时,其要素配置效率等于要素市场扭曲指数的倒数。

表 13-12　机制分析

变量	基准回归	制造业和服务业融合		资本配置效率		劳动配置效率	
	diged	*merge*	*diged*	*capital*	*diged*	*labor*	*diged*
	(1)	(2)	(3)	(4)	(5)	(6)	(7)
dtp	0.127** (0.061)	0.085** (0.043)	0.126** (0.061)	0.284*** (0.067)	0.109** (0.053)	0.140* (0.080)	0.094** (0.045)
merge			0.020* (0.012)				
capital					0.042* (0.023)		

续表

变量	基准回归	制造业和服务业融合		资本配置效率		劳动配置效率	
	diged	*merge*	*diged*	*capital*	*diged*	*labor*	*diged*
	（1）	（2）	（3）	（4）	（5）	（6）	（7）
labor							0.077 ** (0.038)
控制变量	控制	控制	控制	控制	控制	控制	控制
常数项	−0.5055 (0.4051)	0.4645 (0.7883)	3.7636 *** (0.4158)	−0.043 (0.514)	0.731 (1.422)	−0.158 (0.314)	1.123 (1.329)
固定城市	是	是	是	是	是	是	是
固定年份	是	是	是	是	是	是	是
观测值	2047	2044	2044	2048	2047	2146	2034
R^2	0.324	0.001	0.178	0.153	0.109	0.010	0.155

首先基于模型(13-4)，从制造业和服务业融合、要素配置效率视角进行机制分析，即在模型(13-3)的基础上将被解释变量换成城市生产性服务业从业人数占比、资本和劳动配置效率指标，加入城市和时间维度的双向固定效应进行回归。表13-9列(2)、(4)和(6)报告了相应的回归结果，dtp 的估计系数分别在5%、1%和10%的水平下显著，说明制造业和服务业融合、资本和劳动配置效率是数据交易平台建设产生数字经济发展提升效应的重要机制，基于数据交易平台建设制度的数据要素市场建设显著促进了城市的制造业和服务业融合，提高了城市资本和劳动配置效率，有效驱动了城市数字经济发展。此外，本书将以数据交易平台为表征的数据要素市场建设提升城市数字经济发展水平的机制代理变量作为中介变量，包括制造业和服务业融合、资本和劳动配置效率，对模型(13-5)进一步做中介效应检验，检验结果如表(13-12)列(3)、(5)和(7)所示。在列(1)基准回归的基础上加入相应的中介变量，e_1 和 e_2 的系数均显著为正且 e_1 的回归系数有所减少，资本和劳动配置效率的回

归系数分别为 0.042、0.077,至少通过了 5% 的显著性检验。从以上中介效应检验的估计结果可以看出,本书所选取的中介变量均为部分中介。数据要素市场建设通过提升资本与劳动配置效率促进了城市数字经济发展,并且来自于劳动配置效率路径的影响效应更大。以数据交易平台建设为表征的数据要素市场建设有效促进了制造业和服务业融合,提高了资本与劳动要素配置效率,驱动城市数字经济发展,验证了前文提出的研究假说 2。

（二）异质性分析

作为数据要素市场化配置的重要探索,城市自身的特征对数据交易平台建设的影响效应是否存在差异?基于此,本书将主要从城市数字基础设施水平、创新能力和政府干预程度等三个方面来考察城市异质性特征对政策效果的影响。

1. 数字基础设施

限于数据的可得性,本书从互联网普及率和移动互联网用户数两个层面综合度量城市数字基础设施水平,即分别选取每百人互联网用户数和每百人移动电话用户数作为基础指标,通过标准化处理和运用主成分分析法,得到城市数字基础设施水平指标。将城市数字基础设施水平等于或低于中位数值的城市定义为数字基础设施水平较低城市,将城市数字基础设施水平高于中位数值的城市定义为数字基础设施水平较高城市。

鉴于此,本书将基于建设数据交易平台的城市,在模型（13-1）的基础上分别加入虚拟变量 $high\_infra$、low_infra 进行异质性分析。实证结果如表 13-13 列（1）和（2）所示,在数字基础设施水平较高的城市中,交叉项 $dtp \times high\_infra$ 的回归系数为 0.146,且在 5% 的水平下显著,而数字基础设施水平较低城市的估计结果并不显著,表明数字基础设施完善的城市在数据要素市场化配置中更能取得显著的效果,验证了前文提出的研究假说 3。其原因可能在于,一个城市的数字化基础设施为数字经济发展提供基础条件,作为数据要素交易与流动的必要工具,数字化基础设施也是地区产业数字化转型和数字产

业化发展的重要载体。数字化基础设施水平较高的城市大多在数字经济发展
条件方面具有区位与资源集聚优势,不仅在生活中广泛应用并普及互联网,大
数据、云计算、工业互联网等新一代信息技术与平台在企业中的应用也走在前
列,为地区数字产业化和产业数字化发展提供支撑。

2. 创新能力

为了检验不同创新能力下数据交易平台建设影响城市数字经济发展的异
质性,本书选取寇宗来和刘学悦(2017)的城市创新指数数据来衡量城市的创
新能力,该指数基于国家知识产权局的发明授权专利数据、国家工商总局的企
业注册资本数据这两部分微观数据,并通过专利更新模型估计创新价值得到
城市创新指数,相比于其他指标数据,该指数更能够综合反映一个城市的创新
能力。同时,根据城市创新指数来进行样本划分,将城市创新指数高于中位数
值的城市定义为创新能力较高城市,等于或低于中位数值的城市定义为创新
能力较低的城市。模型设定的具体做法是,在模型(1)的基础上构建两个虚
拟变量 $high\_tech$、low_tech,其回归系数表示不同创新能力条件下,数据交易平
台建设对城市数字经济发展的影响。表13-13列(3)和(4)可以看出,相比于
创新能力较低的城市,以数据交易平台建设为表征的数据要素市场建设在创
新能力较高的城市可以取得更好的政策效果,验证了前文提出的研究假说4。
究其原因,本书认为,创新能力较强城市本身的数字化技术应用范围比较广
泛,且制造业和服务业应用数字化技术的水平远高于那些创新能力较弱的城
市,因此对城市本身产生显著的数字经济发展溢出效应。

表13-13 异质性分析

变量	数字基础设施		创新能力		政府干预	
	(1)	(2)	(3)	(4)	(5)	(6)
$dtp×high\_infra$	0.146** (0.064)					
$dtp×low\_infra$		0.084 (0.209)				

续表

变量	数字基础设施		创新能力		政府干预	
	（1）	（2）	（3）	（4）	（5）	（6）
$dtp \times high\_tech$			0.173*** (0.064)			
$dtp \times low\_tech$				0.073 (0.098)		
$dtp \times high\_gov$					0.060 (0.071)	
$dtp \times low\_gov$						0.148* (0.082)
常数项	−0.496 (0.405)	−0.529 (0.406)	−0.494 (0.405)	−0.531 (0.405)	−0.526 (0.405)	−0.517 (0.405)
控制变量	控制	控制	控制	控制	控制	控制
城市固定效应	是	是	是	是	是	是
年份固定效应	是	是	是	是	是	是
观测值	2047	2047	2047	2047	2047	2047
R^2	0.324	0.322	0.325	0.322	0.323	0.324

3. 政府干预

不同程度的政府干预是否会对城市数字经济发展产生异质性影响？本书用各地方政府财政支出占地区 GDP 的比值来衡量政府干预程度，将政府干预程度等于或低于中位数值的城市定义为政府干预程度较低城市，高于中位数值的城市定义为政府干预程度较高城市。表 13-13 列（5）和（6）显示，政府干预程度更低的城市即市场化水平较高城市样本交叉项 $dtp \times low\_gov$ 的回归系数为 0.148，且通过了 10% 的显著性检验，而政府干预程度更高的城市样本的估计系数虽然为正，但并不显著。表明以数据交易平台建设为表征的数据要素市场建设在政府干预程度更低的城市可以取得显著的政策效果，数据交易平台在市场化水平较高的城市能够发挥有效的影响效应，验证了前文提出的研究假说5。可能由于当城市的数字经济发展水平较低时,适当的政府调控能够有助于地区数字经济快速发展,但过多的政府干预可能会限制数据要素市场化交易,此时数据资源配置效率水平受到政府干预影响,导致数据要素交易与流动活跃度下降,产业数字化和数字产业化发展受到阻碍,在一定程度上无法有效推动地区数字经济的发展。因此,数据要素交易需要政府适度监管,以确保交易合规和安全,但过多的政府干预会造成数据要素资源配置失灵,对地区数字经济发展提升的影响不明显,在长期甚至可能会出现负面作用。

六、结论与启示

2020年4月,中共中央、国务院印发《关于构建更加完善的要素市场化配置体制机制的意见》,提出"加快数据要素市场培育"的要求。如何建设数据要素市场,实现数据要素市场化配置,不仅对推动数据共享、健全数据要素交易机制体制具有重要意义,更是激活数据要素价值、实现数字经济长效发展的关键路径。在此背景下,本书立足于数据要素市场化配置这一战略导向,基于数据交易平台的视角,选取中国2011—2018年277个城市层面的面板数据,在梳理我国数据交易平台建设探索历程与测度数字经济综合发展水平的基础上,以2014年以来开始建设数据交易平台作为一项"准自然实验",运用双重差分方法探讨了以数据交易平台建设为表征的数据要素市场建设对城市数字经济发展的影响及其作用机制。

研究发现以下结果。第一,数据交易平台建设显著促进了城市数字经济发展水平提升,这一研究结论在经过平行趋势检验、安慰剂检验等有效性检验以及一系列稳健性检验后依然成立,且数据要素市场建设在短期内加剧了地区间的"数字鸿沟"。第二,进一步的作用机制分析发现,与对照组城市相比,建设数据交易平台的处理组城市的制造业和服务业融合水平、资本与劳动等传统要素配置效率更高,数据交易平台建设通过提高城市制造业和服务业融合水平,以及提升资本与劳动传统生产要素配置效率促进数字经济发展。第三,异质性分析发现,数据交易平台建设促进城市数字经济发展的效果受城市数字化基础设施的影响,城市数字化基础设施越完善,越有利于发挥数据交易平台提升城市数字经济发展水平的效应;与创新能力较低的城市相比,数据交易平台建设促进数字经济发展水平提升效应在创新能力较高的城市产生更显著的效果;数据交易平台建设的效果也受交易平台建设所在地的政府干预程度影响,较高的政府干预阻碍了数据交易平台数据资源配置效果的发挥。

基于以上研究,提出以下政策建议。

第一,加快构建数据交易平台或数据交易所,培育可信的数据要素交易市场。当前国内大多数据交易平台还处于建设初期,数据交易模式、业务类型还有待探索。一方面需大力支持和鼓励现有区域性数据交易平台建立安全可信的数据交易系统,制定统一的数据交易标准(数据的标准化规制是建立统一数据要素市场的关键),同时完善数据交易监管机制,健全数据确权法规体系。另一方面应选择条件合适的地区继续推广数据交易平台试点,支持各类所有制企业参与数据要素交易平台建设,加速释放数据要素市场红利,缩小地区间数字鸿沟。融合区块链等新一代信息技术,搭建包括数据交易撮合、交易监管、资产定价、争议仲裁在内的全流程数据交易流动平台。

第二,推动制造业与服务业融合发展,提升要素配置效率。先进制造业与现代服务业融合是新一轮科技革命和产业变革发展的战略导向,制造业应加快培育智能制造、柔性化定制、网络化协同制造等新业态与新模式,促进制造企业向研发设计、售后服务等产业链两端延伸,提升制造业产业链附加值。与此同时,政府应进一步推进生产性服务业领域有序开放,促进信息、技术、管理、知识等服务要素与制造业生产活动深度融合,同时加强数字化技术在服务领域的推广与运用,支持服务企业利用信息、渠道、创意等优势向制造环节拓展业务范围,推动服务业生产效率进一步提升。此外,发挥市场机制在劳动与资本要素配置方面的决定性作用,通过公平竞争和市场供求促进资本与劳动的优化配置,从而降低劳动与资本要素市场扭曲对数字经济发展的不利影响。借助数据要素市场促进数据要素与劳动、资本等传统有形要素融合,提升劳动与资本等有形生产要素的配置效率。

第三,完善数字化基础设施,为数字经济发展奠定基础。数字化基础设施不仅是数字产业化发展的产物,也是产业数字化转型的载体。坚持"全国一盘棋",推进5G基站、云计算中心和互联网等数字化基础设施建设,兼顾区域协调发展,推动新型数字基础设施向中西部地区倾斜,弥补区域数字经济发展出现的"数字鸿沟"。在区域与行业层面建立一批数字化转型服务中心,强化数字化转型公共服务。此外,创新数字化基础设施的建设运营方式和投融资渠道,激发各类市场主体活力,鼓励多种所有制类型的市场主体按照市场化运行规则参与数字化基础设施建设。

第四,瞄准高端前沿核心技术,为数字经济发展提供动力。当前我国产业数字化和数字产业化面临技术瓶颈,核心技术、前沿科技还有待进一步突破,数字技术转化及应用场景范围比较局限。因此,未来数字经济发展的战略布局需瞄准量子信息、生物信息、人工智能等数字经济领域的前沿核心技术,确定未来数字产业化方向,前瞻性地布局未来的数字化领域技术开发,科学引导企业发展方向。同时应积极探索区块链、边缘计算等新兴数字技术在数据要素资源产权界定与数据交易方面的应用,保障数据要素合理流动与交易安全。

第五,深化数字经济领域"放管服"改革,为数字经济发展提供保障。一方面完善数据市场监管机制,将数据要素市场监管纳入市场监管体系。根据数据的不同类型和特性,完善数字资源交易监管体制机制,从交易对象、交易内容、交易标准等方面对数据要素市场进行有效监管,推进数据要素市场化进程,提升数据资源配置效率;另一方面需要完善数据要素市场流通环境,精准对接市场需求,坚持政府干预和市场配置相结合的原则,充分发挥政府和市场"两只手"的作用,通过完善数据资源监管制度打通数据要素流通环节壁垒,激活数据要素价值。

第三节　促进数据交易市场发展的
制度与政策建议

一、建立数据产权确权体系,明确可交易数据的范围

市场经济的全部活动都是以产权为基础并围绕产权来展开的,要培育数据交易市场,就必须要首先明晰数据产权。目前,我国数据产权确权存在以下问题。第一,我国数据市场上数据产权不明晰,对于数据所有权是属于收集数据的企业还是产生数据的个人存有较大争议,若将数据所有权完全界定给个人,则可能会因为界定程序繁琐、成本较高而影响数据资源的优化配置;若将其界定给收集数据的企业,一方面可能导致"大数据杀熟"、"二选一"等数据垄断,另一方面易侵犯个人隐私(李标等,2022;曾铮和王磊,2021)。第二,数据交易主体和授权交易资格的合法性得不到确认,导致数据的拥有方从事数据交易活动的意愿不强,有些企业不想或不敢将数据用于交易。数据一旦被盗用或侵犯,很难通过法律途径进行维权,数据拥有者因此面临很大的数据隐私安全和商业风险。第三,我国法律还未对数据产权归属作出明确规定,尚未出台一部统一的权威性数据产权法,这无疑给未来数据交易市场带来巨大风险和不确定性,不利于数据交易市场的健康运行。

(一) 基于数据作为生产要素的角度

明确个人数据和数据交易主体的数据所有权、使用权和收益权等数据权利,合理分配数据要素生产过程中各参与主体的权益,保障个人数据权益不被侵犯,最大化数据生产链与交易链中的数据增值(俞林等,2021)。

(二) 基于可交易数据和不可交易数据界定角度

数据交易的核心在于可交易数据和不可交易数据的清晰界定。现阶段,

很多数字经济企业拥有对数据的控制权,并在不触犯相关法律法规的前提下,事实上享有数据挖掘或分析创造的财产性权益,数据已经作为一种"事实财产"在市场中流通和利用。当然,企业需要遵守两条规则:其一,数据的采集必须以合法方式获取,不能违反法律法规,不能侵犯他人隐私。其二,对数据的使用必须合法(聂洪涛和韩欣悦,2021)。即使在合法获取数据后,企业作为数据控制者依旧有责任保护数据流通的去向,避免数据流入可能侵害个人隐私的第三方。尽管法律没有明确数据控制者的权利,但也未禁止其拥有和享用其利益。世界各国实际上都没有采取传统的"先明晰产权,再发展交易"的模式,而是在规范数据采集、清洗、标注、存储等数据生产行为,保护隐私和安全等行为的基础上,明确数据交易对象,提供可交易的数据源和数据包,优先实现数据的合法交易。我国可借鉴欧美经验,将"来源合法的非个人数据"或脱敏后的数据作为可交易对象,为市场提供充足、合法、可交易的数据源。

二、培育数据要素交易市场,打造可信数据交易平台

没有可信的数据交易市场,数据交易双方对交易的数据都不信任,供给方对数据交易后使用的安全性缺乏信任,需求方对购买的数据质量缺乏信任,这就会妨碍交易双方交易的积极性,进而阻碍数据的流通与使用。

建立区域性的数据交易平台是培育数据交易市场的最直接和最有效的途径。条件成熟的地区按照"政府指导、自主经营、市场化运作"的原则,组建大数据交易中心(或大数据交易平台)。融合区块链等新一代信息技术,搭建包括数据交易撮合、交易监管、资产定价、争议仲裁、质量评估、信用评价、授权存证、数据溯源、数据完整性检测在内的全流程数据交易流动平台。2014 年 2 月 20 日我国首个大数据交易平台——中关村数海大数据交易平台正式启动,该交易平台由中关村大数据交易产业联盟承建,通过开放的应用程序接口(API)进行数据录入、检索、调用,为政府机构、科研单位、企业乃至个人提供数据交易使用和数据应用的场所,为数据所有者提供大数据变现的渠道,打破"数据孤岛",盘活"数据资产"。随后,数据交易平台数量呈井喷式增长态势,

截至 2017 年底,我国已设立了贵阳大数据交易所、钱塘大数据交易中心、上海数据交易中心、武汉东湖大数据交易中心等近 20 家数据交易平台。但是,据课题组 2021 年的调研所知,名噪一时的贵阳大数据交易所因经营问题已经停业整顿,因此建立大数据交易平台还需谨慎前行,政府需要加强监管,严格审批;企业也需要进行广泛的市场调研和论证,按需而设,而不应该仅仅为博眼球赚取政府扶持资金。

三、建立数据标准规范,助力数据交易达成

数据标准是指保障数据定义和使用的有效性、一致性、完整性和准确性的规范性约束,一般而言,数据标准就是对数据的命名、数据类型、字段长度、业务含义、计算口径、归属部门等,定义一套统一的规范,保证各业务系统和平台对数据的统一理解、对数据定义和使用的一致性。目前由于没有统一的数据标准,企业与企业之间、政府部门之间、政府与企业之间的数据交流和共享都存在着极大的困难,"信息孤岛"、"数据烟囱"现象比比皆是。因此,首先需要做好数据标准的顶层设计,从国家层面梳理各行业、各部门的数据标准体系,完善跨部门、跨行业的数据标准体系,建立多层级的数据标准管理;其次,需要系统建立数据采集、生产、标注、清洗、存储、各类传输接口等环节的标准规范,建立包含数据基础术语标准、数据交换共享标准、数据安全隐私标准、数据行业应用标准、数据平台接入标准、数据标注与存储标准等在内的标准化体系;再次,由国家数据管理部门,如工信部的大数据管理部门,国家统计局的大数据管理部门进行联合,制定数据标准体系和数据标准规范,并在全国范围内进行颁布使用。未来,相关部门可会同领军企业及行业组织进一步明确数据可交易范围、可交易对象、交易程序等。各地区市场监督管理局等政府部门还需要建立起多方授权和监管标准,以确保数据要素能够实现事前、事中、事后的合规使用,为数据流通构建规则与框架。

四、明确数据交易规则,让市场主体"依规交易"

为建立规范有序的数据交易市场,交易规则需明确在先。应建立完善的数据市场准入制度,强化数据准入审核,采用正面引导白名单、负面清单和第三方机构认证评级相结合的方式,规范、简化数据业务市场准入备案制度。制定数据交易内容、格式、流程的标准规范,明确数据登记、审核、评估、定价、交易跟踪和安全审计机制,规范市场交易行为。如在数据交易时,中介机构、数据供方和数据需求方需要签订三方合同,明确数据内容、数据用途、数据质量、交付方式、交易金额、交易参与方安全责任、保密条款等,并对交易订单进行审核管理,确保符合相关法律法规和标准等。必须让数据供给方对数据的真实性、有效性、完整性、时效性等作出具有法律效力的契约承诺,一旦违反需要付出巨大的经济损失甚至需要负法律责任;让数据需求方签订数据使用规范,只能在允许的范围内、以正当的方式使用,不能随意拷贝、复制、二次转让等将购买数据进行随意扩散,并且保证在数据使用过程中不会出现透露个人隐私、国家安全等安全问题。加强市场交易监管,交易过程可追溯可控制,完善数据要素交易信息披露制度,健全投诉举报查处机制。明确数据交易各参与方的权利、责任和义务,保障数据流通安全和使用可控,做到"责任可追溯、过程可控制、风险可防范"。

五、健全数据交易监管,推动数据交易在阳光下进行

由于目前数据交易处于发展的初期,数据交易需要政府进行适度监管和干预,以确保交易合法合规。美国由联邦贸易委员会对数据经纪人进行监管;欧盟的欧洲数据监管局和成员国数据监管机构负责数据交易监管,监管部门采取自愿认证方式,设立了一批从事数据处理监管的第三方专业机构,授权专业机构对数据处理者进行监控,以规范数据服务和数据交易市场。我国数据交易监管涉及市场部门、工商管理部门、安全部门、工业和信息化部门以及网信等多个部门,但由于监管责任不清,技术性和专业性不足,数据交易监管事

实上处于缺位状态。市场准入、数据滥用、侵犯隐私、交易纠纷等"无人管理"现象长期存在,非法收集、买卖、使用个人信息等"灰"、"黑"数据产业长期存在,数据交易市场秩序不佳。为此,应建立从上至下的监管体系,最高由国家安全委员会和国家市场监督管理部门牵头,联合工信部门、信息通信部门成立国家数据交易监管委员会,如同证监会一样,行使数据监管权力。各地方政府仿照国家数据监管委员会相应地成立地方数据交易监管委员会,对地方数据交易市场进行监管,打击非法数据交易。

六、积极培育数据服务新业态,推动数据市场良性发展

经过近年来的试点探索,我国数据市场得到了初步发展,建有数据交易所或交易平台 80 余家,这些交易平台有的是政策主导,有的是企业主导,有的是社会机构主导,并产生了一些从事"交易中介+加工分析"服务的新业态,有效促进了数据的交易流通,数据的价值实现。我国拥有的数据量居世界第一,数据交易市场发展潜力巨大,一些新兴机构和企业通过数据聚合、去识别处理、数据分析、数据建模等新型服务方式,通过对数据资源进行开发利用,极大地丰富了数据交易市场。应支持和鼓励现有区域性交易平台发展数据服务,成为兼具数据建模技术、数字开发技术、信息安全和法律保障等功能的数据交易服务专业机构。在加快政府数据和公共数据开放的过程中,鼓励以专业化的数据服务机构作为开放出口或平台,以实现数据价值的社会化利用和数据安全的机制化保障。将数据服务业纳入现有高新技术企业、科技型中小企业优惠政策的支持范围,引导政府参股的创投基金适度增加对数据服务的投资。条件成熟的地区按照"政府指导、自主经营、市场化运作"的原则,组建大数据交易中心(或大数据交易平台)。融合区块链等新一代信息技术,搭建包括数据交易撮合、交易监管、资产定价、争议仲裁、质量评估、信用评价、授权存证、数据溯源、数据完整性检测在内的全流程数据交易流动平台(田杰棠、刘露瑶,2020)。

第十四章　促进数据安全保护的制度与政策

第一节　现有促进数据安全保护的制度与政策梳理

一、国内促进数据安全保护的制度与政策

近年来,随着数字经济的发展,我国高度重视数据安全问题,多次发布相关法律法规,将保障数据安全放到了重点突出的位置。据不完全统计,近5年来,从国家层面、地方省市层面和行业层面,已经颁布至少52部以上关于数据安全、网络安全的法律法规。

但我国在大数据安全隐私领域的立法仍处于探索阶段,系统性、整体性不强。从国家治理层面来看,2015年颁布的《国家安全法》将数据安全纳入国家安全的范畴。2016年发布、于2017年正式实施的《网络安全法》将网络安全和数据安全同时纳入国家安全范畴。2020年6月,12部委联合发布《网络安全审查办法》,推动建立国家网络安全审查工作机制,以确保关键信息基础设施供应链安全、网络通信安全,维护国家安全。例如,2021年国家对滴滴出行等平台的网络安全审查,正是我国《网络安全法》、《网络安全审查办法》生效之后首次公开进行的网络安全审查工作。2020年8月,《数据安全法(草案)》公开发布,从法律层面清晰定义了数据生产、数据应用、数据交易的安全,提出国家将对数据实行分级分类保护、开展数据相关生产与交易活动必须

履行数据安全保护义务,承担数据安全保护责任等,明确了在我国境内依法开展数据活动的规范。《数据安全法》于2021年9月1日正式实施,它是我国数据要素国家战略的基本法,是在我国境内进行数据生产和数据交易的根本遵循和根本保障,强调了数据安全是数字中国重要战略举措的根本保障,体现了国家对保障数字经济安全的决心与信心。表14-1列出了我国国家层面出台的有关数据安全的政策与法规。

表14-1　国家已出台的部分数据安全法律法规

时间	发布机关	名称	政策要点
2016	全国人大	《网络安全法》	从网络平台、网关、网络接口等网络设施安全,个人信息保护,数据存储安全、数据(信息)内容安全、跨区与跨境流动安全、数据系统安全等角度,对数据和个人信息合规方面予以规制。
2019	网信办	《个人信息出境安全评估办法》	明确了个人信息出境安全评估的重点和评估内容,规定所有个人信息出境均应当依法向网信办申报并由网信办组织开展安全评估;明确了个人信息主体出境场景下知情权等权利履行的保障;通过系列设计加强对境外接受者的监督;全面规定了网络运营者与个人信息接收者签订的合同的具体内容。
2019	网信办、工信部、公安部、市场监管总局	《APP违法违规收集使用个人信息行为认定方法》	界定了各类应用APP违法违规收集和使用个人信息行为的六大类别,并提出界定标准和处罚意见。
2019	网信办	《数据安全管理办法(征求意见稿)》	对近年来网络数据安全问题予以细化,包括个人敏感信息收集方式、广告精准推送、APP过度索圈、账户注销难等问题。
2020	信安标委	《个人信息去标识化效果分级评估规范(征求意见稿)》	给出了个人信息标识度的四种级别,以及个人信息去标识化效果评定流程和重标识风险计算方法。
2020	信安标委	《个人信息安全规范》	提出个人信息控制者处理个人信息行为规范,旨在遏制个人信息非法收集、滥用、泄露等乱象。

续表

时间	发布机关	名称	政策要点
2020	全国人大	《个人信息安全法（草案）》	明确了个人信息处理原则、个人在个人信息处理活动中的权利、义务、履行个人信息保护职责的部门等。
2020	工信部、网信办、公安部、市场监管总局	《常见类型移动互联网应用程序必要个人信息范围规定》	明确了39种常见类型APP的必要个人信息范围，要求其运营者不得因用户不同提供非必要个人信息，旨在有效规范APP收集使用个人信息行为并促进APP健康发展。
2020	全国人大	《民法典》	明确了隐私、个人信息的定位以及界定，明确了个人信息处理范围、主体权利、要求及原则，明确了数据活动必须遵守合法、正当、必要原则。
2020	信安标委	《网络数据处理安全范围（征求意见稿）》	规定了网络运营者开展数据收集、存储、使用、加工、传输、提供、公开数据处理活动应该遵循的规范和安全要求。
2020	十二部委	《网络信息安全审查办法》	推动建立国家网络安全审查工作机制，以确保关键信息基础设施供应链安全，维护国家安全。
2021	信安标委	《个人信息去标识化效果分级评估规范（征求意见稿）》	给出了个人信息去标识度的四种级别，以及个人信息去标识化效果评定流程和重标识风险计算方法。
2021	工信部、网信办、公安部、市场监管总局	《移动互联网应用程序个人信息保护管理暂行规定》	细化了APP开发运营者、分发平台、第三方服务提供者、终端生产企业、网络接入服务提供者等五类主体责任义务；确立了APP个人信息收集"知情同意"、"最小必要"两项重要原则；提出了投诉举报、监督检查、处置措施、风险提示等四方面规范要求。
2021	全国人大	《数据安全法》	确立了数据安全管理各项基本制度，包括数据生产安全、数据应用安全和数据交流安全；强调坚持安全与发展并重原则，规定支持促进数据安全与发展措施；明确了数据安全保护义务及落实数据安全保护责任。

在国家数据安全制度与政策框架下，各地方政府结合地方数字经济发展

情况,也制定了相应的数据安全实施细则或数据安全条例(见表14-2),旨在探索数据开放共享与数据安全保护之间的有效平衡。

表14-2 我国地方省市部分数据安全法律法规

时间	地方省市	名称	内容
2018	天津市	《天津市促进大数据发展应用条例》	采取关键信息基础设施安全防护措施,加强防攻击、防泄露、防窃取的技术和管理能力建设。明确数据全生命周期各环节保障数据的范围边界、主体责任、具体要求。
2018	贵阳市	《贵阳市大数据安全管理条例》	保障该市辖区内大数据发展和应用的安全保护、监督管理及相关活动。要求数据安全责任单位从制度、人员、系统设备等方面对大数据安全进行保护,并要求市政府建立联席会议制度推进解决大数据安全相关重大事项。
2018	西安市	《西安市政务数据资源共享管理办法》	明确了政务公共数据权属类别,规定"政务数据资源权利包括所有权、管理权、采集权、使用权和收益权",把政务数据作为政府的虚拟国有资产管理。
2019	海南省	《海南省大数据开发应用条例》	设立省大数据管理机构,明确大数据开发应用安全责任,责任主体,责任范围,并监管数据开发应用安全;推动大数据与区块链等信息技术的融合,利用区块链技术加强数据安全保护。
2019	天津市	《天津市数据安全管理办法(暂行)》	建立数据安全信息备案制度,要求组织个人信息和重要数据的数据运营者对主体信息、数据收集和使用规则、收集目的、方式、范围、类型等进行备案;建立数据安全信息通报制度,开展对监测信息、监督检查信息和上级通报信息的分析研判和风险评估,按照规定发布安全风险预警或信息通报;建立数据安全应急工作机制,定期开展应急演练,并对演练情况进行评估。
2020	深圳市	《深圳经济特区数据条例(征求意见稿)》	在诸多方面进行了大胆尝试,设立了个人"数据权",设置了统一的数据统筹机构,明确了公共数据作为新型国有资产,提出了各级政府设立数据工作委员会,建立决策协调机制等。

续表

时间	地方省市	名称	内容
2020	天津市	《天津市数据交易管理暂行办法》	建立了保障各方主体权益的数据交易全流程规范性制度;建立数据交易安全评估制度,包括数据供方出具报告对交易数据进行风险评估,数据交易机构健全第三方监督机制进行交易保护、开展事件应急处置等;健全数据交易过程的监督保障和责任追究机制。
2020	宁波市	《宁波市公共数据安全管理暂行规定》	提出数据安全政府领导原则,保护数据收集的合法性、数据的密性以及对公共数据安全作出相关规定。

从行业层面来看(见表14-3),电信和互联网行业、金融保险行业、车联网行业、物联网行业、工业互联网行业近年来对数据和数据安全问题都愈加重视,中国银保监会、中国人民银行、科技部、工信部等各部门纷纷发布相应规定,旨在规范各行各业中数据安全管理工作,提高数据安全保护能力。为数据分类分级管理、数据安全防护等相关工作提供了政策指导。

表14-3 我国部分行业数据安全相关政策文件

时间	部门	名称	内容
2020	中国银保监会	《中国银保监会监管数据安全管理办法(试行)》	围绕"信用信息采集"、"信用信息提供、使用"、"信用信息整理、保存、加工"、"信用信息安全"及相关监督管理措施对征信业务作出规定。
2020	中国人民银行	《金融数据安全数据安全分级指南》	界定了金融数据安全分级的目标、原则和范围,以及数据安全定级的要素、规则和定级过程,并提出这些原则和标准在金融行业的适用范围。
2020	中国人民银行	《个人金融信息保护技术规范》	将个人金融信息按敏感程度、泄露后造成的危害程度,从高到低分为三个类别:C3级(鉴别信息,如银行账户、登录密码等)、C2级(可识别特定主体的信息,如身份证号、用户名、交易流水等)、C1级(机构的内部信息,如开户机构等),对相关机构建立不同信息保护层级方面提出了更高的要求。

续表

时间	部门	名称	内容
2020	工信部	《工业数据分级分类指南(试行)》	提出工业数据的基本概念,明确适用范围和原则;明确企业为数据分类分级主体,承担开展数据分类分级、加强数据管理等主体责任;按照每类工业数据遭篡改、破坏、泄露或非法利用后可能带来的潜在影响,将数据划分为3类。
2021	住房和城乡建设部	《关于加快发展数字家庭提高居住品质的指导意见》	加快研发数字家庭系统,要求强化网络和数字安全保障,保障数字家庭系统安全稳定运行,防止信息泄露、损毁、丢失,确保收集、产生数据和个人信息安全。遵守密码应用规定,形成安全可控完整的产业生态系统。
2021	中国人民银行	《征信业务管理办法(征求意见稿)》	对个人信用信息采集、整理、保存和加工进行了规范;从内控制度、软硬件设备、人员管理等方面对信用信息安全和跨境流动进行了规定。明确征信机构向境外提供个人信用信息,应当符合国家法律法规的规定,包括征信机构向境外提供企业信用信息的,应当向中国人民银行备案等。
2021	工信部	《智能网联汽车生产企业及产品准入管理指南(试行)》	规定了智能网联汽车生产企业应依法收集、使用和保护个人信息,制定重要数据目录,实施数据分类分级管理,不得泄露涉及国家安全的敏感信息。在境内运营中收集和产生的个人信息和重要数据应当按照有关规定在境内存储。确因业务需要向境外提供的,应向行业主管部门报备。
2021	国家医疗保障局	《关于加强网络安全和数据保护工作的指导意见》	提出了加强医疗数据安全保护的相关要求,包括:实施数据安全生命周期安全管理、实施分级分类管理、加强重要数据和敏感字段保护、强化数据安全审批管理、落实数据安全权限、推动数据安全共享和使用、建立健全数据安全风险评估机制。
2021	中国人民银行	《金融数据安全数据生命周期安全规范》	金融企业或金融机构应定期梳理金融数据生命周期中的安全需求、防护需求、组织保障需求以及信息系统运用保障需求,建立覆盖数据采集、传输、存储和使用、删除及销毁全周期的金融数据安全管理框架。

时间	部门	名称	内容
2021	网信办	《汽车数据安全管理若干规定（征求意见稿）》	明确汽车行业中重要数据范围;汽车数据收集要区分车内车外不同的场景;强调最小必要原则和目的限制原则;提出数据全生命周期的处理原则;明确汽车行业数据本地化存储的原则和跨境数据传输的具体要求。

　　总体来看,目前我国的数据安全相关的法律规定是基于《国家安全法》、《网络安全法》《数据安全法》以及《民法典》建立起来的,各省市针对地方具体情况出台了相应的地方法规。对数据应用的广泛性,各行业监管部门各司其职,对行业内数据进行管理和保护,对目前的数据安全、信息保护、数据跨境等问题做积极探索。从所统计的 52 部法律法规颁布时间看到,近两年数据安全的监督管理按下了加速键,从国家到地方都在不断完善数据安全的法律法规,后续法规的推出仍将持续发力。

　　从国内外数据立法情况来看,目前在全球范围内大数据立法主要集中在个人信息安全和隐私保护,以及数据跨境流通安全保护等方面。由于数据本身具有的多主体使用与重复使用性等特点,其数据权属难以界定,对大数据立法的推进造成了一定的影响,这也是后续大数据立法过程中亟须研究与突破的方向。

二、现有制度与政策的局限及需要突破的问题

（一）法律革新缓慢,数据行为秩序难规制

　　数据是数据驱动型企业的重要生产要素,对数据的占有和控制可强化企业的竞争优势,为其带来可观的商业利益。因此,在数据价值的诱惑下,部分企业利用法律的滞后性,试图脱离正常的数据行为轨道,造成了数据行为秩序的混乱。一方面,企业利用技术壁垒和快速革新优势,试图钻法律空子以脱离规制范围,例如,在我国尚无针对人工智能技术专项立法的现状下,部分企业

利用人脸识别、深度伪造等技术滥采滥用个人数据实现利益最大化（王伟洁，2021）。另一方面，现有的法律制度难以对企业的数据商业使用行为进行有效的规制。例如，现行的《反不正当竞争法》以"因违背商业道德（如虚假宣传、仿冒商业标识等）而损害竞争秩序"为认定不当竞争行为的基本框架，但此认定规则无法涵盖企业通过实施"二选一"对商家实施纵向约束进而独占交易的不正当竞争行为。

（二）数据权属争议大，数据产权难确立

当前，数据贩卖、数据无序竞争等行为频频发生且屡禁不止，此类数据安全乱象均是由于数据产权未确立，数据权利边界不清晰，数据收益权利难以确定等缺陷所致。数据确权是数据治理的核心问题，也是数据参与要素收入分配的关键问题，因为如果数据产权关系不确定，收入分配就失去了分配的主体。数据的所有权不管在法律上还是在实践中都是一个复杂问题，特别对个人数据。数据容易在未经合理授权的情况下被收集、存储、复制、传播、汇集和加工，并且数据汇集和加工伴随着新数据的产生。这使得数据的所有权很难界定清楚，也很难被有效保护。不同类型的数据在权利内容上存在差异，且数据全生命周期链条上参与者众多，数据权利不完全归属于同一个主体，数据主体的不同导致利益诉求的差异性，从而引发数据权利的冲突（王伟洁，2021；包晓丽，2021）。数据产权建设是数据安全治理的基础部分，也是数字经济健康有序发展的必要条件。

（三）数据活动场景复杂，数据安全监管效能难提升

在数据全生命周期处理活动中，涉及众多数据技术、数据处理主体，且数据流动范围广，从国家内部的数据流转到跨国界的数据传输，均增大了数据活动场景的复杂性，也提升了数据安全的监管难度。一是互联网技术日新月异，实现数据安全监管全覆盖难度大。平台企业基于互联网技术进行数据的收集使用，并始终在技术和产品不断快速迭代中探索全新的数据处理模式，这对监

管制度的革新速度提出了高要求。二是数据处理环节繁杂众多,进行数据安全监管定责难度大。数据流通、应用及共享过程当中涉及了众多数据处理主体,且由于数据具有低成本的复制特性,数据泄露源头往往难以确定,为数据泄露后的安全事故定责带来了困难。三是跨境监管没有统一国际标准,开展数据跨境流动安全监管难度大。数据跨境流动可能导致国家关键数据资源流失,各国高度重视数据跨境流动监管这一国际性难题,但目前仍缺乏指导数据跨境流动监管的统一规范和国际规则,为我国建立数据跨境流动监管机制带来了一定挑战(王伟洁,2021)。

(四) 个人信息泄露风险加剧

由于大数据系统中普遍存在大量的个人信息,在发生数据滥用、内部偷窃、网络攻击等安全事件时,常常伴随着个人信息泄露。另一方面,随着数据挖掘、机器学习、人工智能等技术的研究和应用,使得大数据分析的能力越来越强大,由于海量数据本身就蕴藏着价值,在对大数据中多源数据进行综合分析时,分析人员更容易通过关联分析挖掘出更多的个人信息,从而进一步加剧了个人信息泄露的风险。在大数据时代,要对数据进行安全保护,既要注意防止因数据丢失而直接导致的个人信息泄露,也要注意防止因挖掘分析而间接导致的个人信息泄露,这种综合保护需求带来的安全挑战是巨大的。

在大数据时代,不能禁止外部人员挖掘公开、半公开信息,即使想限制数据共享对象、合作伙伴挖掘共享的信息也很难做到。目前,各社交网站均不同程度地开放其所产生的实时数据,其中既可能包括商务、业务数据,也可能包括个人信息。市场上已经出现了许多监测数据的数据分析机构,这些机构通过对数据的挖掘分析,以及和历史数据对比分析、和其他手段得到的公开私有数据进行综合挖掘分析,可能得到非常多的新信息,如分析某个地区经济趋势、某种流行病的医学分析,甚至直接分析出某个人的具体个人信息来。

个人信息泄露产生的后果将远比一般数据泄露严重,2016 年 8 月,犯罪团伙利用非法获取得到的数万条高考考生信息实施诈骗,山东女孩徐某因学费被骗出现心脏骤停,最终不幸逝世。近几年来,个人信息泄露的事件时有发生,如在2015年5月,美国国税局宣布其系统遭受攻击,约71万人的纳税记录被泄露,同时约39万个纳税人账户被冒名访问;2016年12月,雅虎公司宣布其超过10亿的用户账号被黑客窃取,相关信息包括姓名、邮箱口令、生日、邮箱密码问题及答案等内容。

需要注意的是,经过"清洗"、"脱敏"后的数据也不能说肯定是安全的。如2006年,为了学术研究,美国在线(AOL)将65万条用户数据匿名处理后,公开发布。而《纽约时报》通过综合推断,竟然分析出了数据集中某个匿名用户的真实姓名和地址等个人信息。因此,在大数据环境下,对个人信息的保护将面临极大的挑战。

(五) 数据真实性保障更困难

在当前信息瞬息万变、万物互联的时代,数据的来源非常广泛,数据种类繁多,数据规模庞大,各种非结构化数据、半结构化数据与结构化数据混杂在一起。数据采集者将不得不接受的现实是:要收集的信息太多,甚至很多数据不是来自第一手收集,而是经过多次转手之后收集到的,数据的真实性难以保障。

从来源上看,大数据系统中的数据可能来源于各种传感器、主动上传者以及公开网站。除了可信的数据来源外,也存在大量不可信的数据来源。甚至有些攻击者会故意伪造数据,企图误导数据分析结果。因此,对数据的真实性确认、来源验证等需求非常迫切,数据真实性保障面临的挑战更加严峻(宋胜攀,2020)。

事实上,由于采集终端性能限制、鉴别技术不足、信息量大、来源种类繁杂等原因,对所有数据进行真实性验证存在很大的困难。收集者无法验证到手的数据是否是原始数据,甚至无法确认数据是否被篡改、伪造。这严重影响数据的质量,也阻碍数据交易。

如在2008年,Google发布一款名为"谷歌流感趋势"(Google Flu Trends,

GFT)的产品。该产品的基本思路是:搜索流感相关主题的人数与实际患有流感症状的人数之间存在着密切的关系,用大数据分析网络上用户的搜索词有助于了解流感疫情。该产品在 2008 年大获成功,基于用户的搜索数据,比美国疾病预防控制中心(Centers for Disease Control and Prevention)提前两个星期预测到了流感的暴发。但是,消息公布后,众多的网民都对这个预测很感兴趣,于是网络中出现了大量的类似搜索记录,从而导致了很多"虚假"的数据记录到搜索数据中。所以后来该产品的预测结果就不准确了,尤其是到了2012 年,偏差最大甚至高出了标准值一倍多。因此,在大数据环境下,对数据真实性保障面临巨大的挑战。

(六) 数据所有者权益难保障

数据脱离数据所有者控制将损害数据所有者的权益,数据的零成本无限次复制特性,使数据所有者权益难以保障。大数据应用过程中,数据的生命周期包括采集、传输、存储、处理、交换、销毁等各个阶段,在每个阶段中可能会被不同主体所接触,会从一个控制者流向另一个控制者。因此,在大数据应用流通过程中,会出现数据拥有者与管理者不同、数据所有权和使用权分离的情况,即数据会脱离数据所有者的控制而存在。从而数据的实际控制者可以不受数据所有者的约束而自由地使用、分享、交换、转移、删除数据,由此导致在大数据应用中容易存在数据滥用、权属不明确、安全监管责任不清晰等安全风险,而这将严重损害数据所有者的权益(马斌,2021)。

数据产权归属分歧严重。数据的开放、流通和共享是大数据产业发展的关键,而数据的产权清晰是大数据共享交换、交易流通的基础。但是,当前的大数据应用场景中,存在数据产权不清晰的情况。如大数据挖掘分析者经过对原始数据集处理后,会分析出新的数据,这些数据的所有权到底属于原始数据所有方,还是挖掘分析者,目前在很多应用场景中还是各执一词,没有明确的说法。又如在一些提供交通出行、位置服务的应用中,服务提供商在为客户提供导航、交通工具等服务时,同时记录了客户端运动轨迹信息,对于此类运动轨迹信息的权属到底属于谁,以及是否属于客户端个人信息,到目前为止,分歧仍然比较大。对此类数据权属不清的数据,首要解决的是数据归谁所有、谁能授权等问题,才能明确数据能用来干什么、不能用来干什么,以及采用什么安全保护措施,尤其是当数据中含有重要数据或个人信息的时候。

(七) 大数据安全法规标准尚需完善

大数据应用的场景越来越多,越来越复杂,因此,要科学规范利用大数据并切实保障数据安全,在完善法规制度和标准体系方面也将面临着不小的挑战。

一方面,大数据的发展加速了经济发展,但也给监管和法律带来了新的挑战。法律追求的是稳定的预期和权利义务关系的平衡,但是大数据带来了最大的不确定性,使用边界不确定,权利和义务也不确定,所以给法律法规带来很大挑战。《促进大数据发展行动纲要》指出,推进大数据健康发展,要加强政策、监管、法律的统筹协调,加快法规制度建设。要制定数据资源确权、开放、流通、交易相关法规,完善数据产权保护法规。通过积极研究数据开放、保护等方面的法规,有利于实现对数据资源的采集、传输、存储、处理、交换、销毁的规范管理,可以促进数据在风险可控原则下最大程度开放,加强对数据滥用、侵犯个人信息安全等行为的管理和惩戒。如通过制定个人信息方面的法规制度细则,可以界定哪些数据属于个人信息,如非法使用则将受到相应的惩戒;又如通过制定跨境数据流动方面的法规制度细则,可以加速形成跨境数据安全流动框架,明确相应的部门职责、数据分类管理要求以及数据主体的权利和义务等。

另一方面,大数据的发展也给标准规范配套带来了新的挑战。标准是法规制度的支撑,肩负着规范市场客体质量和技术要求的重要职能。因此,除了在立法层面要明确数据保护方面的法规外,还应制定相应的数据采集、储存、处理、推送和应用的标准规范。通过制定符合实际的大数据应用和安全标准,能有效促进大数据安全应用,从而既能引导、规范、促进大数据的发展,又确保了数据开放共享、个人信息保护需求和安全保障需求之间的平衡。如制定了个人信息分类、责任原则、保护要求和安全评估方面的标准内容,有利于更好地规范实施个人信息的安全采集、存储和处理过程,防止个人信息被误用和滥用;又如制定了数据确权、访问接口、服务安全要求等标准内容,有利于建立安全的大数据市场交易体系,促进大数据交易流通的发展。

第二节　促进数据安全保护与监管的案例分析

从国内外发布的数据安全制度与政策来看,数据安全的最大问题是个人信息泄露问题,因此,本节以2019年网络爬虫事件为例,分析实际管理中的数据安全问题。

一、数据买卖与暴力催收问题

网络爬虫(又称为网络机器人、网页蜘蛛,在FOAF社区中更经常地称为网页追逐者),是一种按照一定的规则,自动地抓取万维网上信息或文档的程序或者脚本。它是指这样的一类程序:可以自动链接到互联网各类站点,并读取网页中的内容或存放在网络上的各种信息,并按照某种策略对目标信息进行抓取和采集。最为常见的网络爬虫是通用网络爬虫即搜索引擎,如百度,谷歌等浏览器。除此之外,还有增量型网络爬虫、聚焦型网络爬虫。网络爬虫爬取的数据来源是多样的,主要有政府公开数据、第三方平台买卖数据、网页数据以及企业产生的用户数据,其中第三方平台购买数据存在较大风险,是数据泄露主要方向之一,同时也是爬虫风波的主要承担者。

早在2017年,致力于为全球人工智能企业提供数据获取及数据产品服务的数据公司数据堂,由于大量售卖市民的私人信息,在2019年2月份,就对其作出了判决,涉及相关人员8人,最严重的被判5年有期徒刑,并罚款310万元人民币。在2019年4月22日,巧达科技法人代表王某某等36人因非法获取计算机信息系统数据,被依法批准逮捕。该公司在未经授权的情况下,通过大量代理 IP 地址、伪造技术设备等手段,大量恶意窃取放在服务器上的用户数据。

2019 年中秋以来,杭州市公安加大对数据公司的查处力度,该次调查行动起源于贷款催收公司,通过贷款人个人信息进行暴力催收导致自杀事件。2019 年 9 月 6 日,魔蝎数据公司高管被警方带走,引起业内波动;9 月 11 日,公信宝运营方杭州存信数据科技有限公司被警方查封;同年 10 月 21 日,港股上市公司 51 信用卡因外包催收公司暴力催收寻衅滋事被杭州警方突击查处,将此次数据泄露风波推向高潮。网络爬虫的合法性受到质疑。综合此次事件得知,当抓取的数据是真实的数据并且遵守使用规则的情况下,是允许的;但遇见原创数据时,受版权限制不能转载,否则会造成严重的侵权行为。[1]

二、数据泄露与非法买卖

个人数据泄露事件在全球范围内一直在发生,据安全情报供应商 RBS 显示,截至 2019 年 9 月 30 日,全球披露的数据泄露事件共有 5183 起,较 2018 年上涨了 33%;泄露的数据数量达到了 79.95 亿条,较 2018 年上涨了 117%。从泄露的内容来看,53% 的内容是个人基本信息,其次是用户个人的账号信息。此次爬虫风波的核心原因是数据泄露和非法买卖,这也表明了数据泄露是数据安全中亟待解决的问题。在数据保护法中,数据大致分为两类,可以采集的数据和禁止采集的数据。作为可以采集的数据指的是不涉及个人隐私的数据或经个人同意授权的数据;禁止采集的数据是涉及个人隐私数据或商业机密的数据。众多数据公司被查处的原因之一是利用网络爬虫技术从网页上非法获取个人隐私数据。例如,信川科技下的核心产品数聚魔盒通过数据采集工具帮助客户采集信息,利用爬虫技术获取各类用户个人数据,但在爬取个人信息前是否征求用户个人同意不得而知,所以在此次风波中也不得不暂停

---

[1] 苏丽洁:《个人数据汇露问题及其规避——以 2019 年网络爬虫事件为例》,《科技传播》2020 年第 16 期。

相关服务。此次被调查的数据公司绝大部分是数据服务公司,对外提供数据分析服务,对购买数据服务人员收取相应的服务费,由于受数据安全标准未确定和数据安全技术成熟度的限制,不能确定数据信息的合法性,时刻在法律边缘游走。非法获取个人数据信息是其一,倒卖个人数据是其二,两者是造成大数据风控公司走向风口浪尖的主要原因。

三、国企数据被窃取危及国家安全

2020 年 1 月,某航空公司向国家安全机关报告,该公司信息系统出现异常,怀疑遭到网络攻击。国家安全机关立即进行技术检查,确认相关信息系统遭到网络武器攻击,多台重要服务器和网络设备被植入特种木马程序,部分乘客出行记录等数据被窃取。

国家安全机关经过进一步排查发现,另有多家航空公司信息系统遭到同一类型的网络攻击和数据窃取。经深入调查,确认相关攻击活动是由某境外间谍情报机关精心谋划、秘密实施,攻击中利用了多个技术漏洞,并利用多个网络设备进行跳转,以隐匿踪迹。

针对这一情况,国家安全机关及时协助有关航空公司全面清除被植入的特种木马程序,调整技术安全防范策略、强化防范措施,制止了危害的进一步扩大。

2021 年 5 月,国家安全机关工作发现,某境外咨询调查公司通过网络、电话等方式,频繁联系我大型航运企业、代理服务公司的管理人员,以高额报酬聘请行业咨询专家之名,与我境内数十名人员建立“合作”,指使其广泛搜集提供我航运基础数据、特定船只载物信息等。办案人员进一步调查掌握,相关境外咨询调查公司与所在国家间谍情报机关关系密切,承接了大量情报搜集和分析业务,通过我境内人员所获的航运数据,都提供给该国间谍情报机关。

为防范相关危害持续发生,国家安全机关及时对有关境内人员进行警示教育,并责令所在公司加强内部人员管理和数据安全保护措施。同时,依法对该境外咨询调查公司有关活动进行了查处。

四、案例分析与案例启示

随着数据资源商业价值凸显,针对数据的攻击、窃取、滥用和劫持等活动持续泛滥,并呈现出产业化、高科技化和跨国化等特性,对国家和数据生态治理水平,以及组织的数据安全能力都提出了全新挑战。2019 年网络爬虫事件凸显两大问题,一是个人数据泄露,二是利用个人信息进行贷款后的暴力催收,虽然政府对此类事件进行了硬核查处,不少知名数据公司深陷其中,相关政府部门也迅速对此作出回应,最高法院提出相关办法,建立数据保护相关法律条例。目前有很多企业对数据安全问题重视不够,认为自己的企业数据除商业机密外,并不是什么有价值的数据,不需要额外加以保护。但是目前的数据分析软件和工具具有强大的分析能力,表面看似无关的数据,经过多重关联分析,就可以得到企业技术开发和市场方面的关键信息。例如气候信息是公开数据,但是对一个地区的气候数据的分析就可以指导该地区的农业生产,也可以得出农业机械设备的销售情况等。企业数据安全问题也是一个亟待解决的问题。只要数据具备商业价值和利用价值,数据泄露和利用泄露数据进行违法犯罪的事件就在所难免。大数据安全事件风险成因复杂交织,既有外部攻击,也有内部泄密;既有技术漏洞,也有管理缺陷;既有新技术新模式触发的新风险,也有传统安全问题的持续触发。通过建立数据安全保障法律法规,明确数据安全保护责任,避免数据被滥用,从而增强人们对数据交易的信任,推动不同利益群体之间的数据共享,确保数据的社会和经济价值得以充分实现,提高人们的收入水平。如我国已出台的《数据安全法》、《个人信息保护法》,未来在数据权属立法、打击网络犯罪和数据跨境传输方面还应进一步加强和完善立法。

(一)数据泄露倒逼法律完善

大数据时代下,数据泄露成为老生常谈的话题,我国关于数据泄露立法至今尚不完善,此次风波在一定程度上促进我国立法完善。目前我国刑法第二百五十三条强调侵犯公民个人信息罪,《民法典》中明确个人信息权利受到法律保护。但针对我国数据泄露的特定法律仍有欠缺。在 2017 年 6 月 1 日,《网络安全法》正式实行,规定任何个人和组织不得窃取或者以其他非法方式获取个人信息,不得非法出售或者非法向他人提供个人信息。这些法律的颁布使得我国个人信息泄露犯罪行为有法可依。2018 年 5 月欧盟出台了《通用数据保护条例》,表明过去互联网机构习以为常的、利用爬虫技术过度抓取用户行为数据的做法,因涉嫌侵犯隐私变得不再"合法"。

2019 年 9 月至 10 月的"爬虫风波",引起政府的极大重视,杭州市公安局对相关数据公司迅速排查,查处违法犯罪行为。例如针对 51 信用卡公司的突击检查时,动用三辆客运车,公司内部被警方严格把守,只进不出。由此看到,对于违法犯罪的数据公司严格防范与查处。同年 10 月 14 日,央行下发了《个人金融信息(数据)保护试行办法》,规定金融机构不得以概括授权的方式获取信息主体对收集、处理、使用和对外提供其个人金融信息的同意,同时要求各企业征信机构自我排查是否存在违法爬虫行为。上海市在 10 月份率先实施《上海市公共数据开放暂行办法》,该《办法》重点考虑了数据开放和数据安全的关系,既要推进公共数据开放和深度利用,又要高度重视和保障数据安全,明确指出政府应当落实数据安全管理责任,采取措施保护商业秘密和个人隐私,防止被非法获取。

除了对数据安全迅速作出回应,在 51 信用卡被查处的当天,针对贷款违法犯罪行为,我国最高人民法院颁布了《关于办理非法刑事案件若干问题的意见》,明确提出,涉及强行索要非法贷款行为,因非法放贷诱发涉黑涉恶以及其他违法犯罪活动,违法必究。早在 2019 年我国就提出,政府部门之间应加快信息的统筹协调,建立统一的个人信息保护监管平台,避免重复执法。由此可看到,我国对数据安全的探索始终没有停止,虽然我国关于数据保护的法律没有国外那么完善,但一直在探索的道路上,始终为人民和社会服务。

(二) 借助区块链技术,加强数据保护

数据泄露是伴随互联网的发展而出现的,数据保护应是政府、企业和用户三者共同努力的结果。其中政府应做好带头作用,大力鼓励数据保护技术,利用数据加密技术保护数据。区块链技术在 2019 年引起广泛关注,区块链作为一种去中心化的分布式账本数据库,通过数据密码学进行加密,避免了数据的篡改与盗窃。区块链是一种分布式基础架构与计算范式,"代码即信任"是区块链的核心和精髓,这表明了区块链是程序员通过技术手段、代码构建来建立一个值得信任的数字世界。区块链技术在本质上解决的是信任问题,是构建和传递信任的问题,也是通过公开方式来保障不可篡改的信任问题。这为数据保护提供了更好的技术支撑。保尔森基金会绿色金融中心与清华大学绿色金融发展研究中心联合发布《金融科技推动中国绿色金融发展:案例与展望》报告中指出,利用区块链等技术,解决资金穿透管理的问题,可以帮助金融机构实现对绿色信贷、绿色债券等投向的跟踪,帮助降低"洗绿"、"漂绿"的风险。我国不仅要在金融行业加快区块链的开发与应用,只要有数据流通和交易的地方或渠道,就应该加强区块链的应用,特别是要加快区块链在数据交易所中的应用,为数据泄露和数据窃取筑起第一道防线。

(三) 企业数据安全问题尤其值得重视

数据安全问题不是哪一个企业的问题,而是数字经济时代所有企业需要面对的问题。当前,重要商业网站海量用户数据是企业核心资产,也是民间黑客甚至国家级攻击的重要对象,重点企业数据安全管理更是面临严峻压力。大数据安全威胁渗透数据生产、流通和消费等大数据产业的各个环节,包括数据源、大数据加工平台和大数据分析服务等环节的各类主体都是威胁源。目前,很多企业和机构还并不知道该如何提升自己的数据安全管理能力,也不知道依据什么标准进行衡量。为解决此问题,全国信息安全标准化技术委员会等职能部门与数据安全领域的标准化专家学者和产业代表企业协同,着手制

定一套用于组织机构数据安全能力的评估标准——《大数据安全能力成熟度模型》,该标准是基于阿里巴巴提出的数据安全成熟度模型(Data Security Maturity Model,DSMM)进行制定。从标准架构来看,从组织机构数据采集、存储、传输、处理、交换和销毁等6个数据生命周期,就企业组织建设、制度流程、技术工具和人员能力4个关键能力维度,至少30多个安全域进行全方位考核评估,最终将组织机构的数据安全能力划分为非正式执行、计划跟踪、充分定义、量化控制和持续优化,1级至5级的能力成熟等级,等级越高意味着数据安全能力越强。只有具备了3级的数据安全能力,才意味着这家企业或组织机构能针对数据安全风险进行全面有效控制。

第三节　促进数据安全保护的制度与政策建议

随着数据被纳为生产要素和万物互联时代的到来,海量的数据无疑将成为21世纪最重要的资产。但同时也产生了数据泄露风险加剧与数据滥用情况加重。如何建立和健全安全与发展并重的数据安全机制,合理使用好庞大的数据资源,这同样是完善数据作为生产要素参与收入分配需要解决的一项重要问题。如果对数据的安全把控过度,将不利于数据资源的共享开放,阻碍科技进步;安全把控过松,又会引起数据泄露和数据盗用问题,用户的权益仍然遭受威胁。针对数据泄露和数据滥用层出不穷的现象,政府必须进一步发挥法律的力量,依靠法治手段建立安全和发展并重的法治保障体系。本书认为需要从以下几个方面强化数据安全防护、加大数据治理力度。

一、加大宣传,加强示范试点

(一) 加大宣传力度,提高数据安全意识

我国已经颁布了《数据安全法》、《个人信息安全法》、《个人信息安全规范》、《网络信息安全法》等关于数据安全的法规,但是仍然有许多个人或企业对于这些法规的具体条例不是很清楚,因此,需要加大关于国家法规条例的讲解和阐释,组建专门的讲解团队,深入平台企业和互联网企业进行讲解;将安全法规做成较直观的视频,放在相关的平台网站上便于居民学习;将违反数据安全的典型案例,也做成视频或文档资料,提供给企业和居民学习和查阅。企业和社区需要建立数据安全宣传的专门团队,负责对本企业和社区居民的数据安全法规讲解和宣传,在企业文化宣传栏和社会宣传墙上,连续不断地刊登数据安全法规的条文及其阐释。由此,加大数据安全的宣传,使每一个互联网居民都了解数据安全的法律规范,自觉遵守数据安全法律法规(徐晶,2022),并积极检举和揭发违反数据安全的事例,做数据安全的防护员。

(二) 建立和健全数据安全监管机构

从国家层面看,目前,美欧等发达经济体都有专门的数据处理活动风险评估机构、数据保护监管机构,而我国尚未有明确对数据保护与利用进行统一监管的专业性监管机构,更没有数据活动风险评估机构。工信部、科技部、国家安全监督委员会等多个部委针对本行业数据管理出台了一系列的相关文件,一定程度上缓解了数据监管问题,但难以进行跨系统统筹协调。因此,需要从国家层面建立专门的数据安全监管机构,可以是国家安全部、国家信标委、工业和信息化部、科技部、国家大数据管理局等相关部委联合建立国家大数据安全监管委员会,隶属于国家大数据管理局管理,主要职责是研究出台国家层面的数据安全法规、评估数据跨境流动的安全风险、建立国家数据安全应急处置机制和统筹协调机制等。从地方层面看,我国目前已有25个以上省份成立了大数据管理局、大数据管理中心、政务服务数据管理局等大数据管理机构,隶属关系、机构职能、运行机制等等不一,跨区域跨系统统筹协调难度较大,因此,也需要有国家层面相应的管理机构能够将地方机构进行统筹协调管理。总体来看,我国的大数据安全管理还处在散发和应对状态,缺乏有序的规划和管理,既有碍于提升我国数字经济的整体治理效能,也不利于深化数字经济治理国际合作。建议将数据保护监管职能赋予国家市场监督管理总局或从上至下组建统一的专业性监管机构,建立"行业协会自律+政府数据监管机构监管"的双重管理体系和"行业行为准则+法律法规"的双重规范体系,以监督数据产权保护相关法律法规的贯彻和实施。

(三) 试点打造数据市场样板和推行试点项目

试点打造安全规范、运行高效的数据要素市场样板。我国数据要素市场还处在培育、自发成长阶段,综合考虑各地数字经济的发展基础,可在上海、浙江、广东等国家数字经济创新发展试验区内,对个人数据产权的界定、交易和规制积极开展先行先试,建立健全数据产权交易机构,形成数据要素市场建设的高地和样板。在试点市场中逐步引入相关规制工具,分步推进实施对数据知情权、可携带权、修改删除权、被遗忘权等权利的保护和监管。对于试点项目设置,可针对大数据安全,试点示范重点方向包含大数据基础设施安全、金融大数据安全、广播电视与网络视听大数据安全、医疗健康数据安全、交通运输旅客信息安全、商用密码应用等。例如,面向铁路、民航等涉旅客用户个人信息安全需求,在保障铁路和民航信息系统、第三方票务软件安全方面,防范旅客信息在传输、处理、存储过程中被泄露或篡改等的安全解决方案;面向疾病预防控制信息系统、医院信息系统和数据库安全保障支撑,打通卫生健康领域数据壁垒,确保数据访问安全及第三方数据交换中用户隐私、临床、科研和综合管理信息等重要数据安全的解决方案。通过试点项目解决一些重点领域的数据安全问题,包括数据安全防护技术、数据安全应对和预警机制、数据安全规定和条文等。

(四) 推进全球数据安全治理,提升国际话语权

在数据安全治理领域,应继续践行多边主义理念,加强与各国的信任,共同建立数据安全治理国际合作机制,合力应对全球性数据安全挑战。一是积极参与并推动数字领域国际规则制定和完善。发挥政府、国际组织、企业、技术社群等各类主体作用,参与相关国际谈判与合作,推动制定符合国家利益和

发展需要的数据安全国际规则。二是加强数据安全国际治理的影响力输出。联合中外智库、行业组织、高校通过举办数据安全治理高端论坛等,建立数据安全领域国际交流机制,并充分利用"一带一路"倡议、金砖国家、上合组织等机制和世界互联网大会、中国-东盟信息港论坛、网上丝绸之路大会等平台渠道,广泛宣传阐释《全球数据安全倡议》,积极传播中国声音。三是鼓励企业参与国际竞争合作。加强我国企业境外数据合规意识,鼓励我国企业开发国际化产品。同时,通过培育"走出去"联盟并搭建海外维权援助服务体系,促进我国企业"走出去"过程中加强技术、法律、政策等领域相互协调,推动产业界形成合力应对境外以数据安全为由实施的不合理政策和打压,增强企业"走出去"的风险防范和应对能力,冲破数据安全领域"包围圈"。

二、强化互联网关键基础设施和数据资源的安全防护

(一) 加强对数据泄露问题的监管,推动安全防护相关立法

万物互联下的数字时代,对数据的保护最紧要的工作就是安全防护。加强对数据的安全防护无疑会增加用来收集和加工数据的传感器、终端设备以及其他网络应用的生产维护费用。由于会降低生产厂商的利润,厂商自主升级安全防护系统的意愿不强。但是要保障用户的个人数据的安全,就应该要求相关厂商数据产品达到相应的安全级别。用户数据具有明显的人格属性和财产属性,所以更应该针对智能设备和网络应用等现代技术进行立法,明确智能终端产品和网络开发应用的安全防护标准。

"互联网用户的信息安全从来都不是某一家公司企业的事。"郑斌称,《大数据安全能力成熟度模型》的制定还由中国电子技术标准化研究院、国家信息安全工程技术研究中心、中国信息安全测评中心、公安三所、清华大学和阿里云计算有限公司等业内权威数据安全机构、学术单位企业等共同合作提出意见。一位数据安全研究人员分析,企业要提升数据安全管理能力,首先就得认清自身数据保护能力水平,再对症下药弥补缺失和短板,而该标准正是针对

大多数企业普遍存在的,不了解或不清楚自身数据安全管理能力的问题。

（二）针对数据滥用问题加强相关立法

进入数据要素全面迸发的数字时代后,人人皆在线,无物不互联,从手机里的应用软件到大街上的监测设备,智能终端无时无刻不在收集着数据,用户数据被悄无声息收集、筛选、储存。通过对用户数据进行分析,可以发现数据中只存在很少的部分是涉及隐私权的用户数据,诸如姓名、手机号码、消费喜好、行为习惯等数据,如果仅仅被数字平台收集而不滥用的话就不会侵害用户的权益。因此,解决数据滥用问题的关键,是必须立法加强对数据滥用的规制,形成有强制力、可执行的数据安全使用规范(张欢等,2018)。

三、夯实技术保障与提升安全意识同时并举

一方面,加快大数据环境下网络安全技术手段的突破,构建网络安全信息聚合、共享和关联分析平台,促进网络安全相关数据融合和资源合理配置,提高重大安全事件应急处置能力(陈性元等,2020)。指导网络运营商加强大数据环境下防攻击、防泄露、防盗用的监控、预警、控制和应急响应能力。促进在大数据基础设施中广泛使用安全可靠的产品和服务。建立大数据安全评估体系。做好大数据网络服务平台的可靠性安全评估、应用安全评估、监测预警和风险评估工作。

另一方面,通过媒体宣传,增强公民对数据保护重要性和紧迫性的认识,普及和深化用户的个人信息保护意识。通过隐私权限设置、信息变更、删除措施等公益性培训活动,传播相关技术原则和对策,提高用户信息保护能力。完善用户投诉举报机制,督促企业建立更加便捷高效的举报机制,快速有效地应对用户投诉。政府部门应扩大用户投诉举报渠道,及时有效地处理数据泄露事件。

四、完善数据安全法制建设，奠定数据安全保护基础

针对数据安全治理领域的痛点和难点问题，加快完善数据安全法律法规。在数据所有权方面，在明确数据分类和分类的基本原则，进一步明确自身行业数据的类型、特征和性质的基础上，各行各业探索数据分类和所有权制度，并通过立法界定数据产权的所有权。在数据交易和流通方面，根据数据所有权确定可交易数据的类型、范围和流通规则，以保护个人隐私和安全。在数据垄断方面，在反垄断法、反不正当竞争法等法律的基础上，进一步完善平台企业数据垄断认定、数据收集与使用管理、消费者权益保护等法律规范。在关键数据保护方面，考虑引入专门的法律法规，对医疗、政府、交通等行业的高价值、特殊敏感数据进行分类保护，对不同关键信息基础设施运营商收集和使用的重要数据分别进行保护，从而降低数据泄露的风险。

防止不正当竞争行为。一方面，制定反不正当竞争政策。由数据驱动的数字经济具有规模报酬递增的特点，平台参与人数越多、平台价值越高，易于形成少数大公司占据市场主导地位的"赢者通吃"局面，如阿里和腾讯的案例。对此，应完善反不正当竞争立法，维护网络竞争的公平性。另一方面，可以考虑采取事前监管措施，规定消费者个人数据的完全可携带权，使消费者能在不同供应商之间自由切换，从而促进竞争，防止垄断。

五、全面加强数据安全监督管理，促进制度落实执行

一方面，建议进一步探索建立分级监督机制，构建中央与地方分级监督、分级负责、权责一致的监督格局。此外，我们可以向美国、韩国和欧盟等国家和地区学习，尝试为不同的数据活动场景和问题建立独立的负责机构。例如，符合国际标准并专门负责跨境数据安全风险审查和评估的机构。另一方面，建议在完善监管机构职能的基础上，积极创新监管方式和流程，将可能存在的风险点纳入监管范围，以适应复杂多变的数据活动场景。具体包括以下三点。第一，组织开展数据安全风险研究。彻底调查企业、政府、组织和其他商业实

体面临的数据安全风险;组织国际跟踪,研究和判断新技术和应用的潜在数据安全风险。第二,加强数据安全应急演练。鼓励各行业建立集中、统一、上下联动的数据风险监测预警机制,定期开展数据安全风险防范演练,并组织专家对演练中的风险处理效果进行检查。第三,建立规范化数据安全的特别审查行动。在现有手机 APP 专项整治行动的基础上,进一步开展非法使用生物识别技术的审查,打击非法交易高价值数据(陈一,2020)。

六、建立数据业务有序发展机制,保障数据合法合规使用

进一步探索政府数据安全宏观治理与平台企业内部治理的有效衔接机制。第一,压实平台的企业数据主体的管理责任。通过建立"事前"重要数据备案制度,组织平台企业对数据处理规则和数据处理范围进行备案,制定数据备案主体的数据安全保护规范和责任制度;建立"过程中"数据风险通报制度,开展信息监控和态势感知,对数据安全风险进行实时监控和预警,要求平台企业在数据风险释放后及时启动应急预案,按照通报时限进行整改,实施数据通报制度;建立"事后"数据披露通知制度,指导数据控制员落实个人信息披露的通知责任,及时向相关部门和用户报告数据安全风险。第二,加强平台企业对数据处理规则制定的外部参与。在移动应用的数据收集和使用方面,我们可以更加关注和优化隐私协议模型和第三方服务。例如,将"一揽子"请求的所有权限替换为与动态应用程序服务相关的所需权限;制定第三方 SDK服务管理规则,限制个人数据的收集和使用范围。在基于大数据培训的算法使用中,建立算法治理和监管规则,包括明确算法设计者、控制器和相关利益相关者披露算法设计原则和潜在漏洞的义务,并定期对算法进行第三方评估,通过算法分析,严防"大数据杀熟"等数据垄断行为的发生。第三,鼓励企业提高数据安全竞争力。强化监管激励特征,可以通过对具有成熟数据安全能力的企业进行官方宣传和推广,努力塑造企业安全品牌优势,提升企业数据业务的安全竞争力,从而鼓励企业加强内部数据安全能力建设。

七、推动数据安全产业发展，构建全方位数据安全保护生态

大力推进国家大数据安全产业建设，支持产业创新发展，加快形成完整的数据安全保护产业生态链，以强化个人信息和国家重要数据的安全保障。一是鼓励数据安全保护技术研究。推动企业和相关研究机构积极开展区块链、密码技术、隐私计算等数据安全保障技术的研究。二是进一步推动数据安全产品落地推广。重点支持数据分类分级、数据共享安全监测、细粒度数据资源访问控制、数据标记及追踪溯源、数据安全威胁监控等相关产品的开发、成果转化和应用示范。并通过建立大数据安全靶场和产品检验场地，对大数据安全新应用、新产品进行测试、检验，通过开展优质安全产品使用布局，推动其在政务及关键信息基础设施等重要场景的应用（沈剑等，2021）。三是（许宪春和王洋，2021）培育数据安全培训、测评、认证等公共服务。通过发展具有权威性的第三方机构，建设专业的数据安全人才培训和数据安全评估认证队伍，支持相关部门全面开展数据安全保护服务。

第十五章 促进数据交流共享的
制度与政策

　　随着信息技术日新月异的发展,网络化、数字化、智能化在推动经济社会发展、促进国家数据交流与共享的能力现代化、满足人民日益增长的美好生活需要方面发挥着越来越重要的作用(肖峰,2019)。在信息时代,政府数字化转型迫在眉睫,数据已成为重要的战略资源。如何充分利用政府掌握的大量公共数据,充分发挥数据的价值,是数字政府建设面临的重要挑战。数字政府建设应坚持服务型政府理念,走数据开放共享之路,努力构建共建、共治、共享的制度体系。

　　数据的开放共享是数据利用的一种重要方式,也是将数据价值充分转换为经济价值和社会价值的一个重要途径。孤立的数据、存储不用的数据本身不会产生价值,数据只有在充分流动和重复利用中才能产生价值。借助大数据技术和人工智能的加持,只有对不同格式、不同来源的多维数据加以收集整理、清洗挖掘、加工应用,提供更多产品和服务,丰富政务服务的应用场景,才能从开放共享的数据中获得更多的社会价值(高志华,2021)。开放和共享政府数据,不仅有利于政府数据的再利用,为社会创造更大价值,还能进一步促进公众参与,使政府管理更加民主透明。研究数据开放与共享的价值与意义,分析我国当前数据开放与共享过程中的制约因素,并在此基础上探索优化策略,有助于推动我国数据开放与共享进程。

第一节　现有促进数据交流共享的政策梳理

一、国内促进数据交流共享的制度与政策

开放数据包括开放政府数据、开放科学数据、开放机构数据、开放个人数据等(王知津等,2020)。根据开放数据发达国家的经验,开放数据在政府、互联网、图书馆等领域信息组织中的实践证明了其广阔的应用空间。在开放、自由和共享的主题下,开放数据为信息交流、科学研究和学术交流提供了重要支持。与发达国家相比,我国在政府数据公开水平、信息法律体系、组织管理体系、技术架构等方面还存在一定的差距和不足。

(一)　国家层面

我国在2013年大数据产业取得了很大的发展,成为各界媒体、企业以及专业机构争相报道与研究的热点,被称为"大数据发展的元年"(张美霞,2020)。同年,我国发布第一份有关数据设施建设的专项政策文件《关于数据中心建设布局的指导意见》,提出各省应结合不同区域优势和实际发展,分工协调、因地制宜建设各种类型数据中心。随后,数据开发和建设逐渐受到国家层面的关注,2014年,大数据首次写入中央政府工作报告;2015年,党的十八届五中全会正式提出"实施国家大数据战略,促进数据资源开放共享",正式推动大数据发展成为国家战略。同年,对中国数据开放具有重要意义的政策《促进大数据发展行动计划》出台,正式提出加快政府数据开放共享。自2015年以来,中国不仅发布了《2016—2020年大数据产业规划》数据建设和发展专项政策,还在发布的政策文件中不断提出利用大数据促进经济发展、改善社会治理、提高政府服务和监管能力。我国国家层面颁布的部分促进数据交流共享的政策如表15-1所示。

表 15-1　我国数据交流与共享的政策

年份	名称	主要内容
2013 年	《关于数据中心建设布局的指导意见》	在国家层面统筹考虑建设数据中心的规模和应用定位,要求各省结合不同区域优势,分工协调、因地制宜建设不同功能的各种类型数据中心。
2015 年	《促进大数据发展行动纲要》	提出加快推动政府数据和社会公共数据开放共享,促进数据创新应用,形成公共数据资源合理开放共享的政策框架和法规体系;到 2018 年年底前建成国家政府数据统一开放平台;明确各部门数据共享的范围边界和使用方法。
2016 年	《国家信息化发展战略纲要》	在数据合法采集基础上,强调要积极稳妥推进公共信息资源开放共享;构建统一规范、互联互通、安全可靠的国家数据开放体系。
2016 年	《关于加快推进"互联网+政务服务"工作的指导意见》	提出利用网络和数据提高政府工作效率,加快推进"互联网+政务服务"工作,切实提高政务服务质量与实效;规范网上政务服务平台建设与运行。
2016 年	《"十三五"国家信息化规划》	提出"数字中国"建设目标,数字鸿沟明显缩小,数字红利充分释放,将"数据资源开放共享行动"、"互联网+政务服务行动"作为优先行动。
2016 年	《大数据产业发展规划(2016-2020 年)》	提出技术先进、应用繁荣、保障有力的大数据产业体系基本形成;强化大数据技术产品研发,深化工业大数据创新应用;推进大数据标准体系建设;推动全国一体化的国家大数据中心建设。
2017 年	《政务信息系统整合共享实施方案》	按照"五个统一"的总体原则,有序推进政务信息系统整合,切实避免各自为政、自成体系、重复投资、重复建设。加快建设国家电子政务内网数据共享交换平台,完善国家电子政务外网数据共享交换平台。
2018 年	《进一步深化"互联网+政务服务"推进政务服务"一网、一门、一次"改革实施方案》	推进建立全国数据共享交换体系。构建全国统一、多级互联的数据共享交换平台体系。按照"统一受理、平台授权"的原则,建立数据共享授权机制。

续表

年份	名称	主要内容
2019年	《关于加强绿色数据中心建设的指导意见》	提出数据中心平均能耗基本达到国际先进水平,新建大型、超大型数据中心的电能使用效率值达到1.4以下;整合行业现有资源,建立集政策宣传、技术交流推广、人才培训、数据分析诊断等服务于一体的国家绿色数据中心公共服务平台。

(二) 省级层面

我国开放政府数据是由地方政府先行探索的,开放数据政策的出台以及开放数据平台的上线,地方政府起着重要的推动作用(刘淑妍,2021)。2012年6月,"上海市政府数据服务网"上线运行,标志着我国正式加入政府数据开放的实践中。自2012年以后,北京、浙江、重庆、武汉、佛山、青岛等多地在上海之后推出开放数据门户网站。2015年国务院印发《促进大数据发展行动纲要》之后,各级政府纷纷出台了有关数据开放的政策。2016年,《贵州省大数据发展应用促进条例》颁布。2017年4月,贵阳市发布的《贵阳市政府数据共享开放条例》是我国地方政府对于政府数据开放首次立法的尝试。2019年9月,《上海市公共数据开放暂行办法》作为国内首部针对公共数据开放进行专门立法的政府规章正式发布(陈美,2020)。根据《中国地方政府数据开放报告(2020年下半年)》显示,我国已有142个省级、副省级和地级政府搭建了政府数据开放平台,全国各省市初步建立起完备的政府数据开放门户。

大多数省份的政策制定主要是从国家战略层面到具体行动实施政府数据开放,以促进数据资源的建设、共享和利用;因此,政策主题内容主要是根据国家层面的政策框架制定和发布的。从国家政策发布内容的重点出发,结合地方发展目标,落实政府数据公开建设的需要。主题内容集中在政府信息共享、政府信息系统集成、政府云、大数据、政府数据等相关领域。如表15-2所示。

表 15-2 省级数据交流共享政策

省份	名称	时间
北京	《北京市大数据和云计算发展行动计划(2016—2020)》	2016 年 8 月
	《北京市政务信息资源共享开放管理办法》	2017 年 12 月
	《北京市公共数据管理办法》征求意见	2019 年 5 月
天津	《天津市促进大数据发展应用条例》	2019 年 1 月
	《天津市数据安全管理办法(暂行)》	2019 年 8 月
上海	《上海市政务数据资源共享管理办法》	2016 年 3 月
	《上海市政务信息系统整合实施方案》	2019 年 4 月
	《上海市公共数据开放暂行办法》	2019 年 9 月
重庆	《重庆市大数据行动计划》	2013 年 7 月
	《重庆市政务信息系统整合共享工作方案》	2017 年 10 月
	《重庆市政务信息资源共享开放管理办法》	2018 年 5 月
	《重庆市政务数据资源管理暂行办法》	2019 年 7 月
江西	《关于促进大数据发展实施方案的通知》	2016 年 1 月
	《江西省电子政务共享数据统一交换平台运行管理规定》	2016 年 3 月
	《关于江西省大数据发展行动计划》	2016 年 7 月
	《江西省政务信息资源共享管理实施细则》	2017 年 1 月
	《江西省政务信息系统整合共享实施方案》	2017 年 9 月
	《关于加快推进全省政务数据共享的工作方案》	2018 年 9 月
吉林	《吉林省人民政府办公厅关于运用大数据加强对市场主体服务和监管的实施意见》	2016 年 6 月
	《关于印发吉林省公共数据和一网通办管理办法的通知》	2019 年 1 月
	《关于印发吉林省政务信息系统项目管理办法(试行)》	2019 年 3 月
	《吉林省促进大数据发展应用条例(征求意见稿)》	2019 年 6 月
海南	《海南省关于加快发展互联网产业的若干意见》	2016 年 6 月
	《海南省电子政务云计算中心管理办法》	2016 年 8 月
	《海南省公共信息资源管理办法》	2018 年 5 月
	《海南省公共信息资源安全使用管理办法的通知》	2019 年 7 月
	《海南省大数据开发应用条例》	2019 年 10 月

续表

省份	名称	时间
广东	《广东省政务信息资源共享目录》	2009 年 3 月
	《广东省政务信息资源共享管理试行办法》	2010 年 5 月
	《关于加快推进广东省云计算发展的意见》	2012 年 8 月
	《广东省云计算发展规划(2014—2020 年)》	2014 年 4 月
	《广东省促进云计算创新发展的实施方案》	2015 年 10 月
	《广东省促进大数据发展行动计划(2016—2020 年)》	2016 年 4 月
	《广东省政务信息系统整合共享工作方案》	2017 年 10 月
	《广东省政务数据资源共享管理办法(试行)的通知》	2018 年 11 月
青海	《关于促进云计算发展培育大数据产业实施意见》	2015 年 8 月
	《青海省运用大数据加强对市场主体服务和监管的实施方案》	2016 年 3 月
	《青海省政务信息系统整合共享工作方案》	2017 年 8 月
	《青海省政务信息资源共享交换平台建设方案》	2017 年 9 月
	《关于加快我省大数据产业发展的建议》	2019 年 1 月
甘肃	《关于印发加快大数据、云平台建设促进信息产业发展实施方案的通知》	2015 年 8 月
	《甘肃省运用大数据加强市场主体服务和监管的实施方案》	2015 年 11 月
	《甘肃省政务信息系统整合共享实施方案》	2017 年 9 月
	《甘肃省数据信息产业发展专项行动计划》	2018 年 6 月
安徽	《安徽省运用大数据加强市场主体服务和监管的实施方案》	2015 年 10 月
	《关于促进云计算创新发展培育信息产业新业态的实施意见》	2016 年 2 月
	《安徽省政务信息资源共享管理暂行办法》	2017 年 2 月
	《安徽省政务信息系统整合共享实施方案》	2017 年 8 月
	《安徽省云计算大数据产业发展专项资金使用管理暂行办法》	2019 年 12 月
浙江	《浙江政务服务网信息资源共享管理暂行办法》	2014 年 11 月
	《浙江省电子政务云计算平台管理办法》	2015 年 1 月
	《关于印发浙江省促进大数据发展实施计划的通知》	2016 年 2 月
	《浙江省公共数据共享交换平台管理办法》	2017 年 2 月
	《浙江省公共数据和电子政务管理办法》	2017 年 3 月

续表

省份	名称	时间
河南	《河南省关于推进云计算大数据开放合作的指导意见》	2015 年 10 月
	《河南省云计算和大数据"十三五"发展规划》	2017 年 5 月
	《河南省政务信息系统整合共享实施方案》	2017 年 9 月
	《河南省关于推进云计算大数据开放合作的指导意见》	2018 年 1 月
	《河南省政务信息资源共享管理暂行办法》	2018 年 1 月
	《河南省大数据产业发展三年行动计划（2018—2020 年）》	2018 年 5 月
	《河南省促进大数据产业发展若干政策》	2018 年 9 月
广西	《广西政务信息资源共享管理暂行办法》	2016 年 10 月
	《关于印发促进大数据发展行动方案的通知》	2016 年 11 月
	《关于印发广西政务数据"聚通用"攻坚行动计划的通知》	2018 年 8 月
陕西	《陕西省大数据与云计算产业示范工程实施方案》	2016 年 6 月
	《陕西省政务信息资源共享管理办法》	2017 年 8 月
	《陕西省政务信息系统整合共享实施方案》	2017 年 9 月
四川	《四川省加快大数据发展的实施意见》	2015 年 11 月
	《四川省政务信息资源共享管理实施细则（暂行）》	2017 年 8 月
	《四川省促进大数据发展工作方案》	2018 年 1 月
	《2018 年全省政务信息系统整合共享工作重点任务》	2018 年 2 月
辽宁	《辽宁省运用大数据加强对市场主体服务和监管的实施方案》	2015 年 10 月
	《辽宁省政务信息资源共享管理暂行办法》	2016 年 12 月
	《辽宁省政务信息系统整合共享实施方案》	2017 年 8 月
	《辽宁省政务数据资源共享管理办法》	2019 年 12 月
河北	《关于促进云计算创新发展培育信息产业新业态的实施意见》	2015 年 5 月
	《河北省政务信息资源共享管理规定》	2015 年 11 月
	《河北省政务信息系统整合共享实施方案》	2017 年 9 月
	《河北省大数据产业创新发展三年行动计划（2018—2020 年）》	2018 年 3 月

续表

省份	名称	时间
山西	《关于促进云计算创新发展培育信息产业新业态的实施意见》	2015 年 9 月
	《云计算发展三年行动计划(2017—2019)》	2017 年 9 月
	《山西省政务信息系统整合共享工作方案》	2017 年 9 月
	《山西省政务数据资产管理试行办法》	2019 年 11 月
贵州	《关于加快推进政府数据集聚共享开放的通知》	2015 年 7 月
	《贵州省政务数据资源管理暂行办法》	2016 年 11 月
	《关于印发推广"块数据"促进数据共享开放的通知》	2017 年 4 月
	《贵州省政务信息系统整合共享工作方案》	2017 年 10 月
	《贵州省关于进一步科学规划布局数据中心大力发展大数据应用的通知》	2017 年 11 月
	《关于促进大数据云计算人工智能创新发展加快建设数字贵州的意见》	2018 年 6 月
福建	《福建省政务信息共享管理办法》	2010 年 11 月
	《福建省促进大数据发展实施方案(2016—2020 年)》	2016 年 6 月
	《福建省政务数据管理办法》	2016 年 10 月
	《福州市政务数据资源管理暂行办法》	2017 年 7 月
	《福州市政务信息资源目录编制实施方案》	2017 年 9 月
	《福建省政务信息系统整合共享实施方案》	2017 年 10 月
山东	《山东省政府信息资源共享管理办法》	2015 年 1 月
	《关于促进山东省大数据产业加快发展的意见》	2017 年 12 月
	《山东省政务信息系统项目管理办法》	2018 年 3 月
	《数字山东发展规划(2018—2022 年)》	2019 年 2 月
湖北	《湖北省大数据发展行动计划(2016—2020 年)》	2016 年 9 月
	《湖北省出台促进云计算产业发展实施意见》	2016 年 9 月
	《湖北省印发云计算大数据发展"十三五"规划》	2017 年 2 月
	《湖北省政务信息资源共享管理暂行办法》	2017 年 9 月
	《湖北省政务信息资源共享管理办法》	2018 年 9 月

省份	名称	时间
江苏	《江苏省云计算与大数据发展行动计划的通知》	2014 年 5 月
	《江苏省大数据发展行动计划》	2016 年 8 月
	《江苏省政务信息系统整合共享工作实施方案》	2017 年 9 月
	《关于印发江苏省政务信息资源共享管理暂行办法的通知》	2017 年 10 月
湖南	《湖南省政务信息资源共享管理办法（试行）》	2017 年 11 月
	《湖南省政务信息系统整合共享实施方案》	2017 年 12 月
	《湖南省大数据产业发展三年行动计划（2019—2021 年）》	2019 年 2 月
	《湖南省政务大数据中心数据交换》	2019 年 10 月
云南	《云南省政务信息资源共享管理实施细则》	2017 年 12 月
	《"数字云南"三年行动计划（2019—2021 年）》（征求意见稿）	2019 年 7 月
内蒙古	《关于印发促进大数据发展应用若干政策的通知》	2016 年 4 月
	《关于印发自治区政务信息资源共享管理暂行办法的通知》	2018 年 6 月
	《政务信息系统整合共享推进方案》	2018 年 11 月
新疆	《新疆维吾尔自治区云计算与大数据产业"十三五"发展规划》	2017 年 10 月

二、现有制度的局限与需要突破的问题

（一）数据开放理念未普及

政府数据开放的理念共识是实现数据开放共享的思想基础。政府是众多领域数据的生产者和收集者,作为全社会近 80%数据信息的拥有者,政府数据开放的理念对数据治理和数据开放共享的实施有重要影响。封闭保守的思想和落后的知识技能会严重制约政府数据的开放共享,其主要制约因素有两个方面。一方面,"不愿"开放共享。许多领导干部没有充分认识到数据的价值,以为自己部门的数据自己掌握就好,不一定需要拿出去共享,共享后本部门或个人也得不到什么好处;有时也不愿意承担责任,怕开放带来的数据泄露

责任。数据的价值在于流动,在于整合分析挖掘(高志华,2020)。由于数据的一个重要特性就是它本身具有很强的时效性,过了一定的时间段,价值就可能贬低甚至消失,缺乏时效性的数据往往导致政府掌握的社会信息资源不能得到及时有效的利用。另外有些政府部门出于利益、权力等许多因素的考虑,将政府数据资源部门化、专属化、利益化,对数据开放共享存在着一定抵触情绪,导致当前我国政府信息化建设依然存在各自为政、重复建设的问题,部门条块分割比较严重,各部门之间沟通困难(张振岳,2021)。另一方面,"不会"开放共享。数据的价值在于通过分析得出预测性结论,最终达到某种目的。然而,数据挖掘和分析需要新知识、新技能和新工具,如统计学和机器学习,以及新的思维方式,如优化、信息理论和计算思维。与数据的利用相比,数据的开放共享并不容易。信息系统之间的互联必须通过数据结构的转换来实现。许多数据主体不具备开放共享的技术和能力,无法真正实现开放共享。

(二)政策体系建设不完善

目前,有关开放数据共享的法律法规尚不完善。现行政策文件主要从宏观和顶层设计的角度规定了政府数据的公开共享。大多数省市缺乏明确的数据公开政策法规,政府数据公开相关政策法规还存在"分散、薄弱、空洞、一模一样"等问题。此外,开放式数据共享不仅要依靠总体规划和框架设计,还要采用法律、行政、技术、教育、道德和伦理的方法和手段。在数据收集、分析、挖掘、应用、共享和保护方面存在许多问题,需要通过引入数据治理立法和行政法规来加以规范。同时,针对数据使用过程中的一系列安全风险,要加强数据和信息安全教育培训,提高员工的业务素质和普通人的基本技能。

(三)平台发展不均衡

一方面,政府数据开放共享平台建设缺乏统筹规划。早些年,政府建设了政务信息系统,这些系统的建设缺乏平台思维,可扩展性差,无法实现跨地区、跨系统、跨部门、跨层级、跨业务的协调工作。近几年,各级政府开始建设统一的数据大平台,但是不同平台开发的应用数量差异较大,发展很不均衡。而且各级政府部门的数据平台建设存在各自为政的现象,使得数据的一致性、完整性和可信度很难得到保障,难以实现数据的互通共享(高志华,2020)。平台上开发的数据应用数量少,质量不高。部分平台仅作为政府信息发布平台,缺乏互动性;有些平台上有很多应用程序没有及时更新和维护,或者没有更新;部分平台数据未经处理,数据凌乱,无法正常使用;大多数平台数据并不表示数据源。另一方面,政府数据开放平台的共建、共管和共享需要明确多个主体的权利和责任。数据的开放、共享或交易不能与平台分开实现。平台上有多个参与者,但在平台的建设、运营和使用过程中,政府监管的缺位、越位和低效时有发生。

(四) 安全保障机制不健全

近年来,数据安全问题频发,小到给公民个人造成巨大的经济损失和精神伤害,大到给国家安全和经济社会发展造成严重危害。政府数据的采集、统计以及数据清洗等环节的不完善可能影响数据的质量,更有甚者,在某些领域可能存在数据造假行为。因此,一些部门和单位为了不承担数据开放后数据质量低下带来的安全问题和麻烦,宁愿不开放数据。由于在整个数据使用和流通周期的所有环节都存在被攻击、盗窃和篡改等安全风险,一些政府部门出于数据道德或担心数据泄露的原因,不愿或不敢推动数据的公开共享。因此,在政府数据公开共享的实施过程中,不仅要从技术层面,还要从国家政策和制度层面全面保护数据安全,确保重要公共信息和个人隐私不被泄露。

第二节　"宽带中国"政策促进数字经济发展的实证分析

一、制度背景

在全球新一轮产业和技术革命中,以互联网、人工智能、区块链、云计算和大数据等为代表的数字经济,与社会经济诸多领域的融合已成为不可阻挡的时代潮流。很多国家和地区都意识到数字经济将成为未来经济增长的新动力,数字经济的迅速发展,使得全球开始步入数字经济时代(李雪等,2021)。中国已将"数字经济"的概念写入 2017 年党的十九大报告。在此之后,习近平总书记就数字经济的发展发表了一系列重要讲话,他强调"数字经济是亚太乃至世界未来的发展方向,引导数字经济与实体经济深度融合,推动高质量经济发展"。2020 年 11 月 20 日,习近平总书记在亚太经合组织非正式会议上指出,数字经济是未来世界的发展方向。据《中国数字经济发展白皮书 2021》显示,2020 年数字经济规模占比呈现双"39"态势,数字经济规模达到 39.2 万亿元,占 GDP 比重为 38.6%,数字经济规模和增长速度都位居世界前列。数字经济在我国经济发展中发挥着越来越重要的作用,正逐渐成为新时代我国经济高质量发展的重要驱动力量。

在 2013 年之前,中国的网络基础设施发展很慢,并且速度低费用高。尤其是与发达国家相比,中国宽带普及率仅为 21%,不及 OECD 国家的 1/2;宽带平均速率为 857kbps,不及 OECD 国家的 1/10;宽带用户资费为每月 78.8 元,是 OECD 国家的 3 倍;电子商务零售额仅占社会零售总额的 1/10,并且区域和城乡的宽带发展不平衡(曹蓟光和张健,2011)。为了解决上述问题,2013 年 8 月 17 日,中国国务院发布了"宽带中国"战略实施方案,正式将"宽带中国"计划上升为国家战略。中国政府分批推进宽带等网络基础设施建设,根据各个城市申报成为"宽带中国"试点城市递交的材料,工业和信息化部与国家发展和改革委员会分别于 2014 年、2015 年、2016 年共批准了 120 个城市(群)为"宽带中国"示范城市。示范城市在宽带网络用户数、互联网渗透率等方面需要有较大的突破。这些城市的网络基础设施的改进,可以吸引一批与数字技术相关的企业落户至此(魏亚飞等,2021)。

"宽带中国"战略实施后,宽带更加普及,宽带速度提高,宽带费用降低,从而推动了数字经济的快速增长。那么,"宽带中国"战略的实施在多大程度上促进了数字经济的发展?"宽带中国"战略如何影响数字经济的发展?通过回答这些问题,我们可以为促进数字经济的发展提供一些理论和实践参考。

二、模型设计与变量选择

(一) 模型设计

"宽带中国"示范城市建设是由中央政府牵头,在部分城市自上而下实施的网络基础设施建设行动。在"宽带中国"示范城市中,不仅有北京、上海等经济发展相对先进、网络基础设施相对完善的发达城市,还有本溪、吴忠等经济发展相对落后、网络基础设施建设相对薄弱的城市。因此,本书将以"宽带中国"政策为例,将其作为准自然实验,基于面板固定效应的渐进双重差分模型,研究中国网络基础设施建设对数字经济发展水平的影响及其机制。首先,为了考察网络基础设施对数字经济水平的影响效果,本书设定如式(15-1)所示固定效应模型。

$$diged_{it} = \alpha_0 + \alpha_1 treat_{it} + \beta X_{it} + e_i + m_t + \varepsilon_{it} \qquad (15-1)$$

其中,i 为城市编号,t 表示年份,$diged_{it}$ 表示数字经济发展水平,$treat_{it}$ 表示"宽带中国"政策虚拟变量,X 表示影响数字经济发展水平的控制变量集合。

(二) 变量与数据

1."宽带中国"政策的测度

"宽带中国"政策是本书的核心解释变量,依据城市入选"宽带中国"示范城市的时间设置虚拟变量。若城市入选"宽带中国"示范城市,则该变量入选当年及其以后年份赋值为1,之前年份赋值为0。若样本期内未入选"宽带中国"示范城市,该城市始终为0。

2.数字经济发展水平的测度

本书借鉴赵涛等(2020)以及韩璐等(2021)构建的中国城市层面数字经济综合发展指数测度的指标体系,并基于相关指标数据的可获得性,从互联网发展水平与数字普惠金融两个维度来测算 2011—2018 年中国 277 个城市的数字经济发展水平。具体测算方法是将 5 个二级指标的数据经过标准化后降维处理,运用主成分分析的方法测算出中国城市数字经济发展水平,记为 $diged$。

3.控制变量

经济发展水平:本书采用人均实际 GDP 来衡量经济发展水平,并对其取自然对数。

政府干预程度:本书运用地方政府财政支出占地区 GDP 的比值来度量政府干预程度。

金融发展水平:本书利用城市金融机构存贷款余额占 GDP 比重来表示金融发展水平。

人力资本水平:本书采用每万人在校大学生数来衡量城市人力资本水平,并取自然对数。

外商投资水平:本书选取外商直接投资额度量外商投资水平,并取自然对数。

居民工资水平:本书选取城镇职工平均工资表示居民工资水平,并取自然对数。

（三）描述性统计

从表 15-3 可以看出,数字经济发展水平的标准差为 0.930,最小值为 -0.056,最大值为 4.394,表明不同城市间数字经济发展水平差异较大,存在较大的数字鸿沟。控制变量的统计结果表明,不同城市在经济发展水平、人力资本水平及外商投资等方面呈现"均值小、标准差大"的特点,存在明显的差异。

表 15-3 描述性统计

	变量	变量名称	观测值	均值	标准差	最小值	最大值
被解释变量	$diged$	数字经济发展水平	2215	1.314	0.930	-0.056	4.394

续表

	变量	变量名称	观测值	均值	标准差	最小值	最大值
核心解释变量	*treat*	是否入选"宽带中国"示范城市	2215	0.035	0.158	0.000	1.000
控制变量	*lnpgdp*	经济发展水平	2214	10.665	0.584	8.842	12.024
	gov	政府干预程度	2214	0.198	0.103	0.044	0.947
	finance	金融发展水平	2214	2.354	1.157	0.588	14.058
	lnhum	人力资本水平	2173	4.634	1.065	-0.524	7.179
	lnfdi	外商投资水平	2091	10.582	1.872	5.127	14.561
	lnwage	居民工资水平	2201	10.822	0.299	8.509	12.678

三、回归结果分析

（一）基准回归

"宽带中国"试点城市的网络建设作为我国数据信息开放共享的重要探索与实践,也是当前提高中国数据共享治理的关键举措。宽带中国政策的效果如何? 其在推动地区数字经济发展方面是否有效?

首先,我们基于城市面板数据对式(15-1)进行估计,以考察网络基础设施建设促进数据交流与共享,并促进城市数字经济发展,结果如表15-4所示。其中,列(1)是基丁OLS的基准回归,以数字经济发展水平作为被解释变量,以"宽带中国"政策虚拟变量作为解释变量进行的估计。结果显示,政策虚拟变量的估计系数显著为正,表明入选"宽带中国"示范城市后,数据交流与共享更为频繁,数字经济发展水平显著提升。列(2)则是在基准模型的基础上加入控制变量的回归结果,结果依然显著。为了降低OLS回归的偏差,列(3)至列(6)进行固定效应回归,核心解释变量 *treat* 回归系数在1%水平下均显著,说明入选"宽带中国"的示范城市都显著提升了其数字经济发展水平。由此可见,国家主导的网络基础设施建设显著提升了数据的流动,也促进了数据参与经济生产活动,促进了数据价值的实现,从而促进城市数字经济发展水平。这是因为:第一,网络数字基础设施的建设开拓出了一些诸如云平台、电子商务等新型市场(郭朝先,2020),而这些新型市场需要以相关的数字经济企业为依托,因此促进了一大批数字经济相关企业的成立,进而推动了数字经济的发展;第二,网络基础设施的完善减少了市场信息的不对称,为数字创业提供了更加便利的市场环境,能够激发城市内部的创业精神,从而促进城市数字经济的发展;第三,网络基础设施的发展增加了电子商务的销售额,催生了一大批与宽带和电信服务相关的数字经济企业,从而推动了数字经济的发展。

表 15-4 基准回归结果

变量	Diged					
	OLS		FE			
	(1)	(2)	(3)	(4)	(5)	(6)
$treat$	1.3458*** (0.1901)	0.1314* (0.1143)	0.3060*** (0.0340)	0.2812*** (0.0342)	0.2699*** (0.0346)	0.2711*** (0.0348)
$lnpgdp$		0.9652*** (0.1347)	0.2477*** (0.0468)	0.2352*** (0.0484)	0.2390*** (0.0489)	
gov		0.5678 (0.4094)		0.0674 (0.2379)	0.0444 (0.2508)	0.0437 (0.2534)
$finance$		0.3415*** (0.0551)		0.0422*** (0.0164)	0.0359** (0.0168)	0.0357** (0.0169)
$lnhum$		0.0462 (0.0488)		−0.0215 (0.0282)	−0.0228 (0.0296)	−0.0241 (0.0297)
$lnfdi$					0.0244*** (0.0063)	0.0239*** (0.0064)
$lnwage$						−0.0614 (0.0776)
常数项	−0.0804 (0.0562)	−11.1326*** (1.3735)	−0.0800*** (0.0170)	−2.6590*** (0.5228)	−2.7532*** (0.5387)	−2.1364** (0.9307)

续表

变量	Diged					
	OLS		FE			
	（1）	（2）	（3）	（4）	（5）	（6）
固定城市	是	是	是	是	是	是
固定年份	是	是	是	是	是	是
观测值	2,215	2,172	2,215	2,172	2,056	2,046
R^2	0.247	0.596	0.325	0.341	0.351	0.350

注：括号内报告的是城市层面的稳健标准误；***、**、* 分别表示回归结果在 1%、5%、10% 的水平下通过显著性检验，下表同。

从控制变量看，经济发展水平、外商直接投资水平和金融发展水平对城市数字经济水平发展的影响具有显著的促进作用。这主要是因为，一方面，经济发展水平和金融发展水平本身对数字经济发展水平有直接影响；另一方面，地区实际使用外资额意味着有别于国内产品和服务、技术和理念相关的资本投入，从而有助于城市数字经济水平的发展。政府规模对数字经济水平发展的影响不显著，主要是因为"宽带中国"试点政策实施以来，随着数字经济发展水平的提高，政府干预也会随之提高，反而在一定程度上抑制了数字经济的发展。

（二）稳健性检验

1. 基于匹配后样本的再检验（PSM-DID）

"宽带中国"示范城市是由中央政府选定的，虽然从实验组样本来看，示范城市的选择具有一定的随机特征，但也并非是完全随机的过程，由此导致模型一定程度上面临着选择性偏差的问题。为此，我们采用倾向得分匹配方法对对照组样本进行筛选，在此基础上重新进行双重差分估计。具体来讲，本书将式（15-1）中控制变量作为匹配变量，对实验组和对照组进行逐年匹配。在匹配方法的选择上，我们分别基于半径匹配、核匹配和近邻匹配三种方式进行样本匹配。基于匹配后样本分别进行估计,结果如表 15-5 所示。其中,列(1)和列(2)是基于半径匹配方法筛选样本、以数字经济发展水平作为被解释变量进行估计的结果。从中可以看出,政策虚拟变量的估计系数显著为正,说明网络基础设施建设显著促进了城市数字经济水平。列(3)和列(4)是基于核匹配方法进行样本筛选后的估计结果,列(5)和列(6)是基于近邻匹配方法进行样本筛选后的结果。从中可以看出,入选"宽带中国"示范城市建设试点均显著促进了城市数字经济水平,与前述结论一致。

表 15-5   PSM-DID 稳健性检验

变量	(1)	(2)	(3)	(4)	(5)	(6)
	半径匹配		核匹配		近邻匹配	
treat	0.173*** (0.027)	0.353*** (0.050)	0.405*** (0.032)	0.740*** (0.057)	0.365*** (0.030)	0.691*** (0.054)
常数	2.458*** (0.394)	5.950*** (0.728)	3.060*** (0.480)	7.463*** (0.846)	2.777*** (0.452)	6.941*** (0.811)
观察值	1886	1886	1270	1270	2047	2047
R^2	0.323	0.358	0.404	0.434	0.396	0.428

2. 缩尾处理与加入省份、年份交乘项

从表 15-3 中数字经济发展水平的描述性统计可以看出,两个指标的最小值和最大值差距较大,为此,我们进一步修正城市数字经济发展水平的离群值,将两个城市数字经济水平指标做 1% 的缩尾处理,并基于处理后的样本进行估计,回归结果如表 15-6 中列(1)和列(2)所示。从中可以看出,试点政策虚拟变量的估计系数仍旧显著为正,与前述结论一致。

数字经济发展是一个复杂的过程,影响数字经济发展水平的因素也是多种多样的,而回归分析过程中很难控制影响数字经济的所有变量。为了尽可能降低遗漏变量对前述结果造成的影响,我们进一步加入省份与年份的交互项,以控制省份和年度交互固定效应,结果如表 15-6 中的列(3)和列(4)所示。从中可以看出,政策虚拟变量的估计系数仍旧显著为正,表明前述结论具有稳健性。

表 15-6　稳健性检验

变量	(1)	(2)	(3)	(4)
	缩尾处理		省份和年份交乘项	
treat	0.525*** (0.038)	0.525*** (0.038)	0.385*** (0.031)	0.715*** (0.055)
常数	3.931*** (0.493)	3.931*** (0.493)	-4.005*** (0.742)	-1.578 (1.332)
观测数	2215	2215	2215	2215
R^2	0.528	0.528	0.593	0.600

四、中介作用机制分析

从前文可以发现,"宽带中国"政策对数字经济发展有显著的促进作用,这和大部分学者研究的结论相符。那么,该政策是如何通过中介变量对数字经济发展水平起到提升作用的? 其影响机制又如何? 对上述问题的讨论有助于我们明确促进数字经济发展的机制路径,为政策制定者提供经验证据。

(一) 模型构建

借鉴温忠麟等(2004)的做法,构建中介效应模型如下:

$$diged_{it} = \alpha_0 + w_1 treat_{i\,t} + w_2 Control_{it} + \eta_i + \gamma_t + \varepsilon_{it} \tag{15-2}$$

$$out_{it} = \beta_0 + \beta_1 treat_{i\,t} + \beta_2 Control_{it} + \eta_i + \gamma_t + \varepsilon_{it} \tag{15-3}$$

$$diged_{it} = \gamma_0 + e_1 treat_{i\,t} + e_2 out_{it} + e_3 Control_{it} + \eta_i + \gamma_t + \varepsilon_{it} \tag{15-4}$$

其中,模型(15-2)是考察"宽带中国"试点城市网络基础建设对城市数字经济发展的影响,与前文模型(15-1)一致。模型(15-3)用于估计"宽带中国"试点城市网络基础建设对中介变量 out 的影响,该式重点关注系数 β_1,若 β_1 通过显著性水平检验,则说明"宽带中国"政策的实施对中介变量存在影响。本书考虑的中介变量是互联网产出。模型(15-4)在模型(15-2)的基础上加入了中介变量,以考察具体作用机制是否成立,该模型重点关注系数 e_1 和 e_2。

从互联网产出(out)视角进行作用机制分析,用各城市电子商务销售额表示互联网产出,由于电子商务销售额的数据只公布了 2013 年以来的省级数据,因此用城市 GDP 占省份 GDP 的比重与省份电子商务销售额的乘积表示。

（二） 机制检验

从表 15-7 第(1)列中可以看出,"宽带中国"试点政策影响数字经济产业发展的系数为 0.241,并且在 5% 的水平下显著,说明"宽带中国"试点政策显著促进了数字经济产业发展。从第(2)列中可以看出,"宽带中国"试点政策影响互联网产出的系数为 0.045,且在 5% 的水平下显著,说明"宽带中国"试点政策显著提升了互联网产出。从第(3)列中可以看出,"宽带中国"试点政策影响数字经济产业发展的系数为 0.625,也在 5% 的水平下显著,并且与没有加入中介变量的第(1)列的回归系数值相比有所增加。以上结果说明互联网产出这一中介效应存在并且显著,说明"宽带中国"政策通过促进城市扩大电子商务交易规模,从而促进城市数字经济发展。

表 15-7　机制检验

变量	基准回归	互联网产出	
	diged	*out*	*diged*
	（1）	（2）	（3）
treat	0.241** （0.081）	0.045** （0.047）	0.625** （0.04）
out			0.040* （0.064）

变量	基准回归	互联网产出	
	diged	*out*	*diged*
	（1）	（2）	（3）
控制变量	控制	控制	控制
常数项	−0.7564 （0.4561）	0.8571 （0.7543）	4.5464*** （0.4145）
固定城市	是	是	是
固定年份	是	是	是
观测值	2047	2044	2044
R^2	0.929	0.145	0.930

五、异质性检验

在数字经济产业发展水平上,东、中、西部地区将存在明显的区域差异。因此,网络基础设施建设对城市数字经济产业发展水平的影响可能因地理位置不同而有所不同。根据城市的区域位置,样本分为两组:中部、东部城市和西部城市。对上述两组分别进行回归分析,结果如表15-8所示。可以发现,"宽带中国"试点政策显著提升了中部和东部城市数字经济发展水平,其影响系数为0.195;试点政策在10%的水平促进了西部城市数字经济产业的发展,其影响系数为0.084,在中东部不到0.195。可以认为,网络基础设施的推广在全国范围内是有效的,并且对中东部的城市有更大的影响。这可能是因为中东部地区具有一定的区位优势,经济发展水平高,人力资源充裕,互联网人力资源也远远高于西部地区,互联网基础设施和互联网发展水平也远高于西部地区,因此,"宽带中国"效应在中东部地区促进数字经济发展的效应远远大于西部地区。

表 15-8　异质性检验

变量	中东部城市	西部城市
treat	0.195 ** (0.064)	0.084 * (0.209)
常数项	0.496 *** (0.855)	0.529 ** (0.456)
控制变量	控制	控制
城市固定效应	是	是
年份固定效应	是	是
观测值	1365	682
R^2	0.324	0.322

六、结论与启示

网络基础设施的改善有利于数据的流通与共享,进而促进数字经济发展,为居民、企业和政府创造了更多的收益,也为数据要素参与收入分配提供基础支撑。为此,提出以下几点建议。

第一,要完善网络基础设施,积极开展宽带网络建设,特别是推进偏远贫困地区宽带网络覆盖,促进城乡宽带网络互联互通,提高宽带网络服务质量;加快 5G 技术研究,进一步提高信息传输能力和接入能力。

第二,应该加快数字产业化的发展,数字产业化作为数字经济的一部分,在促进数字经济发展方面发挥了强大的作用,不断催生出新产业、新业态、新模式,然后形成数字产业联合产业集群,加快推进数字产业化,助力数字经济高质量发展。

第三,通过政府投资和转移支付缩小各地区数据基础设施建设的差距。良好的数字基础设施是进行数据收集、交换、存储、处理和传播的先决条件,也是数字经济发展的前提和基础。目前我国各地区的数字基础设施发展状况很不均衡,欠发达地区数据基础设施的普及程度远远落后于发达地区,如5G基站建设、数据托管中心、云平台、工业互联网等。对此,我国应当抓住新基建的契机,通过政府投资和转移支付缩小地区间数据基础设施建设的差距,普及互联网数据服务,确保欠发达地区分享数字经济发展的红利,为欠发达地区后发赶超提供重大机遇,缩小地区收入差距。

第四,不断降低数据基础设施的资费标准。对欠发达地区来说,数据基础设施的可负担性(即使用成本)也是一个不可忽视的现实问题,政府应努力降低数据基础设施的资费标准,降低个人获得数据的门槛,确保数据基础设施不仅有得用,而且用得起。

第五,推广普及数字应用教育和培训,提高全民数据技能和素养。数据要素提升经济效率、改善社会生活的前提是对数据加以系统性开发利用,从而形成有用的信息、知识和智慧。不同个体处理、利用数据资源的能力差异直接导致其从数字经济中的获益程度不同,而低收入者和弱势群体往往缺乏获取数据并将其转化为收入的知识和技能。为了更好地发挥数据要素促进共同富裕的作用,必须增强国民的数据应用技能,如在义务教育阶段增加数据应用基础性课程,在高等教育阶段扩大数据科学和数据分析专业招生,在继续教育和职业培训阶段开展数据应用培训。特别是针对欠发达地区和弱势群体,搭建数字化就业创业服务平台,提高低收入群体的就业率和收入水平。

第六,制定有利于人才向欠发达地区流动的激励机制,缩小地区人力资本差距。目前我国的数据公司和数据人才高度集中在北上广深和杭州等地,即使是一些在中西部地区设立的数据公司,其技术研发中心也往往设在沿海发达城市,未来应通过制定向欠发达地区倾斜的人才引进计划,鼓励高技能人才回流欠发达地区。

第三节 促进数据交流与共享的 制度与政策建议

一、破解数据交流共享与安全保护的矛盾

（一）推进隐私保护制度，破解数据交流使用与个人敏感信息之间的矛盾

有效的隐私保护是提高消费者信心、收集和利用数据元素资源的重要因素，隐私保护有利于数据的开放共享和数字经济的创新发展。数据元素是数字经济中最有价值的非竞争性使用元素资源。个人隐私数据和信息的保护不应追求绝对保护或实施个人信息封闭，个人隐私保护政策的核心是合理平衡个人隐私与数据开发利用之间的关系。数据隐私保护应在"应用中保护"。Acquisti 等强调指出，隐私不应当被理解为阻止个人数据信息分享，而应被理解为赋予个人对哪些数据信息被分享拥有控制权。个人隐私数据保护应在承认数据占有企业将衍生数据作为一种有价值资产的事实基础上，通过立法来保证在数据采集、开发应用和转让分享过程中消费者隐私数据不被滥用，即保护消费者对个人数据信息的自决权（唐要家，2020）。因此，个人隐私保护系统的重点是让消费者控制他人收集和使用其个人数据信息。我国目前的网络信息安全监管重点是保护国家网络安全，尚未建立起以保护消费者个人隐私为核心的隐私保护体系。鉴于加强个人隐私保护的迫切需要，我国应首先尽快建立科学的用户数据隐私保护体系。合理平衡个人隐私信息保护与数字经济发展之间的关系，鼓励企业和消费者通过价格机制协调隐私信息收集和使用中的利益关系，创新以市场为导向的隐私保护机制。其次，建立更加有力的个人隐私保护行政监管体系，设立专门负责消费者隐私保护的独立监管机构，并配置相应的执法机构。监管机构尤其要加强对数字商务企业的监管，切实履行保护用户隐私的义务，督促企业完善内部流程和组织治理体系，明确企业

主体责任。最后,明确企业对侵犯个人信息应承担的法律责任,特别是给予消费者相应的侵犯隐私的诉讼权利和赔偿权利,从而实现对消费者隐私利益的经济补偿。

（二）发展数据信托,破解数据开放共享与数据内容产权保护之间的矛盾

数据信托是信托类型化研究和当代信托立法中典型的新生事物,系指委托人基于对受托人的信任,将其数据权益委托给受托人,由受托人按委托人意愿以及法律规定,以自己的名义,为受益人的利益或者特定目的进行管理或处分的行为。数据信托的提出,目的是为机器学习、人工智能治理与数据保护等提供一种数据共享利用机制,以确保重新利用的数据只能以尊重数据主体权利和利益的方式使用(席月明,2021)。中国信托法已经实施20年,为数据信托制度建设提供了坚实的基础。应该说,数据安全是数据治理的重要目标之一。数据信托是实现数据安全管理的有效途径,它可以确保数据处于有效保护和合法使用的状态,并在时间限制上与确保持续安全状态的能力有机匹配。因此,数据信托作为实现个人信息保护的一种新的替代手段正逐渐被人们合理地接受。

数据信托的应用场景非常广泛,所有数据信托都是在其信托目的的指导、约束和驱动下建立和运作的,这些目的往往与利益相关者的需求、愿望、权利和利益交织在一起。数据信托旨在保护数据共享中利用数据共享利益和社会公共利益,尊重和保护数据主体的合法权利,确保数据使用道德标准、法律标准和数据信托的具体规则,信托规则保证了数据控制人在数据使用行为中的安全性和可靠性,并使信托数据在数据信托结束时得到妥善处理。上述信托目的无不围绕着维护数据安全而展开,数据安全是数据信托追求的重要目标和前提条件。因此,发展数据信托能够有效破解数据安全与共享之间的矛盾。

二、加强数据共享平台的建设与管理

(一) 创建完善的数据共享交流平台

数据共享交流平台创建的目的就是能够有效进行各类数据资源的整合与交流。首先,积极构建省市间相互统一的政府数据信息共享交流平台,创造相对畅通的渠道。在深化建设和完善政府云平台的同时,相关管理部门应建立更加统一和完善的政府数据信息共享系统和交换系统。各部门、各地区应统一进行接入处理,并与全国数据共享交换系统对接,在良好对接的情况下,可形成较好的跨部门、跨级别、跨地区的大数据共享平台和渠道。

其次,加强相应的数据信息整合,完善共享机制,在内部系统整合和内部资源整合合理的情况下,有效实施数据共享管理工作。同时,也要充分整合独立分散的系统,有效完成内部各种资源的整合共享任务,确保内部数据信息能够更好地整合共享。

最后,积极建设相应的大数据资源目录体系,针对目录的具体范围进行优化处理,保证质量符合要求、标准。在现有目录的支持下,将统一性的数据信息共享平台与交换平台作为基础部分,进行动态的目录体系的更新处理,确保质量符合标准要求,在拓宽覆盖范围、覆盖渠道的同时,保证质量与标准相符。创建此类平台体系的过程中,应该结合数据共享管理的需求,统一其中的平台标准内容,要求各个部门相互之间沟通,增强平台建设效果和水平,有效预防因为平台不专业、不规范出现数据共享问题,充分发挥管理方式的作用价值(刘娟,2021)。

(二) 制定维护数据共享平台运行的制度

对具有双边市场特征的电商平台、社交平台等大数据平台的信息公开法进行完善,明确平台信息公开制度,增强数据泄露等突发事件对政府信息公开法律规制的操作性(谢康,2020)。同时研究并制定推动全社会在线网络主体的信息公开法,如《大数据平台数据普遍服务法》等,限制网络各参与方的反爬虫管理,使大数据更多地转变为社会公共品,不断夯实大数据流动与共享平台的制度基础。

三、健全与完善数据交流与共享的制度

为保证大数据的有效共享管理,相应的管理机构、管理部门应该积极完善各类制度体系,在良好制度的支持和帮助下增强共享管控的有效性。

首先,统一相应的标准内容和数据信息共享与交换处理的标准内容,以便高效、快速、有序地推进管理。在建设相应的数据信息共享系统的过程中,除了明确相关的数据采集标准和处理标准外,还需要统一规定元数据的处理工作、采集方法的要求、数据质量的控制规范和标准,以及资源分类的处理方式,从而保证文件格式的合理性,通信协议的标准化,增强文件交换的处理效果,确保在系统约束下,数据信息共享和交换接口的设计水平和服务质量,可以提高多层次共享平台之间的对接效率和平台日常运营控制水平,充分发挥系统在相应共享管理过程中的作用和价值。

其次,完善数据共享过程中平台和系统的使用制度。在使用相关平台和系统的过程中,需要保证数据的最优分配和资源的高效利用。在具体工作中,要统一相应共享平台的应用规范和标准,加强对数据信息共享的管理,系统全面地分析数据的责任风险,这样不仅可以保证数据在共享过程中的安全,同时也充分发挥了平台的利用价值。在系统中,我们还需要在管理工作中积极遵守相应的规范要求和标准,着力将政府大数据平台系统与社会化大数据平台系统对接,打造层次丰富、模式良好的协同创新机制,并从基础层面提升政府的服务效果。数据信息共享的管理制度中,还应明确每个部门在共享数据方面的安全要求、操作要求和规范标准等,及时利用监督方式、监测方式来掌握有无违反制度的现象,并且通过奖惩的方式增强人员遵守制度的积极性,起到良好的数据共享管理工作作用。另外,在制定制度、健全管理模式期间还需归

纳总结相应的经验,探索合理性、科学性的制度措施,确保在合理进行管控的同时,增强数据共享管理有效性、可靠性,满足当前的共享管理基本要求和规范(刘娟,2021)。

第十六章　促进数据应用与治理的制度与政策

　　数字经济发展速度之快、辐射范围之广、影响程度之深前所未有,正在成为重组全球要素资源、重塑全球经济结构、改变全球竞争格局的关键力量。数字技术在推动全球经济增长的同时,也给全球经济治理体系带来了许多新的挑战,数据促进传统经济治理体系和治理模式的变革与创新。党的十九届四中全会通过的《中共中央关于坚持和完善中国特色社会主义制度、推进国家治理体系和治理能力现代化若干重大问题的决定》把"系统治理、依法治理、综合治理、源头治理"四个治理列入新时代推进国家治理体系和治理能力现代化的总体要求。十九届五中全会把数据作为生产要素纳入社会经济体系,提出要建设网络强国、数字中国。数据不仅是数字国家的重要战略资产要素、数字政府的关键商业要素、数字经济的关键生产要素和数字社会的关键基础设施要素,也是数字时代国家治理的关键治理要素。因此,数据治理与利用能力既是国家治理能力的有机组成,也是国家治理体系和治理能力现代化建设的重要内容,是基于数据、数据驱动和数据赋能的国家治理能力拓展与提升的关键性要素资源(安小米,2021)。

第一节　现有促进数据应用与治理的
制度与政策的梳理

一、国内促进数据应用与治理的制度与政策的梳理

（一）国家层面

"数字政府"是数字经济时代政府公共服务的发展方向，"数字政府"突出大数据技术的应用与管理，通过对数据的可视化采集与存储，进而实现对数据的深度挖掘和知识共享。在此过程中，政府部门能够改变以往传统治理的局限，通过重新发现原来容易被忽视的区域，从而充分释放数据治理的巨大价值。中国电子信息行业联合会与清华大学公共管理学院联合发布《中国政务数据治理发展报告（2021年）》，对全国31个省（自治区、直辖市）在政务数据治理方面的政策制定、机构设置、平台建设、共享开放等情况进行了研究分析，通过构建地方政务数据治理指数，描绘了当前我国政务数据治理的整体样貌。表16-1为我国国家层面出台的部分数据治理政策。

表 16-1　国家层面数据治理相关政策

年份	名称	内容
2004 年	《关于加强信息资源开发利用工作的若干意见》	明确了通过健全政府信息公开制度、加强政府信息开放程度、提高宏观调控与市场监管能力等来促进信息资源的开发利用。
2006 年	《国家电子政务总体框架》	提出国家电子政务总体框架，包括：服务与应用系统、信息资源、基础设施、法律法规与标准化体系、管理体制；强调推进国家电子政务建设，服务是宗旨，应用是关键，信息资源开发利用是主线，基础设施是支撑，法律法规、标准化体系、管理体制是保障。

续表

年份	名称	内容
2015 年	《关于运用大数据加强对市场主体服务和监督的若干意见》	主要目的:一是提高政府运用大数据能力,增强政府服务和监管的有效性;二是利用大数据技术,提高政府服务水平和监管效率,降低服务和监管成本;三是通过大数据治理,推动简政放权和政府职能转变,促进市场主体依法诚信经营;四是构建大数据平台,实现政府监管和社会监督有机结合,构建全方位的市场监管体系。
2015 年	《关于印发促进大数据发展行动纲要的通知》	提出大数据是提高政府治理能力的主要途径,实现基于数据的科学决策,将推动政府管理理念和社会治理模式进步。
2016 年	《关于印发政务信息资源共享管理暂行办法的通知》	指出政府信息以共享为原则,并加强数据共享管理。
2016 年	《关于印发"十三五"国家信息化规划的通知》	提出要建立统一开放的大数据体系,其中以推动数据资源规划建设、数据资源管理、数据资源应用为主要目的。
2017 年	《关于印发政务信息系统整合共享实施方案的通知》	推进接入统一数据共享交换平台,加快公共数据开放平台建设,建设完善全国政务信息共享平台;促进政府部门内部信息系统整合共享,提升国家统一电子政务平台支撑能力。
2018 年	《科学数据管理法》	进一步加强和规范科学数据管理,保障科学数据安全,提高开放共享水平,更好地为国家科技创新、经济社会发展和国家安全提供支撑。
2019 年	《国务院关于在线政务服务的若干规定》	明确了政务服务在线平台建设管理的推进机制,各级政府政务服务原则上应在线办理两大要求。
2020 年	《中共中央国务院关于新时代加快完善社会主义市场经济体制的意见》	明确加快培育发展数据要素市场,建立数据资源清单管理机制,完善数据权属界定、开放共享、交易流通等标准和措施,发挥社会数据资源价值。
2020 年	《中共中央关于制定国民经济和社会发展第十四个五年规划和二〇三五年远景目标的建议》	提出加强数字经济、数字政府、数字社会建设,提升公共服务、社会治理的数字化智能化水平。建立数字社会基础制度和标准规范,推动数据资源开发利用,积极参与数字领域国际规则和标准制定

续表

年份	名称	内容
2021	《中华人民共和国数据安全法》	建立健全数据安全治理体系,提高数据安全保障能力,提高数据安全保护水平,促进行业健康发展。

(二) 省级层面

为积极贯彻落实中央政策精神,提升政务数据管理和应用水平,在国家政策法规框架体系范围内,制定并发布政务数据治理的相关政策规范已成为我国各地政府的普遍做法。2010 年至今,全国 31 个省(自治区、直辖市)共出台了 147 份省级政府层面与政务数据治理直接相关的政策文件。

从政策出台时间上来看,在 2016 年以前,仅有少量省份对政务数据治理投以关注。从 2016 年开始,各省出台的相关政策文件的数量显著增加。到了 2020 年政策发布数与 2019 年相差不大。表 16-2 显示了各省份 2020 年发布的主要政策。

表 16-2　2020 年省份层面数据治理相关政策

省份	名称	时间
北京	《关于推动北京市金融公共数据专区建设的意见》	2020 年
山西	《山西省大数据发展应用促进条例》	2020 年
	《山西省政务数据管理与应用办法》	2020 年
	《山西省促进大数据发展应用 2020 年行动计划》	2020 年
上海	《上海市公共资源交易平台数据规范(试行)》	2020 年
	《上海市公共数据资源开放 2020 年度工作计划》	2020 年
浙江	《浙江省公共数据开放与安全管理暂行办法》	2020 年
安徽	《关于打造"皖事通办"平台加快政务数据归集共享的意见》	2020 年
	《关于进一步加强自然资源数据资源管理的通知》	2020 年

续表

省份	名称	时间
山东	《山东省健康医疗大数据管理办法》	2020 年
湖南	《湖南省政务信息资源共享管理办法(试行)》	2020 年
广东	《广东省移动源检查数据联网规范(试行)》	2020 年
广西	《广西壮族自治区村庄规划数据库标准(试行)》	2020 年
重庆	《重庆市支持大数据智能化产业人才发展若干政策措施》	2020 年
四川	《四川省健康医疗大数据应用管理办法(试行)》	2020 年
贵州	《贵州省政府数据开放共享条例》	2020 年
贵州	《贵州省大数据发展专项资金管理办法》	2020 年
陕西	《关于进一步加强数据安全和个人信息保护的通知》	2020 年
陕西	《公共资源交易平台系统林权交易数据规范》	2020 年
甘肃	《关于对甘肃省建筑市场监管与诚信信息系统工程项目数据实行分级管理和开展数据分项治理等工作的通知》	2020 年

二、现有制度的局限及需要突破的问题

数据治理是推动国家"数字蝶变"、加快数字中国和智慧社会建设的基础性工程,是转变政府职能、创新服务方式的重要途径,是大数据时代政府转型的现实需求和必然趋势。但正如芳汀在《构建虚拟政府》一书中所说,只有使用新技术才能重新塑造好的社会结构与制度(许阳,2022)。因此技术使用的实际效果无法预测,但我们可以将目光聚焦其影响因素,避免政府陷入数据治理困境。与此同时,如何管理数据,如何对数据是否违规使用进行判别都是政府需要考虑的。

(一)技术体系尚不完善

首先,我国在数据治理领域,缺少以城市为单位的规模化、工程化的数据

治理技术方案。其次,缺乏统一、科学的数据流通规约,数据封锁带来的市场壁垒导致企业创新积极性受创,数据治理技术进步受阻,社会公众难以充分享受科技成果。再者,现有技术难以支撑深度挖掘过于分散的数据,数据价值尚未得到释放。最后,数据治理缺少统一的技术标准,难以实现城市级规模的数据共享、开放与流通。

(二) 法律体系亟待健全

首先,数据相关立法明显滞后于数字经济的快速发展,需要进一步细化规则来平衡发展与安全之间的矛盾。其次,支撑数据要素市场发展的数据财产立法不足,中国亟须探索一条依托可信的数据流通中心开展数据要素利用的新道路。最后,企业数据相关的立法显著滞后,导致企业数据只能依赖《反不正当竞争法》的保护,但往往又会面临《反垄断法》的限制。

(三) 制度管理体系滞后

首先,数据主管部门职责和定位不清晰、不准确,数据治理领域力量分散、多头管理的问题依然突出,难以形成合力。其次,各方参与主体的权责利不清晰,运营模式陈旧,尚未建立起政企结合、多方参与、共同获益的健康、高效的长期运作机制,难以适应快速发展的数字时代治理需求。最后,数据运营机构参与数据治理的工作仍然处于探索阶段,数据运营主体在运营数据工作中的制度支撑不够明确,导致不敢用、无法用的现象普遍存在。

第二节　促进数据应用与治理的
制度与政策建议

立足国家战略需求和目标,并针对当前理论与实践运用中缺乏从国家层面对数据治理与利用能力建设,从注重顶层设计,建立国家统一的数据监管机构,提升技术应用,推进数据治理能力现代化等方面提出数据治理的政策建议。

一、发展并应用大数据技术,提升治理能力现代化

大数据技术能够处理信息存储、信息归纳、信息集成、信息分类、信息分析等一系列数据,并能在短时间内高效处理大量数据。目前,社交网络中产生的信息量不断增加。此时,使用大数据技术是非常必要的,它可以提高系统发出指令的速度和效率。在大数据时代,需要在技术层面打破学科之间的壁垒,为协作学科之间的数据应用提供技术支持。实现数据在市场中的应用,需鼓励应用并改进大数据技术——通过云平台的建设和管理技术的提升,实现技术的汇聚、为数据效用的更大限度发挥奠定基础;整合现有的数据存储载体,提升数据存储水平;提升政府数据的监管技术水平,对数据进行分级化处理,追踪数据的流向和使用,实现数据在平台共享和对外公开的基础上防止数据信息的外泄(李珲,2021)。最后,针对大数据时代传统治理体制和治理技术与时代背景和企业形态发展不相匹配的现象,应加强治理技术对企业形态发展的预见性,深入思考企业形态的可能发展方向和问题,关注业态发展需求,在充分支持业态创新的基础上,明确业态发展边界,界定行为范围,维护发展秩序,为业态创新创造良好的发展环境。

二、推进数据应用成果的普及,促进数据应用的发展

(一) 完善数据基础设施和专网建设

加快5G、人工智能、工业互联网、物联网等数据基础设施建设,并推动其向高速化、智能化、泛在化演进,为数据要素向全产业领域传输提供渠道保障。积极推进有线及无线专用网络建设,整合各类VPN传输网络,依托5G、大数据、物联网、工业互联网等新基建工程,推动各地区大数据中心基础设施建设,提升高速数据传输能力,提高网络的数据储存、调取、发送能力,保障数据传递稳定可靠。

（二）提升应用市场空间和社会认知

加快以数据为核心的数字经济发展，推进数字产业化和产业数字化，培育和扶持一批数据产业龙头企业，加快数字产品研发，丰富数据资源应用场景，提高数据资源的输出效率，提高数据资源产品的推广。紧密结合"六稳"、"六保"工作，将数据资源融入国家现代化治理和改善民生，推动电子政务、智慧城市、信息惠民等重大工程建设，提升数据资源和技术在全社会的普及度和认知度，充分挖掘数据资源价值。

（三）构建应用生态体系

习近平总书记强调要"坚定不移增进民生福祉，把高质量发展同满足人民美好生活需要紧密结合起来，推动高质量发展、创造高品质生活有机结合、相得益彰"。城市数据治理工程积极响应"十四五"规划纲要，围绕政府、企业、机构、个人等社会主体的实际需求，以法律、制度、经济、技术、安全等为支撑，通过构建三级市场机制和打造数据金库来建立健全数据要素市场，强调数据对社会主体实体需求的描述，同时，引入数据元件和数据应用开发商，充分激活数据要素潜能，围绕社会治理、经济发展、民生服务、科技创新等四大领域构建一个泛在、融合、智能、迭代的城市发展有机生态体系。以数据为纽带促进产学研深度融合，形成数据驱动型创新体系和发展模式，夯实社会治理、经济发展、民生服务领域发展。社会治理、民生服务、科技创新为数据要素化以及数字经济的发展提供了广泛的应用场景，为数字经济高速增长与可持续发展提供了原动力。四大领域相互促进、协同发展。基于生态体系的持续演进，实现以数据驱动民生服务、科技创新、经济发展、社会治理等领域方式方法变革，显著提升城市在新发展阶段的竞争力，构筑城市新发展格局。

三、推进政府顶层设计和规范管理，增强数据治理的效果

为增强数据治理的效果，应该保证顶层设计的合理性，形成较为良好的治

理观念意识。首先,应该重点进行政策顶层设计,强化各项工作的落实效果。虽然从政策的层面来讲,全国已经开始增强政务大数据的治理效果、提升了支持力度,但是在工作落实的过程中,缺少一定的跟进性、跟踪性的管理措施,相应的管理能力也非常薄弱(刘娟,2021)。因此,我们应该加强顶层设计,定期进行总结和汇报,完善制度内容。在这一过程中,省市政府还应定期报告上季度和上一年度相关数据和信息的治理情况,完善相应的年度工作计划和内容,结合以往工作和总结,编制计划和计划的内容,明确相互分工的要求,从政策层面不断提高数据信息的治理效果,形成准确的概念意识和概念认知。二是完善相应的整体管理模式和体系,建立考核评价体系。在新时期的环境下,针对各级的政务部门大数据管理进行统筹处理、协调处理,创建较为完善的配套管理制度和模式,在各部门、各层面执行相应的普及工作,一旦发现有数据治理方面的认知问题、观念问题,就要及时进行纠正处理。另外,应该创建具有常态化特点的数据管理的考核模式、评价模式,提出具体的考核措施与评价方法,定期进行结果的公开性处理,督促各级部门形成正确的观念意识,合理进行数据共享使用与管理,形成较为良好的责任观念、责任意识。

四、构建完善的数据监管体系,促进数据治理的规范化

(一) 整体性制度文件

整体性制度文件面向的是城市数据治理的整体工作需求。可包括:城市数据治理规划、顶层设计、总体方案、行动纲要、实施方案、行动计划等,应根据数据治理工作的阶段性需要进行选择制定。在开展城市数据治理工作的初期,应结合实际工作需求尽快制定形成城市数据治理总体规划(或顶层设计、总体方案),对数据治理工作进行系统部署,成立或明确相关机构并对职责进行清晰界定。在数据治理工作过程中,应结合工作进展情况适时出台行动纲要、实施方案、行动计划等文件,对阶段性工作进行部署安排。

（二）面向数据的政策文件

面向数据的政策文件针对的对象是数据资源本身,以及数据的共享、开放、交易等流通和应用的相关工作。可包括:政务数据管理办法、社会数据管理办法、政务数据共享管理办法、公共数据开放管理办法、数据交易与应用管理办法等,应在数据治理的过程中根据需要及时编制和修订,为数据治理工作提供相应的依据和遵循。

（三）面向机构或主体的政策文件

面向机构的政策文件针对的对象是参与数据治理的各类主体,主要用于规范其行为,保障数据治理工作的有序开展。可包括数据治理专家组管理办法、研究支撑机构管理办法、数据金库管理办法、数据元件开发商管理办法、数据应用开发商管理办法、数据运营中心管理办法等,应在建设相应机构的过程中及时制定。

（四）其他专项政策文件

除上述制度文件外,还应根据数据安全、资金、人员等方面的要求,及时制定相应的专项文件。可包括:数据安全管理办法、数据治理资金管理办法、数据治理专业人员管理办法等。

附录 数据资产会计确认制度
（设想草拟稿）

一、总则

第一条 为了规范与数据产品生产相关的数据资产确认、计量和相关信息的列报，根据《企业会计准则——基本准则》，制定本准则。

第二条 数据产品的生产活动可以分为数据准备、服务计算两个阶段。

数据准备阶段是数据采集、数据存储和数据预处理活动的统称。数据预处理是将基础数据转换为符合数据处理与分析所需格式的活动。数据准备阶段的活动，决定了数据质量，也决定了服务计算活动的算法选择。

服务计算阶段是数据处理、数据挖掘、数据分析和数据展示活动的统称。服务计算活动决定了数据应用维度，是影响数据资产价值的重要因素。

第三条 企业采用以下数据资产活动相关业务模式的，适用其他具体准则。

提供数据服务的，适用《企业会计准则第 1 号——存货》（参见第十二条）；

提供数据空间运营（参见第十三条）、提供数据资产技术服务（参见第十四条）等云计算服务资源的情形，根据是否包含租赁合同的评估情况，分别适用不同的具体准则：包含资产租赁合同的，对租赁安排部分，适用《企业会计准则第 21 号——租赁》；不包含资产租赁合同，且未提供受用户控制的云计算服务资源，作为服务合同，适用《企业会计准则第 14 号——收入》。

二、数据资产确认

第四条 数据资产是指由企业拥有或控制的、有潜力产生经济利益的数据资源。

第五条 符合下列情形之一的,可以判断数据资产具有潜力产生经济利益,予以确认数据资产。

（1）拥有或控制已完成数据预处理的数据资源,符合数据处理与分析所需的格式要求。例如,企业数据管理成熟度达到稳健级（DCMM 3）,数据已经被当作实现组织绩效目标的重要资产,以及以上等级。

（二）已经获得服务计算活动的关键技术专利、专有技术,如数据处理、数据挖掘、数据分析和数据展示活动相关的知识产权权利。

（三）拥有或控制经封装的数据产品,能够自用或对外提供数据服务、出售。

（四）拥有或控制某项数据资产的相关权利证明,该数据资产有潜力产生经济利益的其他情形。

第六条 当全部或部分数据资源不满足数据资产定义的要求时,应当终止确认。

三、数据资产初始计量

第七条 数据资产应当按照成本进行初始计量。

数据资产经封装形成数据产品,并结转计算数据产品的生产成本。数据产品按成本进行初始计量。

第八条 数据准备阶段的支出,应当于发生时计入当期损益。数据采集、数据存储和数据预处理活动支出,不构成数据资产的成本。其中,根据数据资源的获取来源确定其成本:从外部(如政府部门、外部企事业单位和商业机构等)获取的数据资源,其成本为取得该数据资源所实际支付的价款,以及可直接归属于为获取该数据资源所发生的其他支出;投资者投入的数据资源,其成本应当按照投资合同约定的价值确定,但合同或协议约定价值不公允的除外;通过数据置换取得的数据资源,其成本应当按照《企业会计准则第7号——非货币性资产交换》确定。

第九条　企业通过数据资产活动获取收益,采取第九条、第十条所述业务模式的,由服务供给方企业确认数据资产;采取第十一条所述业务模式的,由服务需求方(用户)企业确认数据资产,并按第六条规定归集计算数据资产成本,数据资产按照成本进行初始计量;采取其他业务模式,如第十二条、第十三条、第十四条等服务情形的,服务供给方企业、需求方(用户)企业均不确认数据资产。

第十条　提供信息服务模式。企业聚焦某个行业,通过广泛收集相关数据、深度整合萃取信息,以庞大的数据中心加上专用的数据终端,形成数据采集、信息萃取、价值传递的完整链条,通过为用户提供信息服务的形式获利。

第十一条　提供数字媒体模式。通过多媒体服务自营业务以及第三方推广营销业务的模式。该模式下,数字媒体公司通过多媒体服务,面向个体广泛搜集数据,发挥数据技术的预测能力,开展精准的自营业务和第三方推广营销业务。

第十二条　(按用户需求)提供数据资产服务模式。供给方根据用户需求,为企业提供软件和硬件等技术开发服务。从技术指导、安全认证、应用开发和数据表设计等方面提供全方位数据开发和运行保障服务,满足企业业务需求,提升企业营运能力。并通过评估数据集群运行状态优化运行方案,以充分发挥企业数据资产的使用价值,帮助企业将数据资产转化为实际的生产力。

企业确认数据资产。根据资产有关经济利益的预期实现方式,确定使用寿命、预计净残值、折旧与摊销方法。同时生产多种数据产品的,按合理的方法在各种数据产品之间进行分配。

第十三条　数据服务模式。该模式的企业主营业务为出售经广泛收集、精心过滤的时效性强的数据,为用户提供各种商业机会。该模式可能存在数据确权的法律风险。

提供数据服务的企业,对基础数据加工生成衍生数据,通过基础数据和衍生数据的价差获取利润,适用《企业会计准则第1号——存货》。其中,基础数据根据不同数据来源确定获取成本(参照第七条)。衍生数据按成本进行初始计量,其初始成本包括设计、研发、运营等各阶段产生的成本。

第十四条 数据空间运营模式。供给方主要为企业提供专业的数据存储服务业务。

企业自有或由企业控制(以租赁方式取得)该服务资源的,将相关服务费和实施成本中可以资本化的部分,确认为企业自有或租赁的固定资产。根据合理方式计提固定资产折旧费用,作为数据准备阶段支出,计入当期损益。

第十五条 数据资产技术服务模式。供给方主要为企业提供开发数据资产所需的应用技术和技术支持。

企业自有或由企业控制(以租赁方式取得)该服务资源的,将相关服务费和实施成本中可以资本化的部分,确认为企业自有或租赁的无形资产。根据合理方式计算无形资产的应摊销金额,作为数据准备阶段支出,计入当期损益。

四、数据资产后续计量

第十六条 企业应当在资产负债表日采用成本模式对数据资产进行后续计量。当数据资产出现功能性贬值、经济性贬值、法律风险性贬值等,应当计提数据资产减值准备。

第十七条 数据产品采用公允价值模式进行后续计量。在资产负债表日,采用在当前情况下适用并且有足够可利用数据和其他信息支持的估值技术,确定数据产品的公允价值,并调整数据产品的期末价值,将数据产品的公允价值与账面价值之间的差额计入公允价值变动损益。

数据产品的公允价值计量可以使用的估值技术主要包括:市场法、收益法和成本法。

市场法,对于有可比交易案例的,利用可比交易案例的交易价格进行估值,经过必要的调整使其跟拟定价的数据资产具有可比性。对于没有现实的可比交易案例的,可以采用交易方试销价格进行估值,将数据资产在小范围潜在交易方之间进行销售实验,调查目标用户对数据资产的接受程度,并以此调查资料为依据进行估值。

收益法,是指利用数据产品使用后可能或实际产生的收益的折现值,即交易方效用价格进行估值。

成本法,通常指按现行重置成本进行估值,现行重置成本是反映当前要求重置数据产品服务能力所需金额。

五、数据资产处置与毁损

第十八条 当数据资产被处置,或者损毁,永久退出使用且预计不能从其处置中取得经济利益时,应当终止确认该项数据资产。

第十九条 企业出售、转让数据资产或者毁损,应当将处置收入扣除其账面价值和相关税费后的金额计入当期损益。

六、数据资产信息披露

第二十条 数据资产活动相关业务模式的信息披露,以及数据资产会计确认决策中相关不确定信息披露。例如,是否符合数据资产的定义存在着不确定性。这种存在的不确定性影响计量和结果的确定性,无论是否确认数据资产,都披露该项数据资产存在的不确定性有关解释性信息。又如,对数据资产未来经济利益产生重要影响的多维度信息:在数据资产的收益维度方面,包括数据质量(含数据准确性、真实性、完整性、安全性)、数据应用(含稀缺性、时效性、多维性、场景经济性);还有在风险维度方面,充分考虑源自商业环境的法律限制和道德约束,对数据资产的价值可能存在从量变到质变的影响。

第二十一条 数据资产减值准备累计金额,以及数据产品公允价值的估值相关信息披露。包括评估方法的选取及其理由,评估方法中的运算过程,对测算结果进行分析并形成评估结论的过程。例如,参考同类产品的可比交易价格或者采用数据使用后可能或实际产生的效用基于现金流量估值技术的估价,并披露持续以公允价值计量该数据产品存在的不确定性及风险信息。

参 考 文 献

［1］Acemoglu D., P. Restrepo. "Artificial Intelligence, Automation and Work". *NBER Working Paper*. No. 24196, 2018.

［2］Acemoglu D., P. Restrepo. "The Race Between Machine and Man: Implications of Technology for Growth, Factor Shares and Employment". *NBER Working Papers*, 2016.

［3］Acemoglu D., P. Restrepo. "Robots and Jobs: Evidence from US Labor Markets". *NBER Working Paper*. No. 23285, 2017.

［4］Acemoglu D., P. Restrepo. "The Race Between Man and Machine: Implications of Technology for Growth, Factor Shares, and Employment". *American Economic Review*, 2018, 108(6): pp. 1488-1542.

［5］Acemoglu, D., C. Lelarge, P. Restrepo. "Competing with Robots: Firm-level Evidence from France". *AEA Papers and Proceedings*. 2020, 110: 383-88

［6］Acemoglu, D., D. Autor. "Skills, Tasks and Technologies: Implications for Employment and Earnings ScienceDirect". *Handbook of Labor Economics*, 2011, (4): 1043-1171.

［7］Acemoglu, D., P. Restrepo. *Artificial Intelligence, Automation, and Work*. University of Chicago Press, 2019.

［8］Acemoglu, D., P. Restrepo. "Automation and new tasks: How technology displaces and reinstates labor". *Journal of Economic Perspectives*, 2019, 33(2): pp. 3-30.

［9］Acemoglu, D., P. Restrepo. "The Wrong Kind of AI? Artificial Intelligence and the Future of Labour Demand". *Cambridge Journal of Regions, Economy and Society*, 2020, 13 (1): pp. 25-35

［10］Ackoff.: "From Data to Wisdom".*Journal of Applied Systems Analysis*,1989(16): pp. 3-9.

[11] Acquisti A. , Taylor C. , Wagman L. "The economics of privacy" [J]. *Journal of Economic Literature* , 2016, 54(2): pp. 442–492.

[12] Adler R, Stringer C, Yap M. , "The valuation and pricing of information assets ". *Pacific Accounting Review*. 2016, 28(4): pp. 419– 430.

[13] Aghion P. , Bergeaud A. , Boppart T. , et al. *A theory of falling growth and rising rents*. National Bureau of Economic Research, 2019.

[14] Agrawal A. , McHale J. , Oettl A. : *Finding Needles in Haystacks: Artificial Intelligence and Recombinant Growth*. University of Chicago Press, 2019.

[15] Ahmad N, Van de Ven P. *Recording and Measuring Data in the System of National Accounts*. 2018 Meeting of the OECD Informal Advisory Group on Measuring GDP in Digitalized Economy. 2018

[16] Alder S. , Shao L. , Zilibotti F.. "Economic reforms and industrial policy in a panel of Chinese cities". *Journal of Economic Growth* , 2016, 21(4): pp. 305–349.

[17] Autor D. , Dorn D. , Katz L.F. , Patterson C. , Van Reenen J. "The Fall of the Labor Share and the Rise of Superstar Firms". *NBER Working Paper*. No. 23396, 2017.

[18] Autor, D. "Why Are There Still So Many Jobs? The History and Future of Workplace Automation". *The Journal of Economic Perspectives* , 2015, 29(3): pp. 3–30.

[19] Bakos, Y. "The emerging landscape for retail e-commerce". *Journal of economic perspectives*. 2001, 15(1), pp. 69–80.

[20] Bar-Isaac, H. , Caruana, G.. "Search, design, and market structure". *American Economic Review*. 2012, 102(2), pp. 1140–60.

[21] Beck T. , Levine R. , Levkov A.. "Big bad banks? The winners and losers from bank deregulation in the United States". *The Journal of Finance* , 2010, 65(5): pp. 1637–1667.

[22] Begenau, J. , M. Rboodi, L. Veldkamp. "Big Data in Finance and the Growth of Large Firms ". *Journal of Monetary Economics*, 2018, 97(8): pp. 71–87.

[23] Bessen, J. "How Computer Automation Affects Occupations: Technology, Jobs, and Skills". *Boston University School of Law, Law & Economics Working Paper*. No. 15–49, 2016.

[24] Brynjolfsson E. , D. Rock, and C. Syverson. "Artificial Intelligence and the Modern Productivity Paradox: A Clash of Expectations and Statistics". *NBER Working Paper*, 2017.

[25] Brynjolfsson, E. , A. Collis. "How should we measure the digital economy". *Har-*

vard Business Review, 2019, 97(6): pp. 140-148

［26］Carrière Swallow Y, Haksar V. "The Economics and Implications of Data: An Integrated Perspective". *IMF Departmental Papers/ Policy Papers*. 2019, 18(12).

［27］Chen Z., Poncet S., Xiong R. "Inter-industry relatedness and industrial-policy efficiency: Evidence from China's export processing zones". *Journal of Comparative Economics*, 2017, 45(4): pp. 809-826.

［28］Chen, D.Q., D.S.Preston, M. Swink. "How the Use of Big Data Analytics Affects Value Creation in Supply Chain Management". *Journal of Management Information Systems*, 2015, 32(4): pp. 4-39.

［29］Cohen P, Hahn R, Hall J, et al. *Using big data to estimate consumer surplus: The case of uber*. National Bureau of Economic Research, 2016.

［30］De Long, J. B. "The triumph of monetarism ?". *Journal of Economic Perspectives*. 2000, 14(1), pp. 83-94.

［31］Dijcks J P. "Oracle: Big Data for the Enterprise". *Oracle White Paper*, 2012, (6): p. 16.

［32］Easley, D, et al. "The economics of data ". *Social Science Research Network Working Paper* , 2018, No. 3252870.

［33］Ernst E., R. Merola, D. Samaan. "The Economics of Artificial Intelligence: Implications for the Future of Work". *ILO Future of Work Research Paper*, 2018.

［34］Ezrachi A., M. Stucke. "Virtual Competition". *Journal of European Competition Law & Practice*, 2016, 7(9): pp. 585- 586.

［35］Farboodi M., Veldkamp L. *A Growth Model of the Data Economy*. National Bureau of Economic Research, 2021.

［36］Farboodi, M., R. Mihet. T. Philippon, et al. "Big Data and Firm Dynamics". *NBER Working Papers*, 2019.

［37］Froukhi A Z, Alaoui I E, Gahi Y, et al. "Big data monetization throughout big data value chain: a comprehensive review". *Journal of Big Data*, 2020, 7(1): pp. 1-22.

［38］Forman, C., Goldfarb, A., & Greenstein, S. "Understanding the inputs into innovation: Do cities substitute for internal firm resources?". *Journal of Economics & Management Strategy*, 2008, 17(2), pp. 295-316.

［39］Furman J., R. Seamans. "AI and the Economy". In Lerner J., Stern S.(eds). *In-*

novation Policy and the Economy. Volume 19. University of Chicago Press, 2019.

[40] Glazer R.. "Measuring the value of information: The information-intensive organization", *IBM Systems Journal*, Vol. 32, No. 1, 1993, pp. 100.

[41] Graetz G., and M. Guy. "Robots at work". *Review of Economics and Statistics* [R]. ISSN 0034-6535, 2018.

[42] Guellec D., C. Paunov. "Digital Innovation and the Distribution of Income". *NBER Working Paper*. No. 23987, 2017.

[43] Hui, X., Saeedi, M., Shen, Z., & Sundaresan, N., 2016. "Reputation and regulations: evidence from ebay". *Management Science*, 62(12), 3604-3616.

[44] Jones C I.. "Tonetti C. Nonrivalry and the Economics of Data", *American Economic Review*, 2020, 110(9), pp. 2819-2858.

[45] Jones C. I,. "Tonetti C. Nonrivalry and the Economics of Data" [R], *NBER Working Paper*, 2019, No. 26260.

[46] Kingma B.. *The Economics of Information: A Guide to Economic and Cost-Benefit Analysis for Information Professionals*. Englewood: Libraries Unlimited, 2001, p. 5.

[47] LehrerC, Wieneke A, VomBrocke J, et al. "How big data analytics enables service innovation: Materiality, affordance, and the individualization of service", *Journal of Management Information Systems*, Vol. 35, No. 2, 2018, pp. 424-460.

[48] Loebbecke, C., & Picot, A.. "Reflections on societal and business model transformation arising from digitization and big data analytics: A research agenda", *The Journal of Strategic Information Systems*, Vol. 24, No. 3, 2015, pp. 149-157.

[49] LUO S Z, XING L N.. " Neutrosophic game pricing methods with risk aversion for pricing of data products", *Expert Systems*, *Vol.* 38, *No.* 5, 2021, pp. 12697.

[50] Miller, A.R., C. Tucker. "Privacy protection, personalized medicine and genetic testing", *Management Science*, Vol. 64, No. 10, 2017, pp. 4648-4668.

[51] Muller O, Fay M, Vom Brocke J.. "The effect of big data and analytics on firm performance: an econometric analysis considering industry characteristics", *Journal of Management Information Systems*, Vol. 35, No. 2, 2018, pp. 488-509.

[52] Pei J. "A survey on data pricing: from economics to data science" [Z]. *ArXiv Working Papers*, 2020, No. 2009.04462.

[53] Short J E, Todd S.: "What's your data worth?", *MIT Sloan Management Review*,

Vol. 58,No. 3,2017, pp. 17−19.

[54] Sutherland E..“Trends in regulating the global digital economy”,*Available at SSRN* 3216772,2018.

[55]Tallon, P., and K. Kraemer.“Fact or fiction? A Sense making Perspective on the Reality behind Executives' Perceptions of IT Business Value”,*Journal of Management Information Systems*, Vol. 24,No. 1,2007,pp. 13−54.

[56]Tallon, P., J. Mooney, and M. Dudde. *Measuring the Business Value of IT* ,2020.

[57]Tambe, P., L. Hitt, D. Rock, et al. *IT, AI and the Growth of Intangible Capital*, Available at SSRN 3416289, 2019.

[58]Varian H. “Artificial intelligence, economics, and industrial organization”[Z]. *NBER Working Paper*, 2018, No. 24839.

[59]Varian, H. “Artificial Intelligence, Economics, and Industrial Organization”[R]. *NBER Working Paper*, No. 24839. 2018.

[60]Veldkamp L., and C. Chung.“Data and the Aggregate Economy”,*In preparation for the Journal of Economic Literature*, 2019.

[61]Vial, G..“Understanding digital transformation: A review and a research agenda”, *The Journal of Strategic Information Systems*,Vol. 28,No. 2,,2019,pp. 118−144.

[62]Wamba, S., A. Gunasekaran, S. Akter, et al.“Big Data Analytics and Firm Performance: Effects of Dynamic Capabilities”, *Journal of Business Research*, Vol. 70, 2017, pp. 356−365.

[63]Wang V, Shepherd D..“Exploring the extent of openness of open government data−A critique of open government datasets in the UK”,*Government Information Quarterly*, Vol. 37,No. 1,2020,pp.2−10

[64]West, D. *The Future of Work: Robots, AI, and Automation*,Brookings Institution Press, 2018.

[65]World Economic Forum. *Personal Data: The Emergence of a New Asset Class* [R]. Geneva: World Economic Forum, 2011.

[66]Yang J, Xing C..“Personal data market optimization pricing model based on privacy level”,*Information*, No. 4,2019,pp. 123.

[67]Yin, C., T. Jin, P. Zhang, et al.“Assessment and Pricing of Data Assets: Research Review and Prospect”, *Big Data Research*,Vol. 7,No. 4,2021,pp. 14−27.

［68］白俊红、卞元超:《要素市场扭曲与中国创新生产的效率损失》,《中国工业经济》2016 年第 11 期。

［69］白重恩、钱震杰、武康平:《中国工业部门要素分配份额决定因素研究》,《经济研究》2008 年第 8 期。

［70］白重恩、钱震杰:《国民收入的要素分配:统计数据背后的故事》,《经济研究》2009 年第 3 期。

［71］白重恩、钱震杰:《谁在挤占居民的收入——中国国民收入分配格局分析》,《中国社会科学》2009 年第 5 期。

［72］包晓丽:《数据产权保护的法律路径》,《中国政法大学学报》2021 年第 3 期。

［73］蔡昉:《探索适应经济发展的公平分配机制》,《人民论坛》2005 年第 10 期。

［74］蔡继明:《按贡献分配——社会主义初级阶段的分配原则》,《人民论坛》1998 年第 4 期。

［75］蔡继明:《按生产要素贡献分配的理论基础和政策含义》,《学习论坛》2004 年第 7 期。

［76］蔡继明:《按生产要素贡献分配理论争论和发展》,《山东大学学报》(哲学社会科学版)2009 年第 6 期。

［77］蔡继明:《改革开放以来我国分配理论创新与分配制度变革》,《深圳大学学报》(人文社会科学版)2018 年第 4 期。

［78］蔡继明:《关键是弄清非劳动生产要素的作用——也谈深化对劳动价值论的认识》,《学术月刊》2001 年第 10 期。

［79］蔡继明:《论非劳动生产要素参与分配的价值基础》,《经济研究》2001 年第 12 期。

［80］蔡跃洲、马文君:《数据要素对高质量发展影响与数据流动制约》,《数量经济技术经济研究》2021 年第 3 期。

［81］曾铮、王磊:《数据要素市场基础性制度:突出问题与构建思路》,《宏观经济研究》2021 年第 3 期。

［82］常晓素:《税收政策对劳动要素收入分配份额的影响——基于省级面板数据的实证分析》,《税务研究》2017 年第 7 期。

［83］钞小静:《新型数字基础设施促进我国高质量发展的路径》,《西安财经大学学报》2020 年第 2 期。

［84］陈斌开、李银银:《再分配政策对农村收入分配的影响——基于税费体制改革

的经验研究》,《中国社会科学》2020 年第 2 期。

[85]陈芳、余谦:《数据资产价值评估模型构建——基于多期超额收益法》,《财会月刊》2021 年第 23 期。

[86]陈剑、黄朔、刘运辉:《从赋能到使能——数字化环境下的企业运营管理》,《管理世界》2020 年第 2 期。

[87]陈美、曹阳赤:《治理理论与开放政府数据服务的社会参与》,《现代情报》2020 年第 6 期。

[88]陈一:《欧盟大数据伦理治理实践及对我国的启示》,《图书情报工作》2020 年第 3 期。

[89]崔俊富、陈金伟:《数据生产要素对中国经济增长的贡献研究》,《管理现代化》2021 年第 2 期。

[90]戴双兴:《数据要素:主要特征、推动效应及发展路径》,《马克思主义与现实》2020 年第 6 期。

[91]翟丽丽、王佳妮:《移动云计算联盟数据资产评估方法研究》,《情报杂志》2016 年第 6 期。

[92]杜振华、茶洪旺:《数据产权制度的现实考量》,《重庆社会科学》2016 年第 8 期。

[93]樊勇、杜涵:《税收大数据:理论、应用与局限》,《税务研究》2021 年第 9 期。

[94]范志勇、宋佳音:《产品相对价格、要素禀赋与要素收入分配》,《浙江社会科学》2015 年第 2 期。

[95]方兴东、严峰:《"健康码"背后的数字社会治理挑战研究》,《人民论坛·学术前沿》2020 年第 16 期。

[96]冯科:《数字经济时代数据要素生产要素化的经济分析》,《北京工商大学学报》(社会科学版)2022 年第 1 期。

[97]冯鹏程:《大数据时代的组织演化研究》,《经济学家》2018 年第 3 期。

[98]高升:《加快建设新型数字基础设施》,《经济日报》2020 年第 11 期。

[99]高志华:《数据治理背景下政府数据开放共享研究》,《行政科学论坛》2021 年第 7 期。

[100]谷春祥:《生产中的客观要素按贡献参与收入分配的依据及其发展趋势》,《特区经济》2008 年第 5 期。

[101]谷书堂、蔡继明:《按贡献分配是社会主义初级阶段的分配原则》,《经济学

家》1989 年第 2 期。

[102] 郭朝先、王嘉琪、刘浩荣：《"新基建"赋能中国经济高质量发展的路径研究》，《北京工业大学学报》（社会科学版）2020 年第 6 期。

[103] 郭峰、王靖一、王芳等：《测度中国数字普惠金融发展：指数编制与空间特征》，《经济学》（季刊）2020 年第 4 期。

[104] 郭金花、郭檬楠、郭淑芬：《数字基础设施建设如何影响企业全要素生产率？——基于"宽带中国"战略的准自然实验》，《证券市场导报》2021 年第 6 期。

[105] 郭凯明、王钰冰：《供需结构优化、分配结构演化与 2035 年共同富裕目标展望》，《中国工业经济》2022 年第 1 期。

[106] 郭庆旺、吕冰洋：《论要素收入分配对居民收入分配的影响》，《中国社会科学》2012 年第 12 期。

[107] 国家工业信息安全发展研究中心：《中国数据要素市场发展报告》2021 年。

[108] 韩璐、陈松、梁玲玲：《数字经济、创新环境与城市创新能力》，《科研管理》2021 年第 4 期。

[109] 韩文龙、陈航：《数字化的新生产要素与收入分配》，《财经科学》2021 年第 3 期。

[110] 何帆、刘红霞：《数字经济视角下实体企业数字化变革的业绩提升效应评估》，《改革》2019 年第 4 期。

[111] 何玉长、王伟：《数据要素市场化的理论阐释》，《当代经济研究》2021 年第 4 期。

[112] 洪银兴：《非劳动生产要素参与收入分配的理论辨析》，《经济学家》2015 年第 4 期。

[113] 侯世英、宋良荣：《数字经济、市场整合与企业创新绩效》，《当代财经》2021 年第 6 期。

[114] 怀进鹏：《大数据是国家战略资源》，《中国经济和信息化》2013 年第 8 期。

[115] 黄健、邓燕华：《制度的力量——中国社会保障制度建设与收入分配公平感的演化》，《中国社会科学》2021 年第 11 期。

[116] 黄丽萍：《劳动价值论和按技术要素分配》，《福建教育学院学报》2002 年第 7 期。

[117] 黄群慧、余泳泽、张松林：《互联网发展与制造业生产率提升：内在机制与中国经验》，《中国工业经济》2019 年第 8 期。

[118]黄少安、张华庆、刘阳荷:《数据要素的价值实现与市场化配置》,《东岳论丛》2022年第2期。

[119]惠志斌:《5G与数字经济》,《探索与争鸣》2019年第9期。

[120]姬蕾蕾:《大数据时代数据权属研究进展与评析》,《图书馆》2019年第2期。

[121]贾俊雪、梁煊:《地方政府财政收支竞争策略与居民收入分配》,《中国工业经济》2020年第11期。

[122]江剑平:《新时代建设高质量收入分配体系的逻辑与路径》,《湘潭大学学报》(哲学社会科学版)2019年第4期。

[123]江小涓:《大数据时代的政府管理与服务:提升能力及应对挑战》,《中国行政管理》2018年第9期。

[124]蒋永穆:《数据作为生产要素参与分配的现实路径》,《国家治理》2020年第31期。

[125]金陈飞、吴杨、池仁勇、吴宝:《人工智能提升企业劳动收入份额了吗?》,《科学学研究》2020年第1期。

[126]金双华:《要素收入视角下税收对收入分配的调节》,《税务研究》2014年第2期。

[127]荆文君、孙宝文:《数字经济促进经济高质量发展:一个理论分析框架》,《经济学家》2019年第2期。

[128]黎蔺娴、边恕:《经济增长、收入分配与贫困:包容性增长的识别与分解》,《经济研究》2021年第2期。

[129]李标、孙琨、孙根紧:《数据要素参与收入分配:理论分析、事实依据与实践路径》,《改革》2022年第3期。

[130]李春秋、李然辉:《基于业务计划和收益的数据资产价值评估研究——以某独角兽公司数据资产价值评估为例》,《中国资产评估》2020年第10期。

[131]李刚:《政府数据市场化配置的边界:政府数据的"生产要素"和"治理要素"二重性》,《图书与情报》2020年第3期。

[132]李海舰、赵丽:《数据要素成为生产要素:特征、机制与价值形态演进》,《上海经济研究》2021年第8期。

[133]李辉:《大数据推动我国经济高质量发展的理论机理、实践基础与政策选择》,《经济学家》2019年第3期。

[134]李纪珍等:《数据要素领导干部读本》,国家行政管理出版社2021年版。

［135］［英］李嘉图:《政治经济学及赋税原理》,郭大力、王亚南译,商务印书馆1962年版。

［136］李玶:《协同视角下政府数据共享的障碍及其治理》,《中国行政管理》2021年第2期。

［137］李静萍:《数据资产核算研究》,《统计研究》2020年第11期。

［138］李丽、李敏:《利用大数据提升政府治理效能》,《人民论坛》2017年第5期。

［139］李清彬:《推动大数据形成理想的生产要素形态》,《中国发展观察》2018年第15期。

［140］李实、杨一心:《面向共同富裕的基本公共服务均等化:行动逻辑与路径选择》,《中国工业经济》2022年第2期。

［141］李实、朱梦冰:《推进收入分配制度改革促进共同富裕实现》,《管理世界》2022年第1期。

［142］李晓华、王怡帆:《数据要素价值链与价值创造机制研究》,《经济纵横》2020年第11期。

［143］李雪、吴福象、竺李乐:《数字经济与区域创新绩效》,《山西财经大学学报》2021年第5期。

［144］李永红、黄瑞:《我国数字产业化与产业数字化模式的研究》,《科技管理研究》2019年第16期。

［145］李永红、李金鹜:《互联网企业数据资产价值评估方法研究》,《经济研究导刊》2017年第14期。

［146］李永红、张淑雯:《数据资产价值评估模型构建》,《财会月刊》2018年第9期。

［147］李雨霏、刘海燕、闫树:《面向价值实现的数据资产管理体系构建》,《大数据》2020年第3期。

［148］李源、高宁、孙晶等:《基于区块链的大数据交易模式研究与探索》,《大数据》2021年第4期。

［149］李政、周希祯:《数据作为生产要素参与分配的政治经济学分析》,《学习与探索》2020年第1期。

［150］李直、吴越:《数据要素市场培育与数字经济发展——基于政治经济学的视角》,《学术研究》2021年第7期。

［151］李宗显、杨千帆:《数字经济如何影响中国经济高质量发展?》,《现代经济探

讨》2021 年第 7 期。

［152］刘海兵、王莉华:《数据要素如何驱动企业创新能力提升》,《清华管理评论》2021 年第 11 期。

［153］刘洪愧:《数字贸易发展的经济效应与推进方略》,《改革》2020 年第 3 期。

［154］刘娟:《加快江苏政务大数据共享管理的对策探究》,《商讯》2021 年第 20 期。

［155］刘琦等:《市场法评估大数据资产的应用》,《中国资产评估》2016 年第 11 期。

［156］刘启雷等:《数字化赋能企业创新的过程、逻辑及机制研究》,《科学学研究》2022 年第 1 期。

［157］刘蓉、寇璇:《个人所得税专项附加扣除对劳动收入的再分配效应测算》,《财贸经济》2019 年第 5 期。

［158］刘儒、郭荔:《新中国 70 年价格机制改革:演进逻辑、显著特征与基本经验》,《湘潭大学学报》(哲学社会科学版)2020 年第 3 期。

［159］刘玉奇、王强:《数字化视角下的数据生产要素与资源配置重构研究——新零售与数字化转型》,《商业经济研究》2019 年第 16 期。

［160］刘枬、郝雪镜、陈俞宏:《大数据定价方法的国内外研究综述及对比分析》,《大数据》2021 年第 6 期。

［161］卢云鹤、万海远:《住房公积金制度的收入分配效应》,《经济学》(季刊)2020 年第 5 期。

［162］罗楚亮、李实、岳希明:《中国居民收入差距变动分析(2013—2018)》,《中国社会科学》2021 年第 1 期。

［163］吕光明、李莹:《中国劳动报酬占比变动的统计测算与结构解析》,《统计研究》2015 年第 8 期。

［164］马斌:《数据使用权:以数据价值实现方式为基础》,《西部法学评论》2021 年第 1 期。

［165］马丹、郁霞:《数据资产:概念演化与测度方法》,《统计学报》2020 年第 2 期。

［166］《马克思恩格斯全集》第 25 卷,人民出版社 1975 年版。

［167］《马克思恩格斯文集》第 7 卷,人民出版社 2009 年版。

［168］《马克思恩格斯选集》第 3 卷,人民出版社 1995 年版。

［169］马文君、蔡跃洲:《新一代信息技术能否成为动力变革的重要支撑? ———

基于新兴产业分类与企业数据挖掘的实证分析》,《改革》2020 年第 2 期。

[170]门理想、王丛虎、门钰璐:《公共价值视角下的政府数据开放——文献述评与研究展望》,《情报杂志》2021 年第 8 期。

[171]聂洪涛、韩欣悦:《企业数据财产保护的模式探索与制度建构》,《价格理论与实践》2021 年第 9 期。

[172]裴长洪、倪江飞、李越:《数字经济的政治经济学分析》,《财贸经济》2018 年第 9 期。

[173]戚聿东、蔡呈伟:《数字化企业的性质:经济学解释》,《财经问题研究》2019 年第 5 期。

[174]戚聿东、刘欢欢:《数字经济下数据的生产要素属性及其市场化配置机制研究》,《经济纵横》2020 年第 11 期。

[175]钱龙:《基于投入产出法的中美服务业要素收入分配效应比较研究》,《湖南工业大学学报》(社会科学版)2017 年第 6 期。

[176]裘莹、赵忠秀、林曦:《中国智能制造企业的价值链分析:微观治理结构、演进路径与制度保障》,《国际贸易》2021 年第 5 期。

[177]任志军:《论生产要素按贡献参与分配的机制》,《中南财经政法大学学报》2005 年第 5 期。

[178]容志:《大数据背景下公共服务需求精准识别机制创新》,《上海行政学院学报》2019 年第 4 期。

[179]上海德勤资产评估有限公司、阿里研究院:《数据资产化之路——数据资产的估值与行业实践》2019 年。

[180]申孟宜、谷彬:《论大数据时代的政府监管》,《中国市场》2014 年第 36 期。

[181]石火学、潘晨:《大数据驱动的政府治理变革》,《电子政务》2018 年第 12 期。

[182]舒颖:《加强立法,让数据安全更有保障》,《中国人大》2019 年第 14 期。

[183]宋胜攀、刘振慧、熊道德:《开源大数据平台技术安全分析》,《保密科学技术》2020 年第 7 期。

[184]孙慧文:《我国劳动收入份额持续下降的制度解释》,《经济问题探索》2011 年第 3 期。

[185]孙新波、苏钟海:《数据要素赋能驱动制造业企业实现敏捷制造案例研究》,《管理科学》2018 年第 5 期。

[186]孙新波等:《数字价值创造:研究框架与展望》,《外国经济与管理》2021 年第

4 期。

[187]孙彦明等:《中美英政府数据信息开放共享保障机制比较研究》,《图书情报工作》2018 年第 21 期。

[188]孙玉栋、庞伟:《数字治理背景下的个人所得税制度完善研究》,《中国特色社会主义研究》2021 年第 2 期。

[189]谭必勇、刘芮:《英国政府数据治理体系及其对我国的启示:走向"善治"》,《信息资源管理学报》2020 年第 5 期。

[190]谭晓鹏、钞小静:《中国要素收入分配再测算》,《当代经济科学》2016 年第 6 期。

[191]唐要家、唐春晖:《数据要素经济增长倍增机制及治理体系》,《人文杂志》2020 年第 11 期。

[192]唐要家:《数字经济赋能高质量增长的机理与政府政策重点》,《社会科学战线》2020 年第 10 期。

[193]陶卓、黄卫东、闻超群:《数据要素市场化配置典型模式的经验启示与未来展望》,《经济体制改革》2021 年第 4 期。

[194]田杰棠、刘露瑶:《交易模式、权利界定与数据要素市场培育》,《改革》2020 年第 7 期。

[195]童有好:《"互联网+制造业服务化"融合发展研究》,《经济纵横》2015 年第 10 期。

[196]涂涛涛、陈烨:《偏向型技术进步与要素收入分配——基于 CGE 模型的模拟分析》,《华中科技大学学报》(社会科学版)2018 年第 2 期。

[197]万莹:《我国企业所得税收入分配效应的实证分析》,《中央财经大学学报》2013 年第 6 期。

[198]王进江:《数据资产收益和期限量化及其折现率确定方法》,《中国资产评估》2021 年第 9 期。

[199]王开科、吴国兵、章贵军:《数字经济发展改善了生产效率吗》,《经济学家》2020 年第 10 期。

[200]王磊:《关于健全数据要素收益分配机制的初步思考》,《中国经贸导刊》2020 年第 6 期。

[201]王林辉、胡晟明、董直庆:《人工智能技术会诱致劳动收入不平等吗——模型推演与分类评估》,《中国工业经济》2020 年第 4 期。

［202］王林辉、袁礼:《有偏型技术进步、产业结构变迁和中国要素收入分配格局》,《经济研究》2018 年第 11 期。

［203］王谦、付晓东:《数据要素赋能经济增长机制探究》,《上海经济研究》2021 年第 4 期。

［204］王融:《"健康码"折射政务服务数据规则》,《检察风云》2020 年第 11 期。

［205］王融:《关于大数据交易核心法律问题——数据所有权的探讨》,《大数据》2015 年第 2 期。

［206］王胜利、樊悦:《论数据生产要素对经济增长的贡献》,《上海经济研究》2020 年第 7 期。

［207］王伟洁:《我国数据安全风险、治理困境及对策建议》,《网络安全和信息化》2018 年第 6 期。

［208］王伟玲、王晶:《我国数字经济发展的趋势与推动政策研究》,《经济纵横》2019 年第 1 期。

［209］王伟玲、吴志刚、徐靖:《加快数据要素市场培育的关键点与路径》,《经济纵横》2021 年第 3 期。

［210］王晓东等:《运用涉税大数据为纳税人贴标画像的探索》,《税务研究》2017 年第 12 期。

［211］王渊、黄道丽、杨松儒:《数据权的权利性质及其归属研究》,《科学管理研究》2017 年第 5 期。

［212］王知津等:《我国开放数据研究进展与趋势(1996—2019 年)》,《信息资源管理学报》2020 年第 6 期。

［213］魏亚飞、李言:《网络基础设施与数字经济产业化——来自"宽带中国"政策的准自然实验》,《云南财经大学学报》2021 年第 7 期。

［214］吴超:《从原材料到资产:数据资产化的挑战和思考》,《中国科学院院刊》2018 年第 8 期。

［215］吴洁、张云:《要素市场化配置视域下数据要素交易平台发展研究》,《征信》2021 年第 1 期。

［216］吴晓怡、张雅静:《中国数字经济发展现状及国际竞争力》,《科研管理》2020 年第 5 期。

［217］夏杰长、王鹏飞:《数字经济赋能公共服务高质量发展的作用机制与重点方向》,《江西社会科学》2021 年第 10 期。

［218］肖旭、戚聿东:《数据要素的价值属性》,《经济与管理研究》2021 年第 7 期。

［219］谢康、夏正豪、肖静华:《大数据成为现实生产要素的企业实现机制:产品创新视角》,《中国工业经济》2020 年第 5 期。

［220］谢永志:《个人数据保护法立法研究》,北京人民法院出版社 2013 年版。

［221］邢会强:《个人所得的分类规制与综合规制》,《华东政法大学学报》2019 年第 1 期。

［222］熊励、刘明明、许肇然:《关于我国数据产品定价机制研究——基于客户感知价值理论的分析》,《价格理论与实践》2018 年第 4 期。

［223］熊巧琴、汤珂:《数据要素的界权、交易和定价研究进展》,《经济学动态》2021 年 2 期。

［224］徐现祥、王海港:《我国初次分配中的两极分化及成因》,《经济研究》2008 年第 2 期。

［225］徐翔、厉克奥博、田晓轩:《数据生产要素研究进展》,《经济学动态》2021 年第 4 期。

［226］许恒、张一林、曹雨佳:《数字经济、技术溢出与动态竞合政策》,《管理世界》2020 年第 11 期。

［227］许宪春、唐雅、张钟文:《个人数据的统计与核算问题研究》,《统计研究》2022 年第 3 期。

［228］许宪春、王洋:《大数据在企业生产经营中的应用》,《改革》2021 年第 1 期。

［229］许宪春、张美慧:《中国数字经济规模测算研究——基于国际比较的视角》,《中国工业经济》2020 年第 5 期。

［230］许宪春、张钟文、胡亚茹:《数据资产统计与核算问题研究》,《管理世界》2022 年第 2 期。

［231］杨灿明、孙群力、鲁元平:《新发展格局中的收入分配政策优化方向与路径——第四届中国居民收入与财富分配论坛综述》,《经济研究》2021 年第 7 期。

［232］杨兰品、姚国庆:《要素收入分配对创新效率的影响——基于不同类型行业比较的视角》,《江汉论坛》2018 年第 7 期。

［233］杨铭鑫、王建冬、窦悦:《数字经济背景下数据要素参与收入分配的制度进路研究》,《电子政务》2022 年第 2 期。

［234］叶雅珍、刘国华、朱扬勇:《数据资产化框架初探》,《大数据》2020 年第 3 期。

［235］易明等:《政府数据资产的价值发现:概念模型和实施路径》,《电子政务》

2022 年第 1 期。

[236]尹传儒等:《数据资产价值评估与定价:研究综述和展望》,《大数据》2021 年第 4 期。

[237]尹西明等:《数据要素价值化动态过程机制研究》,《科学学研究》2021 年第 8 期。

[238]于立、王建林:《生产要素理论新论———兼论数据要素的共性和特性》,《经济与管理研究》2020 年第 4 期。

[239]于晓龙、王金照:《大数据的经济学涵义及价值创造机制》,《中国国情国力》2014 年第 2 期。

[240]俞林、赵俊红、霍伟东:《推进数据要素市场化配置促进经济高质量发展》,《宏观经济研究》2021 年第 10 期。

[241]张杰、陈志远、周晓艳:《出口对劳动收入份额抑制效应研究———基于微观视角的经验证据》,《数量经济技术经济研究》2012 年第 7 期。

[242]张俊瑞、危雁麟、宋晓悦:《企业数据资产的会计处理及信息列报研究》,《会计与经济研究》2020 年第 3 期。

[243]张来明、李建伟:《收入分配与经济增长的理论关系和实证分析》,《管理世界》2016 年第 11 期。

[244]张莉、卜靖:《数字经济背景下的数据治理策略探析》,《宏观经济管理》2022 年第 2 期。

[245]张莉、李捷瑜、徐现祥:《国际贸易、偏向型技术进步与要素收入分配》,《经济学》(季刊)2012 年第 2 期。

[246]张昕蔚、蒋长流:《数据的要素化过程及其与传统产业数字化的融合机制研究》,《上海经济研究》2021 年第 3 期。

[247]张勋等:《数字经济、普惠金融与包容性增长》,《经济研究》2019 年第 8 期。

[248]章上峰、许冰:《初次分配中劳动报酬比重测算方法研究》,《统计研究》2010 年第 8 期。

[249]赵宸宇、王文春、李雪松:《数字化转型如何影响企业全要素生产率》,《财贸经济》2021 年第 7 期。

[250]郑志国:《中国企业利润侵蚀工资问题研究》,《中国工业经济》2008 年第 1 期。

[251]周林彬、马恩斯:《大数据确权的法律经济学分析》,《东北师大学报》(哲学

社会科学版)2018 年第 2 期。

[252]周芹等:《数据资产对公司价值贡献案例研究》,《中国资产评估》2016 年第
1 期。

[253]朱秋博等:《信息化能促进农户增收、缩小收入差距吗?》,《经济学》(季刊)
2022 年第 1 期。

[254]朱扬勇、叶雅珍:《从数据的属性看数据资产》,《大数据》2018 年第 6 期。

[255]庄子银:《数据的经济价值及其合理参与分配的建议》,《国家治理》2020 年
第 16 期。

[256]邹传伟:《如何建立合规有效的数据要素市场》,《第一财经日报》2020 年 5
月 18 日。

[257]邹传伟:《数据要素市场的组织形式和估值框架》,《大数据》2021 年第 4 期。

[258]邹升平:《正确理解马克思按劳分配理论及其实现途径》,《社会主义研究》
2010 年第 1 期。

后　　记

在《数据要素参与收入分配的机制与策略研究》一书即将出版之际，我们感到无比的欣慰与自豪。本书是国家哲学社会科学基金重大项目"数据要素参与收入分配的机制与策略研究"（批准号：20ZDA047）的重要成果。

该项目立项于 2020 年 4 月，结项于 2022 年 11 月。在项目首席专家卢福财教授的组织下，课题组积极开展研究，先后赴北京、上海、深圳、杭州、贵阳、南昌等地开展数据要素调研工作，2021 年 9 月与清华大学社会科学学院经济学研究所、政治经济学研究中心联合举办"数据要素市场化配置与分配制度改革论坛"。在调查研究、理论分析和学术研讨过程中，项目研究报告得以完善，并在此基础上整理成书。

本书是团队智慧的结晶，项目首席专家卢福财教授承担了研究和书稿撰写工作，各章具体分工如下：第一章（徐远彬、曾鑫、王雨晨）；第二章（徐远彬、万莹、苏玉）；第三章（徐远彬、秦玥、钟诗韵）；第四章（万莹、徐崇波）；第五章（万莹、徐崇波）；第六章（袁业虎、吴宣）；第七章（袁业虎、吴端端、冯大威）；第八章（刘国英）；第九章（余炳文）；第十章（杨飞虎、李冀恺）；第十一章（杨飞虎、崔兴华）；第十二章（杨飞虎、王志高、王晓艺）；第十三章（刘满凤）；第十四章（刘满凤、陈梁）；第十五章（刘满凤、王春草）；第十六章（刘满凤、陈淑豪）。

在本书即将出版之际，首先，我们要感谢全体课题组成员的辛勤付出，尤其要感谢江西财经大学刘满凤教授在项目的申报、开题、调研、研究及报告撰写过程中付出的大量心血。其次，我们要感谢在项目研究过程中给予大力支持和帮助的专家学者,包括蔡继明教授、黄群慧研究员、蒋金法教授、李广乾研究员、干春晖教授、何维达教授、吴绪亮研究员、吕冰洋教授、朱岩教授、何伟研究员、陈始发教授、欧阳日辉教授。再次,我们要感谢江西省社会科学规划办公室、江西财经大学科研处对本项目的大力支持。最后,我们衷心感谢人民出版社的编辑团队,他们以专业的素养和严谨的态度,为本书的出版付出了巨大的努力。此外,我们要感谢硕士研究生潘倩、王亚妮、邹征财在书稿校对过程中的支持和帮助。需要说明的是,本书在成稿过程中参考了大量的文献资料,有的已在文中标注或在参考文献中引用,虽然力求全面,但仍不免挂一漏万,如有遗漏,敬请原谅,在此一并表示感谢。

本项目是全国第一个立项的关于数据要素方面的国家社会科学基金重大项目,课题结题以后,课题组抓紧整理研究报告并联系出版,由于出版周期较长,时间跨度久,对近几年的许多新的实践经验总结不够,对新的实际问题考虑不全,在未来的研究中我们将继续努力探索。

课题组

2024 年 12 月 12 日

责任编辑：崔继新
封面设计：王春峥
版式设计：东昌文化

图书在版编目（CIP）数据

数据要素参与收入分配的机制与策略研究 ／ 卢福财、刘满凤、徐远彬等著. -- 北京 ： 人民出版社，2025. 4. -- ISBN 978－7－01－026630－5

Ⅰ. F124.7

中国国家版本馆 CIP 数据核字第 20240Y5J26 号

数据要素参与收入分配的机制与策略研究

SHUJU YAOSU CANYU SHOURU FENPEI DE JIZHI YU CELÜE YANJIU

卢福财　刘满凤　徐远彬　等　著

人民出版社出版发行
（100706　北京市东城区隆福寺街 99 号）

中煤（北京）印务有限公司印刷　新华书店经销

2025 年 4 月第 1 版　2025 年 4 月北京第 1 次印刷
开本：710 毫米×1000 毫米 1/16　印张：27.25
字数：400 千字

ISBN 978－7－01－026630－5　定价：138.00 元

邮购地址 100706　北京市东城区隆福寺街 99 号
人民东方图书销售中心　电话 （010）65250042　65289539